자유를 향한 20세기

독재와 반민주의 세월을 넘어

한국 정치사

자유를 향한 20세기

독재와 반민주의 세월을 넘어

한국 정치사

한배호 지음

일조각

감사의 글

나는 역사학자가 아니다. 비교정치학을 연구해온 정치학자다. 그러나 여러 가지 반론과 비판을 예상하면서까지 20세기 한국 정치사를 돌아보고자 함은 나름의 이유가 있어서다. 내가 정치학 교수로 보낸 30년을 시기별로 나눠보면 비교정치학 이론 연구에 10년, 일본 정치 연구에 10년, 그리고 한국 정치 연구에 10년을 매달려왔다고 할 수 있다. 알다시피 이 세 가지 분야가 서로 무관한 것이 아니며 결국 내가 나고 자란 이 땅, 한국의 정치 연구를 위한 긴 여정이었다고 할 것이다. 그렇게 긴 세월을 정치학 연구로 보냈지만 한국 정치가 어떤 모습으로 어떤 단계에 와 있느냐고 묻는다면 선뜻 대답할 수 있는 것도 아니었다. 그러나 그 30년을 보낸 지금, 한국 정치의 전개 과정에 큰 영향을 미친 사건들을 내 나름의 시각으로 다시 들여다보면서 한국 정치 전체에 드리운 큰 윤곽을 파악할 수 있을지도 모른다는 생각이 들었다. 더구나 나 자신이 그 사건들을 상당수 직접 겪었고 정치학자로서 그 사건들의 귀추를 가까이서 관찰할 수 있었기에 용기를 내 지난 수년간 집필 작업에 매달릴 수 있었다. 과도한 욕심을 버리고 어떤 배타적인 주장이나 이념적 성향을 배제하면서 내가 직접 보고 느낀 20세기 한국 정치사를 정리해 이렇게 세상에 내놓게 되었다.

이 책을 낸 일조각은 나의 첫 저서인 『이론 정치학: 정치 행동의 요인 분석』(1965)을 냈던 출판사다. 유학을 마치고 돌아온 1960년대 초, 이제는 고인이 되셨지만 출판협회장을 지내셨고 당시 한국 출판계를 대표하셨던 한만년 사장을 만나게 되었다. 알고 보니 고등학교 선배셨으며 유명한 헌법학자이자 고려대 총장을 지낸 유진오 박사의 사위로 출판에 관한 남다른 소신과 원칙을 지니신 분이셨다. 졸고였지만 내 원고를 읽어보시고는 선뜻 출판을 허락해주셨다. 당시의 책들이 다 그랬지만 한자투성이에 세월을 견디며 누렇게 바랜 나의 첫 책을 다시 보면서 여러 가지 감회에 젖고는 했었다. 그런데 이번에 또다시 일조각에서 이 책을 내게 되었다. 나의 처음 저서와 어쩌면 마지막이 될지 모를 이 책을 일조각에서 내게 된 것이 단순한 우연은 아닌 듯하여 그 또한 감회가 새롭다.

이번에 일조각의 김시연 사장에게 많은 빚을 졌다. 이 책을 반듯한 모양으로 세상에 내놓고자 애쓰신 것에 깊이 감사를 드린다. 일조각 편집진 여러분에게도 거듭 감사를 드린다.

2008. 9. 3.

한배호

차례

자유를 향한 20세기 한국 정치, 열 개의 질문과 그 해답을 찾아서

한국 정치는 20세기를 어떻게 겪어왔나? 20세기가 마감되고 21세기가 시작한 지 수년이 지난 지금, 이 문제에 관심 있는 독자라면 한 번쯤은 물어보고 싶은 질문일 것이다.

한국 정치는 몇 번의 유혈 사태를 동반한 비극적인 정변政變과 심각한 혼란을 겪은 후, 1980—90년대에 민주화를 달성하면서 비로소 비민주적인 지배 양식에서 벗어나 정상 궤도에 올라섰다. 보기에 따라서는 전진과 후퇴, 갈지자걸음을 거듭한 험난한 역사 같았지만 그래도 어떤 일정한 목표와 궤도를 따라 움직인 역사였다는 생각이 든다.

이 책이 다루는 것들은 한국의 정치 현상에 큰 영향을 미쳤다고 할 수 있는 중요한 정치적 사건들이다. 정확히는 과거 100년 동안 일어난 것들이다. 그런 점에서 비교적 가까운 과거를 연구 대상으로 삼는 부담에서 자유로울 수 없었다. 지금부터 50년이나 100년 후에는 역사학자들이 훨씬 풍부한 사료를 토대로 이 사건들을 보다 심도 있게 다룰 수 있기를 기대한다. 그러나 정치학자로서 '가까운 과거'에 일어났던 정치적 사건을 자세하고 포괄적으로 다룰 수는 없다 하더라도, 현재 활용할 수 있는 자료만을 가지고서라도 우리가 겪은 중요한 정치적 사건들에 대해 어떻게든 해명해야 한다는 생각이었다.

미국의 경제학자이자 유명한 미래학자인 켄네스 볼딩Kenneth Boulding은 『20세기의 의미The Meaning of the 20th Century』에서 20세기의 가장 중요한 특질로 '기술technology의 발달'을 들고 있다. 20세기가 겪은 변화를 '위대한 변질the great transformation'이라 부르면서 5천 년 인류 역사의 분수령이 바로 20세기이며 그렇게 만든 결정적인 요소는 기술이라고 주장한다. 그의 말대로 인류가 겪은 기술 혁신으로 산업화가 이뤄졌고 경제체제에 변화가 일어났다. 동시에 인류는 20세기 초부터 두 차례에 걸친 세계적 규모의 전쟁을 치렀으며, 핵무기를 개발해 단 한 발의 폭탄으로 수십만의 생명을 앗을 수 있게 되었다. 세계사적인 시간에서 본다면 볼딩의 통찰력에 일리가 있다.

이렇듯 변화의 세기를 경험한 20세기 한국 정치의 역사적 '의미'를 갈무리하는 것은 벅찬 과제다. 그러면서도 한국 정치가 걸어온 지난 20세기를 생각하면서 나는 오래전에 읽은 베네데토 크로체Benedetto Croce의 책, 『자유의 이야기로서의 역사History as the Story of Liberty』가 떠올랐다. 나 또한 '자유의 이야기'로서의 한국 정치사를 말하고 싶었다.

크로체에 의하면 다른 사람을 노예화하는 사람은 결과적으로 그 노예로 하여금 자아를 의식하게 하고 자유를 갈구하도록 만든다는 것이다. 나폴레옹 같은 전제군주가 나타나 삶의 자유를 박탈하고 관료 조직과 군대를 동원해 백성을 지배하지만, 억압이 심해질수록 소수의 정신 속에 자유에 대한 갈증이 싹 터, 결국 그들 스스로 자유를 향한 새로운 도전에 나서게끔 한다는 것이다.

그래서 크로체는 어둠이 지배하는 시대라도 자유의 정신은 살아남아, 자기 시대의 현실에 동화되기를 거부하는 시인의 시를 통해 흥분과 전율을 느끼게 하고 사상가의 글 속에서 자유에 대해 확신하도록 해주며, 권력에 맞서 독방에서 쓸쓸하게 옥살이를 하는 사람의 가슴을 불타오르게 한다는 것이다.

크로체의 글을 읽으며 떠오르는 것은 일제강점기의 암울한 시대에 살면서 조선민족의 신음과 고통을 처절하고도 아름다운 시로 읊어낸 많은 조선의 시인들, 그 중에도 옥에서 죽어간 젊은 시인, 조선의 사상과 철학 속에서 민족의 얼을 찾아내 지키려 노력했던 조선의 학자와 사상가들, 그리고 만주 벌판과 시베리아 동토에서 일제와 무력으로 맞서 싸우다가 죽어간 항일투사와 독립운동을 하다 투옥되었던 애국지사의 모습이었다. 그들이 갈구했던 것은 조선의 독립이요 일제로부터의 자유와 해방이었다. 그래서 1945년 8·15해방의 감격 속에서 온 국민은 "어둡고 괴로워라, 밤이 깊더니 삼천리 이 강산에 봄이 왔도다. 동포야 일어나라 나라를 위해, 자유의, 자유의 종을 울려라" 라는 노래를 소리 높이 불렀던 것이다.

20세기의 한국 정치는 어떤 것이었나? 이 질문에 대해 나는 20세기라는 역사는 대한민국 국민이 '독립'과 '자유'를 갈구하다 36년 일제강점기에서 벗어나 비록 남북이 두 조각 나는 분단과 그 후의 동족상잔의 비극적인 전쟁을 겪었지만, 자유와 주권재민主權在民의 민주정치를 실현해나간 '위대한 이야기'의 역사라고 말하고 싶다.

20세기에 한국이 겪은 정치적 사건은 셀 수 없이 많다. 그 많은 정치적 사건 중에서 내 나름대로 한국 정치의 골격framework을 형성하는 데 작용했다고 보는 중요한 정치적 사건만을 골라 '왜 그런 사건들이 일어났으며 어떤 결과를 가져왔는가?' 하는 질문을 제기해보기로 했다. 그런 질문들을 중심으로 지나간 100년간의 정치 과정과 그 결과들을 살펴보려는 것이다.

제1장은 일제강점이 조선에 남긴 유산遺産이 무엇이냐는 질문을 다룬다. 최근에 일본에서 다시 고개를 들고 있지만, 일제가 조선의 근대화에 기여했으며 조선 공업화의 기반을 마련했다는 망언妄言의 근거는 무엇인가? 다시 말해 조선을 식민지로 확보한 일본은 어떤 성격의 국가였으며 조선이라는

식민지를 어떤 목적을 위해, 어떤 방식으로 지배했느냐 하는 물음이다. 그런 일본 식민 통치의 의도와 목적을 알아야 조선이 겪은 식민 지배의 성격도 구명究明되고 36년간의 일제 식민 지배가 해방 후 한국 정치에 남긴 유산이 무엇인가 이해할 수 있을 것이다.

제2장에서 제기하는 질문은 '북위 38도선 분할의 원인이 무엇인가?'이다. 단순한 의미의 군사적 편의설便宜說이 있고, 또 그 원인을 멀리 제2차 세계대전 중으로 거슬러 올라가 조선을 신탁통치하기로 비밀 합의했던 미국과 소련의 국가원수들의 결정과 그 후 아시아에서의 전후 처리와 새로운 질서 형성을 놓고 일어났던 미소 간의 군사·정치적 대립의 결과로 보려는 두 가지 견해가 있다.

제3장이 다루는 질문은 제2장에서 제기한 질문의 연장선에 있다고 할 수 있다. 해방정국의 극심한 혼란 속에서 벌어진 좌우 세력 간의 혈투와 미국과 소련의 대한반도 정책의 진행 과정 속에서 끝내 남북한에 서로 다른 단독정부가 수립되는 과정을 다루려 한다.

제4장이 다루는 질문은 한국전쟁의 발발 원인이다. 한국전쟁은 한반도의 분단을 준영구화하는 결과를 가져왔다. 그것을 누가 시작했느냐 하는 질문에 여러 견해가 대립하고 있다. 그것을 침략 전쟁으로 보는 견해가 지배적이지만, 남북한 사이에 일어난 내전으로 바라보는 시각도 존재한다.

제5장은 1960년 4월 19일에 일어났던 학생 봉기와 관련된 질문을 다루고 있다. 앞서 제4장까지는 외세가 개입하면서 빚어진 사건들이 주를 이뤘다. 그러나 1960년 4월 19일에 일어난 학생 주도의 봉기는 달랐다. 그것은 외부 세력과 관계없이 일어난 의미 있는 정치 사건이었다. 흔히 4·19혁명으로 불리지만, 그것이 '혁명'이었는지 아니면 단순한 '봉기'였는지는 아직도 논란이 있다. 또한 그 사건의 주요 행동자들의 동기가 무엇이었는지도 규명해야 할 의문이다.

제6장은 1961년 5월 16일 일어난 군부 쿠데타를 다루고 있다. 1948년 유

엔의 감시하에 한국정부가 수립된 이후 처음으로 군부가 무력을 행사해 민주당의 장면 정부를 뒤엎고 직접 정치권력을 장악하게 되었다. 이승만의 권위주의 정권이 붕괴한 후 민주당 정부가 들어선 지 9개월 만에 일어난 쿠데타였다. 왜 5·16 군부 쿠데타가 일어났으며, 그것을 주동했던 장교들의 의도와 목적은 무엇이었느냐는 등의 질문을 살펴보려는 것이다.

제7장이 다루는 문제는 박정희 대통령 치하의 공화당 정부의 성격과 그 정권이 추진했던 개발 정책의 내용이다. 박정희의 공화당 정부는 군부가 주도한 정부였다. 그 정부는 여러 가지 면에서 민간인으로 구성된 장면 정부와 다른 것은 물론 이승만 정부와도 달랐다. 무력으로 정치권력을 탈취해서가 아니라 군사 정권의 군부 지도층의 사고와 행동 양식이 민간 정치인들의 성향과 매우 달랐기 때문이다. 군사 정권의 주도 세력은 기본적으로 반민주적인 성향의 인사들로서 안보 문제나 경제개발 같은 목적 달성을 위해서는 수단과 방법을 가리지 않았다. 군사 정권의 등장은 단순히 행정부 차원의 교체나 변화가 아니라 정치체제의 변질을 가져온 정권regime 차원의 변화였다.

제8장은 1972년 유신체제가 등장하게 된 배경과 그것이 붕괴한 요인을 규명하는 데 초점을 맞추고 있다. 1972년에 등장한 한국의 유신체제는 7년이 지난 1979년 10월 26일 박정희 대통령의 시해와 동시에 붕괴했다. 유신체제가 창설자의 사망과 동시에 종말을 고했다는 것은 그것이 매우 불안정한 기반을 가졌던 체제임을 반영하는 것이다.

제9장에서는 한국 민주화의 시작을 1980년대 후반으로 잡고 두 개의 기본적인 질문을 제기한다. 하나는 전두환 정권이 어떤 유형의 정권이었나 하는 것이고 둘째로 민주화가 왜 1980년대 후반에 시작되었나 하는 것이다. 민주화 운동이 멀리는 자유당 정권 때부터 시작되었다고 한다면 그전에 달성하지 못한 민주화가 왜 1980년대 말에 이르러 본격적으로 시작되었냐는 질문이다. 군사 정권을 종식하고 민주화를 달성하게 된 배경과 한국의 민주화가 지닌 독특한 성격을 살펴보기로 한다.

제10장은 결론을 대신하려는 것으로 21세기를 맞이한 한국 정치가 당면한 도전과 과제는 무엇이며 그것을 어떻게 해결해나갈 것인가를 모색해보고자 한다. 한국 정치는 순탄하게 민주화 이행 과정을 완료하고 민주 정치체제를 공고화시킬 수 있을 것인가? 아니면 혼란과 불안 상태에서 벗어나지 못하는 유동적 과도기 상황이 상당 기간 지속할 것인가? 한국 민주정치의 앞날은 긍정적인가 아니면 비관적인가? "바보만이 미래를 예측하려 한다"는 영어 속담처럼 미래를 논하는 것이 얼마간의 위험부담을 안고 있으나 그래도 현재를 토대로 앞날을 추정해보는 시도는 해볼 만하다.

이 책에는 오랫동안 한국 정치를 관조해온 한 정치학자의 개인적인 성찰이 담겨 있다. 필자가 이 책을 쓰면서 가장 염두에 둔 대상은 해방 후부터 민주화가 이뤄진 오늘까지의 오랜 세월에 대해 자세히 모르는 지금의 자라나는 젊은 세대이다. 그들에게 해방과 한국전쟁, 그리고 4·19나 5·16은 역사책에서나 읽고 외운 막연하고 추상적인 사건으로만 기억되고 있을지 모른다. 직접 경험한 것이 아니기 때문이다.

더구나 그런 사건들을 막연히 개별적 사건으로만 이해하는 한 한국 정치사 전체를 아우르는 시각을 가질 수 없다. 정치적 사건들은 그 하나 하나가 원인이자 결과가 되면서 마치 유기체처럼 살아 움직이며 오늘에까지 이어진 것이다.

오랫동안 한국 정치를 관찰하고 분석하는 과정에서 내 나름대로 왜 한국 정치가 이런 형태나 구조를 가지며, 그 구조 속에서 움직이는 정치인들의 행동 양식이 어떤 결과로 나타나는가에 대해 나름의 시각을 갖고 논할 수 있게 되었다. 그래서 이 책에서 좀 대담하다는 평을 듣게 되더라도 내가 아는 바를 가지고 사람들이 잘 모르거나 의문을 갖는 중요한 정치적 사건에 대해 나름의 이해를 밝히려 하며, 이제 그것을 독자들과 나누려 한다.

제1장 일제의 식민 통치는 무엇을 남겼는가

한국은 20세기를 일본 식민지로 강점당하는 오욕의 역사로 시작했다. 슬프고 애통한 일이다. 일본은 1905년 을사늑약을 일방적으로 한국에 강요했다. 무력과 협박으로 국권(외교권)을 빼앗았고 그 후 '경술국치'를 일으켜 한국을 식민지로 점령했다. 국가의 목적이 밖으로는 주권을 행사해 외침에 대비하고 안으로는 국민의 안녕과 생존을 보호하는 것이라면, 조선 조정이 일제와 을사늑약을 체결했을 때 이미 조선은 외교권을 상실한 절름발이 나라로 전락한 셈이다. 그리고 5년 후인 1910년, 일본은 조선을 일본제국의 식민지로 만들었다. 경술국치의 비극을 겪은 것이다.[1]

'은자의 왕국hermit kingdom'으로 알려진 조선이 통상수교 거부 정책을 펴고 깊은 모화사상에 젖어 세계정세를 알지 못한 채 고립되는 동안, 일본은 1868년 메이지明治유신을 통해 봉건사회에서 벗어나 근대국가로 진입하고 있었다. 일본은 2백여 년간 지속해온 도쿠가와 바쿠후幕府가 지배하던 '봉건—중앙집권'의 이중적 지배 체제를 해체하고 서구 제국주의 국가를 모델로 한 군주제를 받아들여 일본 특유의 천황제 국가라는 전제 국가를 수립하는 데 성공했다.

메이지유신을 이끌었던 하급 무사 출신으로 구성된 과두지배 세력은 나이 어린 메이지 천황을 상징적 존재로 떠받들면서 실제로는 모든 권력을 장악했다. 이들은 부국강병이라는 국가적 기치를 내걸고 공업화를 골자로 하는 근대화 정책을 추진했고 근대적인 군사력을 육성하기 시작했다. 이를 계기로 아시아에서 가장 근대화된 군사력을 갖춘 강국이 되었다. 전국시대 이래로 오랜 무가武家 사회의 전통을 지녔던 일본이었기에 비교적 이른 시일에 선진 군사 기술을 습득해 군사 강국으로 성장할 수 있었던 것이다.

한편, 오랫동안 통상수교 거부 정책을 펴온 조선 조정은 일본의 군사력에 대응할 능력을 갖추지 못한 채, 일본의 침략 위협에 대한 대응책을 놓고 수구파와 개화파가 해묵은 대립을 계속하고 있었다. 개화파 소수에 의해 추진되었던 갑신정변甲申政變이라는 쿠데타가 불발로 끝난 후 조선은 수구 세력이 또다시 패권을 잡게 되었다.[2] 약소국 조선은 강대국인 중국과 러시아 그리고 일본의 군사적 위협을 이겨낼 국력이 없었으며 국가로서의 자주권은 물론 외교적인 중립 정책도 유지할 수 없는 비참한 상황에 놓여 있었다. 강한 군사력을 갖춘 일본은 조선 땅에서 치러진 청일전쟁(1894-1895)에서 승리했고, 만주와 동해에서 벌인 러일전쟁(1904-1905)에서도 승리를 거둬 그동안 조선의 내외 정사에 깊이 관여해온 두 나라를 조선반도에서 몰아냈다. 이와 동시에 일본은 조선에 을사늑약(1905)을 강요해 그동안 중국이 행사해온 조선의 외교권을 자신들이 행사하기 시작했다.

일본은 군대를 조선에 주둔시키면서 조선총감이라는 직책을 만들어 이토 히로부미伊藤博文를 앉혀놓고 조선의 대외 문제만 아니라 심지어 재정 문제까지 간섭했고 친일 세력을 이용해 반대 세력을 분열시키는 전형적인 제국주의 방식의 분리 지배 수법을 썼다. 그리고 조선 왕 고종을 강제 퇴위시키면서 조선조를 해체해 일본의 식민지로 침탈하고야 말았다. 그것이 1910년에 있었던, 일본이 '일한병합'이라 부르는 '경술국치'였던 것이다. 무력을 앞세워 온갖 협박 끝에 조선을 강탈한 일방적 합방이었다. 그렇게 시작된 일본의 조선 강점은 조선이 미군에 의해 해방되던 1945년 8월 15일까지 36년간 계속되었다.

1945년 8월, 제2차 세계대전에서 승리한 미군은 조선에 진주해 그동안 조선을 지배해온 조선총독부를 점령했다. 역시 승전국이었던 소련도 만주에 주둔하던 일본군의 무장을 해제하고 조선으로 계속 남하해 북위 38도 선 위쪽 지역을 점령했다. 그러나 조선은 일본 식민지였기 때문에 일본처럼 미국의 군사적 점령 지역에 속했다. 더글라스 맥아더Douglas MacArthur 장군이 일본과 조선의 정권을 장악했고 남한에는 미국 24군단장인 존 하지John Hodge가 맥아더 장군의 지시를 받아 군정을 펴게 되었다. 조선이 미군의 군사 점령 아래에 놓이면서 일본 식민 지배는 끝났다. 그러나 오랜 식민 통치가 남긴 잔재는 미 군정 기간이나 그 후의 한국 정치의 향방에도 지대한 영향을 끼쳤다. 그런 의미에서 일제가 조선을 지배했던 36년 역사는 한국의 근현대사에서 매우 중요한 의미를 지닌다.

일본은 조선에서 탄압과 수탈을 자행했다. 식민 지배에 저항하는 세력을 가차없는 폭력으로 다스렸고 많은 애국지사가 옥에 갇혔다. 그들 중 상당수가 옥살이의 고통을 이겨내지 못해 사망하기도 했다. 외국의 언론들이 '세계에서 가장 혹독하고 잔인한 식민 지배'라 평할 정도로 일제의 조선 식민 지배는 잔인한 것이었다.

일제강점기 폭정과 폭압의 36년

일제 식민 지배 기간 36년을 시기적으로 구분한다면 10년을 단위로 세 기간으로 나눌 수 있다.[3] 이 세 기간은 크게 보아 일제가 조선총독부를 통해 식민지 조선에서 달성하려던 국가적 목표와 관계가 있으며, 좁게는 조선총독부가 현지에서 실시한 정책과 연관지을 수 있다. 이 기간에 한국 정치는 존재하지 않았다. 조선이라는 국가가 사라졌고 한국인의 정치적 요구가 완전히 봉쇄되었으며 조선인의 정치 활동은 사실상 불가능했다. 사람은 한 번 죽으면 끝이지만 국가는 다르다. 국가라는 조직은 사람과 달라서 죽었다가도 다시 살아날 수 있다. 조선은 일제에 의해 36년간 죽은 거나 다름없는 상태였으나 1945년 다시 국가로 회생한 셈이다. 따라서 일제치하 36년의 역사는 조선 역사가 아니었고 일제의 강점에 의해 잠시 중단되었던 것일 뿐이다.

일제강점기를 세 기간으로 나눠보면, 처음 1기는 1910년부터 1920년까지, 2기는 1921년부터 1930년까지, 그리고 마지막 3기는 1931년부터 1945년까지다.

제1기는 일제가 조선 식민 통치의 기초를 놓은 기간이다. 조선을 강점한 일본은 조선에 총독부라는 중앙집권적인 행정 기구를 설치했으며 전국적인 규모의 토지 조사를 벌이는 동시에 동양척식회사라는 농업 수탈 기관을 세웠다. 식민 지배에 저항하는 조선인을 감시, 통제하고자 경찰과 헌병대를 전국에 배치했고 서울과 나남(지금의 함경북도 청진시)에 각각 1개 사단의 군 병력을 주둔시켰다.

일본의 식민 지배 기간에 조선 총독은 모두 일본군의 현역군인이거나 예비역 대장들이었다. 무력으로 강점한 나라를 강제로 지배하려면 군 전문가를 앞세워 통치할 수밖에 없었을 것이다. 서구 제국주의 국가들이 아시아 국가를 간접 통치 방법으로 지배한 방식과는 대조적으로 일본은 조선에서 직접 통치 방법을 취했으며 무력을 앞세운 무단통치를 자행했다.

제2기는 1921년부터 1930년까지로 정확하게는 1919년 3·1운동이 일어난 직후부터 만주사변(1931)이 일어나기 직전까지다. 일제가 조선 통치 방법을 이전의 무단통치에서 이른바 문화정치라는 유화정책으로 바꿨던 시기다. 일제는 조선에서 전국적 규모의 3·1운동이 일어났을 때 크게 당황했다. 특히 그것을 미리 탐지하지 못했다는 사실에 상당한 충격을 받았다. 일제의 식민 지배를 문제 삼는 세계 여론이 들끓자 조선 식민 통치 문제를 놓고 일본 정가에선 강경파와 온건파 사이에 논쟁이 붙었다. 논란 끝에 해군 제독 출신으로 남다른 정치 감각을 지녔다고 평가받던 사이토 마코토齊藤實를 조선 총독으로 임명했다. 사이토는 1919년부터 1927년까지 그리고 다시 1929년부터 1931년까지 두 번에 걸쳐 10년간 조선 총독을 역임한 최장수 조선 총독이었다.

그의 관심은 3·1운동과 같은 규모의 항일운동이 재연되는 것을 막는 일이었다. 그는 조선인을 식민 통치의 지지자나 참여자로 포섭하고자 유화정책을 내걸었다. 일제는 그것을 '문화정치'라 불렀다. 그리하여 『조선일보』와 『동아일보』의 발간을 허락하고 조선인이 운영하는 사립학교 설립을 허가했다. 또한, 조선인에게 고등문관 시험에 응시할 자격을 부여했고 극소수지만 조선인을 도지사와 판검사에 임명하기도 했다. 이런 유화정책이 큰 변화를 가져온 것은 아니지만 적어도 표면적으로 조선인이 식민 지배에 자진 참여하고 있다는 인상을 주는 데는 성공할 수 있었다.

경제적으로는 식량 및 원료 증산 정책을 지속하는 동시에 공업화도 함께 추진하는 '농공병진' 정책을 폈다. 농업 분야에서는 식량 증산을 위한 수리水利시설을 확대하고 새로운 농지 개간에 주력했으며 종자 개량이나 영농 방법의 개선을 추진했다. 그렇게 해서 증산된 쌀의 상당량을 일본으로 실어 냈다. 이 시기 공업 분야에서는 일본 자본이 조선에 진출하기 시작했다. 또한, 일본인과 조선인 자본가들이 소규모지만 소비재 위주의 제조업에 투자하기 시작했다.

제3기는 1931년부터 1945년까지 14년간이다. 이 기간은 일본이 조선을 전쟁 수행에 필요한 병참기지로 삼은 기간이다. 일본은 오랜 준비 끝에 1931년 만주에서 '만주사변'이라는 무력 충돌을 조작해 중국군과 친중국적인 만주 군벌들을 만주에서 쫓아내고 일본의 괴뢰정권인 만주제국을 설립했다. 동시에 만주에 일본군을 주둔시켜 만주제국을 사실상 통치했다. 그 후 일제는 1937년 또다시 중국군과 무력 충돌을 조작해 중국 본토에 대한 침략

전쟁을 일으켰다. 일제는 1945년 패전하기까지 8년간 중국 침략 전쟁을 계속했다.

이렇듯 3기에 속하는 1931년부터 1945년 패전까지 14년 동안은 일본이 중국과 미국을 상대로 총력전을 벌이던 전시戰時 기간이다. 그 기간에 조선은 일본의 침략 전쟁을 위한 전초기지이자 일본의 전쟁 수행을 뒷받침하기 위한 병참기지로 개발되었다. 이 기간에 조선에는 일본의 중공업 시설이 속속 들어서기 시작했다. 일본의 대륙 침략을 위한 산업기지를 조선에 건설한 것이다. 그 이유는 조선인 노동자를 저임금으로 착취하기 쉬웠기 때문이며 한반도가 지리적으로 중국에 가까우면서 동시에 미국의 공격으로부터 비교적 안전한, 병참기지의 조건을 갖췄기 때문이었다. 일본은 미국과 태평양전쟁을 시작한 후, 군수산업 시설을 미군의 폭격으로부터 보호하고자 대거 본토에서 조선으로 이동시켰다. 이 기간에 일제는 일본 국민을 전쟁터에 보내거나 군수물자 생산 현장에 대대적으로 투입했다. 탄광이나 광산 등 전쟁 수행을 위한 노동에 강제 동원했고 점차 그것을 조선인에게 강요했다. 수많은 조선인이 강제 부역에 동원되어 일본으로 끌려간 것이다. 이 기간은 일본인에게도 그랬지만, 조선인에게는 잊을 수 없는 고통과 슬픔을 안겨주었다.

특히 1936년부터 1942년까지 6년간 조선 총독을 지낸 미나미 지로南次郎는 만주사변을 배후 조종한 육군 강경파의 한 사람으로, 조선인을 전쟁 수행에 적극적으로 동원했다. 그동안 총독부가 시행해온 사상 통제를 강화하는 한편 특별 고등계형사제도를 도입했고 학교에서 조선어 사용을 완전히 금지했다. 조선 내 일본인의 정치적 성격의 단체를 모두 해체했고 그들의 정치 활동도 완전히 금지했다. 1940년엔 그동안 조선어로 발간해오던 『동아일보』와 『조선일보』도 정간停刊시켰다. 1938년 한 해에만 12만 명의 조선인이 체포되었으며 반일적인 성격을 지녔다는 이유로 기독교 교회들을 폐쇄했다. 기독교인에게 일본 천황을 향한 동방예배를 강요했고 반대한 목사들은 투옥했다.[4]

1938년 미나미 총독은 병력 보충을 위해 '일본군지원특별법'을 만들어 조선인을 징병하기 시작했다. 초기엔 지원제도를 통해 지원병을 모집했지만 얼마 안 가 경찰과 총독부 관료들이 나서 각 지역의 조선 청년을 강압적으로 징병하기 시작했다. 그 후 본격적인 징병제를 시행해 조선 청년을 강제로 끌고 갔다. 더구나 전쟁 말기에는 학도병 제도를 만들어 조선과 일본의 대학에 재학하고 있던 조선인 학생들을 강제로 일본군에 입대시켰다. 그 결과 중국과 동남아시아 그리고 태평양 일대의 전쟁 지역에서 수많은 조선 청년이 자신의 조국을 침탈한 일제의 야욕에서 시작된 침략 전쟁에 강제 동원되어 억울한 희생을 치러야 했다.

식민지 근대화론의 허구

패전 후 1950년대 후반 일본에서 처음 한일회담이 개최되었을 때, 일본 대표 구보다 간이치로久保田貫一郎가 "일본의 조선 식민 지배가 조선의 근대화에 이바지했다"라는 말을 함으로써 한국 국민을 격분시켜 한일회담이 오랫동안 중단된 일이 있었다. 일본인 가운데 과거 조선총독부와 관련 있던 관리나 경찰, 군인 출신이나 그의 가족과 친척 그리고 일제의 조선 침략을 정당화하려는 보수 세력은 구보다와 같은 생각을 하는 사람이 많다고 봐야 한다. 타국을 강점해 지배하는 일에 도덕적으로 무딘 자는 피식민지 국민에게 가해진 표현할 수 없는 만행과 탄압, 그 고통에 눈감아버리고 마는 것이다.

그런 사람일수록 역사를 마치 약육강식의 현상처럼 여기는 사고방식을 갖고 있다. 한 미국 인류학자가 말한 것이지만, 특히 일본인처럼 인간관계에서 죄의식보다 부끄러움을 중요시하는 사람들은 식민 지배를 겪은 조선민족에게 죄의식을 갖기보다 '일본이 약했기 때문에 미국에 무릎을 꿇게 된 것을 창피스럽고 부끄럽게 여기는 잠재의식'을 가졌는지도 모른다.

그렇다면, 일본 제국주의 지배자들은 과연 그 후예들인 일본 보수 정객이나 지식인들이 생각하듯, 조선인에게 근대화라는 '선물'을 베푼 것일까? 그런 목적에서 조선에 공장을 세우고 농산 진흥 정책과 공업화를 추진했고 근대교육을 시행했던 것일까?

조선총독부는 일본의 조선 식민 지배에 대한 국제 여론의 비판을 의식해 대외 홍보용으로 1907년부터 1936년까지 매년 조선 총독의 이름으로 『조선 행정 연차 보고서』를 발간했다. 또, 1914년 1월에 『조선 합방 3년 후의 성과』, 1921년 7월에 『조선에 대한 신정新政』, 1930년에 『조선의 오늘』, 그리고 1935년에 『번영하는 조선』이라는 선전 책자를 서울에서 발간했다. 이 책자들은 일제의 식민 지배가 조선인에게 경제적인 혜택과 역사적 진보를 가져다주었다고 선전하는 데 역점을 두었고 인용된 통계 숫자도 사실보다 부풀려지거나 틀린 것이 많았다.

그런 홍보물이나 자료를 보고 일본정부의 조선 식민 지배를 옹호하려던 일본의 관변 학자들은 말할 것도 없지만 조선의 사정에 밝지 못했던 서구의 학자들조차 일본이 조선에서 선정善政을 베푸는 것으로 착각하기 쉬웠고 심지어 일본의 조선 식민 지배를 옹호하기조차 했다. 조선에 상당 기간 주재했던 서구의 외교관이나 기자, 심지어 일부 선교사도 일본의 식민 지배가 조선에 '필요악'이고 그것이 오히려 조선의 개화에 도움이 된다는 투의 논평을 쓰기도 했다. 그러나 다른 많은 선교사는 일본의 조선 식민 지배를 비판하는 책을 내놓았다. 그 당시 일제의 식민 지배를 철저하게 연구해 책을 쓴 조선인 학자의 수는 적었다. 더구나 그런 조선인 학자가 나오기조차 어려운 상황이었다.[5]

따라서 일제의 조선 지배 기간인 36년 동안 식민 정책의 결과를 객관적으로 평가한다는 것은 쉬운 일이 아니다. 일본 관변 학자의 연구 자료도 문제가 있으나 서구 학자가 본 일본의 조선 통치에 대한 평가도 편견이 많아 신빙성이 낮다. 그런데 서구 학자 가운데 일본의 조선 식민 통치를 날카롭게 비판하고 조선을 일본으로부터 독립시켜야 한다고 주장한 경제학자가 있다. 바로 『모던 코리아Modern Korea』(1944)의 저자 앤드류 그란젠제브 Andrew Grajdanzev다. 그는 조선총독부가 발간한 자료들을 면밀히 검토해 반론하면서 일본이 조선에서 펼친 식민 정책을 신랄하게 비판했다. 그란젠제브는 일제가 조선을 지배하고 있었던 1942년에 집필한 이 책의 제목부터 한국의 이름을 일본정부가 공식적으로 사용하던 'Chosen'으로 하지 않고 'Korea'라고 표기했다.[6]

그란젠제브는 주로 경제 자료나 통계를 분석함으로써 일제의 조선 식민 지배가 어떤 내용과 성질을 갖는지를 밝히고 있다. 특히 조선총독부가 발표한 통계자료와 일본인 학자들이나 서구 학자들이 발표한 연구 결과를 자세히 검토한 후 일제의 식민 지배가 그들이 세계를 대상으로 선전해오듯 과연 조선인에게 '자비롭고', '더 나은 삶'을 주었느냐는 데에 의문을 제기하면서 이에 대해 부정적인 결론을 내리고 있다. 이 책이 지닌 장점은 1910년부터 1940년까지의 전 기간을 포괄해 전체적 시각에서 다루고 있다는 사실이다. 그란젠제브가 정리하고 분석한 통계자료를 중심으로 일본의 36년간 조선 식민 지배가 가져온 변화의 본질이 과연 무엇인지 살펴보자.

조직적이고 계획적인 농민 수탈

1910년 당시 일본정부가 발표한 자료에 의하면 조선의 인구는 1천300만 명 정도다. 그것이 1917년에 1천600만 명, 그리고 1940년에는 2천400만 명으로 늘어난 것으로 되어 있다. 그란젠제브는 이렇게 빠른 인구 증가율은 세계 어느 곳에서도 유례를 찾아볼 수 없는 일이라며 그렇게 된 이유로 일제가 1910년 시점의 조선 인구를 약 200만 명 정도 적게 계산했을 것으로 보고 있다.[7] 전국적인 인구조사를 하지 않고 짐작으로 측정했다는 것이다. 조선에서 공식적인 인구조사가 시작된 것은 1925년부터다. 그러나 일본인이나 서구 학자들은 그보다 훨씬 이전인 1910년 당시의 인구 수치를 공식적인 통계

자료로 인정해왔다는 것이다.

조선 강점 후 30년이 지난 1940년에 나온 인구조사 결과에 따르면 조선인 인구는 2천400만 명이었고 일본인 인구는 7천310만 명으로 일본 인구는 조선 인구의 3배였다. 그렇다면 1910년 당시의 일본 인구는 조선 인구의 3배가 됐을 것으로 짐작할 수 있다. 또한, 1940년 당시도 일본의 인구밀도는 조선의 2배 이상이었다. 1910년 일본의 인구밀도도 역시 크게 다를 바 없었을 것이다. 그런데 1910년 일본이 조선을 강점하던 당시 일본은 이미 공업 국가로 변모하고 있었으며 조선은 농업 국가였다. 일본은 국내의 공업화가 진전되자 농업 종사자가 감소하면서 전체 쌀의 생산량도 줄었다. 일본에 부족한 식량을 공급할 수 있는 곳은 가까운 식민지 조선이었던 것이다. 1898년 조선에 거주하던 일본인 수는 1만5천 명이었는데 1910년 그 수는 17만 명으로 늘어났다. 식민지 조선에서 일자리를 얻으려고 일본인들이 대거 조선으로 이주한 결과였다. 그 수는 계속 늘어나 1940년 시점에 65만 명이 되었다. 직업별로 조선인과 일본인의 차이는 명확했다. 조선인의 85%가 농업에 종사했고 5.6%가 상업에 종사했다. 반면, 일본인은 11.5%가 농업에 종사했고 33.7%가 상업에, 29.3%는 관리직이나 전문직에 그리고 27.8%가 광업이나 제조업에 종사했다. 직업적 분포만 보아도 조선인과 일본인은 전혀 동화할 수 없었다. 지배 세력과 피지배 세력 사이의 골만 깊어진 것이다.

즉 조선인의 절대다수는 농민이지만 일본인의 절대다수는 관리였다. 1937년 시점에, 전체 직업 종사자 가운데 일본인 관리가 41.4%를 차지했다. 그리고 1938년에는 2차 산업에 종사하는 조선인 수는 가족을 합쳐 58만 명으로 되어 있으나 대부분 가내공업과 건설업에 종사하는 비기술직 노동자였다. 반면에 일본인은 가족을 합쳐 1만5천 명으로 그들은 조선인 노동자와는 달리 경영자, 기술자, 회계사, 관리자였다.[8]

1910년 조선이 식민지가 된 후 많은 수의 조선인이 국외로 이주했다. 주로 정치적인 이유와 경제적인 이유 때문이었다. 정치적으로는 일본의 지배에 저항하다 일본 경찰에 쫓겨 국외로 망명한 사람들이 대부분이고 경제적으로는 농사짓던 농토를 일제에 빼앗기고 생계수단을 잃은 소작인들이나 소농지주들이 만주와 러시아로 이주한 것이다. 1913년 시점에 일본에 사는 조선인은 3천 명이었으나 1940년 시점에서 그 수는 100만 명이 넘고 있다. 그들 대부분은 일본이 1932년 만주와 1937년 중국에서 전쟁을 일으키고 1941년 미국과 태평양전쟁을 시작하면서 일본 본토의 부족한 노동력을 보충하고자 강제로 끌고 간 조선인이었다. 그것을 징용徵用이라 불렀다. 비기술직 노동자, 광산 노동자 그리고 농업 노동자가 대부분이었다. 일본에 끌려간 조선인 말고도 간도를 포함한 만주에 100만 명, 러시아에 100만 명의 조선인이 이주했다.[9]

조선 강점 후 일제가 시작한 첫 번째 사업은 토지조사를 거쳐 조선인 소유의 토지를 일본인 소유로 바꾸는 일이었다. 실제로 1921년부터 1927년 사이에 일본인 소유의 토지는 24만2천 정보에서 34만6천 정보로 늘어났다.[10] 43%의 증가율이었다. 일본인 지주의 수가 늘면서 많은 조선인이 일본인 지주의 소작인이 되었다. 다음의 도표는 1918년부터 1932년 사이에 일어난 조선인의 계급 변화를 보여준다.

조선인의 계급 변화 (1918~1932) 단위: %

	1918	1929	1932
비영농 지주	0.6	0.7	1.2
기타 지주	2.5	3.1	2.5
자작농민	19.7	18.5	16.6
자작소작인	39.5	32.3	25.9
소작인	37.7	45.4	53.8
계	100	100	100

출처: Andrew J. Grajdanzev 著, 이기백 譯, 『한국현대사론』(일조각, 2006), 132쪽에서 재인용. 1939년도 『조선연감』을 분석한 자료이다.

이들 다섯 계급 말고도 화전민火田民이라 불린 농민들이 상당수 있었다. 이들 또한 1932년 그 비율이 2.0%였던 것이 1938년에 2.4%로 늘었다. 위의 도표에서 무엇보다 눈에 띄는 것은 소작인의 현저한 증가다. 이들 모두 조선인 농민들이었다. 조선 땅 반 이상이 일본인과 조선인 지주의 손에 넘어간 것이다. 극소수의 일본인과 조선인 지주가 조선 토지 대부분을 차지하게 되었으나 총독부는 지주들의 국적을 절대 비밀에 부쳤다. 그 통계를 공개한 적이 없다. 일본인 지주의 수를 알리는 것을 두려워했던 것이다.

조선의 토지 소유 현황

	명	비율(%)	소유 토지 규모(에이커)	규모(%)
지주	83,000	2.7	7,198	63.9
자작농민	502,320	16.3	2,888	25.7
자작소작인	729,320	23.6	1,174	10.4
소작인	1,583,435	51.3	0	0
화전민	71,187	2.3	0	0
농업 노동자	116,020	3.8	0	0
총계	3,085,282	100.0	11,260	100.0

출처: 앞의 책, 136쪽에서 재인용. 1937년도 조선의 토지 소유 내용을 추정한 것.

위 표를 보면 8만3천 명의 지주가 전체 토지의 63.9%를 소유하고 있음을 알 수 있다. 그들의 국적은 밝히지 않았지만 대부분 일본인이었을 것으로 짐작된다. 자작농민이 50만2천300명인데 그중에는 조선인과 일본인이 포함될 것으로 추측된다. 자작소작인 중에 극소수의 일본인도 있었겠지만 다수는 조선인이었을 것으로 짐작된다. 그렇게 보면 지주와 자작농민을 합쳐 그들이 차지한 토지는 1만 에이커[11]로 조선 전체 토지의 88%를 차지하는 것이 된다. 지주의 수가 전체 농업 인구의 19%를 차지한 것이다. 위의 수치를 놓고 보면 약 50만 명의 조선인 자작농민이 0.74에이커의 농토를 경작하고 있는 것이다. 조선인의 영농 규모가 얼마나 영세했는가를 알 수 있다.

조선 농민의 계급별 쌀 생산 분포

계급	전체 생산량(석)	1인당 생산량(석)
지주	6,486,000	11.43
자작농민	2,578,000	0.99
자작소작인	4,892,000	1.21
소작인	3,440,000	0.41
총계	17,398,000	1.88(평균)

출처: 앞의 책, 143쪽. 이 통계는 1932년을 기준으로 한 것으로 보인다. 또 하나의 자료로 山邊健太郎, 『日本統治下の朝鮮』(岩波文庫, 1976)을 참조할 것.

소작인은 지주에게 5종류의 소작료를 냈다. 현물로 내는 3가지와 현찰로 내는 2가지였다. 일반적으로 현물인 3가지 형태의 소작료를 내는 경우가 많았다.[12]

지주에게 내는 소작료

	정조定租	집조執租	타조打租
최고	58-90	50-79	50-80
보통	40-51	45-60	50-55
최저	20-39	30-44	30-50

출처: 앞의 책, 138쪽에서 재인용. 1930년도 현황이다.

소작인의 평균 소작료는 50%에서 60% 사이였다. 그뿐만 아니라 이런 소작료에 추가해 수리조합에 내는 수세水稅, 추수한 쌀을 지주가 사는 도시까지 수송하는 데 드는 비용, 쌀 검수 비용, 기타 비용을 추가하면 소작인이 내야 하는 액수는 50-60% 선을 넘었다. 더구나 대부분 지주는 부재지주不在地主였고 조선인 대리인을 두어 농장을 관리했기 때문에 그들 대리인에게도 수확의 일부를 바쳐야 했다. 그러다 보니 소작인에게 돌아간 것은 실제 수확의 20%도 되지 않았다. 한 조사 결과는 강원도에서 소작인이 얻은 실제 수확은 18% 정도였으며 김포 지역에서는 25%였다고 지적하고 있다.[13] 이처럼 소작료와 공과세금, 기타 부담금을 지출하고 난 후의 소작인의 생계가 어떠했을까 하는 것은 짐작하기 어렵지 않다. 실제로 이러한 수탈에 못 견딘 수많은 소작인이 고국을 버리고 만주로, 시베리아로 떠나는 수난의 역사를 우리는 겪어야 했다. 조선을 식량 공급기지로 삼아 무자비하게 수탈한 일제의 식민지 농업 정책 때문이었다.

조선에서 생산한 쌀의 이동 동향

연도	수확량(석)	이출	이출률(%)
1910	10,405,613		
1914	14,130,578	1,143,000	8.9
1919	12,708,208	2,800,000	22.0
1925	14,773,102	4,745,000	32.1
1927	17,298,887	6,456,000	37.3
1929	13,701,746	5,781,000	42.1
1931	15,872,999	9,027,000	56.8

출처: 山邊健太郎, 앞의 책, 108쪽에서 재인용.

여기서 이출移出은 조선 쌀을 모아 일본으로 보낸 것을 말한다. 그 양은 해가 갈수록 증가해 1931년에는 전체 수확의 절반 이상을 일본으로 보냈다. 그 후의 통계를 보면 확실하겠지만, 일제가 만주 침략을 시작으로 중국을 공격하고 이어 미국과의 전쟁에 돌입하는 1930년대와 1940년대 초까지 10년 기간에 조선 쌀의 이출은 대폭 늘어났으며 식량 부족으로 조선인은 말로 할 수 없는 굶주림을 겪어야만 했다. 실제로 그 기간 조선인은 쌀을 모두 공출供出당하고 잡곡이나 감자, 좁쌀 등 영양가 없는 곡물로 끼니를 이어갈 수밖에 없었다.

일본의 병참기지와 조선의 공업화

농업 분야의 일제 식민 정책이 조선인 농민들을 조선의 농토에서 몰아내고 조선에서 생산한 쌀의 절반 이상을 일본으로 가져가는 전형적인 식민지 수탈 정책이었다면 일본의 일부 정치가나 학자가 '일제 식민 지배가 조선의 근대화에 이바지했다'고 말할 때 내세우는 조선의 공업화의 실태는 어떠했을까?

조선의 공업화 과정을 놓고 일본인 경제학자 호리 가즈오堀和生는 세 시기로 구분하고 있다.[14] 첫째 시기는 1930년대 초반으로 일본 공장이 조선에 설립되고 일본 제품들이 들어오기 시작한 시기다. 그 결과 견직, 주조酒造, 정어리기름 제조 공장 등이 설립되었다. 두 번째는 1937년 중일전쟁을 시작한 후부터 1940년까지로 일제가 조선에서 '개발 정책'을 본격화한 시기다. 조선을 대륙 병참기지로 만들고자 댐 건설, 송전 간선망 정비, 철광 개발, 철도 확장 등 군사전략 차원에서 개발 정책을 추진한 시기다. 셋째는 1940년 이후다. 이 시기는 태평양전쟁과 중일전쟁이 교착상태에 빠져 있었기 때문에 일본제국 내의 물자가 서서히 고갈되기 시작하던 시기다. 그렇기에 식민지로부터 가장 야만적인 형태로 물자를 약탈한 시기였다.

그란젠제브가 제시한 통계를 중심으로 본다면, 1929년 당시까지도 조선에는 식품가공업이 제일 많았고 방직공장이 두 번째로 많았다. 그 외에 수리공장, 인쇄소, 주유소 등 미미한 것들이 있었다. 그 후 1931년 만주사태가 일어나고 1937년 중일전쟁이 일어나면서 일본의 침략 전쟁이 본격화하던 1938년에 조선에 화학공장을 짓기 시작했으며 그것이 1938년 시점에 조선 산업부문 전체 생산량의 3분의 1을 차지한다. 다음은 1929에서 1937년 사이의 조선 내 공장 현황이다.

조선 내 산업 시설 수

	1929	1931	1935	1936	1937
방직	241	270	377	402	426
금속	237	244	239	259	264
기계	221	235	324	344	417
도자기	318	321	336	336	346
화학	393	677	1,161	1,425	1,588
목재	153	181	240	272	311
인쇄 등	208	237	285	286	306
식품	1,958	2,173	2,326	2,258	2,273
가스/전기	75	52	51	50	40
기타	221	223	296	296	327
총	4,025	4,613	5,635	5,927	6,298

출처: Grajdanzev, 앞의 책, 373쪽에서 재인용. 日本 拓殖省『拓務統計』의 자료이다.

이 통계가 보여주듯 1931년을 분수령으로 조선은 일본의 대륙 침략을 위한 병참기지가 되기 시작했다. 우선 화학공업 시설이 눈에 띄게 늘었다. 1929년에서 1931년 사이에 화학공장은 두 배나 늘어났다. 문제는 이런 산업 시설의 주인이 누구였느냐 하는 것이다. 다음의 통계는 5명부터 200명 이상 고용한 금속과 기계공업 시설의 공장 소유주 상황을 잘 보여준다.

1939년 조선의 공장 소유주(규모별)

	금속공업		기계공업		전체 공업	
직공 수	일본인	조선인	일본인	조선인	일본인	조선인
200이상	17	1	8	1	125	15
100-199	15	7	5	1	150	38
50-99	33	10	14	3	231	135
5-49	297	229	91	161	2,040	3,731
총	609		284		6,464	

출처: 堀和生, 「1930년대 조선 공업화의 재생산 조건」, 안병직 엮음, 『근대 조선의 경제구조』(비봉출판사, 1989), 325쪽.

금속공업이나 기계공업 분야의 대규모 시설들은 일본인이 차지하고 있다. 전체적으로 보면 100명 이상의 직공을 둔 대공장의 소유주는 절대다수가 일본인이다. 이와 대조적으로 직공 수가 5명부터 49명 이내의 가내공업 시설을 소유하고 있는 사람들은 대부분 조선인이다. 그 수는 일본인의 두 배가 된다.

일본의 역사학자 야마베 겐타로山邊健太郎도 조선에서 중공업이 본격적으로 들어선 것은 만주사변 이후라고 보고 있다.[15] 조선에 중공업이 도입된 배경은 일본과 달리 '중요상업통제법' 이라는 중공업에 대한 통제가 시행되지 않고 있었기에 중공업 자본이 들어오기 쉬웠고 특히 저임금으로 조선인 노동자를 고용할 수 있다는 이점도 있었다. 1930년대 후반에 설립된 기업 수도 72개로 조선에서 조업하고 있던 전체 공업 기업 수의 35%를 차지했다.[16] 이들은 대부분이 미쓰비시三菱, 미쓰이三井, 스미토모住友 같은 일본 내의 대재벌 계열의 기업들이었으며 조선에 면방, 시멘트, 기계공업, 화학공업 등 수많은 대규모 공장을 건설했다. 조선에서의 일제의 중공업 건설은 태평양전쟁이 시작된 1941년 이후에도 계속되었고, 특히 미군의 공습을 피해 일본의 본 공장을 조선으로 이전시키기도 했다. 태평양전쟁을 치르는 동안에도 일제는 69개의 대규모 군수공장을 조선에 건설했다.[17]

또한, 조선 내 산업자본의 90%가 일본인의 것이었으며 토착적인 민족자본이 차지한 비율은 6% 정도였다.[18] 조선인이 경영하는 회사의 자본 규모도 매우 소규모의 것이었다. 조선인 회사가 우세했던 산업 분야란 고작 상업, 농림, 양조, 제약, 인쇄 그리고 부동산업 정도였다.

일본 재벌 및 산업자본의 조선 산업 지배율(%)

三井계	4
三菱계	6
住友계	2
日本窒素계	36
東洋拓殖계	11
日産계	12
鐘紡계	6
大日本紡계	2
東洋紡계	2
日鐵계	4
기타 주요 산업자본계	15
총계	100

출처: 1939년도 『조선연감』에서 재인용.

위의 자료에서 일본질소日本窒素, 동양척식東洋拓殖, 닛산日産계의 자본 비율이 높은 것은 그들이 제일 먼저 조선에 진출했기 때문이다. 동양척식은 반관반민半官半民의 회사로 일제가 조선을 강점한 직후 설립되어 조선의 농토를 매수 또는 강제 압수한 수탈 기관이고 일본질소도 북조선 지역(홍남질소 등)을 중심으로 먼저 중화학공업에 투자한 회사이며 닛산도 조선과 만주에 가장 먼저 진출한 산업자본이었다.

일본의 산업자본의 진출과 함께 규모는 작지만 상당수의 일본 상업자본도 조선에 진출했다. 이들은 주로 개인 중심의 회사를 설립했고 조선에서 재산가로 성장할 수 있었다. 또한, 조선인으로 개인 회사를 설립해 부를 축적한 대표적인 인물로 민대식, 박홍식, 김연수 등을 꼽을 수 있다. 그러나 전체적으로 볼 때 조선에서의 일본의 산업자본의 지배 비율은 90%에 가까웠지만 조선인 자본 지배 비율은 6% 정도에 불과했다. 그것도 일본 자본의 조선 진출에 협력하면서 형성된 것이었다.

일제가 조선에 중공업 시설을 건설한 동기가 어디에 있으며 그것으로 혜택을 입은 자가 누구인가는 명백하다. 일제가 조선에 세운 공업 시설이, 조선을 근대화시키는 데 이바지했다고 주장한 일제 식민 지배 옹호론자들의 주장은 터무니없다. 조선 내에 있는 광물을 원료로 하고 저임금으로 조선인을 고용하면서 커다란 이윤을 얻고자 일본의 대재벌들이 다투어 조선에 진출한 전형적인 식민지 수탈 현상이 곧 일제의 조선공업화 정책의 실태였던 것이다.[19]

일본의 조선인 신민 교육

제국주의 국가 일본은 천황이라는 신격화된 존재를 숭상한 전제주의 국가이기도 했다. 따라서 백성은 근대적 국가의 시민citizen이 아니라 전근대적 개념에서의 왕의 사유물이나 다름없는 신민臣民이었다. 천황은 신민의 생살여탈권을 가진 절대자였다. 신민으로서의 백성의 운명은 전적으로 천황의 뜻에 달렸다. 일사분란하게 국가와 사회를 통제해야 하는 제국주의자들에겐 이처럼 전근대적이면서 비이성적인 통치체제가 필요했던 것이다. 따라서 일본의 과두지배 세력은 초등학교 때부터 천황을 위해 목숨을 초개처럼 버리는 충성스러운 신민이 되도록 강요했고 또 그렇게 교육을 시켰다. 이들은 사상교육과 정신교육을 강조했으며, 모든 학교를 충성스런 신민을 길러내기 위한 정신적인 도장道場으로 활용했다.

그런 제국주의 국가를 운영하던 과두지배 세력이 조선을 강점했으니 조선에서 행한 교육의 목적이나 방향이 어떠했겠느냐는 쉽사리 짐작할 수 있다. 그들이 추구한 것은 조선민족을 말살시켜 일본인 일부로 동화시키는 것이었다. 그래야 조선이 영원히 일본 영토의 일부로 남을 수 있었기 때문이다.

일제의 그러한 정치적 의도는 을사늑약을 강요한 1905년 시점부터 본격적으로 드러나기 시작했다. 조선에는 이미 1894년경부터 서양 기독교 선교사가 세운 여러 개의 미션스쿨mission school 형태의 근대식 학교가 있었다.

그 후 조선인이 설립한 학교 수도 늘어나게 되었으며 교육을 통해 조선의 자주독립을 지켜야 한다는 교육입국 운동이 전개되고 있었다. 그러나 일제는 을사늑약 체결 직후인 1906년부터 조선 내의 학교 운영에 간섭하기 시작했으며 일본인의 지도로 소학교 교육제도와 교과서 검정을 일본 본토의 문부성文部省 담당 아래에 두도록 했다.[20]

모든 사립학교의 설치는 총독부의 허가를 받아야 했고 모든 학교에서 총독부가 만든 교과서를 써야 했다. 조선 내의 학교 운영에 대한 결정과 통제를 일본 문부성이 직접 관장했고 문부성의 지침을 어긴 학교는 폐쇄했다. 또한, 총독부는 교사 임용권을 쥐고 교사의 인품과 학력을 심사해 반일反日적인 교사의 임용을 원천적으로 봉쇄했다.

일본 천황의 충성스런 신민으로 길러내기 위한 조선의 교육 정책은 총독부가 일본에서 수천 명의 일본인 교사를 조선으로 불러오면서 본격적으로 시작됐다. 일본 본토에서 받는 봉급보다 높은 봉급을 받게 된 일본인 교사들은 대부분 총독부가 세운 공립학교(주로 소학교)에 배치되었다. 그러면서 총독부는 일제의 식민 정책에 방해되던 선교사가 세운 사립학교를 온갖 통제와 간섭을 통해 폐쇄시켜나갔다. 선교사와 조선인이 설립한 중학교의 수는 1917년 230개였으나 1937년에는 34개의 중학교와 3개의 전문학교만 남게 되었다.[21]

조선인을 일본의 충성스러운 신민으로 교화하고자 어린아이 때부터, 즉 공립소학교에서부터 일본에 대한 애국심을 주입했다. 그런 공립학교에 취학한 조선인 아동 수는 1910년 1만6천 명 정도였으나 1918년에는 그 수가 9만5천 명으로 증가했다. 8년 사이에 9배로 늘어난 것이다. 소학교 수도 1922년에는 3개 면에 하나 정도였으나 1945년에 그 수는 1개 면에 하나로 크게 증가했다. 반면에 조선인에 대한 전문교육이나 대학 수준의 교육은 정책적으로 통제했다. 조선인 기술자와 전문 직업인 양성을 막은 것이다. 고등교육을 받은 조선인이 많을수록 반일 세력이 늘어날 것을 우려했기 때문이었다.

일제는 일본인 교사를 앞세워 학교에서 조선어 사용을 금지하고 일본어만을 사용하도록 했다. 1938년까지는 조선어와 일본어를 병용하다가 그 후 조선어 사용을 완전히 금지했다. 일본 제국주의 사상을 주입시키고자 철저한 세뇌 공작을 한 것이다. 일본 천황에 대한 충성을 강조하면서 조선인 모두에게 '황국신민의 서사(맹세)'라는 글을 외우도록 했으며, 일본의 명절을 강요하고 공식적인 회의나 식장에서 일본 천황이 친히 내렸다는 '교육칙어'라는 글을 읽도록 했다. 그 모두가 조선인으로부터 '조선'이라는 의식과 민족 감정을 말살하고 일본 제국주의와 일본 천황에 대한 충성심을 주입시키려는 고도의 식민 지배 정책에서 나온 것이었다.

일제의 식민 지배를 정당화하려는 일부 어용학자들이나 보수 정객 그리고 과거 조선총독부 관리를 지낸 세력은 일제가 조선을 식민 지배하는 동안 조선인에게 교육을 제공해 조선인을 '개화'시키는 데 공헌했다고 주장하고 있으나 일제의 식민 교육을 조선인의 개화를 위한 자비로운 처사였다고 보는 사람은 없다. 그것은 어디까지나 순탄한 식민 지배를 위해 취해진 정책이었으며 조선인의 황국신민화, 조선인을 일본에 동화시키고자 취한 고도의 수단이었다. 그래서 조선인을 교육하되 높은 수준의 교육이 아니라 일제의 목적에 필요한 수준의 교육만을 했으며 극히 제한된 범위에서 전문 지식을 가르치거나 기술 교육을 한 것이다.

일제가 조선에 거주하던 일본인과 조선인에 행한 교육 차별을 보면 일제가 조선인의 개화를 위한 교육을 했다는 주장이 얼마나 과장되고 거짓된 것인가를 알 수 있다. 다음의 도표들은 일제가 조선을 지배하던 기간에 조선 거주 일본인과 조선인에 대한 차별이 어느 정도였는가를 보여준다.

등록된 전체 학생 수(단위: 천 명)

학교 유형	1910	1919	1930	1937
초등학교(일본인)	15.5	42.8	67.4	89.8
보통학교(조선인)	20.1	89.3	450.5	901.2
중학교 (일본인)	0.2	2.0	5.8	7.8
고등보통학교(조선인/일본인)	0.8	3.2	11.1	15.6
여자고등학교(일본인)	0.5	1.9	8.3	11.9
여자고등학교(조선인)	0.4	0.7	4.4	7.1
사범학교	.	.	1.3	3.8
공업학교	1.0	2.8	12.1	20.3
초등공업학교	0.1	1.7	3.2	6.3
전문학교	0.4	0.9	2.5	4.0
대학예과	.	.	0.3	0.4
대학교	.	.	0.6	0.5
비정규학교(단기 과정 포함)	71.8	39.2	47.5	142.6
총계	110.8	184.5	614.4	1,211.4*

* 단기 초등 과정 포함

출처: Grajdanzev, 앞의 책, 320쪽에서 재인용.

위의 통계는 1910년부터 1937년까지 27년 사이에 총 학생 수가 11배 늘어난 것을 보여준다. 일제의 조선 강점이 없었더라도 조선인의 교육열로 보아 그런 정도의 학생 수 증가는 가능했을 것이지만 일제 지배 아래서 조선의 교육에 변화가 일어나고 학생 수가 는 것은 사실이다. 그런데 위의 통계를 자세히 보면 일본인 학생 수와 조선인 학생 수에 큰 차이가 나고 있음을 알 수 있다. 우선 초등학교 학생은 일본인 아동은 누구나 다 초등학교에 취학하고 있는 데 비해 조선인 아동은 세 명 중 하나만이 초등학교에 다니고 있다. 조선인 아동의 60%는 초등교육도 받지 못한 것이다.

중등학교 재학생 수(1939)

일본인 학생	21,266명
조선인 학생	28,878명
총계	50,144명

출처: 앞의 책, 321쪽에서 재인용.

초등학교에 재학한 일본인 학생 수는 전체의 7.1%이고 중학교 재학 중인 일본인 학생 수는 전체 중학생 수의 42.2%이다. 일본인 가운데 중학교에 다닐 수 있는 적령자의 과반수가 중등교육을 받은 반면, 조선인 적령자 가운데는 20명 또는 30명 중 1명만이 중등교육을 받은 것이다.

전문(직업)**학교 재학생 수**(1939)

일본인	7,854명
조선인	26,155명
총계	34,009명

출처: 앞의 책, 321쪽에서 재인용.

위의 표로 볼 때 일본인 학생보다 조선인 학생 수가 많다. 그러나 조선인 학생 수에는 농업학교 학생 수가 포함돼 있다. 농업학교에 입학한 일본인 학생은 적었기 때문에 이 도표에서는 마치 조선인들이 더 많은 전문교육의 혜택을 받는 것으로 나타난다. 그러나 농업학교 재학생 수를 빼면, 전문교육에서도 일본인과 조선인 학생 사이에 현저한 차이가 드러난다.

농업학교를 제외한 전문(직업)**학교 학생 수**(1939)

일본인	6,923명
조선인	13,924명
총계	20,847명

출처: 앞의 책, 321쪽에서 재인용.

일제강점기의 조선은 만성적인 춘궁기에 시달리고 있었다. 농민의 8할에 해당하는 소작인은 식량 부족과 부채의 중압으로 농사지을 의욕을 상실하고 있었다. 사이토 총독의 뒤를 이어 총독에 부임한 우가키 가즈시게宇垣一成는 총독부를 중심으로 농촌진흥 운동을 추진했으며 그 과정에서 농업학교를 늘여나갔다. 그러나 일제치하에서 조선의 농업학교나 농업계 전문학교는 후진적 수준에 머물러 있었다. 그것도 1년 정도의 단기 교육과정이 대부분이었다. 그러나 만주사변이 일어난 후 조선을 병참기지로 개발하려는 계획을 추진했을 때, 일제가 직면한 문제는 숙련 노동자의 부족이었다. 조선인 전문교육을 통제해온 총독부의 정책이 가져온 당연한 결과였다.

대학생 수(1939)

일본인	4,674명
조선인	6,313명
총계	10,987명

출처: 앞의 책, 322쪽에서 재인용.

대학에 재학한 조선인들의 수는 사범학교나 대학예과 재학생을 포함한 것이다. 그런데 이런 불균형은 당시 조선의 최고 학부라 불리던 경성제국대학교의 재학생 수에서 더욱 극명하게 나타나고 있다.

경성제국대학교 재학생 수(1939)

일본인	350명
조선인	206명
총계	556명

출처: 앞의 책, 323쪽에서 재인용.

이 대학의 재학생의 다수는 일본인 학생들이다. 당시 조선의 입학제도는 일본인 학교나 조선인 학교나 같았다. 시험을 치고 성적순에 따라 입학했다. 조선인 학교나 일본인 학교는 다 같은 교과서를 쓰고 같은 교과과정을 이수하고 있었다. 그런데 왜 조선에 살던 일본인 인구는 전체의 2.9%였는데 중등학교에 재학하는 일본인 학생 수는 조선인 학생 수와 같고 더구나 전문학교와 대학교에 재학하는 일본인의 수는 조선인 학생 수보다 많은 것인가? 조선 학생이 실력이 모자라서 그런가? 아니면 고의적으로 조선 학생의 입학을 봉쇄한 것인가? 차별대우를 받을 정도로 조선 학생이 일본 학생보다 열등했던가?

이러한 총독부의 교육 차별 정책을 극복하고자 조선인들은 수많은 사립학교를 세워 조선인 학생을 교육했다. 일제강점기에 조선인의 교육에 개선과 발전이 있었다면 그것은 총독부의 시책에 의한 것이 아니라 조선인들 자신의 노력에 의한 것이었다.

사립학교 재학생 수(전국 학생 수의 %)

초등학교	2.5
중등학교	26.2
전문학교	15.5
대학교	56.5*

* 관립사범학교를 제외한 수
출처: 앞의 책, 325쪽에서 재인용.

이 숫자에 의하면 중학교 재학생 중 4분의 1 이상의 조선인 학생이 사립학교에서 교육받았으며 조선인 대학생 가운데 과반수가 사립대학에서 교육을 받았다. 만일 총독부가 사립학교에 대해 그처럼 철저하게 통제하지 않았다면 조선 내의 사립학교의 수는 더 많아졌을 것이다. 일제강점기의 조선 여성에 대한 교육도 큰 제약을 받았다.

남녀별 학생 수(1939)

	여	남
초등학교	306,000	912,067
중등학교	9,535	19,343
전문(직업)학교	915	25,240
전문대학(사범)	1,131	5,182
대학교(경성제대)	.	206

출처: 1941년도 『조선연감』에서 재인용.

조선인에 대한 일제의 교육 차별 정책은 학생 수에서만 아니라 교사 처우에서도 명백하게 나타났다. 일본인은 우대하고 조선인은 철저하게 차별한 것이다. 초등학교를 제외한 모든 학교에서 일본인 교사의 수가 조선인 교사의 수를 능가하고 있다.

조선인과 일본인 교사 수

	조선인 교사	일본인 교사
초등학교(조선인 학교)	8,520	5,745
공립 중학교	112	446
공립 전문대	70	184
대학교	145	474

출처: 1941년도 『조선연감』에서 재인용.

일제는 일본인을 위해 별도로 초등학교를 세웠고 중학교도 따로 설립했다. 그리고 조선인 학생만으로 구성된 초등학교를 전국에 설립했다. 그런 초등학교에 일본인 교사를 배치한 것이다. 그런데 초등학교 교사 가운데 일본인 교사와 조선인 교사의 수를 보면 재조선 일본인의 인구로 볼 때 일본인 교사의 수가 압도적이다. 그뿐 아니라 일본인 교사는 조선인 교사보다 더 많은 월급을 받았다. 1938년, 일본인 초등학교 교사는 월 99엔을 받은 데 비해 조선인 교사는 56엔을 받았다. 일본인 여교사는 81엔을 받은 데 비해 조선인 여교사는 47엔을 받았다. 조선인이 받은 급료는 당시 인력거를 끌던 근로자와 같거나 그보다도 적었다.[22]

일제가 그처럼 많은 수의 일본인 교사를 배치한 이유는 무엇일까? 물론, 그런 일본인 교사 가운데는 일본 본토에서 직장을 못 구해 조선으로 이주해 온 사람도 있었을 것이다. 그러나 그것은 일제가 높은 급료를 주면서 조선에 일본인 교사를 정책적으로 유치해온 결과다. 조선인을 어릴 때부터 일본 국민으로 만들고자, 일찍부터 황국신민으로 키우고자, 의도적인 정치사회화 과정(교육)을 실시한 것이었다.

집에서 조선인 부모 밑에서 조선어를 쓰고 조선인으로서의 정서를 유지할 가능성이 많은 조선인 아동에게 일본인 교사가 주관하는 초등교육제도 안에서 일본 문화와 정신을 주입하려 한 것이다. 그 결과 많은 조선인은 자신도 모르게 정체성을 상실하고 일본 문화와 정치사상의 영향을 받게 된 것이다. 그것은 분명히 조선인을 위한 교육이 아니었다. 천황의 신민으로 살아가게 하기 위한 계획된 식민 지배 교육이었다.

자유를 향한 위대한 항거와 무자비한 탄압

일제는 조선을 강점하자마자 일제에 저항하는 조선인을 무자비하게 학살했다. 첫 번째 학살은 을사늑약 전후에 벌어졌다. 을사늑약이 체결되자 전국 각지에서 의병이 창과 칼을 들고 궐기했고 일제와 의연히 맞서 싸웠다. 일본은 근대화된 군대를 동원해 이들을 무자비하게 진압했다.[23] 일본 측 통계를 인용한 그란젠제브는 1907년부터 1908년 사이에 1만4천566명의 조선인이 살해되었고 8천728명이 투항했다고 쓰고 있다.[24] 이 숫자는 일본 측이 공표한 것인 만큼 실제의 수는 이보다 훨씬 컸을 것으로 짐작된다. 그란젠제브는 일본군과 의병 사이의 전쟁을 "근대적인 기관총으로 무장한 일본군과 중세기적인 창과 칼로 무장한 의병 사이의 싸움"이었다고 표현하고 있다.

그 후 일제가 조선을 완전히 강점한 경술국치가 일어난 1910년부터 1911년 사이에 의병과 일본군 사이에 52회의 전투가 있었다. 의병들 다수가 투항했지만 산악지대를 중심으로 항쟁은 계속되었다. 또 상당수의 의병 세력이 국경을 넘어 만주로 피한 가운데 일본군의 잔인한 토벌로 조선 내의 저항 세력의 힘은 약화하고 말았다.

그처럼 무력으로 강점한 일제는 역시 무력으로 조선인을 통치하는 데 주력했다. 1910년 경술국치 후 조선 총독으로 부임한 일본군 육군대장인 데라우치 마사타케寺內正毅(1910-1916 재임)는 그런 역할을 담당하기에 적당한 자였다. 철저하게 조선을 강권에 의존해 통치한 사람이었다. 그는 일제에 항거하던 조선 내의 모든 반일 세력을 무자비하게 탄압했다. 그가 총독으로 취임할 즈음, 이미 무력투쟁을 전개하던 조선의 의병 세력은 크게 약해져 있었다. 남아 있는 항일 세력은 합방에 반대하던 조선인 지도층과 그들을 따르는 조선 내의 반일 세력이었다. 데라우치는 일본군 헌병대와 경찰 조직으로 그 세력을 제압하려 했으며 자신을 암살할 음모를 세웠다는 구실로 '105인사건'을 조작해 120명의 조선인을 무자비하게 고문하고 구속했다.

이 사건은 안창호의 주도로 만든 조선인 800여 명으로 구성된 신민회新民會를 해체하고자 일제가 꾸민 일로 유동열·윤치호·양기탁·이승훈 등 민족주의자 600명을 검거하여 그 중 105명을 기소한 탄압 사건이었다. 그 과정에서 온갖 고문을 가했으며 그 중 몇 명은 고문으로 즉사했다. 안창호·이동녕·이동휘 등은 체포되기 전 중국·러시아·미국 등지로 도피할 수 있었다.

조선총독부는 사법제도를 내세워 일제에 반항하는 조선인을 잡아 가두거나 조선인 지식인을 탄압하기 위한 수단으로 삼았다. 지방법원에서는 판사 1인에게 단독으로 재판할 수 있는 불법적인 권한을 주었으며 헌병과 경찰이 마음대로 법 위에서 조선인을 구속하고 처벌할 수 있었다. 조선인 판사는 있었으나 검사는 없었다.

법원에는 서기나 통역으로 전체 인원의 3분의 1 정도의 조선인이 있었으며 조선인 판사나 서기 또는 통역은 오직 조선인이 피고일 경우에만 그의 직무와 권한을 행사할 수 있었다. 한 마디로 법으로서의 공정성과 정의를 무시한 사법제도였다. 그것은 일제가 조선인들을 억압하고 탄압하는 것이 마치 합법적인 것처럼 대외적으로 선전하고자 만들어낸 수단에 불과했다. 그런 사법제도 아래에서 억울함을 당한 조선인들이 호소할 수 있는 기관이나 제도는 아무 데도 없었다.[25]

일제는 경술국치 이전인 1907년부터 서울에 경무총감부를 설치하면서 일본 헌병과 경찰 2천 명을 각 지역에 배치했다. 그리고 조선인 불량배 4천 명을 헌병 보조원으로 모집해 경찰과 헌병의 정보원으로 활용했다. 각 시도에 배치한 헌병과 경찰관을 합친 수는 1만6천여 명이었다. 조선인은 순사보巡査補나 헌병 보조원으로 기용되었으나 일본인의 지휘를 받아 조선인을 감시하는 역할을 충실하게 수행했다.

그중에서도 조선인 순사보나 헌병 보조원들이 조선인에게 행한 횡포나 만행은 조선인 사이에 심각한 불신과 증오심을 조성하는 결과를 가져왔다. 항일운동이나 국외의 독립운동과 연계된 조선인을 색출하는 과정에서 그들의 가족이나 친척을 잡아다가 고문하고, 같은 동네 사람이나 이웃에게 숨어 있는 항일운동가를 밀고하도록 협박하기도 했다. 조선인 사이에 서로 배신과 배반 행위를 조장함으로써 그들 사이에 지을 수 없는 원한 관계가 생기는 등 상호 불신과 증오의 골이 깊어갔다.

그렇게 조선인을 친일과 반일의 두 세력으로 갈라놓아 민족적인 분열을 조장한 것이다. 일제의 악랄한 식민 지배 방식으로 뿌려놓은 조선인 사이의 배반, 불신, 적대적 관계는 일제강점 기간에 국한된 게 아니라 일제가 물러난 후에도 해방 조국의 조선인들 사이에 뿌리 깊은 상호 불신과 증오를 남게 했다.

일제의 두 번째의 대학살은 3·1운동 당시와 그 직후에 일어났다. 무단통치자로 악명 높았던 데라우치가 1916년 일본정부 총리로 임명되어 사임하고 그 후임으로 조선 주둔 일본군 사령관으로 있었던 하세가와 요시미치長谷川好道 육군대장이 총독에 취임했다. 그 역시 데라우치처럼 무자비한 억압과 통제로 조선을 통치하다가 1919년 항일 3·1운동을 맞게 된 것이다. 항일독립운동이 전국적인 규모로 번지자 하세가와는 헌병대와 경찰 조직으로 진압하기 시작했다. 그 과정에서 수없이 많은 조선인이 일제의 총칼에 의해 무참하게 살해되었다.

그 당시 일제의 조선인 학살의 진상은 박은식이 수집한 외국 기사와 조선에서 선교 활동을 했던 미국 선교사들이 미국 상원에 제출한 문건에 상세하게 수록되어 있다.[26] 그중 『차이나 프레스』의 북경 특파원이었던 너대니얼 페퍼Nathanael Pepper가 쓴 「조선의 진상」이라는 기사는 3·1운동 얼마 후 조선에 1개월간 머물면서 여러 사람을 면접한 내용을 실은 것으로 3·1운동 후 일본 경찰과 헌병대에 잡혀 가진 고문을 당하면서도 의연하게 대처한 조선인들의 모습과 태도를 다음과 같이 서술하고 있다.

"명기할 것은 이것이 반역이요, 전 국민적 반역임에도 극소수의 사람을 제외하고 조선인 측에서는 평화적 반역이었다는 사실이다. 군중이 저절로 생겨나 가로에 행진하고 만세를 외쳤다. 그것밖에 다른 것은 없었다. 그들은 누구에게도 선동을 받은 바 없었다. 서로 참고 참다가 못 견디는 마음 때문에 자연 발생적으로 모여들었던 것이다. 아무 무기도 갖지 않았다. 경관, 헌병대, 군대의 곤봉이나 총검의 공격이나 장총의 사격에도 조선인들은 돌 하나 던져 대항하지 않았다. 그런데 이 봉기에서 무장봉기 이상의 영웅적인 기개를 볼 수 있었다. 무리를 진 노동자들이 경찰서에 쇄도해 체포하라고 요구했다. 학생들은 가슴을 내밀고 총검 앞에 뛰어들었다. 경관은 창으로 찌르고, 검으로 베고 발로 차면서 그들을 죽였다. 그러나 군중 속에서 만세 소리는 끊이지 않았다. 맨 앞줄에 섰던 사람들을 헌병 기마대가 짓밟으면 그다음 줄의 사람들이 나서서 만세를 외쳤다. 그들은 자기들의 행동에 따르는 처벌이 무엇인가를 잘 알고 있었다. 고문 그리고 심지어 죽음이 자기들을 기다리고 있음을 알고 있었다. 그러나 그들에게서 겁먹음이나 두려움은 볼 수 없었다. 첫 열이 쓰러지면 새로운 열이 형성되어 일본군을 향해 전진해갔다. 오직 만세를 외치고 태극기를 흔들면서 전진하고 있었다. 아무 저항 수단도 없이, 앞에 놓인 무서운 운명을 알면서도 두려움 없이, 후회하는 일 없이, 돌진해간 이들. 이들의 용기 이상으로 더 멋있는 용기, 아니 더 영웅적인 용기를 생각할 수 있을까? 그것은 잃어버린 희망에 대한 조선인의 장엄한 몸부림이었다."

그렇게 독립 만세를 외치면서 무수한 조선인이 일경과 헌병대 그리고 일본군의 총칼에 의해 쓰러져갔다. 박은식이 집계한 자료에 의하면, 3·1운동 때의 집회 수는 1천542회에 이르고 참가 인원은 2백2만1천 명이었다. 사망자의 수도 7만509명에 달했다. 그 외에 총상을 입거나 상처를 입은 자의 수도 1만5천 명에 달했다. 일경과 헌병대에 의해 체포되어 갇힌 사람의 수는 4만6천 명이었다. 불에 탄 교회 수가 47개였으며 715호의 민가가 전소됐다.[27]

3·1운동은 학살 규모에서 다른 제국주의 국가의 식민 지배 역사에서 유례를 찾아보기 어려운 잔인한 사례다. 그러나 그것은 조선인에게 절망을 넘어 서로 하나가 되게 한 위대한 항일운동이었다. 거족적인 운동이었고 과거 조선 역사를 통해서 어느 때에도 볼 수 없었던 치밀하게 짜인 조직망을 통해 자발적으로 극비리에 중앙에서 지방으로 퍼져 추진된 운동이었다. 그리고 가장 중요한 것은 그 운동을 이끈 지도자들이 양반 계급 출신이 아니라 서민 출신의 인사였다는 사실이다. 즉 구한말의 고관대작 출신으로 구성된 지도층이 아니라 서민 출신의 새로운 지도층에 의해 추진된 운동이었다. 그리고 그것이 정치인들이 아니라 종교 지도자들의 행동으로 시작되었다는 것도 신선한 충격을 주었다.

3·1운동을 분수령으로 조선인들의 항일 투쟁은 더욱 조직적으로 변했고 활기를 띠어갔다. 1919년 조선 총독으로 부임해온 사이토 마코토에게 폭탄을 던진 강우규, 그리고 그 후 일본군 시라카와 요시노리白川義則 대장 등 여

러 요인을 폭사시킨 윤봉길 등의 항일 투쟁이 계속되었다. 또한 3·1운동 이전에 이미 만주를 중심으로 무장 항일 단체들이 결성되어 일본군과 무력투쟁을 전개하고 있었다. 김좌진과 이범석이 이끈 독립군이 청산리 전투에서 세운 혁혁한 승리도 있었다. 러시아의 연해주에서도 이동녕을 비롯한 여러 지도자에 의해 수많은 조선인 단체들이 결성되어 독립운동을 전개하고 있었다.

한편 3·1운동 직후 이승만·김구·안창호·이동휘 등이 3·1운동에 크게 고무되어 중국 상하이에 모여 1919년 봄부터 여름에 걸쳐 조선임시정부를 수립하기도 했다. 그뿐 아니라 국내에서도 1925년 서울에 조선공산당이 결성되었다. 그리고 1927년 조선공산당은 민족주의적 세력과 합세해 총독부의 승인 아래 신간회新幹會라는 단체를 결성했다.

대대적으로 무력을 동원해 3·1운동을 진압한 일제의 만행으로 국내의 항일운동은 일시 후퇴할 수밖에 없었다. 그리고 3·1운동 후 가담자에 대한 대대적인 검거가 잇따랐고 많은 조선인 지도자들이 투옥되었다. 그런 상황 속에서 좌절되고 무산되기 쉬운 항일운동의 맥을 이어가기 위한 시도가 1927년에 신간회新幹會라는 조직의 결성으로 나타났다. 당시 조직적인 세력으로 등장하기 시작한 좌파 세력인 공산당과 천도교를 포함한 우파의 민족주의적 세력이 공동으로 조직을 결성할 수 있었던 것은 3·1운동 이후 일제가 조선에서 시행한 유화정책인 이른바 사이토의 '문화정치' 때문이었다.

그러나 신간회의 활동은 오래가지 못했다. 1929년 '광주학생항일운동'이 터지자 신간회 회원들은 배후에서 학생들을 지원하면서 3·1운동으로 끊어진 항일 투쟁의 불을 다시 지피려 했다. 그 과정에서 광주학생항일운동을 확대 강행하려던 좌파와 합법 운동에 역점을 두려던 우파 사이에 갈등이 깊어졌고 결국 1931년 신간회는 해산했다. 좌파와 우파 사이의 대립이 표면화된 첫 사례가 된 것이다.

조선에 좌파 세력이 형성된 것은 1920년 초다. 동경 유학생들이 돌아와 '동우회선언'을 발표하고 사회주의 이념을 전파하기 시작했다. 같은 해 12

월 코민테른[28] 내에 '고려국'이 설치되어 국내외의 사회주의 운동을 원조하기 시작한 것이다. 1920년대 일본 사회는 매우 불안한 상태에 있었으며 그곳에서 유학하던 조선인 학생 중에 마르크스주의에 심취한 학생들이 많았다. 일부 일본인 중에도 일본 사회에 불만을 품은 급진주의자들이 조선에 들어와 서울이나 대구 등지에서 교직을 가진 채 마르크스주의를 가르치기도 했다.

그렇게 1920년대 조선에는 기독교에서 마르크스주의, 나치주의, 허무주의, 민주주의, 국수주의에 이르기까지 온갖 종류의 종교와 사상이 흘러들어왔다. 그처럼 다양한 사상을 추종하는 세력들이 모여 결성한 신간회가 조선의 독립이나 장래 문제 같은 장기적 시각의 정책을 구상하고 행동한다는 것은 불가능한 일이었다.

억압과 항쟁 속에 싹튼 좌우 분열

36년간 일제의 조선 식민 지배가 남긴 것은 무엇이었냐는 질문으로 되돌아가보자. 그것이 남겨놓은 유산은 여러 가지일 것이다. 정치 경제에서부터 정신 문화에 이르기까지 이루 말할 수 없이 많다. 일제는 정치적으로 조선에 가장 억압적이고 중앙집권적이며 전제적인 행정체제인 총독부를 세워놓았다. 천황이 임명한 총독은 경찰과 헌병 조직의 지원 아래 고도의 중앙집권적 강권 통치를 펼쳤다. 이는 관료주의의 탈을 쓴 폭력적인 권위주의를 우리에게 남겼다.

물론 조선조도 중앙집권적인 체제였다. 그러나 일제가 만든 조선총독부 조직은 서구식 관료제를 제멋대로 식민 지배 구조에 결합시킨 고도의 중앙집권적이고 전제적인 정치 행정 구조였다. 소수 조선인을 행정에 참여시켰지만 그것은 철저히 조선을 착취하고자 고안한 속임수였으며, 조선인 내부의 갈등을 증폭시킨 결과를 낳았다. 또한 일제의 중앙집권체제는 고도로 형식주의적이고 상하 위계적인 관료주의가 가진 여러 가지 병폐를 우리에게 남겼다. 해방 후의 조선은 그 조직 운영에 가담했던 일부 조선인과 함께 그것을 그대로 물려받았다. 그것은 해방 후 이승만 정권을 시작으로 억압적 성격을 지닌 역대 정권의 통치기구의 골격으로 남아 집권층을 뒷받침했다.

일제가 직접 나서지는 않았지만, 일제는 1920년대부터 조선인의 항일운동을 교묘하게 분열시키는 정책을 펼쳤다. 각 단체끼리 상호 배타적인 사상적 대립을 조성하는 데 일조한 것이다. 좌파와 우파의 대립이 형성되었고 그것이 국내에서만 아니라 재외 조선인들 사이에서도 사회주의 세력과 민족주의적인 우파 세력 간의 대립과 연계되어 독립운동에 혼선과 갈등을 가져오는 요인이 되기도 했다.

해방 후 조선은 미국과 소련이 후원하는 두 개의 정권을 중심으로 남북으로 갈라지는 민족적인 비극을 맞이했다. 따져보면 일본의 식민 지배라는 태생적인 악이 가져온 결과다. 그뿐 아니다. 두 정권은 날카롭게 대립하다가 북한을 장악한 김일성이 소련과 중국의 지원을 받아 남한을 침공해 수백만의 인명을 앗아가는 전쟁도 겪었다.

경제적으로 일본이 조선을 근대화시키고 개발시켰다는 주장이 허구적이라는 점은 지적한 바 있다. 개발이 있었다 해도 그것이 조선인을 위한 개발은 아니었으며 그나마 일제가 조선에 건설한 산업 시설들은 한국전쟁 중 완전히 파괴되었다. 한국의 경제개발은 1950년대 후반부터 발동하기 시작했으며 그것이 1960년대로 이어졌던 것이다. 그리고 박정희 정권에서 추진되었던 경제개발에는 일본으로부터의 자본뿐만 아니라 여러 선진국으로부터의 지원과 자본 도입이 있었으며 특히 양질의 노동력과 잘 훈련된 기술 인적자원의 존재가 결정적이었다. 착취로 일관한 일제가 조선의 개발에 이바지했다면 그것은 조선을 일제의 대륙 침략 병참기지로 쓰려는 것이었을 뿐, 그것으로 조선인이 얻은 혜택은 매우 미미한 것이었다.

일제가 조선에서 한 것 중 가장 저주받아야 할 것은 조선인을 무참히 학대하고 차별했다는 사실이다. 일제는 조선인의 인권을 완전히 짓밟고 정신적으로 커다란 상처와 고통을 주었다. 그리고 더 나아가서 조선인의 민족성을 말살하려 했다. 조선 사람들의 성을 일본식 이름으로 바꾸고 조선 문화를 말살하고 그 대신 일본 문화로 조선인을 동화시켜 일본인으로 만들겠다는 망상이 빚은 비극이었다.

일제의 식민 통치 기간에 조선인들은 3·1운동과 같이 누가 지시해서 시킨 것도 아닌데 자발적으로 전 민족이 혼연일체가 되어 일제로부터의 독립을 외쳤던 위대한 역사를 남겼지만, 일제의 지배와 분리라는 통치 방식 때문에 서로 반목하고 불신하며 증오하는 비극적인 유산을 남기기도 했다. '해방정국'이라 불리는 1945년에서 1948년까지에 벌어진 이념 대립과 좌우 정치 세력 간의 처절한 싸움의 씨는 이미 일제 식민 통치 시대에 뿌려진 것이다.

1 한우근, 『韓國通史』(을유문화사, 1970), 참조. 일제의 한국 침탈에 대한 자세한 서술이 나와 있다. 일본인 학자가 쓴 근래에 나온 책으로, 海野福壽, 『韓國併合』(岩波新書, 1998)이 있다. 일본의 조선강점을 다루고 있다. 주로 일본 자료를 중심으로 한 연구이지만 일본이 한국을 강점하기까지의 역사를 매우 소상하고 밀도 있게 다루고 있으며 일본의 식민 지배에 대해 기본적으로 비판적이다. 두 명의 한국인이 미국 대학에 제출한 박사논문을 묶어낸 책으로 C. I. Eugene Kim & Han Kyo Kim, *Korea and the Politics of Imperialism; 1876-1910* (Berkeley University of California Press, 1967)이 있다. 주로 일제강점까지의 침탈 과정을 다루고 있다. 山邊健太郎는 그의 책 『日韓併合小史』(1966)에서 일제의 조선강점을 비판적으로 다루고 있는데 반해 재일교포인 오선화는 『韓國併合への道』(2003)에서 그 원인이 일본 측에게만 있는 것이 아니라 무능했던 한국에도 있다는 주장을 펴고 있다.

2 '삼일천하'라 불리는 갑신정변(1884년 12월)은 김옥균을 중심으로 젊은 개화파 세력이 일본의 지지를 기대하고 일으킨 쿠데타였다. 그러나 청나라의 지원을 얻은 수구 세력의 반격으로 쿠데타는 실패하고 주동 세력은 일본으로 도피함으로써 조선을 개혁해보려던 개화파의 시도는 무위로 끝나고 말았다.

3 Gregory Henderson, *Korea: The Politics of Vortex* (Harvard University Press, 1968)

와 이 책의 일어판인 鈴木沙雄 譯, 『朝鮮の政治社會』(サイマル出版會, 1973), 105-109쪽을 참조할 것. 이 책은 일제의 조선 지배 시기를 3기로 나누고 있다. 이대근 역시 같은 시기 구분을 하고 있다. 이대근, 『해방 후 1950년대의 경제』(삼성경제연구소, 2002), 1장 참조.

4 Gregory Henderson, 앞의 책, 107쪽.

5 조선인에게 동정적이었다는 일본의 진보적 지식인들의 한국관에 대한 설명은 한상일, 『일본 지식인과 한국』(오름, 2000), 참조. 특히 갑신정변의 주동 세력인 개화파에게 많은 영향력을 행사했던 것으로 알려진 일본 사상계의 거두 후쿠자와 유키치의 동기에 대한 설명으로 제1장 참조. C. I. Eugene Kim의 책에서도 저자들은 일본의 자유주의자들이 조선 개화파를 지원한 동기가 조선을 중국으로부터 해방하고 동시에 일본 내에서 자유주의자들의 입지를 강화하려는 데 있었다는 주장을 하고 있다.

6 Andrew J. Grajdanzev, *Modern Korea* (New York: The John Day Company, 1944). 이 책 서문에서 저자는 "카이로선언은 조선의 독립을 약속했다" 고 하면서 "그날이 오면 누구보다 자기가 가장 기뻐할 것" 이라고 쓰고 있다. 그는 이 책의 결론에서 한국이 해방되면 새로운 정부는 민주적인 국가이어야 한다면서 한국 민족이 자치 정부를 운영할 만한 충분한 능력을 갖춘 민족이라고 주장하고 있다. 작고하신 이기백 교수도 필자에게 이 책이 매우 좋은 책이라고 말한 적이 있다.

7 Andrew J. Grajdanzev, 앞의 책, 73쪽.

8 Andrew J. Grajdanzev, 앞의 책, 79-80쪽.

9 Andrew J. Grajdanzev, 앞의 책, 81쪽.

10 Andrew J. Grajdanzev, 앞의 책, 108쪽.

11 3.6에이커가 1.48정보町步라고 한다.

12 정조는 일정액을 사전에 정해 받아내는 것이며 타조는 수확물을 탈곡한 후 결정하는 소작료이다. 집조는 벼의 성숙기에 수확을 예상해 소작료를 결정하는 방법이다. 정조를 내는 경우는 많지 않았다. 주로 타조와 집조로 소작료를 결정했다.

13 Andrew J. Grajdanzev, 앞의 책, 114쪽.

14 堀和生, 「1930년대 조선 공업화의 재생산 조건」, 안병직 엮음, 『근대 조선의 경제구조』(비봉출판사, 1989), 351-353쪽.

15 山邊健太郎, 앞의 책, 178-185쪽.

16 이대근, 앞의 책, 22쪽.

17 이대근, 앞의 책, 23쪽.

18 山邊健太郎, 앞의 책, 184쪽. 저자는 일제하 조선에 세워진 중공업 기업들의 소유주와 자본 규모에 대한 상세한 자료를 제시하고 있다.

19 식민지 근대화론을 정면 반박한 최근의 연구서로 허수열, 『개발 없는 개발』(은행나무,

2005)이 있다. 그는 "일제강점 시대 조선은 외형적으로는 개발됐지만, 조선인에게는 아무런 의미가 없었으며 훗날 한국의 근대화에 별다른 영향을 미치지도 않았다" 고 주장하고 있다. "일제가 남긴 경제적 유산 중 남한에 있었던 것은 25%에 불과했고 그나마 광복 후의 혼란과 한국전쟁 때 대부분 파괴됐다" 고 지적한다.

20 Gregory Henderson, 앞의 책, 92쪽. 총독부 검정 교과서는 1908년부터 배포하기 시작해 1910년에는 그 수가 27만 부에 달했다고 한다.

21 Gregory Henderson, 앞의 책, 92쪽.

22 Andrew J. Grajdanzev, 앞의 책, 267쪽.

23 C. I. Eugene Kim & Han kyo Kim, 앞의 책, 199쪽. 의병의 실제 병력은 추정하기 어려우나 1907년에 5만 명, 1908년에 7만 명, 1909년에 2만8천 명, 1909년에는 1만9천 명으로 추산하고 있다. 1910년, 일제강점이 가까워지면서 일본군의 공격에 희생되어 그 수가 줄어든 것이다.

24 Andrew J. Grajdanzev, 앞의 책, 44쪽. 그리고 朴殷植 著, 姜德相 譯, 『朝鮮獨立運動の血史 I』(平凡社, 1972), 44-60쪽, 각지 의병의 약력 참조. 이 책의 초판 1920년 상하이에서 중국어로 발간되었다.

25 朴殷植, 앞의 책, 82쪽.

26 朴殷植 著, 姜德相 譯, 『朝鮮獨立運動の血史 II』(平凡社, 1972). 이 책의 부록은 주로 외국 언론의 일제의 조선 지배에 대한 비판 기사와 과거 조선에서 선교 활동을 했던 미국 선교사와 미국 기독교 단체가 작성해 미국 상원에 제출한 보고 내용을 담고 있다.

27 朴殷植, 앞의 책, 183쪽.

28 Communist International의 약자로 소련이 주동이 되어 타국의 사회주의 운동을 지원한다는 목적으로 조직한 국제 공산주의 운동을 말한다. 조선의 사회주의자들은 이 조직이 조선이 일제로부터 해방하는 데 정치적으로나 재정적으로 크게 도움을 줄 것으로 기대하고 그 운동에 가담한 바 있었다.

제2장 민족의 아픔 38선, 왜 갈렸는가

해방 후 정치적으로 조선인을 들끓게 한 두 개의 쟁점이 있었다. 남북이 38선으로 나뉜 것과 남한 단독정부 수립이 그것이다. 두 문제 모두 한반도를 분단시키는 데 결정적 역할을 했다. 조선 사람은 미국이나 소련 어느 한 쪽을 나쁜 세력으로 규탄하고 몰아붙였다. 제2차 세계대전 동안 연합국 국가원수들은 여러 차례 조선의 독립을 약속했다. 이를 철석같이 믿었던 조선인에게 미국과 소련의 38선 결정과 신탁통치 결정은 참을 수 없는 배반 행위였다.

결국, 일본을 패망시킨 미국이나 소련 누구도 한반도를 전부 차지하지는 못했다. 분명한 사실은 38선을 설정한 것은 미국정부지만 소련이 그 결정에 동의했다는 것이다. 남북한의 어느 지도자도 38선의 설정 과정에 참여하지 못했다. 심지어 그런 결정이 이뤄질 것을 예측하지 못했던 것으로 보인다. 카이로와 포츠담에서 열린 회담에서 연합국의 국가원수들이 선언한 '적당한 시기에 한국을 독립시킨다'는 약속만을 믿고 있었던 것이다.[1]

38선이 생겨나게 된 배경과 원인을 알려면 미국과 소련정부 내에서 이뤄진 정책 결정 과정과 그 내용을 알 수 있어야 한다. 그러나 미국도 그렇지만 소련도 공식 문서를 철저히 통제해왔기에 미소 양측의 자료만을 가지고 왜 38선이 생겼느냐에 대해 정확한 해답을 찾기란 쉬운 일이 아니다. 그나마 상대적으로 손쉽게 입수할 수 있는 미국정부의 외교관계 문서도 극비문서는 공개하지 않으며 공개된 문서도 엄한 검열 과정을 거쳐 나온 것들이기에 그것만으로 진실을 밝히기엔 턱없이 부족하다.[2] 결국 제한된 자료나마 활용해 문제의 해답을 찾을 수밖에 없다.

영악한 소련과 순진한 미국

1945년 8월 15일, 일본제국은 미국·영국·소련·중국으로 구성된 연합국에 무조건 항복했다. 1941년 12월 8일 일본 함대가 미국 하와이의 진주만에 정박 중이던 미군 함정들을 기습 공격해 시작된 태평양전쟁(일본은 그것을 '대동아전쟁'이라 불렀다)은 3년 8개월 만에 일본의 무조건 항복으로 끝을 맺었다.

1945년 8월 6일, 히로시마에 원자폭탄이 떨어졌다. 그 며칠 후인 8월 9일, 나가사키에 두 번째 원자폭탄이 떨어졌다. 다음 날인 8월 10일, 일본은 연합국에 1945년 7월 26일 포츠담의 무조건 항복 요구 조건을 그대로 받아들인다고 통고했다. 8월 15일 일본 천황은 라디오를 통해 일본의 패배를 선포해 태평양전쟁은 비로소 끝을 맺게 되었다.

일본의 패망이 거의 확실시되던 무렵인 1945년 2월, 루스벨트와 처칠 그리고 스탈린은 프랑스와 중국을 배제한 채, 우크라이나에 있는 얄타에 모여 전후의 유럽과 극동의 분할 점령 문제에 관한 6개 항의 비밀문서에 서명했다. 6개 항의 내용은 대부분 제2차 세계대전 종결 후의 유럽 지역 국가들의 점령과 관련된 것이었고 그중 하나가 일본 점령에 관한 것이었다.[3] 또한 얄타회담에서 루스벨트와 스탈린은 처칠을 제쳐놓고 단둘이 일본의 항복 후 '조선 문제'를 어떻게 다룰 것인가에 대해 논의했다. 이들은 조선반도의 신탁통치를 구두로 양해했으나 그 기간과 통치 방식 등 구체적인 내용에 대한

명확한 합의를 이룬 것은 아니었고 더구나 그것을 문서로 남기지도 않았다.[4]

루스벨트는 얄타회담의 6개 항 비밀문서에서 소련을 대일 전쟁에 끌어들이기 위한 미끼로 종전 후 사할린과 쿠릴열도를 소련이 점령하는 것에 동의했다. 미국은 빠른 시일 내에 소련을 대일 전쟁에 참전시켜 만주 지역에 있던 일본의 정예부대인 관동군 병력이 태평양 전선에 투입되는 것을 막고자 했다. 또한, 소련의 대일 전쟁 참여가 미군이 일본 본토에 상륙할 때 미군의 희생을 줄이는 방법이라고 판단한 것이다.[5]

그리하여 일본이 연합국에 무조건 항복을 통고하기 전인 1945년 8월 8일, 소련은 일본에 선전포고를 한 후, 만주를 거쳐 조선의 함경도 지역을 통해 빠른 속도로 진격하기 시작했다. 일본은 얄타회담에서의 미소 간의 비밀 합의 내용도 모른 채 1941년에 소련과 체결한 일소불가침조약을 믿고 8월 9일 소련에 미국과의 강화협상을 중재해달라고 부탁했다.[6] 그러나 소련은 일본으로부터 중재 제의를 받은 바로 그날, 소련군을 만주에 기습적으로 투입해 이 지역의 일본군을 제압한 후 조선으로 남진하기 시작했다.

소련군이 조선반도에 진격하던 8월 초순, 미군의 주력부대는 아직도 오키나와와 태평양에 머물고 있었다. 미군은 소련이 조선반도 북부 지역을 완전히 점령한 지 한참 후인 9월 초순 비로소 일본과 조선에 진주할 수 있었다. 9월 2일 도쿄만에 정박한 미국 전함인 미주리호 함상에서 일본의 항복문서 조인식이 있었고 미군은 그때부터 일본 본토에 진주하기 시작했다. 미군이 인천에 상륙한 것은 1945년 9월 7일이었다.

서울(당시 경성)에는 아직 조선총독부가 있었으나 그 기능은 완전히 마비돼 있었다. 일본 경찰 조직이 사실상 마비 상태에 있었기 때문에 치안 문제가 매우 심각했다. 조선총독부는 조선 내 일본인의 신변 안전을 우려해 여러 명의 조선인 지도자를 만나 미군이 진주하기까지 행정과 치안을 맡아줄 것을 간청했으나 거절당했다. 그러다 해방 직후부터 전국적 조직의 건국준비위원회를 주도하고 있던 여운형이 조건부로 조선총독부의 제의를 수락했고,

건국준비위원회를 통해 겨우 국내의 치안이 확보되고 있었다.

만주를 거쳐 조선반도로 남하한 소련군은 8월 17일에 함경북도 나남을 점령한 후 8월 24일 평양에 진주했다. 그러다가 북위 38도 선을 경계로 남진을 멈췄다. 그때만 해도 남한에는 미군이 진주하고 있지 않았다. 소련군은 계속 남진해 조선 전체를 점령할 수 있었다. 그러나 소련은 북위 38도 선을 일본군의 무장해제와 항복을 받기 위한 소련군과 미군의 분할 선으로 명시한 미국 트루먼 대통령의 일반명령 제1호를 받아들여 38도에서 진격을 멈췄다.[7]

지금까지 나타난 자료를 본다면 미국과 소련이 영수회담에서 한반도를 38선으로 나눠 분할 점령한다는 비밀 합의를 했다는 증거는 없다. 얄타회담에서 미국과 소련 사이에 소련의 대일 전쟁 참여에 대한 비밀 합의가 있었기 때문에 미국정부 수뇌부는 스탈린이 약속대로 대독 전쟁이 끝나면 소련군을 극동으로 진격시킬 것으로 예상하고 있었다. 그러나 얄타회담에서나 그 후에 열린 연합국 영수회담에서도 미국과 소련이 구체적으로 38도 선에서 남북한을 분할 점령하기로 비밀 합의를 했다는 증거는 없다. 만일 그런 문헌이나 증거가 있다면 냉전시대가 지난 지금쯤은 그 사실이 세상에 밝혀졌을 것이다.

그러면 조선을 남북으로 갈라놓은 38선은 도대체 왜 생겨났나? 이 질문을 놓고 학자들의 견해는 크게 군사적 편의설과 정치적 의도설로 갈라진다. 군사적 편의설은 소련군의 남하를 가능한 한 조선의 북쪽에서 저지하고 미군은 그 이남 지역 일본군의 무장해제를 맡는 임시적인 조치로 38선을 분기선으로 정했다는 것이다. 단순한 군사적 고려에서 나온 결과로 보는 것이다. 그러나 38선을 둘러싼 미국의 결정이 단순한 군사적 편의에 의해서만 이뤄졌다고는 할 수 없다. 종전 이전부터 미국과 소련은 일본 패전 후의 극동 지역을 놓고 정치 군사적으로 날카롭게 대립하고 있었다. 특히 미국은 패전 일본을 독점적인 점령 지역으로 확보하려고 했다. 소련의 대일 전쟁 참전을 요청했던 미국이었지만 막상 일본 패망 직전에 소련이 태평양전쟁에 참전해 만주와 중국 북부을 지나 조선으로 침공해 들어오자, 아시아대륙에서의 소련의 팽창을 걱정하지 않을 수 없었다. 미국은 어떤 지점에서든 미국에 유리한 곳에서 소련의 극동 진출을 막아야 할 필요가 있었다. 그런 의미에서 38선 설정을 둘러싼 문제는 제2차 세계대전 당시로 거슬러 올라가봐야 하며, 아울러 미국과 소련의 관계를 포함하는 광범한 역사적인 맥락 안에서 살펴봐야 한다. 그러면서 조선이 일제의 식민지였다는 사실과 조선 문제가 태평양전쟁 중이나 그 후 강대국 중심의 국제 질서 재편이라는 구조적 제약 속에서 다뤄질 수밖에 없었다는 사실, 그리고 루스벨트나 스탈린 및 그들의 정부 정책이 빚어낸 결과라는 점을 강조할 필요가 있다. 그런 점에서 조선의 장래가 조선인에 의해서가 아니라 외부 세력과 강대국 중심의 국제 정치구조 속에서 타인에 의해 좌우되었다는 것은 민족적 비극이 아닐 수 없다.

공개된 소련의 공식 자료가 거의 없는 상황인 만큼 우리는 미국의 자료를 이용해 38선이 결정된 과정을 살펴볼 수밖에 없다. 그러면서 분명히 짚고 넘어가야 할 것은, 동기가 어떻든 미국과 소련이 조선을 남북으로 분단시켜놓은 장본인이라는 사실이다. 이 엄연하고 명백한 사실은 누구도 부인할 수 없다.

'38선' 이란 이름이 공식 문서에 처음 등장한 것은 언제일까? 1945년 8월 11일에 일본군의 무장해제와 일본 점령을 위해 미국 트루먼 대통령의 재가를 얻어 맥아더의 이름으로 공포公布된 '일반명령 제1호' 에 '38선' 이 처음으로 명시되었다. 그러나 다른 각도에서 본다면 38선을 기준으로 한 남북 분단의 씨는 이미 제2차 세계대전 도중에 뿌려졌다고 할 수 있다. 거기에는 세계대전 동안 미국과 소련의 관계를 주도했던 루스벨트의 소련에 대한 순진하고도 낙관적인 태도가 한몫했다. 그가 전쟁 도중 내놓은 '3개국조선신탁통치안' 이 바로 남북 분단을 가져온 하나의 원인이 된 것이다.

또한, 38선을 기준으로 남북을 나눈 배경엔 일본의 항복 후 극동에서의 미국과 소련 간의 전략적 이해관계가 숨어 있었다. 소련의 지배권을 한반도 북부에 국한하고자 한 미국정부의 정치 군사적 결정인 셈이었다. 소련이 대일 전쟁에 참전하게 된 경위와 그 후의 상황을 살펴보면 조선반도를 남북으로 갈라놓는 데 결정적인 역할을 한 것이 바로 소련과 미국이었다는 것이 명백하게 드러난다.[8]

비록 38도 분계선이 정식으로는 1945년 8월 10일을 전후해서 미국정부의 제의에 따라 명시되었지만, 그 책임은 소련정부도 함께 져야 한다. 이 두 나라는 일본 패망 후의 조선의 장래 문제를 놓고 협의하는 가운데 조선민족의 의사나 요구는 완전히 무시한 채 자기들 나름의 정치 군사적 이익만을 추구하는 데 전념했다. 따져보면 38선 결정이 결과적으로 조선을 남북으로 분단시키는 결과를 가져온 만큼, 남북 분단의 씨를 뿌려놓은 것은 바로 미국과 소련이었다고 할 수 있다.

루스벨트, 제2차 세계대전의 영웅이 조선반도에 남긴 그늘

좀 우회하는 감이 있지만 제2차 세계대전 중이나 그 후 조선반도를 둘러싼 미국의 입장과 정책을 이해하려면 무엇보다 당시 미국의 국가원수 루스벨트가 취했던 대소련 외교 정책과 전후 유럽과 동아시아에서의 점령 정책, 그리고 전후의 국제 질서 재편 정책의 내용을 알 필요가 있다. '소련에 대한 미국의 봉쇄 전략의 형성 과정'을 연구한 미국 역사학자 루이스 게디스Lewis Gaddis는 이 점을 잘 밝히고 있다.[9]

게디스는 루스벨트가 제2차 세계대전 동안 "위기 때는 다리를 다 건너가는 동안 악마와도 함께 걸어가야 한다"는 미국 속담을 즐겨 인용했다고 지적한다.[10] 전쟁 승리와 같은 명확한 목표를 위해서는 의심 가는 우군도 이용해야 한다는 것이며 여기서 우군은 소련을 말하는 것이다. 루스벨트는 소련을 우군으로 끌어들여 대독 전쟁을 예상보다 빨리 종결지을 수 있었지만 결과적으로 독일보다 더 강하고 더 위협적인 전체주의 국가의 등장을 방조하고 말았다. 게디스에 따르면 이미 1941년부터 미국정부는 전체주의 국가인 소련의 위협을 심각하게 받아들이고 있었다. 그러나 전쟁 기간엔 우호국인 소련과의 관계 때문에 이 문제가 수면 위로 떠오르지 못했다. 그러나 종전 후 다시 중요한 쟁점이 되었다. 특히 조지 케넌George Kennan이 1947년 '봉쇄 정책'이라는 표현을 쓰기 시작한 때부터 대소련 기본 전략이 공개적으로 논의되기 시작했다.[11]

제2차 세계대전을 치르는 동안 루스벨트는 전후의 유럽 문제를 많이 생각했다. 그는 소련이 지배하는 유럽은 히틀러의 나치 독일이 지배하는 유럽만큼이나 위험할 것이라고 보았다. 그러나 독일 점령을 위해 미군이나 영국군이 너무나 많은 희생을 치를 경우 그 승리의 의미는 무색해진다고 보았으며 독일을 패배시키려면 소련군의 참전이 절대 필요하다고 생각했다.[12] 따라서 루스벨트가 당면한 문제는 소련의 유럽 지배를 막으면서 소련을 대독 전쟁에 참전시키는 것이었다.

이 문제를 동시에 해결하는 방법은 대독 전쟁 중에 미군과 영국군을 대대적으로 동유럽과 발칸반도에 진주시켜 소련 적군赤軍의 유럽 진출을 막는 것이었다. 이런 군사전략에 루스벨트도 관심을 보였지만 실제로 동유럽과 발칸반도에 미군을 배치한 적은 없었다. 그렇게 된 데에는 몇 가지 이유가 있다. 하나는 루스벨트가 가지고 있던 세력 균형balance of power 개념 때문이었다. 루스벨트에게 소련은 세계 정치 질서에서 무시할 수 없는 엄연한 세력이었으며, 앞으로 서유럽과 안정된 세력 균형을 유지해야 할 현실적인 대상이었다.

루스벨트는 이미 1933년에 나치 독일과 일본의 군사력 증강에 따르는 위협을 상쇄하고자 소련과 공식 외교를 맺었다. 그동안 승인하지 않았던 소련 정부와 국교를 정상화한 것이다. 소련이 독일을 견제할 것으로 기대했기 때문이다. 그러나 1939년 소련은 독일과 불가침조약과 우호조약을 맺고 말았다. 그러나 루스벨트는 끝내 소련과의 화해 가능성을 포기하지 않았다. 1941년 6월, 독일이 소련을 침공하고 같은 해 12월, 일본의 진주만 공격으로 태평양전쟁이 일어났을 때 루스벨트가 가장 관심을 둔 것은 독일과 일본의 뒷거래 가능성이었다. 루스벨트는 여기에 맞서 소련을 대일 전쟁에 끌어들이고자 한 것이다.

또 하나의 이유는 제2차 세계대전에서의 미국의 역할에 대한 루스벨트의 구상과 관련이 있다. 그는 전쟁을 승리로 이끌고 새로운 국제 질서를 조성하는 데 있어서 미국이 맡을 중요한 역할은 무엇보다 기술과 경제 분야라고 보았다. 미국이 대독 전쟁에 참전하기 이전부터 루스벨트는 미국이 가진 무한한 생산력을 동원해 반나치 투쟁을 도와야 한다고 생각했다. 반나치 투쟁에서 미국은 주로 전쟁 물자만 제공해주는 반면에 다른 국가들이 더 많은 병력을 제공해야 한다고 보았다. 미군의 희생을 되도록 줄이겠다는 심산이었다.

당시 중립주의와 고립주의에 빠져 있던 미국 국민의 정서로 인해 유럽 전선에 미군 병력을 파견하기 어려운 상태였다. 그리고 유럽 전선에 참전한 후에도 루스벨트는 미군 병력을 제한하는 데 주력했고 그렇기에 소련의 적군에 더 크게 의존할 수밖에 없었다. 소련군이 미국의 물자 지원에 의존해야 했던 것처럼 미국은 소련의 막대한 병력에 의존한 셈이다. 그렇기에 소련군을 견제하고자 미군이 동유럽과 발칸반도에서 군사작전을 펼친다는 것은 현실적으로 불가능했다. 유럽에서 소련군을 물리적으로 견제하기란 사실상 불가능해진 것이다.

루스벨트가 당면한 또 하나의 문제는 미국이 유럽과 극동에서 동시에 두 개의 전쟁을 치러야 한다는 것이었다. 미국의 전략은 먼저 대독일 전쟁에서 이기는 것이었다. 그러나 태평양에서 미군이 일본군에 패배하는 것을 미국 국민이 허용할 리 없었다. 그리고 극동에서 대일 전쟁을 신속하고 유리하게 전개하는 것이 독일과의 전쟁 전개에도 영향을 줄 것으로 보았다. 루스벨트는 유럽과 극동에서 동시에 본격적인 전쟁을 치르는 전략으로 돌아서게 되었다.

그러나 그렇게 하려면 또다시 유럽에서처럼 극동에서도 소련군에 더 많이 의존해야만 했다. 만일 미국이 원자폭탄을 발명하지 못하고 재래전으로 일본 본토에 대한 상륙작전을 전개해야 할 상황이었다면 미국은 극동에 더 많은 소련군의 투입을 원했을 수도 있었다. 이처럼 루스벨트는 미국이 전쟁에서 조속히 승리하는 데 필요한 전략을 구상했고 그 과정에서 소련의 군사력에 크게 의존하지 않을 수 없었다. 그 방법만이 미군의 인명 피해를 줄일 수 있었기 때문이었다.

이러한 루스벨트의 친소 정책에 대해 미국 내 각료나 의회 지도자 가운데 우려를 나타내는 사람들도 있었다. 그러나 루스벨트에겐 소련과의 이데올로기 대립보다 독일과 일본 같은 실질적인 위협에 대처하는 것이 더 시급한 문제였다. 또한 그는 소련의 볼셰비즘에 대한 서방세계의 비판이 얼마간 과장되었다는 측면에서 소련을 옹호했다. 소련과 서유럽의 상호 불안감을 해결하면 소련도 우호국이 될 수 있다고 본 것이다. 전후의 국제 질서를 생각할 때도 소련을 포함한 강대국 간의 '세력 균형' 개념이 필요했다. 루스벨트는 소련을 다루는 데 있어 '전면적으로 맞서기 어려운untenable' 상대라는 가설을 세우고 정책을 결정한 셈이다.

그런 점에서 루스벨트의 대소련 전략이나 전후의 국제 질서 재편 전략은 매우 낙관적이었고 어느 면 순진했다고 할 수 있다. 루스벨트의 이런 전략은 미국의 전후 대소련 관계에서 여러 가지 잘못을 낳게 한 원인이 되었다고 보는 견해가 많다. 따져보면 38선의 결정도 그런 루스벨트의 안이한 대소련 전략에서 비롯된 것이라 할 수 있다. 우선 1945년 2월 얄타회담에서 스탈린과 구두로 합의한 조선의 신탁통치안은 전후 조선에서 소련의 영향력을 보장해 준 것이나 마찬가지였다.

그렇지 않아도 러시아제국 시대부터 부동항이 필요해 극동 진출을 최대 전략으로 삼아 왔던 소련으로서는 극동을 합법적으로 세력권 안에 넣을 수 있는 절호의 기회를 맞은 것이다. 스탈린이 그것을 이용하려 했을 것은 명백한 일이다. 얄타에서의 묵계를 바탕으로 스탈린은 기회를 놓치지 않고 8월 9

일 일본에 전쟁을 선포하고 소련군을 조선으로 진격시킨 것이다.

소련군을 극동 전역에 투입시켜 태평양전쟁을 속히 끝내겠다는 루스벨트의 구상이 결과적으로 스탈린에게 중국과 한반도를 세력권에 넣을 호기를 제공해준 것이다. 많은 역사학자가 "소련을 포용하기만 하면 스탈린의 서방에 대한 불신감도 사라지게 되고 세계평화를 조성해가는 완벽한 협조자가 될 수 있다고 본 루스벨트의 생각은 스탈린의 본심을 꿰뚫어보지 못한 순진함에서 비롯된 것" 이라고 말할 때 드는 사례가 바로 소련의 극동 진출이다. 그런 낙관적인 대소련 전략으로부터 루스벨트의 이른바 '네 명의 경찰관 개념' 이 나오기도 했다. 즉 전후 세계 평화를 위해 미국·영국·소련·중국으로 대표되는 네 명의 경찰관이 합의해 주도적 역할만 하면 세계 평화가 유지된다는 매우 안이한 생각이었다. 그런 루스벨트의 구상이 조선에 대한 신탁통치나 후의 유엔안전보장이사회 설립에 반영되었다고 할 수 있다.

루스벨트는 미국 역사상 전무후무한 4선 대통령이다. 그는 전쟁을 수행하는 나라의 국가원수로서 미국정부 내에서 누구보다 막강한 권한을 행사했다. 더구나 루스벨트는 국제정치에 관해 외교 전문가들이나 장관들의 의견을 듣기보다 자기의 육감을 더욱 중요시한 정치가였다.[13] 그의 측근이었던 몇몇 사람만이 외교 문제나 전쟁과 관련된 루스벨트의 생각을 알 수 있었고 정부의 고위층은 그런 측근들을 통해서 대통령의 구상이나 생각을 어렴풋이 알 수 있었을 정도였다.[14] 그런 루스벨트가 조선의 문제를 어떻게 생각하고 있었을까?

루스벨트에게 조선은 기본적으로 하나의 식민지에 불과했다. 태평양전쟁이 일어나기 전, 일본은 이미 1920년대부터 가능한 모든 통로를 이용해 미국 내에 조선 식민 통치의 성공 사례를 홍보하는 데 주력했다. 그 결과 미국정부 내의 정책 결정자들의 조선에 대한 인식은 크게 왜곡돼 있었다. 즉 조선민족은 자치 능력이 없으며 일본의 식민 지배가 조선인에게 긍정적인 효과를 가져다줬다고 본 것이다. 조선은 약소국이고 독립을 유지할 능력이 없는 국가라는 인식이 미국 정부 관리 사이에 팽배했다. 따라서 태평양전쟁이 발발하기 이전까지 미국 국민이나 정부의 조선 문제에 대한 태도는 한마디로 무관심이었다.

루스벨트도 여러 미국인 선교사나 일본강점기 조선을 여행한 미국인의 수기를 통해 조선 국민이 자치 능력을 갖추지 못한 민족이라고 인식하고 있었다. 어느 날, 한국에서 선교사로 일했고 많은 존경을 받았던 제임스 게일 James Gale 박사가 루스벨트와 만나 한국에 대해 얘기하게 되었는데 게일 박사가 조선 독립의 당위성을 강조하고 미국이 중국에 있는 조선인의 임시정부를 승인할 것을 권고하자 루스벨트는 자기 무릎을 탁 치면서 '가쓰라-태프트밀약'을 언급하며 "일본이 조선을 강점하도록 우리가 도와주는 잘못을 범했군요?" 라고 말했다고 한다.[15]

개인적으로 루스벨트는 식민주의에 반대했지만 제2차 세계대전 후의 국제 질서를 구상하면서 루스벨트가 바람직한 질서로 생각했던 것은 제1차 세계대전과 대공황 사이의 기간에 세계정치를 지배했던 강대국 중심의 세력균형 체제였다. 그것이 전후의 세계정치를 위한 하나의 모델이 될 것으로 생각했다. 그리고 조선 문제에 대해서도 루스벨트는 조선이 독립국이 되기를 원했지만 우선은 전승 국가들에 의한 '신탁통치'라는 특별한 과정을 거친 후 독립시키는 방식을 염두에 두고 있었다.[16]

그뿐만 아니라 제2차 세계대전 중 수많은 조선인 독립운동가가 조선이 일본의 침략으로 식민지가 된 것을 역설하면서 조선의 독립을 주장했음에도 미국정부는 조선인의 망명정부인 상하이의 임시정부를 정부로 승인하지 않았다. 조선을 주권국으로 여기기보다 일본 패망 후 점령해야 할 일본 식민지의 하나로 취급한 것이다. 1905년 당시 국무장관이었던 윌리엄 태프트 William Taft는 시어도어 루스벨트Theodore Roosevelt 대통령의 지시에 따라 일본의 가쓰라 다로桂太郎 총리를 만나 필리핀에 대한 미국의 식민 지배를 인정받는 대가로 미국도 일본의 조선 식민 지배를 인정한다는 비밀협정(가

쓰라-태프트밀약)을 맺었다.

그런 미국정부가 비록 태평양전쟁이 일어나 일본과 전쟁은 하고 있었지만 전쟁 중 조선 문제에 대해 각별한 정책 구상을 했을 리가 없다. 정치적으로 조선을 어떻게 처리할 것이냐는 문제보다 일본과의 전쟁 수행이라는 군사적 목표에만 치중했고 조선을 당연히 독립시키고 해방되어야 할 식민지로 다루기보다 전쟁 수행과 관련해 군사적 활용 가치가 무엇인가를 논의했을 뿐이었다.

한편, 태평양전쟁이 일어나자 미국에서 활동하던 이승만을 비롯한 조선인 독립운동단체의 지도자나 중국의 임시정부 요인들은 일본의 전쟁 도발을 조선독립을 위한 기회로 여기고 미국이 조선의 임시정부를 승인하면 공식적으로 대일 전쟁을 선포하고 중국이나 한국 내에서 대일 전투를 전개한 후 일본 패전 시 전승국으로서의 지위를 확보할 수 있다고 판단했다. 특히 이승만은 상하이 임시정부의 대표라는 직함을 이용해 미국정부 내의 친구들과 조선에서 일했던 선교사들 그리고 미국 사회의 명사들을 총동원해 임시정부 승인 운동을 벌였으나 이에 대한 미국정부의 반응은 냉담한 것이었다.

한때 중국의 장제스 정부가 미국정부에 조선의 임시정부 승인을 건의해왔기 때문에 미국정부도 여러 통로를 통해 그 당시 상하이에 있던 조선의 임시정부에 대한 현황을 알아보기도 했고 재미 조선인의 조직 상황에 대해서도 검토했으나 결론은 승인 불가라는 것이었다. 임시정부 내에서 조선인 지도자들이 치열한 파벌 싸움만 벌이고 있고 정부의 기능을 할 수 없으며, 재미 조선인 역시 권력 싸움 때문에 사분오열돼 있다는 것이 조사의 결론이었다. 또한, 미국이 상하이 임시정부를 승인하면 당시 소련 내에서 독립을 위해 활동하던 조선인들이 소련의 비호 아래 또 하나의 임시정부를 수립할 것이라는 이유를 들어 승인을 반대하기도 했다.[17]

이승만 개인에 대해서도 미국정부의 평가는 매우 부정적이었다. 제2차 세계대전 중 소련과 동맹 관계를 유지했던 미국정부였기 때문에 신문을 통해서나 성명을 통해 공공연히 반소 운동을 벌인 이승만을 좋게 볼 리가 없었다. 이승만은 태평양전쟁이 일어나기 전, 미국정부에 일본의 전쟁 도발 가능성을 역설해 소수의 미국인으로부터 지지와 동정도 받았지만 미국정부로부터는 계속 냉대를 받았으며, 제2차 세계대전 중에는 미국정부가 소련을 경계해야 한다는 글들을 발표해 소련과 우호적인 관계를 유지하려던 미국정부를 곤란하게 만들기도 했다. 물론 그의 견해는 루스벨트의 대소련 전략과도 상치되는 것이었다.

조선의 독립을 위해 활동하던 조선인 지도자들의 노력을 무시한 채 미국이 조선에 대한 국제적 신탁통치를 구체화한 것은 1942년 말 무렵이다. 조선 문제를 다루는 데 있어 루스벨트가 생각해낸 미국의 정치적 목표가 바로 신탁통치였던 것이다. 루스벨트는 조선인에 대해 부정적이었던 것 같다. 그는 조선인이 일본이 패망하고 난 후에 독립해 자치할 수 있는 능력을 갖추지 못하고 있다고 보았다. 그리하여 점령 후의 과도적 조치로 구상한 것이 신탁통치였다. 그런 그의 의도를 국내외의 조선인들은 알 수 없었다. 한 자료에 의하면 루스벨트는 "적절한 시기에 조선을 자유롭고 독립된 나라로 만들겠다"고 선언한 카이로회담이 있기 8개월 전인 1943년 3월 27일, 백악관에서 가진 회의에서 코델 헐Cordell Hull 국무장관, 해리 홉킨스Harry Hopkins 대통령 보좌관, 영국의 로버트 이든Robert Eden 외상 등에게 조선의 신탁통치를 제의했다.[18]

그 자리에서 루스벨트는 전후 만주·조선·대만·월남의 처리 문제를 논의하는 가운데 월남의 신탁통치를 제안했다. 그리고 조선 문제에 대해서도 미국과 중국 그리고 하나 또는 두 개의 다른 강대국이 참여하는 신탁통치를 제안했다. 루스벨트는 조선과 월남의 차이점을 논하면서 조선은 강대국과의 협조로 점차 독립국으로 육성한다는 점을 강조했다. 그러면서 월남의 신탁통치는 프랑스의 책임하에 실시하는 것으로 생각했다.[19]

루스벨트가 말한 '하나 또는 두 개의 국가'는 영국이나 소련이 될 수가 있었으나 루스벨트는 영국을 포함하는 것에 대해 부정적이었던 것 같다. 1945년 2월 얄타회담 중 조선에 대한 미 · 소 · 중 3개국 신탁통치를 제의하면서 루스벨트가 영국을 배제할 것을 시사하자 스탈린이 그 이유를 물었다. 그러자 루스벨트는 영국의 지원은 필요 없다고 대답했다. 루스벨트는 영국보다 중국을 제3의 국가로 생각했던 것이다. 물론 소련은 3개국 안에 포함했다. 대일 전쟁에 소련을 참전시키려던 루스벨트로서는 소련을 조선의 신탁통치에서 제외할 수 없었을 것이다. 오히려 그렇게 제의함으로써 되도록 빨리 소련을 대일전으로 끌어들이고자 했을 것이다.

1943년 3월 27일, 백악관에서 조선의 신탁통치를 논의했던 루스벨트는 8개월 후인 1943년 11월 27일, 미국 · 영국 · 중국의 영수가 참석한 카이로회담에서 합의한 '카이로선언'에 서명했다. 소련의 스탈린은 그 회담에 참석하지 못했다. 루스벨트와 처칠 그리고 장제스는 그 선언문에서 "이상 3국은 조선 인민들의 노예 상태에 유의해 적절한 시기에 조선을 자유롭고 독립된 나라로 만들 것을 결정했다"고 발표했다. 그러나 '적절한 시기'가 어느 때인지에 대해서는 일절 언급이 없었다.

그러나 루스벨트에게 그 적절한 시기란 단기적인 것은 아니었다. 장기간의 신탁통치를 생각했던 것이다. 앞서 지적한 대로 1945년 2월 8일 얄타회담 도중 루스벨트는 처칠이 없는 틈에 스탈린에게 조선 문제를 거론하면서 3국 신탁통치를 제의한 것이다. 그러면서 루스벨트는 신탁통치가 단기적인 것이 아님을 암시했다. 루스벨트는 스탈린에게 미국이 필리핀을 50년간 통치한 사실을 상기시키면서 조선에 대한 국제 신탁통치가 20년 또는 25년이 걸릴 수 있다고 말했다.[20] 루스벨트의 말을 듣던 스탈린이 "신탁통치는 짧을수록 좋지 않겠는가? 그리고 외국 군대가 주둔하게 되는 것인가?" 하고 묻자 루스벨트는 "그렇지 않다"고 대답했다. 스탈린은 비로소 안도의 기색을 보이면서 루스벨트의 말에 동의했다.[21] 그러자 루스벨트는 이는 매우 미묘한 문제라며 "조선의 신탁통치에 영국을 배제하기를 원한다"고 말했다. 이에 스탈린은 난색을 표하며 "처칠이 우리를 죽일 거요!"라고 말했다는 것이다.

이런 사실을 종합해보면 루스벨트는 조선의 자치 능력에 대해 매우 부정적이었던 것으로 보이며 20년 또는 25년이라는 장기간의 신탁통치를 조선문제의 해결책으로 생각하고 있었음을 알 수 있다. 더구나 루스벨트는 전후 조선의 독립을 약속한다는 카이로선언에 서명했으나, 이미 그 회담이 있기 8개월 전에 미국정부 내의 각료들과 '신탁통치'를 결정해놓은 셈인 것이다. 이는 그가 말한 '적절한 시기'의 의미를 이해하는 데 도움이 되는 역사적 사실이기도 하다.[22]

앞서 말한 대로, 1943년 11월 카이로에 모인 미국·영국·소련·중국의 국가원수는 '적절한 시기'에 조선을 독립시킨다는 것을 선언문에 포함했다. 그러나 이미 3개국 신탁통치를 구상해놓았던 루스벨트는 '적절한 시기'라는 모호한 문구 속에 '충분한 신탁통치 후'라는 정략적 의도를 숨겨놓은 것이다. 그 후속 조치로 얄타회담에서 스탈린과 구두로 조선의 신탁통치 문제를 합의했던 루스벨트는 두 달 후인 1945년 4월 12일 사망했다.

루스벨트가 사망하고 한 달 후인 1945년 5월 7일 히틀러가 베를린의 벙커 안에서 자살함으로써 나치 독일은 패망했고 유럽에서의 전쟁은 연합국의 승리로 종식되었다. 이제 미국은 대일본 전쟁에서 승리하는 일에 전력을 집중할 수 있었다. 한편, 루스벨트가 추구했던 미국의 소련 포용 정책은 루스벨트의 추종 세력에 의해 유지되고 있었다. 루스벨트의 사망 후에도 전쟁 수행의 최대 '우군'인 소련군을 충분히 이용한다는 기본 전략에는 큰 변화가 없었다. 1945년 8월 6일과 9일, 미국이 히로시마와 나가사키에 원자폭탄을 투하해 일본의 항복 가능성이 높아지자 소련은 8월 8일 갑자기 대일 전쟁을 선포하고 그 다음 날인 8월 9일, 만주를 거쳐 조선반도에 소련군을 남하시키기 시작해 북조선 일대를 점령하기에 이르렀다.

이제 왜 38선이 결정되었느냐는 물음에 첫 번째 답을 해보자. 한마디로 루스벨트의 소련 포용 정책 때문이다. 이는 미군의 인명 피해를 줄이고 극동에서 소련군을 이용해 태평양전쟁의 조기 종결을 노렸던 미국의 군사전략이 낳은 결과라 말할 수 있다. 이 문제는 근본적으로 미국의 정치적 이익과 자국민의 안전을 우선시하는 미국의 대외 전략의 맥락 속에서 이해되어야 한다.

그렇다면 소련의 스탈린은 38선을 미국과 소련의 군사적 분할 선으로 확정한 미국의 일반명령 제1호에 왜 순순히 응했을까? 앞에서 살펴봤듯이 1945년 8월 하순에 스탈린은 아무런 저항도 받지 않고 38선 이남으로 진격할 수 있었다. 그러나 소련군은 38선에서 진격을 멈췄고 남조선에 미군이 들어오길 기다렸다. 아마도 스탈린은 루스벨트와 조선의 신탁통치를 두고 나눈 묵계나 합의를 루스벨트 사망 후에도 미국정부가 이행할 것이라고 믿었던 것 같다. 그렇게 반영구적인 남북 분단을 가져온 38선의 확정은 전쟁 후의 '세력 균형' 문제에 민감했던 루스벨트와 극동 진출을 노렸던 스탈린 사이에 이뤄진 합의의 결과였다. 조선민족의 의사와 아무 관계없이 두 강대국의 정치 군사적 이익만을 고려해, 조선을 어느 한 쪽도 독차지하지 못하도록 취해진 고도의 정치적 조치였다고 볼 수 있다.

마찬가지로 루스벨트와 스탈린이 구두로 합의한 3개국(후에 모스크바 외상회의에서는 영국을 포함해 4개국으로 확대)에 의한 조선의 신탁통치안도 강대국들이 일방적으로 비밀협정이라는 방식으로 결정한 구상이었다. 당사자인 조선민족은 안중에도 없이 두 강대국 미국과 소련이 서로의 정치 군사적 이익에 따라 합의한 정치적 뒷거래의 결과였다. 38선 분할은 그러한 배경 속에서 대일 전쟁의 종전이 보이기 시작할 무렵인 8월 10일 이후, 이전의 합의를 이행하기 위해 트루먼이 스탈린에게 제의해 취해진 편의적이고 구체적인 조치였다.[23]

미국의 태평양전쟁 뒤처리와 조선의 운명

태평양전쟁이 끝나기 2년여 전 이미 루스벨트가 조선에 대한 3국 신탁통치를 잠정적인 정치적 목표로 설정해놓았을 때 조선 문제에 대한 미국정부의 기본적인 정책 기조는 이미 수립되었다고 할 수 있다. 그러나 미국과 소련 간에 신탁통치를 둘러싼 구체적인 방안에 대한 논의는 별로 없었다. 루스벨트의 구상을 추종하던 미 국무부의 정책 수립자들은 신탁통치안을 기정사실로 인정하고 있었고 조선 문제를 보는 기본 시각도 루스벨트와 크게 다를 바가 없었다. 일본 패망 후 조선을 점령해 우선 미군에 의한 군정을 실시하면서 강대국인 소련이나 중국과의 협의로 신탁통치를 거쳐 적절한 시기에 독립국으로 육성하겠다는 것이 당시 미국정부의 공식 입장이었다.

태평양전쟁을 치르고 있던 미국의 최우선 군사 전략은 되도록 인명 피해를 적게 하면서 단기간 내에 일본 본토를 점령하는 것이었다. 본래 미국은 태평양전쟁 초기에 중국을 전략적으로 이용하려 했다. 일본의 진주만 공격이 있기 전부터 이미 중일전쟁이 발발해 중국 내에 전선이 형성되어 있었다. 일본은 중국의 산업 중심부와 동부 해안 도시들을 점령하고 있었으나 중국 내륙에서는 장제스가 이끄는 정부군이 끈질기게 저항하고 있었다. 태평양전쟁이 일어나자 미국은 중국 전선에 투입된 일본군을 효과적으로 묶어두고자 했다. 중국 전선의 일본군이 태평양 전선에 재배치되지 못하게 한다는 의도였다. 미국은 버마(미얀마)를 보급로로 삼아 중국군을 위한 군수물자를 지원하기 시작했다. 또 미국은 중국을 장차 항공모함에서 출격하는 미 폭격기의 일본 본토 공습 때의 회항 기지로 활용하려는 의도를 갖고 있었다. 미국 폭격기의 연료로 일본 본토 폭격을 마치고 항공모함으로 다시 귀환하기에는 거리가 너무 멀었다. 실제로 태평양전쟁 말기에 이르러 미국의 폭격기가 일본 본토에 대한 전략 폭격을 했을 때 회항하던 미 공군기들은 중국으로 갔다가 일본군 점령 지역에 불시착해 포로로 잡히거나 격추당하는 일이 많았으며 일부만이 겨우 중국군 지역의 공군기지에 안착할 수 있었다.

그러나 중일전쟁은 미국의 의도대로 흘러가지 않았다. 중국의 동부 지역 대부분이 일본군의 수중에 들어가게 되면서 중국의 전략적 중요성은 작아졌다. 더구나 미국의 계속적인 군사적 지원도 장제스 정부의 무능과 부패 때문에 실효가 없었고 특히 장제스와 마오쩌둥이 일본과의 전쟁보다 내전 양상의 세력 다툼에 주력하자 미국은 중국을 이용한다는 전략을 재고하지 않을 수 없었다.

그뿐만 아니라 태평양전쟁의 전황이 급격한 변화를 맞게 되었다. 미드웨이해전에서 미군이 압승을 거둔 것이다. 이 해전에서 일본 해군은 새롭게 등장한 미국의 고속 항모함대에게 완전 침몰당하는 패배를 겪었다. 그 이후 여러 차례의 해전에서도 압도적으로 우세한 미 해군에 의해 잔여 일본 해군이 괴멸되면서 미국의 전략은 '도서島嶼 점프'라는 새로운 전략으로 바뀌었다. 그 전략에서 위력을 발휘한 것은 항공모함을 주축으로 한 고속 항모함대와 해병대였다. 일본군이 전쟁 발발 전이나 전쟁 도중에 점령한 태평양의 섬들을 하나씩 공략하면서 공군기의 출격을 위한 기지를 구축하고 그 다음 섬을 점령하는 식의 전쟁 전략을 추진해간 것이다. 그리고 일본이 무조건 항복하기 직전의 마지막 전투가 일본 본토의 바로 아래인 오키나와에서 벌어졌다.

이처럼 태평양 전역에서 미국의 전략이 도서 점프 전략으로 바뀌면서 중국을 일본 본토 공략에 이용하려던 계획은 추진되기도 전에 무산되고 말았다. 한때 만주와 조선에 대한 상륙작전도 검토되었으나 그것도 소련이 태평양전쟁에 참전할 때 소련군과의 협조가 전제되어야 가능한 것이었다.[24]

일본 패망을 얼마 앞둔 1945년 4월 12일 루스벨트가 사망하자 그 당시 부통령이었던 해리 트루먼Harry Truman이 자동으로 대통령직을 승계했다. 트루먼은 선임자가 구상했던 방향 안에서 전후의 세계 정책을 펴나가지 않을 수 없었다. 그러나 트루먼은 루스벨트와는 달리 소련에 대해 상당한 경계심을 가졌던 인물이었다. 그의 주변에도 소련 경계론을 펴는 사람이 많았다. 당시 소련대사였던 윌리엄 해리먼William Harriman이 대표적인 사람이었다. 그는 트루먼에게 소련이 한편으로는 미국과 협조하는 전략을 취하면서 독자적으로는 동유럽과 중앙아시아에서 자기 세력을 팽창하고 있다고 경고

했다. 소련에 대해 강경 자세를 취해야 한다고 보고하기도 했다.

그러나 소련은 1945년 5월 독일의 패망 후 이미 동유럽과 중앙아시아 지역에 군사력을 침투시켰고 미군과 영국군은 주로 서유럽에 주력을 배치하고 있었다. 동유럽 지역은 사실상 소련의 세력권에 들어가 있었다. 더구나 미국은 극동에서 일본 점령을 위한 본토 상륙작전을 전개하려면 만주와 조선에 주둔한 일본군이 본토로 이동하는 것을 막아야 했고 여기엔 소련의 참전이 절대적으로 필요했다. 때문에 소련에 대한 강경책을 쓰는 데는 한계가 있었다. 그것이 루스벨트 사망으로 대통령에 취임한 트루먼이 직면했던 딜레마였다.

트루먼은 취임 얼마 후인 1945년 4월 말, 군사 지도자들에게 태평양전쟁의 현황에 대한 브리핑을 요구했다. 그 당시 미국 군사 전략가들은 일본의 항복을 얻어내는 방법과 관련해 두 개의 방안을 구상하고 있었다. 하나는 체스터 니미츠Chester Nimitz 제독 등 해군 측과 공군이 주장하고 선호했던 것으로 도서 점프 전략으로 큰 효과를 보아온 고속 항공모함과 해군 함대를 동원해 일본 본토에 전략 폭격을 계속하고 해상봉쇄 작전을 펴서 일본의 전의를 완전히 꺾어 항복을 얻어내는 방법이었다. 이들은 해상봉쇄를 위해 중국의 산둥반도나 조선 또는 쓰시마 섬을 거점으로 활용하자는 의견도 내놓았다.

또 하나의 방안은 육군의 맥아더 장군이 주장했던 것으로 곧바로 일본 본토를 향해 상륙작전을 펴는 전략이었다. 일본 규슈와 간토 지방 두 곳에서 대대적인 상륙작전을 전개하자는 것이었다. 그리고 맥아더 장군은 일본 본토 상륙작전을 위해 되도록 빨리 소련군이 극동에 참전할 필요가 있다고 역설했다.

그러나 국무부 내에는 맥아더의 전쟁 수행 방안에 대해 반대 의견도 있었다. 이들은 특히 소련이 참전하면 전후 소련이 아시아에서 절대적으로 우세한 위치를 차지하게 될 것이라고 우려했다. 국무차관보였던 조셉 그루

Joseph Grew의 경우 소련이 일본보다 더 큰 위협을 가져올 것으로 내다보았다. 몽골과 만주 그리고 조선이 모두 소련의 위성국에 편입되고 심지어 중국과 일본까지도 그 세력에 들어갈 위험성을 경고했다.[25]

그루는 그런 소련의 위협을 의식했기 때문에 정치적으로 소련의 일방적인 극동 진출을 막아야 한다는 생각을 하고 있었다. 루스벨트와 스탈린 사이에 있었던 조선의 신탁통치에 대한 구두 협의에 대해서도 의문을 제기하면서 신탁통치 문제를 보다 구체적으로 공식화할 것을 제의하기도 했다.

그러나 소련의 대일 전쟁 참전 결정은 소련의 권한이며 그것을 미국이 막을 수도 없었다. 오히려 루스벨트는 1945년 2월의 얄타회담에서 소련의 참전을 종용했고 스탈린과 일본 북방 섬들에 대한 비밀 협정까지 맺었다. 소련은 군사 행동을 취하기만 하면 미국이 점령하기 전에 사할린, 만주, 조선 그리고 중국 동북을 점령할 수 있는 유리한 전략적 위치에 있었다. 단지 소련은 미국이 일본을 굴복시키는 것을 기다렸다가 이 지역의 점령을 위해 군사 행동을 취하기만 하면 되었다. 조선이 소련의 포로가 되는 것은 너무나 명확했다.

그런 상황 속에서 만일 미국이 일본 패망 후 조선에 대한 통제권을 원한다면 다음 두 가지 중 어느 하나를 택해야만 했다. 하나는 미군을 소련군보다 먼저 조선에 투입하는 것이었다. 공수부대를 투하해 소련군이 조선에 진주하기 전에 미리 조선을 점령하는 것도 하나의 방법이었다. 조지 마셜George Marshall 장군은 해군 함대와 해병대를 가지고 일본의 주요 지역과 일본 본토 외의 다른 지역을 점령하는 발상에 대해 관심이 있었다. 그렇게 되면 필리핀과 오키나와의 육군 병력을 조선, 랴오둥 반도 또는 중국 북부 지역에 투입할 수 있다고 보았다. 그러나 재래적인 방법으로 일본 점령을 원했던 맥아더는 이에 반대했다. 맥아더 장군의 최대 관심은 일본 본토의 침공 작전이었기 때문에 미군 병력을 조선이나 다른 곳으로 빼낸다는 것은 허용할 수 없었다. 사실 미국정부 내의 '합동전쟁계획위원회'에서 준비한 '일본 점령 초기 계획' 이라는 연구서는 미군이 낙하산부대를 일본과 조선에 투하할 수 있는 충분한 능력을 갖추고 있음을 지적한 바 있다.[26] 그러나 이 안은 심의 과정에서 논의만 했을 뿐 상부에 보고하지 않았다.

전후 조선에 대한 미국의 통제권을 확보하는 또 하나의 방법은 스탈린으로부터 구체적으로 조선 문제에 대한 정치적 합의를 얻어내는 것이었다. 조선 전체가 소련의 세력에 들어가는 것을 막으려면 조선의 신탁통치를 놓고 스탈린과 구체적인 협상을 벌일 필요가 있었다. 얄타회담 이후 루스벨트의 사망으로 연합국 영수의 회담이 없었기 때문에 가까운 시일에 연합국 영수회담을 열 필요가 있었다. 트루먼 대통령은 잠정적으로 1945년 7월을 다음 영수회담의 시기로 잡았고 회담 이전에 스탈린의 정확한 의도를 타진할 필요가 있었다.

트루먼은 루스벨트 대통령의 비서실장을 지낸 해리 홉킨스Harry Hopkins를 모스크바에 보내 조선의 신탁통치 문제에 대한 스탈린의 의도를 타진토록 했다. 이미 그전에 스탈린은 독일이 항복한 후 3개월 안에 소련군을 극동에 투입하겠다는 것을 미국 측에게 구두 통보한 적이 있었다. 스탈린은 홉킨스를 만난 자리에서 소련군을 8월 8일 만주 국경에 배치할 것이며 8월 중에 대일 전쟁에 참전할 것임을 알려주었다. 8월 8일은 독일 항복 후 만 3개월이 되는 때였다. 또한 스탈린은 홉킨스에게 중국·미국·영국·소련 4개국에 의한 조선의 신탁통치에 찬성한다고 확인해주었다. 그러나 조선의 신탁통치와 관련해 스탈린과 홉킨스 사이에 구체적인 논의는 없었다. 신탁통치의 기간이 얼마나 되는가에 대해서도 아무런 논의가 없었다.

일본의 패전이 확실시되던 1945년 7월 말이 되자 미국은 소련의 일방적 조선 점거를 구체적으로 걱정하기 시작했다. 포츠담회담에 참석하고 있던 미국 측 대표 마셜 장군은 회담 도중 백악관의 트루먼 대통령에게 이 문제의 심각성을 담은 비밀보고서를 올렸다. 물론 마셜이 조선 문제를 거론한 것은 워싱턴의 미군 수뇌부의 지시를 따른 것이다. 마셜 장군은 소련의 대일 전쟁 참전을 지지한 사람이었고 포츠담회담 중 소련의 참전 의도를 파악했기에 소련이 참전할 경우 일본과 조선에 대한 미국의 정치적 결단이 필요하다고 본 것이다.

마셜은 트루먼에게 보낸 보고서에서 조선과 일본 점령 통치에 대한 구체적인 정치적 지침을 내려달라고 요구했다. 그동안 소홀히 다뤄온 조선 문제에 대한 확실한 입장을 달라는 것이었다. 마셜은 이 문서에서 맥아더 장군의 점령 계획 속에 조선이 포함되어야 한다고 주장했다. 소련군이 만주를 거쳐 중국 북부와 조선으로 내려올 것으로 예상되므로 조선 내에 가능한 한 미국이 차지할 수 있는 지역을 넓혀 초기에 통제권을 확보하는 것이 바람직하다고 강조하면서 서울과 부산 그리고 청주를 전략적으로 중요한 지역으로 지목했다. 마셜 장군은 태평양 주둔 미군의 맥아더 장군과 니미츠 제독 앞으로도 문서를 보내 조선을 그들의 점령 계획 속에 포함하도록 지시했다.[27]

조선을 일본 점령 계획 속에 포함해야 한다고 마셜 장군이 건의한 것은 본인의 생각이라기보다 워싱턴의 전쟁계획위원회를 중심으로 한 군 수뇌부의 견해였다고 할 수 있다. 이에 앞서 트루먼은 1945년 6월 14일, 미군 수뇌부와의 회합에서 일본을 굴복시키려면 병력과 함선의 수가 얼마나 필요한지 문의한 적이 있었다. 이때 이미 미군 수뇌부와 맥아더는 일본의 규슈 상륙작전 계획을 세워놓고 있었다. 이들은 일본 본토 상륙작전에 조선을 포함시키는 것에 반대하고 있었다. 조선이 산악지대이자 해안의 수심이 낮아 부산과 서울 정도가 공격 대상으로 적절하지만 일본 본토 침공에는 별 도움이 되지 못한다고 보고했다. 그리고 마셜 역시 맥아더처럼 소련군의 참전이 일본 점령에 유리할 것이라고 평가했다. 마셜도 맥아더처럼 일본 남부 규슈 지역으로의 상륙이 유일한 방법이라고 보았다. 그랬던 마셜 장군이 포츠담회담 도중 트루먼에게 일본과 조선의 점령을 위한 정치적 결단을 내려달라고 요구한 것은 큰 변화였다고 할 수 있다.

트루먼은 그 당시 원자폭탄의 실험 결과에 신경을 쓰고 있었다. 미국정부 내에서 그 실험을 아는 사람은 트루먼뿐이었다. 트루먼은 원자폭탄 실험이 성공하면 그것으로 일본의 조기 항복을 얻어낼 수 있을 것으로 보았으며 그러면 소련의 참전을 막을 수 있을 것으로 보았다. 트루먼은 원자폭탄 실험 결과가 나오기 전까지 일본 본토에 대한 공격 계획에 대해 최종 재가를 보류하고 있었다. 그러다가 트루먼은 1945년 7월 17일, 포츠담회담에 참석하고자 독일로 떠났다.

포츠담에서 마셜 장군의 지시가 내려오기 수개월 전부터 맥아더 장군은 자기 나름대로 일본 점령 계획안을 세워놓고 있었다. 맥아더는 그것을 '블랙리스트blacklist 계획'이라 불렀다. 그러나 그의 첫 번째 초안에는 조선에 대한 언급이 전혀 없었다. 적국 일본에 들어가 승전 장군으로 대대적인 입성 행사를 치르고자 했던 맥아더는 미군의 전 병력을 일본 본토 곳곳에 배치하는 점령군의 최고 사령관을 꿈꿨다. 그래서 일본 본토의 점령에만 우선 순위를 두었다. 그런 맥아더에게 조선은 안중에 없었다.

그러나 조선을 점령 계획에서 제외하려던 맥아더의 전략을 알게 된 미군 수뇌부가 마셜 장군을 시켜 맥아더의 점령 계획 속에 조선을 포함하도록 한 것이다. 맥아더는 마셜의 지시를 받고 조선의 3개 지역인 서울·부산·청주를 점령하는 계획을 세웠으나 그에게 조선은 여전히 우선순위가 낮은 지역이었다. 일본의 항복 후 미군의 주력을 일본 점령에만 집중하고 잔여 병력인 하지 중장이 이끄는 10군 휘하의 24군단을 조선 점령군으로 정하고도 조선으로의 진주는 일본의 항복을 받는 9월 2일 후로 미루도록 했다. 전 세계의 이목을 항복조인식에 쏠리도록 하려던 맥아더는 병력의 이동으로 항복조인식의 극적 효과가 희석되는 것을 원치 않았다.[28] 미군의 조선 상륙 일정이 항복조인식이 끝나고 소련군의 조선 북반부의 점령이 끝날 무렵인 9월 7일로 잡힌 것은 그런 이유 때문이었다.

전쟁 중 마지막으로 열렸던 미·소·영 3개국 정상회담이 1945년 7월 17일부터 8월 2일까지 독일 포츠담에서 열렸다. 그 회담에서 독일 점령에 필요한 행정적, 경제적 그리고 정치적 문제들을 결정했다. 가장 큰 현안이었던 폴란드 문제는 망명정부의 대표를 포함한 정부를 구성하고 그것을 3국이 승인하는 선에서 잠정 합의를 보았으나 소련이 폴란드에 친소 정권을 수립하려는 것에 트루먼은 반대 의사를 표시하고 나서기도 했다. 그러나 동유럽 국가들의 영토와 관련된 쟁점들은 거의 소련의 의도대로 해결되었다. 소련이 실질적으로 점령하는 것을 인정한 것이다.

회담이 시작되기 전인 7월 15일, 미국은 원자폭탄의 첫 번째 폭발 실험에 성공했다. 이 사실은 그날 막 포츠담에 도착한 트루먼에게 보고되었다. 그 후 7월 21일, 트루먼은 회담 도중 또다시 원자폭탄의 실험이 순조롭게 진행 중이라는 보고를 접하게 되었다. 트루먼은 몹시 흥분했고 자신감에 넘쳤다. 7월 22일 신탁통치안이 본회의에서 거론되었지만 조선의 지위 문제는 명확하게 규명되지 않았다. 소련이 분명한 태도를 보이지 않으면서 조선에 대한 명확한 합의가 이뤄지지 못하자 트루먼의 건의에 따라 그 문제를 다음번 외상회의의 과제로 넘기기로 합의했다. 다시 말해 조선의 독립 문제와 운명은 이제 이들 4개국의 손에 달리게 된 것이다.[29]

7월 26일, 포츠담회담에 참가한 미국 · 영국 · 소련의 국가원수들은 일본에 무조건 항복을 요구하는 선언을 채택했다. 회담 도중에 일본이 소련을 통해 강화 협상을 요구할 것이라는 메시지도 전달되었으나 스탈린은 트루먼과 그의 수행원들에게 소련군이 8월 중순경에 만주를 넘어 진격할 것이라고 일러주었다. 그것을 바탕으로 미국 합참본부는 태평양의 미군사령관들에게 8월 15일을 전후해 소련이 대일 전쟁을 선포할 것이라고 통고했다.

포츠담회담이 끝나 미국으로 돌아가던 중이었던 8월 2일 트루먼은 미국 전함 오거스타 함상에서 원자폭탄의 사용을 재가했다. 8월 6일 히로시마에 첫 번째 원자폭탄을 투하했고 8월 9일 또다시 나가사키에 원자폭탄을 투하했다.

소련군의 남진과 38선 결정

태평양전쟁 동안 미국은 소련과의 동맹 관계를 중요시했다. 특히 제2차 세계대전 전후의 국제 질서를 위해 강대국의 세력 균형을 중요하게 여겼던 루스벨트의 대소련 정책 때문에 소련의 극동 진출은 기정사실화 되었던 것이다. 여기에 조선을 일본의 식민지 가운데 하나로 간주하고 조선의 자치 능력을 부정하면서 장기간의 3개국 또는 4개국의 국제적 신탁통치 기간을 거쳐 조선을 독립시키겠다는 미국정부의 기본 정책이 맞물리면서 강대국에 의한 조선반도의 분할, 특히 38선 분할은 예정되었던 것이다.

일본 패망 후 조선의 3개국 신탁통치를 계획했던 루스벨트의 생각으로 미뤄본다면 소련이 참전해 조선에 진격함으로써 일본 패망을 앞당기고 조선에서 미국과 소련이 우선 군정軍政을 실시하면서 3개국 신탁통치안을 논의해 간다는 구상도 자연히 나올 수 있다. 따라서 미국정부 내의 일부 전략가들이 소련의 참전이 가져올 정치적 결과에 대한 우려를 표명하고 소련의 참전을 부정적으로 보려는 태도를 보였음에도 전쟁 수행이라는 절대적인 목표에 압도당해 조선 문제는 심각한 논의 대상이 되지 못한 것이다.

이미 흐름은 소련의 참전을 기정사실로 받아들이거나 소련의 참전을 미국이 막을 수도 없다는 쪽으로 기울고 있었다. 1945년 8월 8일, 일본에 전쟁을 선포한 소련은 그 다음 날부터 만주를 거쳐 함경북도를 향해 진격하기 시작했다. 소련의 조선 침공은 두 방향에서 이뤄졌다. 하나는 육군이 만주를 거쳐 함경북도로 남하해 웅기, 나진 그리고 청진을 점령하는 것이었다. 또 하나는 소련 해군이 웅기와 나진 그리고 청진에서 상륙작전을 전개하는 것이었다. 소련의 참전으로 더욱 전의를 잃은 일본은 8월 10일부터 연합국에 항복 의사를 전달하기 시작하면서 일본이 내세운 조건인 천황제의 존속 문제를 놓고 연합국의 반응을 기다리고 있었다.

8월 9일 새벽 2시, 만주 국경의 경흥교를 건너 남하하던 소련 육군은 8월

10일 웅기 전방에서 진격을 멈추었다. 한편, 다음 날 8월 11일 저녁 소련 해군의 상륙부대가 함경북도 웅기를 공격했고 소련 육군은 웅기를 지나 나진으로 진격했다. 웅기를 점령한 소련 해군은 다시 8월 12일 나진을 공격해 다른 소련 부대의 남진을 도왔다. 그때까지도 소련군은 일본군으로부터 전면적인 저항을 받지 않다가 8월 13일 청진에서 처음으로 일본군의 본격적인 반격에 부딪혔다.[30] 소련군과 일본군은 전투 중에 일본이 무조건 항복했다는 사실을 알게 되었고 일본군은 소련군에 투항했다. 소련군은 계속 남하해 8월 17일 나남을 점령했다.

남북을 분단시킨 미국의 38선 분할안은 이렇게 급속도로 남하하는 소련군에 대응해 취해진 긴급 조치였다. 8월 11일 새벽, 스위스의 일본 대사관을 통해 일본이 연합국 수뇌부에 항복할 의사가 있음을 알리자, 미국의 3부조정위원회(국무부, 육군, 해군의 실무자로 구성된 정책 조정 기구. 약칭 SWNCC) 위원장이었던 국무부의 제임스 던James Dunn이 육군 작전국의 조지 링컨George Lincoln 준장에게 전화를 걸어 미국이 군대를 조선에 보내야 하며 국무부는 조선에 미국 점령지를 확보하되 가능한 조선의 많은 지역을 점령하는 계획을 수립하기를 원한다고 했다. 그러면서 던은 이미 소련이 진주한 조선에 미군이 확보할 수 있는 지대를 분할해두어야 할 것 같다면서 어디에서 분할할 것인지 알고 싶다고 했다.[31]

8월 11일, 미국 전쟁배상위원회 대표로 모스크바에 체류하고 있던 애드윈 포오리Edwin Pauley도 트루먼 앞으로 긴급 전문을 보내 미군이 되도록 빨리 만주의 산업지대와 조선을 점령해야 한다고 주장했다. 특히 조선의 남쪽 지역에 상륙해 점차로 북쪽으로 진격할 필요가 있다고 하면서 물론 이 모든 일이 일본과의 전쟁이 끝나 미국인의 인명 피해의 위험성이 없을 때 한한다고 했다.[32]

소련의 극동 진격이 시작되자 미국은 그것이 가져올 정치적 결과에 주목하지 않을 수 없었다. 극동에서의 소련의 영향력 팽창을 우려한 것이다. 이미 루스벨트는 얄타회담에서 스탈린에게 일본의 북방 5개 섬을 소련이 점령할 것을 양해한 만큼 미국으로서는 소련을 일본 본토의 점령에 참여시킬 것인가가 중요한 문제였다. 만일 일본이 끝까지 항복하지 않고 독일처럼 마지막까지 저항한다면 소련도 일본의 상륙작전에 참가할 수 있었으며 그럴 때 독일처럼 일본을 미국과 소련 그리고 영국이 공동 분할해야 할 가능성도 있었다. 포츠담회담에 참가한 마셜 장군이 회담 도중 트루먼에게 일본과 조선에 대한 정치적 결단을 건의한 것도 바로 소련의 대일 전쟁 참전이 가져올 지정학적, 전략적 문제를 염두에 두었기 때문이었다.

또 다른 문제는 아시아 대륙에서의 소련의 팽창이었다. 그 당시 중국에서는 장제스의 국부군과 마오쩌둥의 공산군이 소위 국공합작을 이뤄 일시적으로 대일 전쟁을 수행하고 있었다. 그러나 그런 협력 관계가 언제 깨질지는 아무도 예측할 수 없었다. 실제로 일본의 패색이 짙어지면서 장제스의 국부군은 일본군의 해체로 힘의 공백이 생길 만주를 장악하고자 군대를 보내려 했으나 소련과 중국 공산군의 저지로 실패했다.

결국, 대일 전쟁에 참전한 소련군이 만주와 다롄 항을 장악하게 되면서 국부군과 공산군 사이의 세력 균형에서 공산군에 절대적으로 유리한 상황이 전개되었다. 소련이 이미 만주를 거쳐 조선으로 진격하고 있었을 때 미국으로서는 가능하면 조선의 가장 북쪽에서 소련의 팽창을 저지하는 방안을 찾아야 했다. 그리고 소련의 영향권이 일본에 미치지 못하도록 해야만 했다. 이를 위해 미국이 추진한 것이 조선을 남북으로 분할해 완충지대를 설치하는 것이었다.

8월 11일 이른 아침, 던 위원장의 요청으로 미군의 조선 점령 지대 확정 문제를 다루게 된 것은 육군의 전시작전국Operations Division 소속의 장교들이었다. 링컨 준장과 그 밑의 찰스 본스틸Charles Bonesteel 대령(후에 미8군사령관을 지냄)과 딘 러스크Dean Rusk 대령(후에 국무장관)이 그 일을 맡았다.[33] 링컨 준장은 국무부의 던 위원장의 전화를 받은 후 벽에 걸린 지도를 보고 미군의 조선 점령 지대를 어느 선에서 그을 것인가를 생각하다가 순간적으로 소련군이 어디까지 올 것인가를 궁금해하면서 북위 38도 선을 생각해냈다. 수도인 서울은 꼭 포함해야 한다고 본 것이다. 그러다가 소련 측이 받아드릴지 모르지만 더 북쪽인 40도 선은 어떨까 하고 생각했다. 그러나 자신이 없었던 링컨 준장은 본스틸과 러스크를 불러 30분 안에 조선 분할 점령을 위한 적정선을 확정하라고 지시했다. 그들에게 주어진 또 다른 과제는 일본의 항복 시 여러 지역에 있는 일본군으로부터 연합군이 항복을 받는 절차를 포함하는 '일반명령 제1호'의 초안을 마련하는 일이었다. 그 명령 속에 조선 점령의 분할선도 명기되어야 했다.

링컨 준장의 지시를 받은 두 대령은 숙고 끝에 소련군이 조선 전체를 점령할 수 있는 능력을 갖추고 있다는 판단 아래, 우선 원산과 그 서쪽을 긋는 조선반도의 가장 좁은 허리를 분기선으로 제의하기로 하고 그것이 소련 측에 받아들여지지 않으면 38도 선으로 양보한다는 안을 제안했다. 그러나 두 사람이 최종적으로 링컨 중장에게 제시한 것은 38도 선을 분기선으로 한 점령안이었다. 그것을 들고 링컨은 새벽에 열린 전쟁계획위원회의 모임에 달려갔다. 그 위원회는 일반명령을 검토했다. 그 자리에 참석했던 마티아스 가드너Matthias Gardner 해군제독이 초안 대부분은 좋으나 조선 점령 지대의 결정에 대해 이의를 제기했다. 그는 39도 선을 제의했다. 그렇게 하면 중국의 전략 요충지인 뤼순과 다롄을 미군의 점령선 안에 포함할 수 있다는 것이 그의 생각이었다.

가드너 제독은 풍부한 전쟁 경력과 전략적 사고를 갖춘 제독으로 마셜과 함께 포츠담회담에도 참가해 이미 소련의 조선에 대한 의도를 잘 알고 있었다. 그는 미 해군의 고속 함대를 가지고 조선에 이른 시일 안에 진주해 소련에 의한 조선의 단독 점령을 막을 수 있다는 생각을 하고 있었다. 그것은 또한 마셜 장군의 생각이기도 했다. 그러나 미군 수뇌부는 소련이 연합국을 대신해 조선에서 일본군의 항복을 받아내면 된다는 생각에서 조선을 점령할 필요를 강하게 느끼지 않고 있었다. 다만 트루먼 대통령의 생각은 달랐다. 트루먼은 소련이 조선 전체를 점령하기 전에 미군이 조선에 진주하는 것을 원하고 있었다.[34]

가드너 제독의 제안에 대해 링컨 준장은 소련이 39도 선이라는 점령 분리선을 받아들이지 않을 것이라 하면서, 특히 소련의 뤼순과 다롄의 점거를 막으려는 의도임을 알게 되면 더욱 반대할 것이라고 했다. 조선에서의 소련군의 전투에 대한 자세한 정보를 갖지 못했던 링컨 준장은 일부 신문기사만 보고 소련군이 예상외로 빠른 속도로 남하하고 있는 것으로 잘못 인식하고 있었다. 그때까지만 해도 소련군은 아직 38도 선과는 먼 함경도 지역에 머물러 있었다. 정치적 고려와 군사적 현실주의가 대립하게 된 것이다. 그리고 링컨은 던 위원장에게 전화를 걸어 38선이 적절하다고 말하고 그것을 일반명령에 명시하겠다고 했다.

그러나 실제로 소련군의 남하가 그처럼 빠르게 진행되고 있었던 것은 아니었다. 전쟁계획위원회에서 조선의 점령 분할선 결정 문제를 놓고 논란을 벌이고 있던 8월 11일 새벽(워싱턴 시간), 소련군은 청진에서 일본군의 강한 저항에 부딪혀 8월 14일까지도 그곳을 벗어나지 못하고 있었다. 청진에서 격전을 벌이고 있었던 소련군과 일본군이 일본의 항복을 알게 되면서 전투가 종식되었고 소련군은 8월 17일 나남에 진주했다. 소련군은 8월 24일 평양에 진주했고 38도 선을 따라 조선의 북반부를 완전히 점령한 것은 그 훨씬 후인 8월 말이었다. 38도 선을 확정한 훨씬 후였다.

역시 같은 날인 8월 11일, 워싱턴 시간으로 오후에 '3부조정위원회 확대회의'가 열렸다. 그 회의에서 '일반명령 제1호'가 통과되었으며 연합군 최고사령관으로 트루먼 대통령이 맥아더 장군을 지명했다는 것을 통고받았다. 그리고 일반명령을 곧 맥아더 장군에게 보내 적절하게 시행하도록 지시하기로 했다. 같은 날, 트루먼은 마셜 장군과 에른스트 킹Ernst King 제독 앞으로 비밀문서를 보냈다. 트루먼은 '만일 소련이 그 항구들을 점령하지 않았고, 일본의 항복 직후 실현할 수 있다면, 다롄 항구와 조선의 항구를 점령하기 위한 점진적인 조치를 취할 것'이라고 명령했다.

트루먼은 '일본의 점령 후'가 아니라 '일본의 항복 직후'라고 강조했다. 맥아더 장군이나 미군 수뇌부가 일본 점령 작전과 그 후의 점령 계획에 모든 관심을 쏟고 있었을 때 트루먼은 일본의 항복을 받은 직후 다롄과 조선에 미군을 진주시키겠다는 의도를 지니고 있었다. 조선을 소련이 단독으로 점령하는 것을 막겠다는 트루먼의 의지가 강하게 표현된 것이라 할 수 있다.[35] 그런 트루먼의 정책을 미군 수뇌부나 맥아더는 충실히 이행하지 않았던 것이다. 물론 8월 11일 현재는 아직도 일본이 조건 없는 항복 의사만을 전했을 뿐 수락 여부가 확실치 않았기 때문에 모든 것이 유동적인 상황이었다.

소련의 조선 단독 점령을 막고자 했던 트루먼의 의도는 군 수뇌부의 군사적 현실주의에 부딪혀 제대로 실현되지 못했다. 그동안 일본 공략을 목적으로 모든 병력을 배치해 운영해왔고 미군의 주력이 필리핀과 오키나와에 머물러 있던 상황에서 미군을 갑자기 일본과 조선의 동시 점령을 위해 재배치시키는 일은 전혀 불가능한 일은 아니었으나 그리 쉬운 일도 아니었다.

마셜 장군이나 가드너 제독이 제안한 것처럼 미국은 고속 항모함대를 중심으로 함정과 수송기로 미군 병력을 가능한 한 조선의 북쪽에 조기에 진주시킬 수 있는 기동력을 갖추고 있었다. 그럼에도, 본국의 군 수뇌부나 맥아더 장군은 일본 점령과 조선 점령을 '동시'에 추진하는 것에 반대했다. 동시라는 말 대신 '조속한'이라는 표현으로 타협을 보았다. 결국, 가능하면 조선의 더 많은 지역을 점령하기를 원했던 트루먼의 요구는 실현되지 못했다.

일본의 항복조인식이 열린 '9월 2일까지 태평양 내 전 미군의 이동 금지'를 지시했던 맥아더의 허영심에 찬 명령도 미군의 조기 진주를 가로막았던 요인이었다. 그러나 결과적으로 미국은 조선에 대한 소련의 단독 점령은 일단 막을 수 있었다. 미국이 38도 선을 조선반도의 분할 선으로 확정해 일반명령 제1호 속에 명시하고 스탈린에게 통고했을 때 아무 응답이 없었기 때문에 미국은 스탈린이 이를 묵인하는 것으로 간주했다. 미국이 전략적으로 가장 중요시한 일본 본토를 미국의 완전한 독점적 영향권에 넣기 위한 완충 지대로 가능한 만큼의 조선 남쪽 지대를 원했던 미국의 조선 분할안은 계획대로 관철된 것이다.

38선에 대한 소련 측의 자료는 구할 수 없지만 지금까지 미국정부가 공개한 자료에 따른다면 38선은 일본 식민지였던 조선을 놓고 미국과 소련 양국 간에 '일본군의 무장해제를 위한 책임 지역 할당에 따라 일시적'으로 그어졌다는 것이 공식적인 설명이다. 하지만 38선을 기준으로 한 조선의 남북 분할을 미국이 임시 대응책으로 마련한 단순한 성격의 군사적 조치로만 보기는 어렵다. 그보다는 일본의 패망으로 발생한 극동 지역의 힘의 공백을 채우기 위한 미국과 소련 간의 치열한 각축 속에서 양국이 극동에서의 자국의 정치적 전략적 이익을 고려한 끝에 내린 하나의 타협적 성격의 결정이었다고 할 수 있다.

한편, 38선이 생긴 역사적 배경은 제2차 세계대전 이전이나 전쟁 기간 중으로까지 거슬러 올라갈 수 있다. 왜냐하면, 미국과 소련이 한반도를 분할하게 된 요인들을 고려할 때 전쟁 중에 루스벨트와 스탈린 사이에 합의를 보았던 4개국 신탁통치안이 미국정부의 일본 점령 전략이나 소련의 조선 진주에 대한 대응 전략에 미친 영향이 적지 않았기 때문이다. 그것이 분단을 가져온 중요한 원인의 하나인 셈이다. 즉 전쟁이 끝나기 몇 년 전부터 루스벨트는 소련을 대일 전쟁에 참전시키고자 하나의 유인책으로 조선 문제를 생각했던 것이다. 소련에 조선 점령 후 장기간의 신탁통치를 거친 후 독립을 허용하겠다는 구상을 제시해 조선에서의 소련의 권리를 미리 약속한 순간, 38선은 그어지기 시작한 셈이다.

또한, 38선은 극동 지역에서의 힘의 공백을 채우기 위한 하나의 임기응변적인 군사적 조치가 불러온 결과였다. 특히 일본군이 패망해 철수한 만주에 힘의 공백이 나타났다. 미국은 이미 전쟁 도중 중국에서 장제스와 마오쩌둥이 대일 전쟁에서 공동전선을 펴도록 주선하고 대규모의 전쟁 물자를 지원해주기도 했다. 일본이 패망하고 중국 일부와 만주에서 일본군이 철수하자 장제스의 국부군과 마오쩌둥의 공산군 사이에 치열한 내전이 벌어지기 시작했다. 장제스는 미국의 지원을 얻어 만주에 국부군을 먼저 파견해 그 지역을 장악하려 했으나 소련과 공산군의 반대에 부딪혀 실패했다. 결국, 소련이 만주와 다롄 항을 장악하게 되면서 국공國共의 세력 균형에서 공산군에게 유리한 상황이 만들어졌다.

미국은 극동 지역의 정치 군사적 중요성을 인식해 다롄 항을 확보하는 것과 중국과 만주에 미군을 파견하는 안도 논의했으나 지리적으로 너무나 먼 지역이어서 현실적으로 실현 불가능하기 때문에 포기하고 말았다. 결국 소련에 만주와 다롄을 양보하고 만 것이다. 그러나 미국은 이미 얄타회담에서 합의한 비밀 합의 내용이 암시하듯이 일본 점령에는 전적으로 소련을 배제한 미국만의 독자적 점령 방안을 고수했다. 이에 불만을 갖게 될 소련을 달래는 방법으로 미국은 얄타회담에서 일본 북방의 열도를 소련에 내주기로 합의했던 것이다. 루스벨트나 미국정부는 종전 후의 일본 점령에 대해서는 명백한 방침과 정책을 가졌지만 중국이나 조선반도의 문제와 관련해서는 매우 애매하고 일관성이 없는 임기응변적인 정책을 취했다고 할 수 있다.

얄타회담에서 루스벨트와 스탈린은 조선의 신탁통치에 대해 비공식적인 대화를 가졌다. 그러나 조선반도에 대한 구체적인 토의는 없었다. 원래 루스벨트는 일본의 식민지인 조선에 대해 큰 관심을 보이지 않았다. 그것이 미국정부의 입장이기도 했다. 이승만을 비롯한 미국 내의 조선인 독립운동가의 활동에 대해 미국정부는 매우 비협조적이거나 냉담했다. 그런 상태는 태평양전쟁이 끝날 때까지 마찬가지였다. 미국이 일본 패망 후의 정책에 대해서는 종합적이고 상세한 점령 정책 방안을 마련했지만 아무런 조선 점령 정책도 세운 바 없다는 사실이 그것을 뒷받침해준다.

미국이나 루스벨트는 조선반도를 그리 중요하게 인식하지 못했을지 모르나 스탈린은 달랐다. 그는 조선반도의 전략적 가치를 너무나 잘 인식하고 있었다. 오래전부터 소련이 극동에서 부동항不凍港을 필요로 해왔다는 것 외에도 과거 역사에서 러시아가 겪은 러일전쟁과 청일전쟁을 통해 드러난 조선반도의 전략적 가치를 너무나 잘 알고 있었을 것이다.

결국 루스벨트와 미국 정부의 조선에 대한 무관심과 무지, 그리고 안이한 대소련 정책이 38도 선의 설정으로 나타났다고 할 수 있다. 조선이 일제로부터 해방된 후 겪게 된 분단의 비극은 미국이 제2차 세계대전 중 소련의 군사력에 너무나 많이 의존한 데서 비롯되었다고 볼 수 있다. 미국은 유럽에서 대독 전쟁을 그리고 극동에서 대일 전쟁을 치르는 동안 소련과 어색하지만 공동의 적과 싸우는 '우군'이라는 관계를 유지해야 했다. 미국은 소련에 막대한 전쟁 물자를 제공해주었고 소련은 대독 전쟁에 막대한 병력(인력)을 투입하는 것으로 원조의 대가를 치렀다. 미국과 소련은 전쟁 수행을 위한 긴밀한 상부상조 관계를 형성했던 것이다.

멀리 거슬러 올라가면 38도 선을 경계선으로 하는 분할 점령은 전쟁 중 긴밀했던 미국과 소련의 밀월 관계의 그 연장선에서 비롯된 것이다. 38도 선은 1945년 8월 11일, 미군 수뇌부가 취한 임기응변적인 조치였지만 그것은 결과였지 원인은 아니었다. 38도 선을 기점으로 조선이 남북으로 분단된 원인 중에는 조선 문제에 대해 너무 부정적이었고 어느 면 무지했던 루스벨트 정부가 내린 여러 가지 결정이 포함되어야 할 것이다.

1 미국 학자 Michael C. Sandusky는 '미국이 38선을 확정한 것'이라는 의미에서 그의 책 제목을 '미국의 평행선America's Parallel'이라 붙이기도 했다. Michael C. Sandusky, *American's Parellel* (Alexandria: Old Dominion Press, 1983). 이 책은 지금까지 38선 확정을 다룬 책 중에서 가장 종합적이고 풍부한 자료를 갖추었다.

2 미국정부는 국무부가 소장하고 있는 외교 문서들을 25년마다 공개하고 있다. 그중에는 제2차 세계대전 중의 대일 및 대한 정책을 다룬 기관들이 작성한 보고서도 포함되어 있으며 38선 분리 과정을 알 수 있는 자료들도 상당수에 이른다. 그중 상당수가 미 국무부가 매년 발간하는 *Foreign Relations of the United States*(FRUS)에 게재되어 있다. 소련정부가 이와 유사한 자료를 공개하지 않는 이상 우선은 미국정부의 자료들을 중심으로 38선 설정에 대한 문제를 다룰 수밖에 없다.

3 Asahi Shimbun(ed.), *The Pacific Rivals; A Japanese View of Japanese-American Relations* (New York & Tokyo: Weatherhill/Asahi, 1972). 115쪽.

4 양호민 외, 『한반도 분단의 재인식』(나남, 1993). 20-21쪽.

5 *The Pacific Rivals*, 115쪽.

6 *The Pacific Rivals*. 115쪽.

7 Michael C. Sandusky, 앞의 책, 332쪽. 그리고 양호민 외, 앞의 책, 25쪽 참조. Michael C. Sandusky는 스탈린이 트루먼의 38선 설정 제의에 대해 아무런 언급도 하지 않았다면서 미국은 그것을 스탈린이 동의하는 것으로 받아들였다고 보고 있다.

8 양호민 외, 앞의 책, 1장 참조.

9 John Lewis Gaddis, *Strategies of Containment* (Oxford University. Press, 1982).

10 John Lewis Gaddis, 앞의 책, 3쪽.

11 John Lewis Gaddis, 앞의 책, 4쪽.

12 John Lewis Gaddis, 앞의 책, 5쪽.

13 Michael C. Sandusky, 앞의 책 5쪽.

14 Michael C. Sandusky, 앞의 책, 5-6쪽.

15 Michael C. Sandusky, 앞의 책, 91쪽.

16 Michael C. Sandusky, 앞의 책, 9, 87쪽.

17 Michael C. Sandusky, 앞의 책, 82쪽.

18 양호민 외, 앞의 책, 20쪽.

19 Michael C. Sandusky, 앞의 책, 87-88쪽.

20 Michael C. Sandusky, 앞의 책, 149쪽.

21 양호민 외, 앞의 책, 19쪽.

22 양호민 외, 앞의 책, 20쪽.

23 Michael C. Sandusky, 앞의 책, 332쪽.

24 Michael C. Sandusky, 앞의 책, 119-123, 315-316쪽.

25 Michael C. Sandusky, 앞의 책, 169-170쪽.

26 Michael C. Sandusky, 앞의 책, 200쪽.

27 Michael C. Sandusky, 앞의 책, 186쪽.

28 Michael C. Sandusky, 앞의 책, 177–78쪽.

29 Michael C. Sandusky, 앞의 책, 184쪽.

30 Michael C. Sandusky, 앞의 책, 216–17쪽.

31 Michael C. Sandusky, 앞의 책, 225쪽.

32 Michael C. Sandusky, 앞의 책, 226쪽.

33 두 명의 미군 대령들의 작업과 관련해 38선 설정을 둘러싼 트루먼 대통령을 비롯한 미국 정부의 개입설을 강조한 연구로 이완범의 「미국의 38선 획정 과정과 그 정치적 의도」, 『한국정치학회보』, 29집 1호, 148쪽 이하를 참조할 것.

34 Michael C. Sandusky, 앞의 책, 229–30쪽.

35 Michael C. Sandusky, 앞의 책, 232쪽.

제3장 해방정국, 우리는 무엇을 얻고 무엇을 잃었는가

1948년, 남한만의 단독정부가 수립되었다. 김구와 김규식이 이끄는 남북협상파와 좌익 세력은 이승만과 한국민주당(한민당)에 통일정부를 수립하지 못한 책임을 돌렸다. 마찬가지로 이승만과 한민당 등 우익 세력은 평양의 김일성과 남로당 좌익 세력에게 반쪽짜리 정부 수립에 대한 책임을 돌렸다.

그러나 해방 후 한반도의 운명을 쥐고 있던 것은 이승만도 아니고 김일성도 아니었다. 더구나 한민당이나 남로당도 아니었다. 해방된 조선의 운명을 쥐고 있던 나라는 전승국이었던 소련과 미국이었다. 이런 이유로 남북한 어느 쪽이 분단의 책임을 져야 하느냐고 묻는 것은 어리석은 질문이다.

중요한 것은 소련과 미국이 한반도를 포기할 의사가 없었다는 것이다. 그래서 제2차 세계대전 중에 나온 "조선을 일본 식민지로부터 독립시킨다"는 연합국 원수들의 공동성명에도 불구하고 미국과 소련은 전쟁 종결 후 1945년 12월 '모스크바 3상회의'에서 한반도의 신탁통치를 결정하고 5년간 신탁통치를 하면서 그동안 서로 받아들일 수 있는 독립 정부를 수립한다는 복안을 낸 것이다.

그렇게 본다면 남북 분단은 물론 남한에 미국이 지지한 단독정부가 수립되고 그와 동시에 북한에 소련이 지지한 단독정부인 공산 정권이 들어선 배경에는 미국과 소련의 역할이 결정적이었다는 데 의심의 여지가 없다. 남북한에서 상반된 사상을 가진 한국인 정치 세력들이 치열하게 대립한 것도 남북 분단 사태를 가져온 한 요소는 되겠지만, 전승국으로서 또 점령국으로 남북한을 점령한 미국과 소련이 한반도 문제 해결의 열쇠를 쥐었던 것은 부인할 수 없다.

그런 국제적 권력 구조의 테두리 안에서 남북한 내의 조선인 지도자나 일반 국민이 할 수 있었던 것은 이런 양국의 정책에 대해 구두 반대vocal opposition를 하거나 양국의 행정 집행을 방해하는 정도의 제한적이고 종속적인 행동뿐이었다. 그리고 미국과 소련은 자기들의 궁극적인 목표와 목전의 이익을 위해 한국인 지도층이나 일반 국민의 요구를 충족시키기보다 그들을 적절히 활용하고 설득하는 일에 보다 관심을 두고 있었다.

그런 의미에서 당시의 한반도 문제를 쥐고 있던 소련과 미국의 정부 문서나 기록은 그 기간의 양국 간의 관계나 양국이 남북한에서 추구했던 정책 목표나 내용을 파악하는 데 매우 중요한 자료가 된다. 그러나 북한 점령 기간에 대한 소련정부의 자료는 공개돼 있지 않다.[1]

비록 1급이나 절대 비밀에 속하는 내용은 상당 부분 삭제됐겠지만, 미국정부가 25년 후마다 공개하는 외교문서Foreign Relations of the U. S.는 그 당시의 상황을 이해하는 데 유용한 자료라 할 수 있다.[2] 소련정부 자료와 비교해 검증할 수 없다는 약점과 미국정부의 공식적인 견해나 정책 목표만을 기재한 일방적인 공문서라는 단점은 있으나, 이 문서는 미국정부가 당시 극동과 한반도의 정치 군사적 전략을 다루는 과정에서 추구했던 목표와 그 달성 방안을 이해하는 데 중요한 자료라 할 것이다.[3]

국내에 출간된 간행물 중에도 이 문제를 다룬 연구서나 자료집은 이미 상당수에 달한다. 당시 직접 정치 활동을 했던 사람들의 경험담이나 회고록을 비롯한 국내 자료를 중심으로 한 연구결과도 많이 나와 있다. 그중에서 양호민 교수가 엮은 『한반도 분단의 재인식』(1993)에 수록된 양호민 교수의 논문 「한반도는 이렇게 분단되다」는 지금까지 나온 연구 중 가장 뛰어난 논문이다. 이 논문은 해방 후의 남북한 정치 세력의 투쟁 양상과 미국과 소련의 전략 등을 소상히 다루고 있다. 다만, 양호민 교수는 1946년에 나온 미국 외교문서만을 다루고 있다. 1947년과 1948년에 있었던 중요한 정치적 사건은 포함하지 못하고 있다. 특히 1947년은 미국이 한국 문제를 유엔에 이관하고 남한 단독정부 수립안을 채택하는 등 한반도 역사를 뒤바꾼 중요한 시기였다. 여기서는 이 기간의 미국정부 외교문서를 참고해 분단 정국이 어떻게 흘러갔는지 보다 깊이 있게 살펴보고자 한다.

미군의 남한 점령

1945년 일본의 패망 후, 38선 이북에서 소련이 북한의 공산화를 위한 구체적인 조치들을 차근차근 진행하고 있을 무렵, 미군은 9월 7일 인천에 상륙해 서울을 장악하고 있었다. 미 육군 24군단의 군단장인 하지 중장은 도쿄에 있던 미국 극동사령부의 맥아더 장군의 지시에 따라 38선 이남 지역에서 군정을 펴기 시작했다. 미군의 당면 과제는 일본 군인과 민간인을 일본 본토로 철수시키는 것이었다.

1946년 1월부터는 정식으로 주한미군정청(USAMGIK)이라 부르는 군정기관이 남한 일대를 장악하게 되었고 군정 장관으로 아치볼드 아널드 Archibald Arnold 육군 소장이 취임했다.

1945년부터 남한에 대한민국정부가 수립되는 1948년 8월 15일까지 3년 기간은 해방 후 한국 정치사에서 가장 중요하고 결정적이면서도 복잡했으며 수많은 비극적인 사건이 일어난 처절한 기간이기도 하다. 그 3년간 미국과 소련은 한반도의 통일정부 수립 문제를 놓고 서로 합의를 보지 못한 채 전쟁 중의 우군 관계에서 적으로 돌아서 여러 쟁점을 놓고 사사건건 팽팽한 대립과 갈등을 보이기 시작했다. 동시에 두 초강대국의 비호와 지원을 얻은 국내의 정치 세력들도 좌익과 우익으로 분열되어 대립과 반목, 심지어 피비린내 나는 권력투쟁까지 벌이게 되었다.

해방 직후의 국내 정치 세력은 서로 다른 이념을 내세워, 독립 후의 한국에서 자신들의 이념에 따라 서로 다른 정권을 수립하고자 했다. 조선의 정치 지도자들이 좌우로 갈라지게 된 것이다. 해방 직후 남조선에서는 박헌영의 조선공산당과 그 외 좌익 지도층이 중심이 된 좌익 세력이 한 축을 이루었고, 송진우와 김성수가 이끄는 이른바 '보성그룹'이라는 호남 세력이 중심이 된 한민당이 또 다른 축을 이루었다.

그 중간에 여운형의 중도적 진보 세력과 김규식이 이끄는 중도적 우파 세력이 중간노선을 형성하면서 남한 내에는 좌우와 중간노선이라는 3대 정치 세력 간의 대립 구도가 나타났다. 그리고 1945년 10월 미국에서 이승만이 귀국하고 1945년 말 임시정부 요인들이 중국에서 돌아와 김구를 중심으로 한국독립당(한독당)을 조직해 한민당과는 다른 또 하나의 강력한 우익 세력을 형성했다.

우파 정치 세력으로 상당한 세력을 떨친 것은 한민당이었다. 한민당은 호남 대지주들과 일부 친일 세력이 가담한 보수 성향의 정당이었다. 송진우·김성수·장덕수 등 일제강점기 동안 『동아일보』를 중심으로 모인 인사들로 비록 친일 행위를 했지만 그래도 조선인 사이에 지도자로 영향력을 발휘했던 사람들이었다. 이들은 상하이임시정부를 정통성 있는 정부로 인정했으나 여운형이 이끄는 조선인민공화국(약칭 인공)을 좌익 세력 집단으로 간주하고 그 조직의 정통성을 거부했다.

한민당은 한때 초당주의를 주장하던 이승만을 자기들의 실질적인 영도자로 추대하고 이승만의 노선을 지지하는 데 앞장서기도 했다. 한민당과 정면으로 대결한 것은 조선공산당이었다. 일본강점기에 국내에서 반일 지하운동을 전개했던 공산주의자인 박헌영·이강국·허헌·최익한·정백 등이 주동이 되었다. 박헌영의 조선공산당은 그 후 북한의 북조선노동당과 보조를 맞추고자 1946년 11월에 '조선공산당'에서 '남조선노동당'(약칭 남로당)으로 개명했다.

극단적인 좌우 세력이 대치하고 있는 가운데 중간노선을 지향하려는 여러 세력도 존재했으나 해방 직후의 정국에서, 그리고 미국과 소련의 대립이 점차 첨예해진 극한 냉전 속에서 온건 세력이나 중간노선의 입지는 크게 위축되고 제약을 받지 않을 수 없었다. 온건 세력은 말하자면 양극단 세력 사이에 끼여 힘을 쓸 수 없는 형편이었다.

온건 좌파라 할 수 있는 여운형과 그의 건국준비위원회 세력은 1945년 9월 6일 미군의 남한 진주를 앞두고 박헌영 등과 손을 잡고 조선인민공화국 수립을 선포해 해방 정국에서 기선을 잡고자 했다. 인공人共정부를 조각하면서 여운형과 박헌영은 보수 세력을 포용했다는 인상을 주고자 아직 미국에서 귀국하지도 않은 이승만을 주석으로 옹립했다. 그러나 이승만은 1945년 10월 16일 귀국한 후 조선인민공화국을 인정하지 않았을 뿐 아니라 그 추종 세력에 대해 냉담한 반응을 보였다. 한편, 한민당은 여운형 등의 인공을 전면 부정하고 상하이임시정부의 정통성을 주장하면서 이승만의 옹립을 선언하기도 했다.[4]

찬탁과 반탁 사이에 요동치는 한국 정치

한국에 상륙한 직후부터 미국의 하지 24군단장과 아널드 육군 소장은 미국 정부의 훈령에 따라 어떤 한국인 집단도 정당 이상의 것으로 인정하기를 거부했다. 남한에서 미국 군사정부만이 유일한 정부기관이라고 공언했다. 미군정청은 미군 상륙 이전에 여운형·박헌영 등 좌익 세력이 조직한 조선인민공화국도 정부로 인정하지 않았고 나중에 중국에서 돌아온 대한민국임시정부도 인정하지 않았다. 어느 것도 국제적 인정을 받지 못했다는 이유로 한국 국민 전체를 대표하는 정부로 인정하지 않았다. 하지 사령관이 그런 입장을 취한 것은 1945년 12월 27일에 있었던 '모스크바 3상회의'의 결정과도 관련이 있다. 그 회담에서 미국·영국·소련은 한반도를 5년간 신탁통치한 후 독립시킨다는 결정에 합의했기 때문이다.

모스크바 선언에서 3개국 외상은 "한반도의 미군과 소련군 점령군 사령관은 미소공동위원회(US-USSR Joint Commission, 약칭 미소공위)를 구성해 해당 점령 지역 상호 간의 경제와 행정적 조정 문제를 협의하되, 아울러 두 사령관은 공동위원회를 통해서 임시 한국정부 구성에 대한 건의와 한국의 완전 독립을 돕겠다는 신탁통치 합의안의 실천을 위한 건의안을 작성하도록" 제의했다. 조선의 신탁통치를 위한 소위 모스크바 결정이 채택된 것이다.[5]

모스크바 3상회의에서 조선의 신탁통치가 발표되자 남한의 정치 지도층과 국민은 강력하게 반대했다. 반탁 진영의 선두에 선 것은 1945년 10월에 귀국한 이승만과 12월에 귀국한 김구였다. 국내의 좌우 세력은 처음에는 다 같이 신탁통치를 반대했다. 그러나 소련과 북한 주둔 소련군의 지시를 받은 남조선노동당은 하루 사이에 신탁통치 반대에서 찬성으로 돌아섰다. 그렇게 되자 좌우의 갈등이 한층 깊어졌다. 남한 내의 정치 세력이 반탁과 찬탁의 양 진영으로 갈라져 서로 상대방을 공격하기 시작했으며 좌우의 대립이 점차 폭력 유혈사태로까지 격화되었다.[6]

그런 국내 정치 세력 간의 대립 속에 모스크바 3상회의 결정에 따라 미국과 소련의 점령 당국은 미소공위를 소집해 한반도에 임시정부를 수립하고 신탁통치를 거쳐 궁극적으로 완전한 독립을 위한 활동을 펼쳐가기로 했다. 1946년 1월 5일 미국정부의 3부조정위원회는 미 군정청에게 남북한 지역의 통합을 위해 노력할 것을 지시했고 그 후 지시에도 "소련과 한국인을 포함해 조선의 임시정부 수립을 위한 논의를 할 것"이 포함되어 있었다. 그리하여 미 군정의 대표와 소련 군정의 대표로 구성된 첫 미소공위 본회의가 1946년 3월 20일부터 50일간 서울과 평양을 오가면서 열렸다.

그런데 회의 시작부터 미국과 소련 양측은 조선에서 어떤 정부를, 어떻게 수립할 것이며 그 정부 수립을 위한 논의와 협상에 남북한의 어떤 정당과 사회단체를 참여시킬 것인가를 놓고 근본적인 대립을 보였다. 하지 중장은 미소공위 개최 전인 3월 11일 "미국의 목적은 조선에 언론, 집회, 신앙, 출판의 자유를 수립해 그것을 영구히 지속시키는 것"이라는 미국정부의 견해를 밝혔다. 말하자면, 자유민주주의 정부를 수립해 공산당이 지배하지 못 하도록 하겠다는 의지의 표명이었다.[7]

소련 대표인 테렌티 슈티코프Terenty Shtikov 역시 개회 인사말에서 강경 발언을 했다. 그는 "조선인이 이미 자신들의 민주적 가치관을 내세운 인민위원회(북한의 인민위를 말함)를 조직했다"면서 "조선에 확고한 민주주의를 수립하려는 사업을 방해하는 반민주적 집단과 일부 분자들의 광기 어린 반대 때문에 중대한 난관이 조성되었다"고 주장했다. 그가 말한 '방해 세력'이란 신탁통치안을 반대하고 나선 우파 세력을 지칭한 것이었다. 그러면서 슈티코프는 "장래의 조선 임시 민주정부는 모스크바 3상회의 결정을 지지하는 모든 민주주의 정당과 사회단체들의 광범한 참여를 기반으로 한 통일정부가 창설되어야 하기에 반탁을 내세운 민족주의 진영은 미소공위의 협의 대상에서 배제해야 한다"라고 주장했다.

첫 미소공위는 시작부터 신탁통치를 반대하는 정당과 사회단체는 모스크바 3상회의 결정을 반대하는 것이 되므로 장차 임시정부를 수립하는 과정에서 배제해야 한다는 소련 측의 주장을 놓고 양측 대표 사이에 입씨름만 하다가, 아무 진전 없이 공동선언만 내고 무기 휴회에 들어갔다.

그 공동선언 중의 하나가 4월 18일에 발표된 공동선언 5호였다. 이것은 하지 장군이 제의한 타협안이라 할 수 있는데 "신탁통치를 포함해 모스크바 3상회의의 결정을 지지하고 그것을 실현하는 데 협력할 것을 서약하고 서명만 한다면 어떤 정당과 사회단체와도 협의할 수 있다"는 조건을 붙인 선언이었다. 미국과 소련이 합의한 조선의 신탁통치안을 지지한다고 서명만 하면 협의 대상으로 삼겠다는 것이었다.

이를 놓고 반탁에 앞장선 우익 진영은 양분되었다. 서약은 결국 신탁통치를 수락하는 것이라며 반대하는 세력과 서약은 하되 우선 임시정부를 수립하고 그 후 신탁통치를 반대하면 된다는 세력으로 갈린 것이다. 하지 장군은 우익 민족 진영을 설득하고자 신탁통치가 독립국의 수립을 도와주는 길이라는 내용의 담화를 발표해 "선언서에 서약하고 서명한다고 해서 그 정당이나 사회단체가 신탁을 찬성한다거나 혹은 신탁 지지를 뜻하는 것은 아니다"라고 해명했다. 또 하지 장군은 "조선 사람들이 외국의 지원이 필요 없다는 것(통치 능력)을 보여주든가, 또는 일정 기간만 4개국의 원조를 받겠다고 하고 4개국이 이에 찬성한다면 신탁통치 기간을 5년 이내로 단축할 수도 있다"고 말했다. 그의 담화에 고무된 민족 진영의 우익 단체들이 일제히 서약서를 제출했다.[8]

그러나 소련 측의 슈티코프 대표는 공동선언 5호에 대한 하지 장군의 이러한 해석을 받아들이지 않았다. 그는 회담 초에 주장했던 입장을 고수하면서 신탁통치를 반대해온 우익 진영의 정당과 사회단체를 임시정부 수립을 위한 협의에 참여시킬 수 없다는 종전의 강경론을 되풀이했다. 결국은 한반도에 공산국가를 수립할 것이냐 아니면 반공산주의적 민주국가를 수립할 것이냐 하는 중대하고 핵심적인 쟁점을 놓고 미소공위의 양 대표는 서로 양보할 수 없는 극한적 대립을 보인 것이다. 그렇게 해서 미소공위는 결렬되었다. 장차 미소공위를 통해 통일 임시정부 수립 가능성은 더욱 어두워졌다. 사실 미소공위는 1946년 5월에 무기한 휴회로 들어간 후 1년 이상 시간만 끌다가 1년 후인 1947년 5월 21일에야 재개할 수 있었다.

좌우합작운동의 실패

미소공위의 1차 모임이 별 성과 없이 무기 휴회로 들어가자 미 군정청의 하지 사령관은 신탁통치안을 관철하고 미소공위의 쟁점이었던 임시정부 수립에 참여할 남한의 정당과 사회단체 선별 문제를 해결하고자 남한 내의 온건 좌파와 온건 우파를 합쳐보려는 움직임을 시작했다. 물론 그 배후에는 모스크바 3상회의를 주도했으며 나아가 한반도 신탁통치를 기획했던 미국정부의 지령이 있었다. 미국은 이승만이나 김구 같은 극우 지도자는 제외하고 좌우의 온건한 정치 세력을 묶어 미소공위에 참여시키면 공산당 같은 좌익 세력을 견제할 수 있을 것이라는 낙관적인 생각을 하고 있었던 것으로 보인다.

미군정의 후원을 받은 여운형과 김규식의 좌우합작운동이 시작되었다. 1946년 6월 6일과 12일, 김규식 · 여운형 · 원세훈(민주의원 측) · 허헌(민주주의민족전선 측) 네 사람은 좌우합작운동의 세 가지 원칙으로 첫째, 대내적으로는 부르주아 민주주의 공화국의 수립, 둘째, 대외적인 선린우호 정책의 수립, 셋째, 좌우합작 참여 대상을 좌우를 막론하고 진정한 애국자나 혁명가는 제외하지 않는다는 것을 채택했다. 그 후 7월 21일에 합작 기구가 정식으로 발족했고 이어서 좌우 양측이 각각 자기들의 합작 원칙을 제시한 후 절충 작업에 들어갔다.

좌측이 내세운 5원칙과 우측이 내놓은 8원칙 중에서 서로 합의할 수 있었던 것은 미소공위의 재개와 친일파와 민족 반역자의 배제와 처벌뿐이었다. 좌측은 신탁통치 찬성, 미 군정이 인민위원회에 정권을 이양할 것, 토지개혁(무상몰수, 무상분배) 실시와 주요 산업의 국유화, 군정의 고문기관과 입법기관 창설 반대를 들고 나왔고, 우측은 신탁통치 문제는 정부 수립 후 해결, 정부 수립 6개월 후 선거에 의한 전국민대표회의 소집, 언론 · 집회 · 결사 · 출판의 자유 등을 주장했다.[9]

좌파는 북한처럼 남한에도 인민위원회를 구성해 친일파와 민족 반역자를 처벌하고 경제체제를 소련식 사회주의로 하자고 제안했다. 무상몰수와 무상분배 원칙의 토지개혁과 주요 산업의 국유화를 주장했다. 이에 맞서 우파는 친일파와 민족반역자 처벌 문제는 정부 수립 이후로 미루자고 했으나 경제체제의 근본적인 개혁 문제에 대해서는 대안을 내놓지 못했다. 그러나 긴 협상 끝에 1946년 10월 7일 양측이 7개 원칙에 합의해 발표하기에 이르렀다. 합의 내용은 다음과 같다.

1. 조선의 민주 독립을 보장한 모스크바 3상회의의 결정에 따라 남북을 통한 좌우 합작으로 민주주의 임시정부를 수립할 것.
2. 미소공동위원회 속개를 요청하는 공동성명을 발할 것.
3. 토지개혁에 있어서 몰수, 조건 몰수, 체감 매상 등으로 토지를 농민에게 부여할 것과 시가지의 기지 또는 대건물을 적정 처리할 것, 주요 산업을 국유화하고 사회노동법령과 정치적 자유를 기본으로 지방자치제를 속히 실시하며, 통화와 민생 문제 등을 급속히 처리해 민주주의 건국 과업 완수에 매진할 것.
4. 친일파 민족 반역자를 처리할 조례를 본 합작위원회에서 입법기구에 제안해 입법기구로 하여금 심의 결정해 실시케 할 것.
5. 남북을 통해 현 정권하에 검거된 정치운동가의 석방에 노력하고 아울러 남북에서 좌우의 테러 행동을 일체 즉시로 제지토록 할 것.
6. 입법기구의 일체 그 권능과 구성 방법, 운영을 본 합작위원회에서 작성해 적극적으로 실행할 것.
7. 전국적으로 언론·집회·결사·출판·교통·투표 등 자유가 절대 보장되도록 노력할 것.[10]

하지 장군과 미 군정은 무슨 이유로 좌우합작운동을 추진했을까? 한 연구자는 세 가지 설이 있다고 본다. 첫째, 미 군정의 신탁통치를 전제로 한 것이지만 남북한에 좌우를 아우르는 통일정부를 세우는 것을 미국정부가 진정으로 원했을 것이다. 둘째, 미 군정이 극좌와 극우가 서로 격돌하고 테러로 대결하는 정치적 혼란을 중간 세력의 조정을 통해 수습하고 우익에 편향해 특혜를 주었던 군정 정책의 전환을 가져오기 위한 정리 작업일 것이다. 셋째, 이승만의 단독정부안을 성사시키고자 만든 각본이다.[11]

그 후 일어난 사태 진전으로 볼 때 하지가 좌우합작운동을 시작한 의도는 첫 번째 설이 그런대로 가장 그럴싸하다고 본다. 그는 당시 미국정부의 정책에 따라 미소공위를 중심으로 한국 문제를 해결한다는 입장이었고, 미소공위의 합의를 성사시키는 데 집중하고 있었기 때문이다.

그러나 좌우합작운동은 극단적인 좌우 세력의 반대로 무산되고 말았다. 이승만이나 김구를 중심으로 한 극우 세력과 북한의 김일성을 위시한 극좌 세력이 그런 합작운동에 협력할 리가 없었다. 이승만 개인은 물론 극우 세력인 한민당은 처음부터 좌우합작운동에 적극적으로 반대했고 극좌 측에서도 남한 내의 공산당원들이 극렬 반대했다. 특히 박헌영은 좌우합작을 추진한 좌측 사람들을 "기회주의적 반동분자, 반동에 투항한 사람들" 이라고 비방하고 좌우합작운동을 "미 군정의 실패를 만회하려는 책동이며 반동 진영이 상실한 대중적 기반을 탈환하려는 음모" 라고 공격했다.[12]

좌우합작운동이 정식으로 출범하기 며칠 전인 1946년 6월 3일 이승만은 전라북도 정읍에서 "남한에 단독정부를 수립하자" 라고 주장해 물의를 일으켰다. 그 후 11월 이승만은 하지 장군의 간곡한 부탁을 받아들여 '여운형과 김규식의 좌우합작운동을 지지한다' 는 성명을 냈다. 그러나 신탁통치 반대와 남한만의 단독정부 수립을 추진하던 이승만의 입장은 확고부동한 것이었다.

제2차 미소공동위원회와 한반도의 미래

제1차 미소공동위원회(1946년 3월부터 5월까지)가 이미 무기 휴회로 끝이 났고 좌우합작운동도 좌초되는 등 곤경에 빠진 미 군정청의 하지 장군은 1947

년 1월 4일 모스크바 3상회의 결정 1주년을 맞이해 담화문을 발표했다. 하지는 담화문을 통해 점차로 심화하는 남한 내의 정치 불안을 잠재우고자 했다. 하지는 미국이 남한에 단독정부를 수립하려 한다는 남한 정치 세력과 북한의 의구심을 풀어줄 필요가 있었으며, 자신들의 기능을 너무 과장 해석해 물의를 일으킨 입법의원立法議院에게 경고를 보내야 했다. 또한, 남한 국민을 혼란하게 만든 '이승만의 즉각적인 단독정부 수립 운동'에 제동을 걸고자 했다. 이 담화문에서 하지 장군은 "한국인을 속이려고 어떤 세력(이승만을 말함)이 악의적인 의도로 미국이 남한만의 단독정부안을 선호하고 있고 입법위원은 그런 정부의 전신前身이라는 말을 퍼트리고 있으나 그 어느 것도 사실이 아니며, 나와 미국정부는 남북한 통일정부의 수립을 위해 노력할 것이니 한국 사람들은 다른 일에 현혹되지 말라"고 경고했다.[13]

하지 점령군 사령관이 발표한 담화문을 보고받은 미국 극동 최고사령관 맥아더 장군은 한국 사태가 매우 심각하다고 판단해 한국 문제 해결을 위한 네 가지 방안을 본국 국무부에 건의했다. 네 가지 방안이란 첫째, 한국 문제를 유엔에 제출할 것, 둘째, 미국정부 주도로 국제적인 위원회를 구성해 이 문제를 토의할 것, 셋째, 모스크바 결정의 당사국인 4개국이 모여 해결책을 찾도록 할 것, 넷째, 미국과 소련의 최고위층이 회담해 한국이 독립적인 정치 경제적 단위체로 발전하는 데 방해가 되는 모든 쟁점을 해결할 것 등이다.[14]

미국 국무부 빈센트 극동 국장은 마셜 국무장관 앞으로 보낸 기밀문서에서 맥아더 장군의 건의 내용을 검토했다는 것을 보고하고 "현시점에서 유엔으로 한국 문제를 넘기는 일이나 정부 대 정부의 회담 같은 노력보다는 국무부 내에서 이미 논의되고 있는 계획을 고려해볼 수 있다"고 적고 있다. 국무부 내에서 논의된 안이란 소련이 원한다면, 미소공위를 거치지 않고 당장에 4개국 신탁통치를 시행한 후, 임시정부를 수립하고 한국의 헌법을 제정하도록 하는 방안이다. 미국 국무부의 정책 입안자들은 그때만 해도 한국의 신탁통치를 위한 소련과의 협력 가능성에 낙관적이었던 것으로 보인다.

그러던 중 1947년 1월 27일 국무부를 방문한 이승만의 미국 대변인 격이었던 로버트 올리버Robert Oliver 박사는 이승만이 쓴 「한국 문제의 해결」이라는 문서를 빈센트 극동 국장에게 전달했다. 이승만은 그 문서에서 "남북한이 통일되어 총선總選을 실시할 수 있을 때까지 과도정부를 위한 선거를 남한에서 실시할 것과, 그 정부가 미국과 소련과 직접 협의해 한국 점령이나 기타 문제를 논의할 수 있어야 하고, 일본이 한국에 지급할 배상 문제를 시급히 해결해야 하며, 미군은 양쪽의 점령군이 동시에 철군할 때까지 남한에 주둔해야 한다"고 주장했다.[15]

그러나 1947년 2월 4일에 미소공위의 미국 대표이자 미 군정청의 군정 장관이었던 앨버트 브라운Albert Brown 소장은 이승만의 주장을 일축하는 내용을 담은 공문서를 본국에 보고했다. 브라운 소장은 한국 문제 해결을 위해 첫째, 입법의원이 제 기능을 하도록 장려하고 둘째, 좌우합작위원회의 입지를 강화해 중도정당의 결성을 도와주며 셋째, 미 군정청 내의 극우 세력의 권한을 축소하고 그들을 다른 사람들로 대치하며 넷째, 좌우합작위원회의 7개 원칙을 보다 확대하고 수정토록 설득해 많은 남한 국민이 좌우합작위원회의 통일 계획을 지지하도록 할 것을 건의했다. 미 군정청은 아직 좌우합작운동의 성공에 기대를 걸고 있었다고 할 수 있다.

그러나 미소공위를 통한 한국 문제의 해결이 소련의 반대로 난관에 부닥치면서 미국정부는 여러 가지 대안을 모색하기 시작했다. 1947년 2월 5일자 미국정부의 '한국문제합동특별위원회Special Interdepartmental Committee on Korea(약칭 합동위원회)'의 보고서와 건의문 내용은 그 당시 미국정부의 기본 방향을 정리한 것으로 주목할 만하다. 왜냐하면, 이 보고서는 한국 문제를 푸는 데 있어서 크게 미국이 단독으로 해결하는 길과 소련과의 협의로 통일정부 수립 문제를 해결하는 두 가지 방안을 함께 다루고 있기 때문이다. 여기엔 이후 '한국 문제의 유엔 이관'을 위한 실마리가 담겨 있는 셈이다.[16]

이 보고서는 미국 단독으로 할 수 있는 프로그램으로 현 정책을 계속 유지하는 것, 남한만의 독립정부를 승인하는 것, 한국 문제를 외상 회의나 유엔에 넘기는 것, 공격적이고 적극적인 정책을 채택하는 것 등을 들고 있다. 또한, 소련과의 협의로 추진할 프로그램으로, 미소공위의 재개를 통한 현지에서의 협상과 양국 정부 차원의 협상 등을 들었다. 이 보고서엔 다른 건의안도 들어 있다. 미국 단독의 경제원조, 미 군정의 민간 이양, 한국에 대한 맥아더의 정치적 권한과 책임 종식, 경제 전문가를 한국에 파견해 경제와 금융제도의 재건을 돕도록 할 것, 교육 고문단을 한국에 파견하는 것 등이 들어 있다. 이 보고서는 곧 모스크바에서 있을 외상 회의에 마셜 국무장관이 참석하게 되므로 그 이전에 한국에서의 미소 간 협상 문제에 대한 미국정부의 견해를 결정하라고 권고하고 있다.

이 합동위원회의 보고서가 제출되고 얼마 후인 1947년 3월 13일, 이승만은 트루먼 대통령에게 한 통의 서한을 보냈다. 여기서 이승만은 투르먼 대통령의 반공 의지를 찬양하면서 미 군정 지역(남한)만이라도 즉각 과도 독립정부를 수립하는 것이 공산주의 침략을 막고 남북한의 독립을 가져오는 길이라고 역설했다. 이승만의 서한이 미국 언론에 보도되자 1947년 3월 21일 소련을 방문 중인 마셜 국무장관을 대신해 국무장관 서리로 있던 딘 애치슨 Dean Acheson은 기자회견을 열어 "소련과 무관하게 미국이 단독으로 한국 문제 해결 계획을 추진하고 있다는 보도는 낭설이고 사실이 아니다"라고 하면서 1945년 모스크바 3상회의 결정(신탁통치안)에 따라 언제나 한국 문제를 소련과 협의해갈 것이라 강조했다.[17]

한편, 모스크바에서 제4차 외상 회의(1947년 3월 10일부터 4월 12일까지)에 참석하고 있던 마셜 국무장관은 4월 2일 애치슨 국무장관 서리 앞으로 보낸 전문에서 자기가 모스크바를 떠나기 전에 한국 문제에 대해 소련 외상 브야체슬라브 몰로토프Vyacheslav Molotov에게 보낼 서한 내용을 국무부와 국방부가 같이 작성해 보내달라고 했다. 국무부가 마련한 장문의 서한 속에서 마셜은 몰로토프에게 한국 문제가 교착 상태에서 벗어나지 못하고 있음을 상기시키고 그것이 특히 소련 점령군 사령관이 신탁통치에 반대하는 남한의 정당과 사회단체를 임시정부 수립의 협의 대상에서 제외할 것을 고집하고 있기 때문임을 지적했다. 그러면서 "귀하의 생각에 미소공위가 모스크바 결정이 기대하는 바를 달성하기 어렵다고 본다면 저는 진정으로 자유롭고 독립적이고 안정된 국가로서의 한국의 수립을 위해 모스크바 결정의 재고再考를 논의할 의향이 있다"는 말로 끝을 맺었다.

1947년 4월 19일, 몰로토프 소련 외상은 마셜 미 국무장관 앞으로 보낸 답신에서 미소공위가 결렬된 것은 미국의 대표가 모스크바 결정에 위배하는 견해를 취했기 때문이라고 반박하면서, "남한의 미 점령군 사령관이 소련 점령군 사령관이 제의한 남북한 경제교류 문제에 대해 무성의한 태도를 보였기 때문이다"라고 썼다. 몰로토프는 그 서신에서 "미소공위 서울 회의에서 소련 대표가 모든 정당과 사회단체를 협의 대상으로 하자고 한 데 대해 미국 대표는 남한에 있는 대규모 민주 조직들(공산당과 그 산하 조직을 말함)을 그 대상에서 배제했고 오히려 모스크바 결정에 반대하는 단체(한민당과 우파 세력)를 포함할 것을 고집했다" 고 사실을 반대로 말하면서 구체적으로 당시의 극좌 단체들의 이름을 거명하고 있다. 그러나 소련 측이 초청하려는 정당 사회단체 수는 약 30개였고 미 군정 측은 100여 개의 정당 사회단체를 초청 대상으로 했다.[18]

그러면서 몰로토프는 세 개의 제안을 내놓고 있다. 첫째, 정당 사회단체들의 대거 참여를 바탕으로 임시 민주 한국정부를 수립하는 것, 둘째, 자유롭고 평등한 선거를 통해 민주적 권위 기관(영어로 쓰면 'democratic authority agencies' 그러나 사실 인민위를 뜻한다)을 전국적으로 수립할 것, 셋째, 한국을 독립적인 민주국가로 복원하려는 한국 국민을 도와주고 경제와 민족문화의 발전을 도모할 것 등이었다. 그런 조건을 내세운 몰로토프 소련 외상은 모스크바 결정을 철저히 이행한다는 것을 바탕으로 5월 20일 서울에서 미소공위를 재개할 것과 미소공위의 활동 보고서를 임시 민주정부 수립에 대한 건의

서와 함께 1947년 7월과 8월에 양국 정부가 제출받아 검토할 것을 제의했다.

마셜 국무장관도 1947년 4월 30일, 몰로토프의 서한에 답변을 보내면서 미국정부는 만일 신탁통치에 반대한 한국인들이 미소공위에 협조만 한다면 한국인들이 자기 나라의 장래 문제를 놓고 피력한 견해나 표현 때문에 미소공위의 협의 대상에서 배제하지 않겠다는 미국 측의 입장을 되풀이하면서 몰로토프가 말한 '민주적 권위 기관'의 뜻은 잘 모르지만, 그것이 지방자치기관이라면 자유롭고 평등한 선거를 통해 그런 기관을 수립하는 것은 찬성한다는 뜻을 전했다. 아울러 1947년 5월 20일에 서울에서 미소공위를 재개하는 것에 동의한다는 의사를 전했다.

마셜의 답에 대해 몰로토프는 5월 7일자로 또다시 답신을 보내면서 미소공위의 협의 대상이 될 정당과 사회단체 문제를 재차 거론했다. 몰로토프는 그 답신에서 하지 장군이 1946년 12월 24일자로 슈티코프 소련군 사령관에게 보낸 서한 내용을 인용했다.

하지 장군은 1946년 12월 미소공위가 교착 상태에 빠진 후 소련군 사령관에게 첫째, 1946년 5월 미소공위가 채택한 공동선언문 5호에 따라 모스크바 3상회의 결정(즉 신탁통치안)을 지지한다는 선언서에 서명하는 정당 사회단체는 모스크바 결정을 수락하는 것으로 간주해 협의 대상에 넣을 것이며 둘째, 협의 대상이 되는 정당 사회단체의 대표가 적극적으로 모스크바 결정에 반대 의사를 표시하면 그를 제외하되 그 대리를 지명할 수 있도록 할 것과 셋째, 공동선언문의 선언에 서명한 개인, 정당 사회단체는 서명 후 모스크바 결정의 집행이나 연합국 및 미소공위의 활동에 반대하거나 반대하는 선동을 할 수 없도록 할 것이라는 공동선언 수정안을 제의한 바 있었다. 몰로토프는 그런 하지 장군의 수정안을 미국 측이 이행한다면 미소공위를 재개할 용의가 있다고 했다.[19]

마셜과 몰로토프의 노력으로 1946년 5월에 무기 휴회에 들어갔던 미소공위는 1년 만인 1947년 5월 21일 서울에서 다시 회의를 갖게 되었다. 편의상 그것을 제2차 미소공위라고 부르기로 한다. 예정대로 제2차 미소공위가 재개되었으나 하지 장군이 12월에 제의했던 공동선언 수정론은 큰 혼란을 불러왔다. 하지의 정치고문 서리였던 윌리엄 랭던William Langdon은 1947년 5월 11일, 국무장관에게 보낸 전문에서 "모스크바 신탁통치안에 대해 구두로 반대 의사를 표명한 한국인 문제에 대해 소련과 명확하고 단순한 합의를 얻기 전에는 미소공위를 재개한다 해도 구체적인 결과를 얻지 못할 것"이라고 하면서, "그렇지 않으면 많은 수의 우익 정당이나 사회단체가 협의 대상에서 제외되고 결과적으로 좌익 정당과 사회단체만이 남게 될 것이며 그러면 심각한 소요사태가 발생할 수 있다"고 쓰고 있다.

1947년 5월 17일에 보낸 전문에서도 랭던은 미소공위의 재개를 앞두고 이승만과 김구를 비롯해 반탁 반소련 세력들을 빼고는 모두가 미소공위에 대한 기대감으로 부풀어 있다고 보고했다. 또한, 하지 장군과 그의 대변인이 이승만과 김구를 설득하고 있고 한민당과 한독당에게도 자살 행위를 하지 말라고 권고하고 있다고 보고했다. 이승만과 김구의 태도는 강경하며 한민당과 한독당은 미소공위의 참여 여부를 놓고 이승만과 김구의 반대 때문에 우왕좌왕하고 있다는 소식이 미 국무부에 전달된 것이다.

랭던 정치고문 서리는 재차 5월 21일 전문에서 한국인 다수가 미소공위의 재개를 환영하고 있으나 우익 지도자들의 반대는 여전하며, 특히 이승만을 포함한 극우 정치인들은 하지 장군을 '공산주의자', '친공산주의자'로 몰아세우고 있다고 했다. 또한, 하지 장군과의 면담에서 그들은 '민주적 신탁통치'의 정의定義가 무엇인지 밝히라고 했으며, 하지 장군은 이들 우익 단체의 협조를 얻는 데 대해 매우 비관적이며 그들이 "미소공위가 결렬되도록 모든 노력을 기울일 것이고 남한만의 단독정부안을 대안으로 만들려 할 것"이라고 쓰고 있다. 이들이 소련을 두려워하는 것은 의심의 여지가 없으며, 또한 반드시 대규모의 신탁통치 반대 데모를 조직할 것이라고 당시의 한국 정세를 보고하고 있다.

랭던의 전문 보고를 받은 국무부의 존 힐드링John Hilldring 국무차관보는 국무장관의 이름으로 하지 장군에게 전문을 보내 미국정부는 이승만과 김구가 미국의 처지를 어렵게 만드는 것을 막으려는 하지 장군의 노력을 전적으로 지지한다고 썼다. 또한 마셜 국무장관은 한국인이 미소공위의 활동을 방해하지 않길 바라고 있으며, 미국의 정책은 모스크바 결정에 기초하고 있고 미소공위의 미국 대표를 통해 통일된 한국을 위한 임시정부를 수립하려는 것이 미국정부의 정책임을 이승만에게 알릴 것을 지시했다.[20]

마셜 국무장관의 전문을 받은 하지 장군은 1947년 5월 26일 답신에서 지금 이승만이 약간 자제하는 모습을 보이고 있고 적어도 현재는 미소공위의 활동을 방해하지 않고 있다고 보고했다. 그러면서 하지는 이승만이 '신탁통치는 한국에 죽음보다 더 가혹한 것' 이라고 한국인에게 설교하고 있으며 그는 남한 단독정부안을 절대 포기하지 않고 있다고 썼다. 또한, 이승만은 만일 소련인들이 모스크바 결정을 수행하지 않을 때, '우리(미국)가 추구하려는 과도정부 수립 계획' 속에 포함될 여러 가지 요인要因을 이해하지 못하고 있다고 마셜에게 보고했다.

그러나 하지 장군은 '우리가 추구하려는 계획' 이 무엇인지는 밝히지 않고 있다. 아마 하지 장군도 자신의 정치고문을 통해 유엔에 한국 문제를 이관해 유엔으로 하여금 임시정부를 수립하도록 한다는 미국정부 내의 움직임을 어느 정도 감지하고 있었을 가능성이 크다. 그가 말한 '우리의 계획' 이란 그것을 말하는 것으로 추측할 수 있다. 그러면서 한국인의 다수는 미소공위가 자기들의 문제를 해결할 수 있고 또 할 것이라 소망하고 있으나 신탁통치에 대한 그들의 반감은 여전하다고 쓰고 있다.

그리고 이승만은 정말 문제를 일으킬 능력을 갖추고 있으나 그가 새로운 움직임을 보이기 전에는 그의 이름을 거론하며 '그를 높여주는 일' 은 할 필요가 없다고 쓰고 있다. 하지와 이승만 사이의 갈등의 골이 얼마나 깊었나를 보여주는 내용이다. 하지와 이승만의 관계는 군정 초기부터 좋지 않았다. 좌우합작운동이 추진되면서 더 악화했고 1948년 단독정부가 수립될 때까지 계속되었다. 사실 미국정부는 1947년 12월, 하지의 경질을 심각하게 고려한 적이 있다. 그러나 하지의 임기가 끝나기 전에 해임하는 것을 반대하는 일부 미국정부 관리의 주장 때문에 해임안을 취소한 적이 있다. 그 후 1948년 5월 11일 국무부은 하지 주한 미군사령관을 해임한다는 것을 맥아더에게 통고했다. 그 이유의 하나로 이승만과의 불화를 언급하고 있다.[21]

한편, 오랜 휴회 끝에 1947년 5월 29일에 개최된 제2차 미소공위(1947년 5월부터 8월까지)는 어떤 정당 사회단체를 협의 대상으로 초청할 것이냐를 놓고 또다시 교착상태에 빠지게 된다. 소련 대표 슈티코프는 이승만을 비롯한 한민당 등 우익 단체를 제외한 30개 단체만을 초청 대상으로 제한하겠다고 했으나 미국 측은 미리 수적인 제한을 두는 것에 반대하고 1천 명 이상의 당원이나 회원을 갖고 두 개 이상의 도道에 지부를 가진 단체는 미소공위의 협의 대상으로 간주할 수 있다는 태도를 보였다. 그런 정당 사회단체로부터 설문서를 통해 의견을 청취할 수도 있고 제한된 수의 단체를 추려 구두 협의 대상으로 삼을 수도 있다는 견해였다.

제2차 미소공위는 여전히 견해 차를 좁히지 못했다. 미국 측은 약 100개의 정당 사회단체를 협의 대상으로 포함하되 '공동선언 5호를 지지한다'는 서명만 하면 초청 대상 자격을 줄 것을 제의했지만, 소련 측은 이미 1년 전에 30개 정당 사회단체와 협의하기로 합의를 보았다고 고집하면서 미국 측의 제의를 거부했다. 소련 측의 명단 속에는 이승만과 한민당은 빠져 있었다. 양측은 협의 대상으로 초청하려는 정당 사회단체의 수나 대상 문제를 둘러싼 쟁점을 타결하지 못한 채 또다시 휴회에 들어갔다.

1947년 7월 16일, 하지 장군은 국무장관 앞으로 보낸 서신에서 "이승만과 그의 패거리gang는 반탁이라는 구호 아래 소련, 미소공위 그리고 미군정에 대해 대대적인 반대 운동을 전개하고 있다. 이승만은 며칠 안에 상하이 임시정부 인사를 골격으로 하는 임시정부 수립안을 발표할 것 같다"라고 쓰고 있다. 하지 장군은 계속해서 자기의 정치고문이 이승만을 직접 만나 얘기했으나, 이승만은 너무 극단적이어서 얘기를 들으려 하지 않는다면서 "앨버트 웨드마이어Albert webemeyer 장군(중국의 국공합작에 관계했던 장군으로 미국 정부의 특사)이 내한해서 설득하면 어떨지 모르겠다" 고 쓰고 있다.

그러나 하지의 정치고문 조셉 제이콥스Joseph Jacobs는 같은 날짜인 7월 16일 장문의 전문 보고서에서 미소공위가 교착상태에 빠진 함축적 의미를 적고 있다. 미소공위의 소련 대표의 의도는 우익 정당과 사회단체를 미소공위의 구두 협의 대상에서 일방적으로 제외하는 데 있고, 그중 특히 한민당을 표적으로 삼고 있다고 적고 있다. 한민당은 일단 미소공위와의 협의에 응하기로 한 정당이지만 그래도 이승만과 김구에 동정적이며 그들이 제외되면 미소공위 반대 운동은 더욱 거세질 것이라고 했다. 우익 세력을 협의 대상에서 제외하려는 소련의 일방적 배제 주장unilateral exclusion에 미국이 양보하면 미소공위의 협의 대상으로 남는 것은 좌익 정당이나 사회단체들뿐이며 그다음 단계는 그들을 중심으로 임시정부를 수립하려 할 것이라고 보고했다. 또한 미국이 그렇게 양보하면 그것은 미국이 한국을 포기하고 공산주의와 소련이 지배하도록 놔두는 것으로 해석될 것이며, 벌써 그런 말이 나돌고 있다고 보고했다.[22]

1947년 7월 17일, 하지 장군과 제이콥스는 이승만을 만나 약 2시간 동안 면담했다. 하지는 그의 보고서에서 이승만이 때로는 합리적인 태도로 대화하다가도 어떤 때는 빠르면서 알아듣기 어려울 정도로 흥분해서 말한다고 썼다. 그러면서 이승만은 '김구가 한국의 최선의 이익을 위해 행동하지 않고 있음을 알게 되었다' 고 실토하기도 했다고 적고 있다.

즉 이승만과 김구가 단독정부 수립안을 놓고 갈라서게 될 것임을 암시한 것이다. 이어서 이승만은 미국이나 소련이 한국을 신탁통치할 아무런 권한도 갖고 있지 않다고 하면서 한국의 완전한 주권을 제한하려는 어떤 형태의 신탁통치도 죽음으로 반대할 것이라고 말했다고 전했다. 하지는 이어서 이승만은 자유선거의 결과로 남한에 임시정부가 수립될 것을 기대하고 있으며, 그의 정당은 자기 당 후보자들에게 선거에 나설 준비를 시키고 있으며 그 정부는 신탁통치를 반대할 것이라고 말했다고 썼다.

미국정부가 신탁통치를 포기하게 된 이유

미소공위가 교착상태에서 벗어나지 못하고 있던 1947년 8월 4일, 미국정부의 '한국문제임시위원회Ad Hoc Committee on Korea(약칭 임시위원회)'는 한국 문제에 대한 건의안을 내놓았는데 그 중의 하나가 '자유선거를 통한 임시정부 수립'이었다.[23]

미국의 한국 문제 해결을 위한 기본 정책에 변화가 일기 시작한 것이다. 앞서 논한 1947년 2월 25일의 '한국문제합동특별위원회'가 제출한 보고서에서 미국이 취할 수 있는 프로그램으로 '소련의 동의 없이 추진하는 정책과 소련과의 협의 하에서 취할 정책'이라는 두 가지 기본 방안이 논의되었을 때, 미국의 단독 행동 속에는 '남한만의 독립국 승인과 4개국 외상 회의나 유엔에 문제를 넘기는 방안' 등이 포함되어 있었으나, 그 보고서는 남한의 독립국 승인이 새로운 문제와 어려움을 일으킬 것이라며 부정적인 결론을 내리고 있었다.

그런데 1947년 8월 4일자의 임시위원회 보고서는 현재의 미소공위 교착상태가 8월 7일까지 계속되면 소련 대표로 하여금 8월 17일까지 미소공위의 진전 상황을 보고하도록 소련 외상에게 서한을 보낼 것과 미소공위가 그런 보고서 작성에 합의를 보지 못하면 미국 측 대표만이라도 경과 보고서를 제출토록 할 것을 건의했다. 소련 측에게 일종의 최후통첩ultimatum을 보낸 셈이다. 이어서 이 위원회는 8월 18일 이후 미국정부는 다른 3개국에게 미소공위가 아무런 진전을 보지 못했음을 통보하고 모스크바 결정의 목적을 조속히 달성하려는 조치로써 몇 개의 제안을 할 것을 건의하고 있다.

그 제안 속에는 첫째, 인정되는 절차를 통해 한국인 스스로 독립정부를 수립하는 것, 둘째, 독립정부를 수립하는 데 필요한 선거와 절차들에 대한 유엔의 감시, 셋째, 4개국 사이에 합의를 본 독립정부에 대한 원조 문제 등이 포함되었다. 그러면서 4개국이 남한에 독립정부를 수립하는 데 합의를 보지 못할 때 한국 문제를 다음 유엔총회 회기에 의제로 부칠 것을 건의하고 있다. 그러나 만일 소련이 미소공위의 교착상태를 없애는 행동으로 나오면 유엔총회 회부 문제를 연기시킬 것을 제안하고 있다.[24] 미국정부와 남한의 미군정청은 소련의 제의대로 이승만이나 우익 단체 대표를 배제하고 단일 임시정부를 수립하면 우익보다 조직력이나 정치적 술수가 월등하게 능한 공산주의 세력이 쉽게 임시정부를 지배할 수 있음을 우려한 것이다.

미소공위가 교착상태에 빠지면서 미국정부는 한국 문제를 논의하기 위한 4개국(미·소·영·중) 회의를 제의했으나 스탈린은 그 제의를 거부했다. 그러자 미국정부는 마지막 수단으로 1947년 8월, 한국 문제를 유엔에 이관한 것이다.[25] 한국의 독립정부 문제를 놓고 미국과 소련이 서로 평행선을 달리면서 팽팽히 맞선 가운데 결국 합의점을 찾지 못하고 만 것이다.

국제정세에서 미국과 소련의 근본적인 대립 양상을 읽고 있었으며, 결코 공산주의자와는 타협할 수 없었던 정치가 이승만에게 이런 근본적인 대립관계의 전개는 매우 고무적이었다고 할 수 있다. 이승만은 미국에 망명하는 동안 누구보다 소련을 경계한 인물이었고 철저한 반공산주의자였다. 그런 그의 입장은 그가 쓴 여러 저서나 글에 강하게 나타나 있다. 그런 이승만을 소련 역시 기피 인물로 삼았으며 미소공위의 정치 협의 대상에서 배제하려 했다. 미소가 한반도 통일 문제를 놓고 교착상태에 빠지자 이승만은 더욱 적극적으로 남한 단독정부 수립을 주장하고 나섰다.

앞서 말한 1947년 8월, 미국정부의 한국문제임시위원회는 한국 문제를 유엔에 제출하기 위한 작업반을 국무부에 구성하고 국방부와 해군성과도 긴밀히 협의할 것을 건의했다. 또한 미국정부의 3부조정위원회의 극동분과위는 구체적인 행동 방안으로 웨드마이어 장군이 한국 방문에서 귀국하는 대로 대통령에게 보고서를 제출하도록 하고 만일 남한에 독립정부를 세우는 것이 바람직하고 필요하다고 판단될 때 따르는 정치 경제적 문제를 검토할 것과 미국 의회의 다음 회기에 제출할 남한에 대한 무상원조법안을 준비할 것 등을 건의하고 있다.

한국문제임시위원회의 건의를 반영해 1947년 8월 11일, 마셜 국무장관은 몰로토프 앞으로 보낸 서한에서 그동안 미소공위가 협의 대상 단체의 선정 문제로 좌초돼온 책임이 소련 측에 있음을 지적하고 너무 오랫동안 한국인의 독립에 대한 희망이 좌절돼온 것을 고려해 미국정부는 더는 사태를 지연시킬 수 없다고 통고했다. 따라서 미국정부는 미소공위에 8월 21일까지 지금까지의 검토 내용을 보고하도록 하고 그 후 곧 모스크바 결정의 목적인 독립된 통일한국정부를 수립하는 일을 위해 다음 단계로 어떤 조치를 취할 것인지를 미국과 소련 양국이 검토할 수 있기를 바란다고 했다.[26]

미국정부의 정책 방향이 신탁통치를 포기하고 한국의 단독정부 수립을 심각하게 고려하는 쪽으로 전환하기 시작할 무렵, 한국에서는 하지 장군과 이승만 사이에 노골적인 싸움이 전개되고 있었다. 하지와 그의 정치고문 제이콥스는 본국에 보낸 전문 보고에서 이승만이 언론을 통해서나 군중 데모를 통해 하지 장군이 미국정부의 정책을 따르지 않고 있다고 비난하고 있으며 심지어 하지 장군의 경질을 요구하고 있다고 보고했다. 제이콥스 정치고문은 장문의 전문 보고에서 이승만의 언동을 비난하면서 일본강점기 같았으면 사형감이고 북한에서라면 사형이나 탄광으로 숙청될 거라는 극언까지 하고 있다.

그러면서 미국정부의 고위 관리가 하지를 옹호하는 성명서를 내주기를 요청하고 있다. 미국 국무부는 그의 요구대로 1947년 8월 15일, 미국의 한반도 정책은 하나며 하지 장군이 어렵고 복잡한 상황 속에서 그것과 들어맞게 충실하고 일관성 있게 행동해왔다는 내용의 성명을 미국 언론에 배포했다고

전해왔다.[27]

그 당시의 한국 내의 반탁 우파 세력이 하지 장군은 물론 미 군정청 고위층과 얼마나 심각한 갈등 관계에 있었는지 짐작케 하는 내용이다. 제이콥스가 8월 7일자로 보낸 전문 보고 중에는 "공산주의자 중에 우익 단체와 타협하려는 움직임이 있다는 증거가 있다. 이승만과 김성수의 언사로 보면 그들이 좌익과 협력할 때가 곧 올 것 같다. 임시정부를 수립할 때까지와 미군과 소련군이 철수할 때까지 좌우익이 서로 휴전을 하고 그 후 공산주의자들이 정부 요직을 장악하려는 전략일 수도 있다. 그러면 좌익 세력이 이승만에게 임시정부의 대통령직을 제의한다 해도 놀라운 일은 아닐 것이다. 이승만은 허영심에 찬 사람이고 아첨쟁이며 통일 한국이나 심지어 남한만의 국가원수가 될 수 있다면 영혼도 팔아먹을 사람이다"라는 표현을 써 이승만을 혹평하고 있다.[28]

당시의 미 국무차관보 힐드링이 마셜 장관 앞으로 보낸 비망록에도 하지 장군과 그의 정치고문이 한국의 정치적 상황이 폭발 직전에 있다는 보고를 해왔다고 하면서 미소공위가 실패로 돌아가자 한국인의 독립정부 수립 요구가 더욱 높아가고 있기 때문이라고 쓰고 있다.

때마침 남로당을 위시한 좌익 진영은 1947년 8·15 해방 2주년을 기념하는 시민대회를 열어 이를 정치 투쟁의 장으로 활용하려 했다. 하지 장군은 좌우익의 충돌과 폭력사태 발생을 우려해 남로당에 옥내 집회는 좋으나 옥외 집회는 허락하지 않는다는 방침을 통고했다. 그러나 남로당 지도부가 계획대로 대회를 강행하려 하자 군정청은 그들을 대거 예비 검거했다. 8월 20일에 열린 미소공위에서 소련 대표가 이 문제를 들어 미국 측을 맹렬히 비난하자 미국 측도 이에 맞서 회의는 공방전으로 끝나고 말았다.

한편, 8월 12일자로 마셜이 보낸 서한에 대한 답신으로 몰로토프는 종전의 입장을 되풀이하면서 모스크바 결정에 반대하는 정당 사회단체의 협의 대상 배제 원칙은 불변하다고 했다. 그리고 최근에 남한에서 모스크바 결정을 지지하는 정당 사회단체(좌익을 말함)의 지도층이 체포된 사태는 민주적 원칙에 어긋나는 것으로 그들에 대한 탄압을 즉각 중단하라고 요구했다. 몰로토프의 서신에 대해 마셜은 8월 26일 서한에서 "8월 12일 요구한 미소공위의 보고서를 미국 측은 제출했으나 소련 측은 제출하지 않았음" 을 지적하고 또다시 협의 대상의 선정에 대한 미국 측의 원칙과 입장을 되풀이했다.

마셜은 한국의 독립 문제를 더 지연시키는 것은 미국의 양심상 허락되지 않는 것이기 때문에 4개국 외상의 회의를 소집해 합의하는 길을 찾자고 제의했다. 그러면서 마셜은 「한국에 대한 미국의 제안」이라는 문서를 첨부해 소련 측의 검토를 제의했는데 그 내용은 남북한에서 인구 비례에 의한 동시 자유선거로 전국적인 통일 입법부를 구성하고 임시정부를 서울에 두도록 한다는 것이었다. 그동안 유엔과 4개국은 선거나 임시 한국정부의 수립 과정에 같이 참관토록 한다는 것이었다.[29]

몰로토프는 마셜에게 보낸 9월 4일 답장에서 역시 종래의 입장을 되풀이하면서 오히려 미소공위 실패의 원인을 미국에 돌리고 있다. 그리고 4개국 회의에 한국 문제를 제의하자는 마셜의 제안이 비효율적이며 미소공위가 건의안 작성을 위한 모든 가능성을 검토한 것이 아닌 만큼 계속해서 미소공위를 지속하길 원한다고 했다. 그리고 마셜의 서신에 첨부되었던 미국의 「한국에 대한 미국의 제안」이라는 문서에 대해서도 그것이 '한국의 분단이라는 비정상적인 상황을 공고화하는 것' 이기 때문에 받아들일 수 없다고 했다.[30]

9월 8일, 제이콥스 정치고문은 국무부에 보낸 전문에서 미소공위가 아무 성과 없이 계속되고 있다며 매우 실망 어린 어조로 한국의 정세를 보고하면서 이러다 한국을 포기하는 수밖에 없다는 전망을 하고 있다. "현재 좌익을 제외한 모든 단체가 미국의 원조와 군사적 보호는 원하지만, 미국의 감독이나 통제는 원치 않는다. 한국의 좌익은 물론 심지어 우익까지도 미국 국민이나 의회로 하여금 미국이 한국에서 나가기를 원하는 것으로 믿게 하고 있으며, 우리의 임무 달성을 어렵게 만들고 있다. 여기를 방문하는 미국의 언론인이나 의원들이 그런 사실을 알게 되는 만큼 원하든 원치 않든 우리는 한국을 포기해야 할지 모른다."

그는 계속해서 "여기의 상황은 매우 비관적이다. 만일 미국이 4개국이나 유엔을 통한 새로운 접근을 시도하려면 여기 남한 정치인들에게 강경한 태도를 보여 그들이 전적으로 협조하게 하거나 아니면 저들을 정계에서 제거해야 할 것이다. 그렇지 않으면 우리는 좌우익으로부터 협공을 받는 처지에 몰리게 될 것이며, 그러면 우리는 소련과 타협해 한반도에서 철군하고 모든 것을 되는 대로 내버려두는 수밖에 없다. 물론 그렇게 되면 한국에 또 하나의 소비에트 위성국가가 세워지는 것" 이라고 썼다.[31]

미국 국무부는 미 군정청의 제이콥스 정치고문의 비관적인 내용으로 가득찬 전문을 놓고 회의를 가졌던 것으로 보인다. 1947년 9월 9일 국무부 정책기획실장이었던 조지 케넌George Kennan 앞으로 보낸 '한국에 대한 미국정책United States Policy on Korea' 이라는 제목의 메모에서 극동 담당 차관보인 스티븐슨은 제이콥스 정치고문의 비관적인 전문 내용과 관련해 "어제 회의에서 한국을 자신의 운명에 맡기고 포기한다는 합의에 대해 심사숙고해 보았다" 고 하면서 "남한이 전략적 가치가 없다거나 정치적 이유가 없다는 것만으로 남한을 포기하는 것은 남한을 공산화시키는 결과를 가져올 것" 이라고 썼다.

스티븐슨 차관보는 "아시아인들의 민족주의적 목적을 지원한다고 하는 미국 정책의 성실성을 지켜보는 세계인들에게 남한은 하나의 상징이며, 아시아에서의 영향력을 놓고 벌이는 동서 간 투쟁의 상징이기도 하다" 라고 쓰고 있다. 그리고 한국에서 완전히 철수하려는 성급한 결정을 내리기 전에 이런 문제를 신중히 고려해야 할 것이라고 했다.[32]

하지의 정치고문인 제이콥스는 또다시 장문의 전문 보고에서 남한의 현 상황과 미국정부의 장래 정책에 대한 자신의 견해를 적으면서, 미국정부가 한국 문제를 놓고 조속히 양자택일해야 한다는 주장을 하고 있다. 이는 여러 가지 의미에서 그 당시의 상황을 이해하는 데 중요한 보고서다. 그는 자신이 가진 자료에 근거해볼 때 "남한 국민의 30퍼센트가 좌익이다. 우익과 중도 세력은 수많은 파벌을 포함한 4개의 단체로 분열되어 있으며, 외국에서 거의 평생을 보낸 몇 명의 지적인 지도자(김규식 같은 사람을 지칭하는 것 같음)를 제외하면, 서로 싸움질만 하고 있다"고 하고, "단순한 사람들은 미국이 계속해서 돈과 물자를 한국에 퍼줄 것을 기대하며 적은 수의 미군부대이지만 그것이 소련으로부터 자신들을 보호해줄 것으로 믿고 있다"고 썼다.

제이콥스는 전문 보고서에 "미국이 남한에 대해 책임 있는 결정을 내리고자 한다면, 미국의 정치 군사 전략가들이 남한을 얼마나 중요하게 여기고 있는가를 고려해야 한다. 만일 남한이 그렇게 중요하다면 모스크바 결정을 정리하고 남한을 미국의 계획대로 발전시키는 길밖에 없다. 그렇지 않다면 남한에서 철수해야 한다. 즉 소련에 대해 보다 유화적인 입장을 취하면서 그리고 유엔에서도 너무 강경하게 굴 것 없이 타협점을 찾아 통일 한국 임시정부를 수립한 후 미군과 소련군을 한국에서 철수시키는 것"이라고 썼다.[33]

그는 계속해서 "소련군과 미군이 한국에서 철수하고 나면 인도나 중국에서처럼 무정부 상태와 유혈사태가 발생하겠지만, 외부에서 어떤 원조나 지원도 해줄 수 없을 것이다. 나는 그런 미국의 계획(포기 계획)에 대해 비판적인 사람이지만 민주주의란 강제로 줄 수 없다. 역사가 보여주는 대로 민주주의는 오랜 진화進化와 혁명革命의 결과로 오는 것이지 돈으로 살 수도 없고 외부의 압력이나 강제력으로 육성될 수도 없는 것"이라고 서술하고 있다.

제이콥스는 마지막에 결론으로, "만일 전략가들이 한국의 전략적 중요성을 인정하고 있다면 미국이 할 수 있는 것은 강하고 신속한 방법으로 유엔을 압박해 우리에게 유리한 방향으로 해결하거나, 아니면 남한에 남을 것인가 아닌가를 결정하고 어떤 결정을 하든 그것을 힘 있게 집행하는 일이 남아 있을 뿐"이라고 쓰고 있다.

제이콥스의 전문 보고에 대해 국무부의 정책기획실장이자 소련 봉쇄 정책의 입안자이기도 하며 처음부터 한국 포기론을 주장해온 케넌은 9월 24일 국무부 버터워스 극동 국장 앞으로 보낸 비망록에서 "이것이 국무부 정책기획실의 입장"이라고 하면서 "우리가 군부와의 토론에서 얻은 인상은 한국이 군사적으로 중요하지 않다는 것이며, 그것이 정확한 것이라면 우리의 정책은 우리의 손실을 줄이고 그곳으로부터 우아하게graceful, 가장 빠른 기간 안에 철수하는 것"이라고 쓰고 있다. 그의 주장은 소련과 적당한 선에서 타협해서 양국이 받아들일 수 있는 통일정부를 세우고 곧 남한에서 미군을 철수시켜야 한다는 것이다.

유엔총회로 이관된 한국 문제

그러나 미국정부는 케넌의 주장을 그대로 따르지는 않았다. 즉 전략적으로 가치가 없으니 한국을 조기에 포기하는 선에서 소련과 타협해 남북한 통일정부를 수립하고 가장 이른 시일에 미군을 철수시킨다는 정책을 따르지 않았다. 한국에서 철수하는 시기도 일단 한국에서 어떤 형태든 정부를 수립한 후 철군하는 쪽으로 결정을 내린 것이다. 그것이 곧 한국 문제의 유엔 이관으로 나타났다.

9월 4일자 몰로토프의 서한에 대해 러베트 미 국무차관은 9월 16일 답신에서 몰로토프가 4개국 회담에 반대하는 것을 유감으로 생각한다고 하면서 미국으로서는 한국 문제의 지연 상태를 더는 보고 있을 수 없기에 한국 문제를 다가오는 유엔총회 회기 중에 의제로 올리는 길밖에 다른 선택이 없다고 했다. 그리고 총회의 토의 과정에 미소공위의 양측 대표의 도움이 필요하다고 했다. 미국 국무부 로버트 러베트Robert Lovett 차관 이름의 서신이지만, 마셜 국무장관의 결정이기도 한 한국 문제의 유엔총회 이관 결정에 대해 소련은 즉각적인 반응을 보이지 않았다.

한편, 1947년 9월 19일 대통령 특사로 방한하고 돌아간 웨드마이어 장군은 트루먼 대통령에게 중국과 한국에 대한 건의서를 제출했다. 그는 미소공위의 실패 원인이 소련 측의 비협조적인 행동에 있으며, 아울러 미 군정청의 정책 수행을 방해해온 남한 내의 부정적 요소로 극우, 극좌 세력과 일제강점기의 경찰 출신을 들고 있다. 즉 그들이 국립 경찰의 요직을 장악함으로써 일제강점기의 수법을 답습해 한국인들의 반감을 사고 있고, 그것이 군정청에 대한 반감으로 나타나고 있다는 것이다. 웨드마이어 장군은 건의서의 마지막 결론을 이렇게 쓰고 있다. "일본 경찰 출신들을 개혁하고 제거하는 것이 급선무이며 이제 미국의 정책이 한국 문제의 유엔 이관으로 간 만큼 미국은 한국의 장래 문제를 놓고 한국에서 철수하느냐 아니면 남한만의 정부를 조직하고 남한에 경제와 군사원조를 제공할 것인가를 결정해야 할 것이다."[34]

9월 21일 미국 유엔 대표의 이름으로 제출된 한국 문제 토의안을 접수한 유엔총회의 총무위원회는 그 안을 표결에 부쳐 12대 2로 한국 문제를 총회 의제로 올리기로 했다. 1947년 9월 23일 유엔총회는 토의 끝에 찬성 41, 반대 6, 기권 6으로 한국 문제를 의제로 상정시키는 데 동의했고 한국 문제를 제1분과위원회에 회부시켜 토의한 후 보고서를 제출토록 했다.

한편, 9월 16일자로 러베트 국무차관이 몰로토프 앞으로 미국의 한국 문제 유엔 이관 결정을 알린 서한에 대해 아무 반응을 보이지 않았던 소련은 유엔총회가 한국 문제의 의제 상정을 가결한 다음 날인 9월 24일, 서울에서 미소공위를 소집해 소련 대표 슈티코프를 통해 소련정부의 회답을 보내왔다. 슈티코프는 그 자리에서 "한국에서 소련군과 미군을 철수시킨다는 조건하에 한국인들이 연합국의 참여나 지원 없이 자기들 스스로 정부를 형성할 기회를 줄 수 있다고 생각한다. 소련은 미국 대표가 1948년 초 모든 외국 군대를 철수시키는 제안에 동의한다면 소련군을 미군과 동시에 한국에서 철군시킬 용의가 있다"는 성명서를 낭독한 것이다. 미국이 유엔에 한국 문제를 넘기는 것을 막으려는 소련의 대응이었다.

소련의 제안을 접한 미국정부는 먼저 국방장관에게 한국에서 미군을 즉각 철수시키는 데 따르는 문제를 문의했다. 이에 대해 제임스 포레스털James Forrestal 국방장관은 "한국의 군사적 가치를 버리고 한국에서 철수해도 소련이 일본에 대한 공격을 시도할 의도로 남한(소련이 남한을 점령할 것을 전제로 한 것)에 군사력을 강화하지 않는 한 맥아더의 극동 사령부의 군사적 지위를 위협하지는 않을 것"이라고 회답했다. 그러나 "갑작스러운precipitate 미군 철수는 미국의 군사적 위신을 떨어트려 미국의 안보에 중요한 다른 지역에서 외국의 군사적 협력을 얻는 데 부정적으로 작용할 가능성이 있다"고 덧붙였다. 다시 말해서 1948년 초까지 외국 군대를 동시에 철군하자는 소련의 제안에 대해 부정적인 답변을 낸 것이다. 결국 미국정부는 본래대로 한국 문제를 단독으로 유엔총회에 넘기기로 결정했다.[35]

소련이 미군과 소련군을 철수하고 한국인 스스로 정부를 구성하도록 하자는 제안을 하고 나오자 이승만은 즉각 그것을 비난하는 성명서를 냈다. 물론 국내의 좌익 세력은 소련의 제의를 크게 환영하고 미군의 즉각 철수를 요구했다. 제이콥스는 보고서를 통해 다음의 내용을 본국에 전달했다. "이승만은 성명서에서 '소련 제안의 뒤에 숨어 있는 동기를 안다'고 하면서 '미국 국민은 역사를 되풀이하지 말라'고 경고했으며 '미국과 소련이 한국 사람들과 아무 협의 없이 한국을 분단하고 신탁통치를 하기로 소련과 합의한 것은 큰 잘못이었다'고 말했다. 또한, 이승만은 '한국인들은 미국 군정청의 협조가 있든 없든 간에 미군 점령 지역에서 총선거를 시행해 정부를 수립하기로 했다'고 말했다. 이승만은 같은 성명서에서 '미국이 한국 분단의 일부 책임이 있는 만큼 외국 점령이 가져온 질서 문제와 평화 회복 문제를 해결하기까지 미국은 남한에서 철수해서도 안 되고 철수할 수도 없다'고 말했다. 그리고 이승만은 '한국인의 의사대로 정부를 조직할 때까지 우리의 주권을 간섭하지 않으면서 적은 수의 보안 부대를 유지해달라'고 요구하고 있다."

이승만의 성명서를 인용해 보고하면서 제이콥스는 "이승만이 마치 합법적으로 추대된 국가원수나 된 것처럼 말하고 있으며 '외로운 늑대lone wolf'처럼 울부짖고 있다"고 쓰고 있다. 제이콥스는 "그러나 이승만이 그가 늘 주장해온 한국의 독립을 위해 무엇을 할 것인가에 대해 우리와 만나거나 우리에게 문의해온 적이 없다"고 비난했다.

몰로토프는 10월 9일자 서한을 마셜 국무장관에게 보내면서 앞서 서울의 미소공위에서 소련 대표 슈티코프가 제안한 1948년 초까지 외국 군대의 한반도에서의 동시 철수 요구를 그대로 되풀이했다. 그리고 소련정부의 입장은 이미 유엔의 소련 대표가 한국 문제의 의제 상정안에 반대한 것으로 밝혀진 것이라고 하면서 또다시 한국에서의 양국 군대의 동시 철수를 주장했다.[36]

결국, 미국은 소련과 타협을 보지 못한 채 한국 문제의 해결안을 1947년 10월 17일 유엔의 미국 대표를 통해 유엔 사무총장에게 제출했다. 제안문에서 미국 대표는 1948년 3월 31일 전에 유엔 감시단의 감시하에 남북한에서 선거를 치를 것과 유엔 회원국의 대표들로 구성된 '유엔임시한국위원회'에 남북한 각 지역에서 선거를 참관할 수 있도록 여행과 감시의 자유 권한을 주도록 할 것과, 이 위원회는 한국 내의 선거, 독립정부의 수립 그리고 외국 군대의 철수를 위한 합의와 관련해 적절하다면 모든 협의에 임하도록 하며, 이 결의에 따라 총회나 총회의 적절한 기관에 그 활동 상황을 보고한 후, 한국의 독립 유지를 위해 필요하다고 생각되는 유엔의 앞으로의 행동을 건의하도록 할 것을 제안했다.

또한, 몰로토프가 마셜 앞으로 보낸 외국 군대의 동시 철수안에 대한 해답으로 러베트 미국 국무차관은 10월 17일 소련 대표가 서울에서 동시 철군을 제의했는데도 미국 측이 아무런 대답을 하지 않았다고 한 데 대한 해답을 보낸다고 하면서, 미국정부는 이미 유엔총회에 한국 문제를 이관했으며 총회가 그것을 회의에 올리기로 가결했으므로 외국 군대의 동시 철수 문제는 한국의 통일정부 수립 문제의 해결과 불가분의 관계 속에서 다뤄야 한다는 것이 미국정부의 견해라고 했다. 미소공위에서 합의를 보지 못하고 양 정부가 이 문제를 해결할 능력을 갖추지 못하고 있다는 사실 때문에 한국에서 조속히 통일되고 독립된 정부를 수립하는 일을 더는 지연시킬 수 없다는 것이 마셜 장관의 뜻이라고 전했다.

유엔총회는 11월 14일, '한국의 독립 문제The problem of the Independence of Korea'라는 제목의 결의문을 채택했다. 그 내용은 한국의 양 지역에서 선출된 한국인의 대표가 한국 문제를 해결하는 데 참여하도록 할 것과 그런 한국인 대표의 참여를 독촉하고 그들이 한국인에 의해 합법적으로 선출되었는지를 확인하고자 유엔한국위원회UN Temporary Commission on Korea를 설치해 한국 전역에서 여행, 감시, 협의할 수 있도록 할 것을 결의했다. 그리고 이 결의안은 계속해서 "한국 민족의 독립을 회복하고 실현 가능한practicable 날짜에 점령군을 철수시키며 1948년 3월 31일 이전에 선거를 시행하되 자유선거와 비밀투표의 원칙을 토대로 대표를 선출토록" 할 것을 결의했다. 유엔한국위원회의 감시하에 선거를 통한 독립정부 수립을 진행시키겠다는 뜻이었다.[37]

유엔총회 결의안이 통과된 지 3일 후인 1947년 11월 17일, 서울운동장에서는 서울시 주최로 단군 개천 4280주년 기념식이 열렸다. 그 식 도중, 이승만 추종자들이 단상에 있던 소련 국기를 발로 차서 넘어트렸고 미리 준비해온 성명서를 낭독했다. 제이콥스 정치고문은 이를 본국에 보고했다. 그날 발표된 성명서의 요지는 먼저 공산주의자를 매국노로 규탄하고 이어서 "우리가(이승만 추종자) 선거 시행을 위한 준비를 하고 있으니 이에 대해 오해가 없기를 바란다" 했다고 전했다. 이 선거는 국무부과 하지 장군이 이미 약속한 것이라 하면서 올해 말 이전에 하지 장군에게 선거 일자를 결정해달라고 요구하고 있고 하지 장군이 그렇게 하지 않으면 우리(이승만 추종자)의 계획대로 추진할 수밖에 없다고 자신들(미 군정청)을 협박하고 있다고 보고했다.[38]

사태가 이렇게 되자 하지 장군은 이승만과 그의 지지 세력의 움직임을 견제하고 나섰다. 하지 장군은 본국의 지시를 받아 성명을 발표하면서 한국에서 선거를 감시하는 일과 전국적인 독립정부를 수립하는 일을 신속히 하고자 유엔한국위원회(한국에서는 유엔한국위원단으로 불렀다)가 곧 내한할 것이라는 것과 이 위원회는 9개국의 대표로 구성되고 미국정부는 나(하지 장군)에게 미국정부가 유엔 결의를 지킬 것임을 한국인에게 통고하도록 지시했다고 했다. 그러면서 선거 시행을 위한 준비를 위해 본국 정부와 연락하고 있으니, 한국인들은 이 문제에 대한 공식적인 답변이 올 때까지 기다려주길 바란다고 했다. 끝으로 이승만을 겨냥해 선거와 관련된 선전이나 근거가 없는 선동 또는 비공식적인 뉴스에 현혹되지 말기를 바란다고 했다.

랭던 정치고문 서리도 미 국무부에 보낸 전문 보고에서 "이승만이 올해 안에 남한만의 선거를 추진하겠다는 내용의 서한을 워싱턴에 보냈다"는 것을 전하면서, "김구와 한국독립당을 위시해 심지어 중도파나 온건 좌파들도 유엔 주도하에 북한 지도층과 협상을 벌여서라도 남북한 총선거를 해야 한다고 주장하고 있어, 이승만 진영은 시간이 자신들에게 불리하다는 생각을 하는 것 같다"고 했다. 김구와 한독당이 이승만의 남한 단독정부 수립에 반대하고 있다는 것을 본국에 알린 것이다.

하지 장군도 12월 2일자 전문 보고에서 "일부 합리적인 우파 정치단체들은 소련이 유엔한국위원회에 협조하기를 거부하거나 선거 시행에 협력하지 않을 때 유엔한국위원회의 장래는 어떻게 되느냐는 등 한국에서의 총선거 시행에 대해 당혹스러운 질문을 제기해오고 있다"고 하면서, "미국의 언론보도 역시 그 점에 비관적이어서 한국 사람들을 낙담시키고 있다"고 썼다. 그러면서 하지 장군은 "유엔 결의문이 이런 질문에 대한 명쾌한 해답을 제시하지 않고 있으며 만약 소련이 협조하지 않을 때, 남한만을 고려한 유엔의 선택에 대해 전혀 언급이 없다"고 지적했다. 바로 그런 점이 지금 곧 남한에서 단독으로 총선거 시행을 요구하는 이승만의 주장에 불을 붙여 주는 요인이 되고 있다고 했다. 그러면서 하지는 "이승만의 추종자나 공산주의자를 제외한 한국인 대다수는 유엔한국위원회와 미국정부에 적극적으로 협력할 의사가 있으나 소련이 협력하지 않으면 남한에서라도 총선거하겠다는 보장을 해주기를 원하고 있다"고 보고했다. "유엔한국위원회가 언제, 무엇을 위해, 어떻게 할 것인가에 대한 공식 발표를 하지 않고 있어 한국인들은 날짜가 지나갈수록 더욱 초조한 반응을 보이고 있다"는 것이다.[39]

1947년 12월 3일, 드와이트 아이젠하워Dwight Eisenhower 미 육군참모총장은 마셜 국무장관 앞으로 극비 서신을 보냈는데, 내용은 하지 장군의 경질에 관한 것이었다. 문맥으로 볼 때, 마셜 장관이 이 문제를 먼저 아이젠하워 육군참모총장에게 문의한 것으로 보이며 아이젠하워는 마셜 장관에게 잔여 점령 기간에 발생할 문제를 다루는 데 있어 하지의 능력에 대해 미심쩍을 것 같으면 그를 대치할 후보 명단을 제출하겠다고 답했다. 그러나 마셜 장관이 부재중이어서 그 일을 다룬 러베트 국무차관은 아이젠하워에게 나머지 군정 기간 하지가 계속 머물러 있는 것이 유리하다는 점을 마셜 장관에게 직접 말해주었으면 한다고 부탁했다. 왜 마셜이 하지의 경질을 생각했는지는 명확하지 않다. 다만, 한국의 총선거 등 정치 일정을 앞두고 하지의 능력에 불안감이 있었던 것으로 보인다. 거기엔 이승만과의 불화가 일정 부분 작용한 것으로 짐작할 수 있다.

국무부의 점령 지역 담당 차관보인 찰스 살츠만Charles Saltzman도 당시 영국에 머물러 있었던 마셜 장관 앞으로 보낸 전문에서 아이젠하워의 서신에 대해 언급하고 1948년 7, 8월에 미군이 철수할 테니까 그때까지 하지가 한국에 잔류하는 것이 좋다는 의견을 제시했다. 살츠만은 "아무리 우리의 결정(하지의 경질)을 좋게 해석한다 해도 지금 그를 해임하면 하지 장군을 계속 공격해온 이승만과 그의 추종자인 극우 세력은 그것을 자기들의 승리로 간주할 것이다. 다른 이유 때문에 하지의 경질이 지닌 이점을 고려할 수 있지만, 철수 시점까지 계속 있는 것이 더 만족스러운 상황이 될 것으로 본다"고 했다. 그러면서 살츠만은 "아이젠하워 장군의 하지 경질안은 1948년 7월부터 미군이 철수를 시작한다는 시간표를 근거로 한 것이지만 마셜 장관의 생각에 1948년 7월의 철군 실현 가능성이 작다고 본다면 하지 장군을 지금 경질하는 것도 바람직하다"고 보고했다. 런던에서 12월 4일 마셜 장관은 아이젠하워에게 보낸 극비 서신에서 살츠만 차관보의 의견대로 만일 1948년 6월에 미군 철수를 시작한다면 하지 장군을 남아 있게 하는 데 동의하지만 철군이 지연되면 재고하겠다는 뜻을 아이젠하워에게 전했다. 결국, 하지는 1948년 대한민국정부가 수립되기까지 한국에 있다가 귀국해 곧바로 전역했다.[40]

유엔한국위원회의 입북 좌절과 남한만의 단독 선거

한국 문제를 유엔으로 이관한 미국정부는 유엔에 의한 한국 문제 해결에 소련이나 북한이 협력하지 않을 것을 충분히 예상하고 있었다. 마셜 국무장관이 하지 장군에게 보낸 서한 내용에서 그것을 엿볼 수 있다. 1948년 1월 6일자의 서한에서 마셜 장관은 하지 장군에게 미국정부의 전반적인 관심사를 전한다고 하면서 "유엔한국위원회가 선거를 남한과 북한에서 각각 별도로 하거나 남북한에서 동시 시행하는 문제에 대해 소련이나 북한 당국의 태도를 문의하고 확인하겠지만, 그것이 아무 반응을 얻지 못하거나 부정적일 때 유엔한국위원회는 남한에서만이라도 선거 감시를 추진할 것이다"라고 전했다. 그러면서 마셜은 "당신이 유엔 사람들과 얘기할 때 유엔한국위원회가 유엔총회의 결의에 따라 충분한 권한을 위임받았고 남한에도 2, 3천만 명의 한국인이 살고 있다는 점에 초점을 맞춰 남한에서의 선거 감시를 추진하는 것이 중요하고 시급하다는 점을 인식시켜라"고 지시했다.[41]

1948년 1월 8일에 내한한 유엔한국위원회는 인도 대표 메논Menon을 의장으로 선출하고 활동을 개시했는데 먼저 미국과 소련의 주둔군 사령관에게 공식 예방을 신청하는 서신을 보냈다. 1월 30일 평양에 있던 미소공위의 미국 측 연락관이 유엔한국위원회의 입북 요청 내용을 담은 문서를 미소공위의 소련 측 샤닌Shanin 소장에게 전달했으나 샤닌 소장은 "소련군은 유엔한국위원회와 아무 상관이 없다. 통일 문제는 오직 몰로토프와 마셜 같은 고위층이 해결해야 한다"는 답을 전해왔다. 사실 소련군 사령관은 유엔한국위원회의 서신에 공식적인 답신조차 하지 않았다. 점차 격화되던 그 당시 미소 간의 대립으로 보아 유엔한국위원회의 입북은 처음부터 불가능했다. 그러자 남한에서는 남한 단독 선거 시행에 대비해 이승만과 그의 추종 세력이 활발한 움직임을 보이기 시작했다.

랭던 정치고문 서리는 1948년 1월 15일자 전문에서 "신익희는 이미 선거 시행을 위한 기구 점검을 마쳤으며 유엔한국위원회가 그것을 활용할 수 있도록 하겠다고 말하고 있다"고 보고했다. 랭던은 또 "이승만이 미 국무부 동아시아과장에게 '한국인이 주관하는 남한 단독 선거를 원한다'고 하면서 '유엔한국위원회와 상의할 수 있는 한국인 입법기구를 만들 필요가 있다'고 주장했다"고 보고했다. 그러나 랭던은 이승만이 새로운 정국의 기선을 잡으려 한다며 그의 제안에 별 의미를 부여하지 않았다.

또한, 1월 29일자 전문 보고에서 제이콥스 정치고문은 입법위원 의장인 김규식이 유엔한국위원회의 제1분과위와 면담을 한 후 기자회견을 열어 "지금이 총선을 실시하기에 적절한 시기이냐는 유엔 사람들의 질문을 받고 나는 한국인 모두에게 득이 되고 공평무사하며 민주적인 방법으로 선거를 하려면 상당한 시간이 필요하다고 답했다"고 보고했다. 또한, 기자들이 유엔한국위원회의 입북이 거절되었을 때 남한만의 정부를 수립할 것이냐고 물었을 때 김규식은 "유엔한국위원회의 사명이 통일 한국에서의 총선을 감시하는 것이니까 남한만의 선거를 고집할 수 없다. 유엔한국위원회가 본래의 사명을 수행할 수 없을 때 한국 문제를 다시 유엔소총회Interim committee에 넘겨 재검토해야 할 것이다"라고 말했다고 보고했다. 김규식은 남한만의 선거를 거부한 것이다.

그런데 제이콥스 정치고문은 같은 전문 보고에서 극우 성향의 『현대일보』

가 "김규식이 유엔한국위원회가 소련의 협조를 못 얻으면 남한에서라도 총선을 실시해 정부를 수립한 후 유엔의 승인을 얻도록 해야 한다고 말했다"는 기사를 실었다고 전하고 있다. 그러면서 "같은 기사에서 '김규식이 유엔한국위원회의 감시하에 남북한 정치지도자 회의를 갖자고 제안했다'고 쓰고 있는데 어느 쪽이 김규식의 진심이었는지는 알 길이 없다"고 보고했다. "다만, 『현대일보』라는 극우 신문의 기사를 인용한 것이기 때문에 김규식의 입장을 정확히 전달하고 있는 것 같지는 않다. 김규식이 김구처럼 단독정부 수립에 반대했다는 것은 부인할 수 없으나 때때로 우유부단해 명확한 결단을 내리지 못하고 있는 것 같다"고 제이콥스는 썼다.

1948년 2월 2일 제이콥스 정치고문은 전문 보고에서 "유엔한국위원회의 입북이 거절되면서 단독정부 수립 문제를 놓고 위원 간에 이견이 있었으나 북한이 위원회의 입북을 거절한 후 위원회 내의 중의가 점차 단독선거 쪽으로 기울기 시작했다고" 보고했다. 그러면서 "유엔한국위원회는 입북할 수 없어진 만큼 유엔소총회Interim committee에 참석해 유엔총회 결의문의 집행에 대해 협의하기로 했으며 위원회 의장과 서기가 소총회에 참석해 이 문제를 논의하도록 한다고 공표했다"고 전했다.[42] 유엔한국위원회가 유엔소총회에 다시 한국 문제를 넘기기로 한 것이다.

그러자 제이콥스 정치고문은 2월 8일 장문의 전문 보고에서 "유엔한국위원회가 자신들의 역할에 대해 보다 대담하고 현실적인 관점을 갖는 데 실패한 것이 매우 유감이라고 하면서 분명히 지금 필요한 것은 가장 이른 시일 안에 남한에서 선거를 하는 것이다. 이 일을 지연하는 것은 소련이 바라는 바이다. 좌익 세력이 태업 투쟁을 가속하고 있는 것이 그 증거다"라고 했다. 그러면서 제이콥스는 유엔한국위원회가 제기하고 있는 질문에 대한 답변은 간단하다고 했다. "즉 남한 단독정부가 되든 통일(후에 북한이 가담할 것으로 기대한다면)정부가 되든 유엔한국위원회는 남한에서의 선거 감시를 진행할 것인가라는 것이다. 이 질문에 대한 유일한 답변은 '그렇다yes'이다. 김구,

김규식 그리고 다른 한국 지도자들이 남북한 전체를 위한 정부 수립을 주장하지만 유엔이 남한만의 선거 시행을 결정하기만 하면 그들도 순식간에 남한 단독정부안에 가세bandwagon할 것이다" 라고 보고했다.[43]

물론 제이콥스 보고서의 마지막 부분의 판단은 완전히 빗나갔다. 김구나 김규식은 단독정부안에 가담한 것이 아니라 끝까지 단독정부안을 거부했다. 그러면서 제이콥스는 그 전문 보고에서 "미 국무부가 트리그브 리Trygve Lie 유엔 사무총장과 임시위원회를 잘 설득해, 유엔한국위원회의 메논 의장과 서기가 유엔소총회에 참석해 본질적인 문제인 선거 시행 문제와 관계없는 다른 문제들을 제기해 유엔소총회의 결정을 오도하는 일이 없도록 하라" 고 건의했다. 그러면서 제이콥스는 유엔한국위원회가 선거에 대한 결정을 못 내리고 한국 문제를 다시 유엔에 돌려보낸 배경에는 정치적으로 미숙하고 사리사욕에 눈이 먼 한국 정치인들의 중언과 조작이 있다고 한국인을 비난했다.

유엔한국위원회가 결단을 내리지 못하고 한국 문제를 유엔소총회에 넘기자 마셜 국무장관은 유엔 미국 대표에게 전문을 보내 "2월 19일 메논의 보고 발표가 끝나는 대로 24일까지 휴회를 제의해 메논의 보고 내용을 검토하도록 하라" 고 하면서 "우리의 견해에는 아무 변동이 없다. 유엔소총회가 유엔한국위원회의 감시 활동이 허용되는 지역에서만이라도 그 기능을 수행하고 선거를 시행하도록 권유해야 한다" 고 했다. 그러면서 마셜은 "우리는 캐나다와 호주 대표의 태도에 절대 반대하며 다른 대표들이 우리의 입장에 동조할 수 있도록 온 힘을 기울여라" 고 지시했다.[44]

제이콥스의 보고 내용이나 마셜 국무장관의 지시 내용을 보아도 미국정부는 이 시점에 와서 남북한 전체의 통일된 정부 수립을 포기하고 남한에서만이라도 선거를 해 적절한 시기에 미군을 남한에서 철수시키려는 의도를 분명히 가졌다고 할 수 있다. 미국은 한국에서 철수하는 방법으로 우선 남한에 단독정부를 수립시켜놓고 이른 시일 내에 미군을 철수하는 방향으로 기본 정책을 세워놓은 것이다.

한편, 남한에서는 이승만과 한민당이 남한 단독정부 수립안을 적극적으로 추진하고 있는 반면 김구와 김규식은 남북한 지도자 회의를 통해 통일정부를 수립하려는 입장을 고수하고 있었다. 그러나 북한에서는 1948년 2월 18일 '조선인민공화국'의 헌법이 발표되었다. 랭던 정치고문 서리는 "미 군정청의 간부가 김규식을 만나 그 초안을 보여주자 김규식은 놀라면서 남북 지도자 회의에 대한 희망이 사라졌다고 했다"고 2월 19일자 보고서에서 진술했다.

랭던 정치고문 서리는 같은 보고서에서 "김규식은 만일 미국정부가 남한에 경제원조를 제공하고 군사적 보호를 해주면서 남한에 세울 정부를 진정으로 지원할 생각이라면 자기도 아무 주저 없이 그 정부를 지원할 것이라고 말했다. 그러나 미국정부의 의도가 모호하면 자신은 그 안에 찬성할 수 없다고 말했다"고 보고했다. 또한 "김규식이 말하는 군사적 보호란 미국이 공산세력의 위협에 있던 그리스에 항공모함과 지상군을 파병했을 때의 군사 행동을 생각하는 것 같다"고 하면서 "북한 인민군이 남한을 위협할 때 미국이 남한을 안전하게 보호할 수 있겠느냐"고 우리(미국)에게 묻고 있다고 했다.[45]

한편, 2월 20일자로 랭던이 보낸 전문 보고에서도 김규식이 미국정부가 확실한 한반도 정책을 갖지 않고 있다고 비난하면서 어느 때보다 히스테릭하게 남한에 조속히 군대를 창설해야 한다고 주장했다고 썼다. 아마도 김규식은 1948년 2월 8일에 있었던 북한 인민군의 창설에 매우 충격을 받았던 것이 아닌가 한다. 김규식이 북한의 군사적 위협을 심각하게 우려했다는 사실은 그가 현실에 어두운 단순한 이상주의적인 지도자는 아니었다는 것을 말해주는 대목이라 할 수 있다.

하지 장군도 1948년 2월 19일 이승만, 김구 그리고 김규식 세 사람을 동시에 만났으나 그들 사이에 '독립'이라는 말 이외에는 아무런 일치점을 찾지 못했다고 보고했다. 이승만 혼자서 남한만의 선거를 주장했다고 했다. 그러나 이들과 회담에서 하지는 유엔소총회가 유엔한국위원회에 남한만의 선거 감시를 명령하기만 하면 김구와 김규식도 그 결정을 따를 것 같은 인상을 얻었다고 했다. 하지는 두 사람(김구와 김규식)이 남한만의 선거 외에 다른 해결책이 없다는 것을 알지만, 남한 단독정부안을 지지하면 분단을 가져온 배반자로서 낙인 찍히는 것을 원치 않는 것 같다고 보고했다.[46]

남한에 대한 북한의 군사적 위협과 어느 정도 관련되는 것이지만 2월 20일 주영 미국대사인 루이스 더글러스Lowis Douglas는 마셜 장관 앞으로 전문 보고를 보냈는데 한국 문제와 한국 정세에 대한 영국정부의 의견을 설명해주는 내용이어서 주목할 만하다. 영국 외무부의 견해는 소련이 이미 북한을 완전히 조직적으로 장악했지만, 남한은 아직도 카오스 상태에 있다고 하면서 영국 외무부는 미국이 곧 남한에서 철수할 것으로 보고 있다고 했다. 사실상 영국정부는 조선(한반도를 말함)이 소련에 넘어간 것으로 믿고 포기하고 있다고 보고했다. 그러면서 더글러스 주영 미국대사는 영국정부가 유엔에서 미국정부의 입장을 지지할 것 같지 않으며, 영국은 유엔소총회를 통해 아직도 남북한을 합친 정부 수립안을 위해 노력할 것 같다고 보고했다. 영국정부가 남한만의 단독정부안에 반대하고 있다는 것이다.

유엔의 단독 선거 결정과 분단

유엔한국위원회가 선거 시행 여부를 놓고 결정을 내리지 못하고 유엔소총회에 문제를 넘겨버리고 있을 때 북한은 정부 수립을 위한 작업을 착착 진행하고 있었다. 북한의 김두봉 헌법기초위원장은 1948년 2월 10일 헌법 초안을 공개하고 온 조선인민이 그것을 검토할 것이라고 방송했다. 그 헌법 초안에는 "우리나라의 국호는 조선민주주의인민공화국이다" 라고 명기돼 있었다. 그 며칠 전인 2월 8일에는 북한에 조선인민군이 창설되었다. 그리고 4월 29일 조선인민회의 특별회의는 조선인민공화국 헌법 초안을 승인했다. 북한에 사실상 단독정부가 수립된 것이나 다름없었다.

한편, 1948년 2월 26일 유엔소총회에서는 한국 문제를 놓고 토론이 벌어졌으나 결국 미국 측이 제안한 결의문을 통과시켰다. 미국은 접근이 최대로 가능한 지역에서 선거로 한국 국민의 대표들을 뽑고 그들이 유엔한국위원회와 협의해 한국의 조속한 독립에 관해 협의하도록 하며, 그 대표들로 국회를 구성한 후 국민적인 정부를 수립하도록 할 것을 제안했다. 유엔소총회의 의장은 유엔한국위원회의 메논 의장 앞으로 보낸 서한에서 유엔한국위원회는 1947년 11월 14일의 유엔총회 결의와 그 후의 한국과 관련해서 일어난 사태(즉 소련의 입북 거부)에 비춰 동 위원회가 갈 수 있는 지역에서 유엔총회 결의 제2호를 집행해야 할 의무를 지니고 있다고 통고했다. 유엔한국위원회에게 접근 가능한 지역에서만이라도 자유로운 선거의 시행을 감시하는 권한을 부여함으로써 남한에서 단독 선거 시행이 가능해졌다.

유엔소총회에서 남한 단독 선거를 결정한 미국은 한국인의 반응을 고려하지 않을 수 없었다. 유엔소총회에서 결의가 통과된 며칠 후인 1948년 3월 3일 마셜 국무장관은 "그 결의가 남북한을 합친 통일정부를 추진해온 한국인들에게 패배로 받아들여지고 있으며 단독정부안을 반대하는 이들 세력은 단독 선거를 거부하려 하고 있다"는 서울의 랭던 정치고문 서리의 전문에 대한 해답으로 "그 결의가 한국의 통일정부 수립이라는 궁극적 목표를 염두에 둔 것이며, 앞으로 있을 선거의 1차 목표는 민주적 기반 위에서 궁극적인 통일정부 수립을 달성하기 위한 토대를 마련하려는 것임을 한국인들에게 주지시켜달라"고 했다. 그러면서 마셜은 "이승만이나 그 외의 지도자들이 앞으로 있을 선거가 통일을 희생해서라도 당장에 단독정부를 수립하겠다는 것이라는 인상을 한국인들에게 준다면 매우 유감스러운 일이며, 또한 온건한 세력이나 한국 사회의 중요 계층이 앞으로 있을 선거를 거부한다면 그것은 매우 불행한 일이 될 것"이라고 썼다. 미국이 앞으로 북한이 선거에 응할 경우를 생각해서 국회의석 중에 북한 인구에 비례해서 적절한 수의 의석수를 공석으로 남겨두어야 한다고 한 것도 그런 취지였다.

미국정부는 유엔소총회가 남한만의 선거 시행을 승인하게 되자 곧 남한의 미군 철수 문제를 논의하기 시작했다. 1947년 11월 4일자의 유엔총회 결의문은 한국(조선)에 정부가 수립되는 대로 외국 군대를 철수시킬 것을 조건으로 달고 있다. 그래서인지 1948년 3월 4일, 미 국무부의 극동국장인 윌리엄 버터워스William Butterworth는 국무장관 앞으로 보낸 비망록에서 "남한에 정부가 수립되는 것을 전제로 먼저 국방군을 창설하는 것과 남북한의 기존 군사정부나 민간 정부의 기능을 인수받도록 하는 일, 그리고 다른 점령국과 90일 이내에 철군하는 것을 협의하는 것이 다음에 취해야 할 조치들"이라고 보고했다.

그러나 버터워스는 90일 내에 남한에서 미군이 철수하는 것은 현실적으로 불가능하다는 의견을 제시하고 수립된 남한정부가 적절한 규모와 수준의 국방군을 창설해 스스로 생존할 가능성이 생길 때 철군할 것을 건의했다. 그러면서 육군본부가 융통성 있는 철군 계획을 세워줄 것을 건의하면서 한국군을 하루속히 훈련하고 가능한 한 충분하게 장비를 갖추게 하는 것이 필요하다고 했다. 현재 계획은 국방군의 병력을 5만 명으로 잡고 있으나 하지 장군은 10만 명을 요청해왔다고 했다.[47]

한편, 서울에서는 1948년 3월 6일, 하지 장군이 5월 9일을 선거일로 정한다고 발표했다. 그 후 유엔한국위원회의 일부 위원이 하지가 단독으로 선거일자를 결정했다고 항의함으로써 선거일을 5월 10일로 변경했다.

1948년 2월 16일, 김구와 김규식은 공동으로 김일성과 김두봉에게 서신을 보내 '남북지도자회의'의 소집을 제의했다. 두 사람의 제의에 대해 북한은 아무 대답도 하지 않았다. 그러나 유엔한국위원회가 선거 일자를 결정한지 얼마 후인 3월 25일, 북조선 민전(민주주의연합전선의 약칭)은 방송을 통해 단독정부 수립을 위한 선거에 반대하는 남한 정당 사회단체 앞으로 보내는 서한을 공개했다. 그 방송에서 4월 14일 평양에서 개최될 '전조선정당·사회단체연석회의(약칭 남북연석회의)'에 남한의 정당·사회단체를 초청한다고 했다.

김일성과 김두봉은 그 이틀 후인 3월 27일 김구와 김규식에게 소규모의 지도자 연석회의를 소집하는 데 동의한다는 서한을 보냈다. 김구와 김규식이 '남북지도자회의' 소집을 제의하는 서한을 보낸 지 48일 만에 회답을 한 것이다. 유엔소총회의 결정과 유엔한국위원회의 3월 12일자 결정을 지켜보다가 남한 지도층의 분열을 노린 김일성의 전략적인 행동이었다고 할 수 있다. 단독정부안에 반대하는 민족 지도자 두 사람을 불러 유엔이 실시하려는 남한에서의 선거를 비난하고 중단시키려는 계략이었다. 남한에서 활동하던 공산주의 세력들은 김일성이 제안한 남북연석회의를 대대적으로 선전하면서 연석회의 개최를 환영했다.

유엔한국위원회에서 남한만의 단독 선거 실시 일자가 결정된 얼마 후 1948년 4월 2일, 미국의 국가안전보장회의(National Security Council, NSC)는 'NSC 8호'로 불리는 중요 문서를 작성했다. 그 문서의 작성 목적은 한국에 대한 미국의 의견을 평가 분석하는 데 있어서 극동 전체에 대한 미국의 정치적·경제적 입장과, 유엔의 테두리 안과 밖에서 미국이 관련된 국제적 공약, 그리고 특히 극동에서의 전략적 필수 조건과 미국의 안보 이익을 검토 고려하는 데 있었다.

이 문서는 제2차 세계대전의 전후 과정을 역사적으로 개괄한 후 남북한의 군사력을 비교하고 있다. 그러면서 소련이 한반도 전체를 지배하게 되면 극동에서 미국의 위치는 매우 어려운 처치에 놓이게 될 것으로 전망했다. 더구나 유엔에 의해 수립된 남한정부가 소련이 지원 또는 지배하고 있는 북한 정권에 의해 무력으로 전복되면 미국의 국제적 위신 손상은 매우 심각할 것이라고 보았다. 그런 의미에서 미국의 이익은 유엔의 이익과 일치까지는 몰라도 공통되는 것으로 볼 수 있다고 했다. NSC 8호의 건의 내용은 다음의 세 가지로 압축된다.

(1) 남한에서 손을 떼고 완전히 포기한다.

(2) 향후에 미칠 악영향bad effects을 최소화하며 한국에 투입한 미국의 인력과 돈을 정리해 철군한다. 다만 그 일을 도울 수 있도록 남한정부를 지원한다.

(3) 필요하면 무력을 사용해서라도 외부의 침략이나 내부의 국가 전복 행위로부터 남한의 정치적 독립과 지리적 불가침을 지키고 보장한다.

후에 한국전쟁을 다룰 때 다시 논의가 되겠지만 미국정부는 NSC가 제시한 세 개의 건의안 중, 1948년에는 건의안 (2)를 채택했고 2년 후인 1950년 한국전쟁이 발발하자 필요하면 무력으로라도 한국을 지킨다는 건의안 (3)을 채택한 셈이 된다.

이 보고서에서 NSC는 (2)안을 선호하고 있음을 밝혔다. 즉 "미국은 모든 수단을 동원해 한국 문제의 해결을 추진하며 그와 동시에 조속한 시일 내에 미군을 한국에서 철수시킨다"는 것이다. 이에 따라 한국에 대한 경제원조나 군사원조 계획을 신속히 추진할 것을 건의하고 있다.[48]

한편, 미 군정청의 만류와 일부 측근이나 추종자들의 반대를 무릅쓰고 김구와 김규식은 1948년 4월 19일에서 26일까지 평양에서 열렸던 남북연석회의에 참석했다. 이와 관련해 제이콥스 정치고문은 유엔한국위원회 내에서 남한만의 선거를 반대해온 패터슨Patterson 캐나다 대표와 호주의 잭슨Jackson 대표가 김규식을 찾아가 "만일 남북연석회의에서 김구와 김규식이 주장하는 조건들이나 다른 합리적인 제안이 받아들여진다면 유엔한국위원회의 5월 10일 선거 시행안을 연기시킬 수도 있다"고 말하면서 평양 회의의 참석을 권유했다고 보고하고 있다.

김규식은 평양에 가기에 앞서 5개의 협상 조건(통일국가의 원칙)을 김일성에게 제시했다. 김규식이 제시한 조건은 다음과 같다.

(1) 여하한 형태의 독재라도 이를 배격하고 진정한 민주주의 국가를 건립할 것.

(2) 독점자본주의 경제제도를 배격하고 사유재산을 승인하는 국가를 건설할 것.

(3) 전국적 총선거를 통해 정부를 수립할 것.

(4) 어떤 외국에도 군사기지를 제공하지 말 것.

(5) 미소 군대의 철군에 관해서는 미소 당국이 철퇴 조건이나 기일 등을 협정해 시행할 것.

(1)이나 (2)는 분명히 공산주의에 반대하는 내용인데도 남한 민족 진영의 분열을 노렸던 김일성은 김규식의 제안을 다 받아들인다고 김규식에게 통고하면서까지 남북연석회의에 참가해달라고 부탁했다.[49]

김구는 김규식과는 달리 김일성에게 사전에 아무 조건이나 제안도 하지 않고 4월 22일 하루만 참석해 축사 형식으로 짧은 연설을 했고 김규식은 몸이 불편하다는 이유로 처음부터 회의에 불참했다. 남북연석회의는 북조선이 작성한 의제대로 모든 것을 토론 없이 만장일치로 통과시키는 스탈린식 회의였다. 김구와 김규식이 회의에 불참하거나 하루만 참석한 자세한 이유는 알 수 없다.

남한 내의 좌익과 남북협상파는 평양에서 돌아온 후 계속 남한 단독 선거에 반대하는 운동을 펴나갔다. 이에 맞서서 이승만과 한민당 등 단독정부 지지 세력은 5·10 선거에 참가하기 위한 준비를 서둘렀다. 그리고 단독 선거를 반대한 좌익과 협상파들이 대대적으로 선거 거부 운동을 전개하는 속에서 1948년 5월 10일 제헌국회의원을 선출하기 위한 선거가 치러졌다.

당시 추산된 남한의 인구 1천994만7천 명 중 21세 이상의 유권자는 총인구의 49.3%에 해당하는 998만3천 명이었다. 이들 유권자의 79.7%가 등록했으며 등록자의 92.5% 가 선거에 참가하는 높은 참가율을 보였다. 유엔한국위원회는 선거 직후에 일부 위원들 사이에서 자유선거가 이뤄지지 않았다는 주장이 일어나 논란이 있었으나, 6월 25일에 채택한 결의문에서 비교적 자유로운reasonably free 분위기 속에서 선거가 치러졌고 유엔한국위원회가

활동할 수 있었던 지역 주민 3분의 2의 유효한 의사를 대표하는 선거였다고 천명했다.[50]

선거 후 소집된 임기 2년의 제헌국회는 먼저 이승만을 의장으로 선출했고 대통령제 중심의 대한민국 헌법을 제정했다.[51] 이어 시행된 국회의원의 간접선거로 이승만이 압도적인 다수의 지지를 얻어 대한민국 초대 대통령에 당선되었다. 1948년 8월 15일, 4년 임기의 대통령으로 이승만이 취임하면서 대한민국정부가 수립되기에 이르렀다.

북조선은 남한에서 1948년 8월 15일 대한민국 정부가 수립되는 것을 기다렸다가 8월 25일 최고 인민회의 선거를 했고, 9월 8일 최고 인민회의는 미리 마련한 헌법 초안을 정식 헌법으로 채택했다. 그리고 9월 9일 김일성을 수반으로 하는 내각을 구성함으로써 '조선민주주의인민공화국'이 출범하게 되었다. 한 달 사이에 남북한 양 지역에 두 개의 정부가 수립된 것이다.

반영구 분단의 책임

한반도에 두 개의 정부가 수립된 지 벌써 60년이 지났다. 그 사이에 남북한은 골육상잔을 겪었고 한국전쟁 후 계속해서 긴장 관계를 유지해오고 있다. 한반도를 분단하는 데 결정적인 역할을 했던 소련과 미국은 과거의 냉전체제를 해체했으며, 러시아는 서방세계와의 대립을 접고 적어도 경제적으로는 서방세계에 많이 의존하고 있다. 탈냉전의 역사적 변화를 겪은 것이다.

미소가 첨예하게 대립했던 시대가 지나갔는데도 한반도는 아직도 분단돼 있으며 가까운 시일에 남북한이 통일된 단일 국가를 형성할 가능성은 커 보이지 않는다. 우리의 민족적인 비극은 두말할 나위도 없이 1948년에 남북한 양 지역에 두 개의 다른 정권이 수립된 데서 비롯되었다. 그리고 그처럼 두 개의 다른 정권이 등장한 데에는 남한에서는 이승만이, 그리고 북한에서는 김일성이 자신들에게 주어진 여건과 구조적 테두리 안에서 중요한 역할을 했기 때문임을 부인할 수 없다.

그러나 이승만과 김일성은 남북 분단의 주역主役은 아니었다. 오히려 조역 또는 종역從役이었다고 봐야 한다. 이승만이 남한에 단독정부를 수립하기를 원했고 미국도 같은 입장이었기 때문에 둘이 야합해 이뤄졌다는 일종의 음모설이 있을 수 있는데, 이는 당시의 역사적 상황을 너무 단순하게 인식하거나 어느 한 쪽으로 편향해서 보려는 관점이라 할 것이다.

한때 일부 진보적이라고 불리던 학자나 지식인들이 남한의 단독정부 수립이 북한보다 3주 정도 앞선 것을 가지고 분단의 책임을 남한에 돌리는 주장을 한 바도 있다. 그러나 이런 시간적 차이는 무의미하다. 북한의 김일성도 남한의 이승만처럼 통일정부의 수립을 추진할 수 있는 처지에 놓여 있지 않았다. 하고 싶어도 소련이 그것을 허용했을 리가 없다. 미국이 남한을 포함한 한반도에 공산 정권이 수립되는 것을 원치 않았던 것처럼 소련도 북한을 포함한 한반도에 반공산주의적인 정부가 수립되는 것을 원치 않았다. 가능하면 친소적이고 공산주의자들이 장악한 정권을 수립하기를 원했다. 앞으로 소련정부 자료들이 공개되면 이런 가정에 대한 진위가 명백하게 드러날 것으로 생각되지만 그것이 가능할지는 의문이다.

북한에서 김일성을 수반으로 하는 공산 정권이 남한보다 몇 주 늦게 수립되었지만 그것을 위한 준비는 그보다 훨씬 전에 이미 진행됐음을 알 수 있다. 단지 수립 일자가 늦다는 것만으로 남한이 단독정부를 수립해 민족 분단을 가져왔다고 보는 시작은 근본적으로 잘못된 시각이다. 김일성은 자기가 소집한 남북연석회의가 개최되기도 전인 1948년 2월 8일 북한 인민군을 창설했고 2월 18일에는 김두봉을 시켜 북한 인민공화국 헌법을 제정 발표하도록 했다. 이것은 조선민주주의인민공화국의 수립 6개월 전의 일이다. 그러니까 시기적인 차이를 가지고 분단의 책임을 남한에만 돌리는 것은 사실을 왜곡하는 것이다. 그리고 이승만을 민족 분단을 가져온 원흉인 양 묘사하는 것도 역사를 왜곡하고 있는 것이다.

이승만이 신탁통치에 적극적으로 반대한 지도자이며 소련을 누구보다 불신하고 가장 비판적이었다는 것은 부인할 수 없는 사실이다. 그렇지만, 하지가 그처럼 혹평한 이승만이라는 정치 지도자 한 사람의 반대 행동이나 역할 때문에 남한에 단독정부가 수립된 것은 아니라고 생각된다. 이승만은 미국이 소련과 협조해 한반도에 독립된 국가를 수립하려는 것 자체에 대해 적극적으로 반대했던 사람이었다. 그러나 그런 이승만 때문에 단독정부가 남한에 수립되었다고는 말할 수 없다. 이승만은 단지 공산주의자들과는 어떤 형태든 타협 또는 협조할 수 없다는 강경한 태도를 보인 사람이었다. 그리고 미소가 협력해 남북한을 합친 통일정부를 수립한다는 것이 불가능에 가깝다는 것을 잘 알고 있던 노련한 정치가였을 뿐이다.

그가 그런 판단을 할 수 있었던 것은 당시 동유럽에서 위성국가들을 수립해 소련의 세력권을 확장해가는 스탈린의 수법을 소상히 알고 있었기 때문이었다. 국제적인 수준의 정치 감각을 가지고 소련의 팽창 정책을 자세히 지켜보았던 것이다. 이승만은 결코 소련이 북한을 포기하지 않을 것이라 판단했을 가능성이 크다. 그리고 미국도 남한을 포기하지 않을 것이라면 결국 한반도는 분단으로 갈 수밖에 없을 것이라 판단했을 것이다.

오히려 남한 단독정부가 수립된 것은 이승만이 그것을 위해 어떤 결정적인 역할을 했기 때문이 아니라, 미국이 남한에 북한과 같은 공산 정권을 세울 수 없다고 결정했기 때문이다. 남한에서의 점령기 초기에 미국은 모스크바 결정을 기초로 통일정부 수립을 모색했고, 이를 극구 반대한 이승만을 미국의 정책 수행을 방해하는 고집불통의 노인쯤으로 취급했다. 하지가 그런 미국정부의 입장을 그대로 반영했다고 할 수 있다. 그래서 하지는 한때 이승만과 심각한 적대 관계를 형성하기도 했다. 미국정부는 앞으로 수립할 통일정부를 생각해 온건한 인물을 선호했다. 군정 초기부터 이승만을 염두에 두지는 않았다. 오히려 이지적이었던 김규식을 선호했다는 정황 증거가 많다.

그러나 미소 간의 협상 과정에서 남북한의 단일정부 수립 가능성이 희박해지면서 이승만은 남한에 북한과 같은 공산국가 수립을 원치 않는다는 미국의 기본 정책 방향을 파악하고 구체적으로 남한 단독정부 수립안을 추진했다. 만일 미국이 미소공위에서 소련의 주장을 받아들여 대폭 양보하면서 소련의 주장대로 임시정부 수립의 협의 대상으로 좌익 정당과 사회단체가 압도적으로 우세한 수를 차지하도록 허용했다면 미국과 소련은 쉽게 통일정부를 세울 수 있었을지 모른다. 다만, 그런 정부가 공산화되지 않고 독립정부로 생존했을 지는 다른 문제이다.

또는 반대로 소련이 북한의 공산화를 포기하고 미국 측의 제안대로 양측이 합의하는 정당 사회단체만을 선발해 구두 협의를 하도록 허용했다면 미소공위는 성공하고 통일정부 수립을 위한 실질적인 진전을 볼 수 있었을 것이다. 그러나 사실은 그렇게 되지 않았다. 미국이나 소련이 남북한 어느 한 쪽도 상대방에게 넘겨주는 것을 거부했기 때문이다. 이승만은 단지 그러한 미소 간의 대립 속에서 가장 실현성이 높다고 본 '남한 단독정부안'을 추구해 자신의 목적을 성취했을 뿐이다.

후대의 우리는 '남한의 단독정부 수립이 바람직한 것이었는가?'라는 의문을 가질 수 있다. 즉 당시 단독정부안만이 유일한 대안이었느냐 하는 의문이다. 나중에 생각해서 뒤늦은 지혜hind sight라고 할지 모르지만 1948년 이후의 역사적 전개 과정, 특히 무엇보다 1946년부터 한국전쟁으로 이어지는 기간의 미국과 소련의 대립 추이를 돌아본다면, 남한 단독정부안을 관철한 이승만의 통찰력과 업적을 긍정적으로 평가하지 않을 수 없다.

따져보면 이승만의 개인적인 의사와 행위만으로 남한의 단독정부 수립이 가능했던 것은 아니다. 오히려 이승만은 그 당시의 국제적 정치구조의 제약을 받으면서 그 넓은 구조적 테두리 속에서 당시의 상황을 판단해 자기 나름대로 실현 가능성이 크고 바람직하다고 본 '단독정부안'을 택하고 추진했다고 할 수 있다. 이 말은 한반도 문제를 단순히 구조 결정론적으로 논하자는 뜻은 아니다. 구조적 요인도 중요하지만 그 속에서 일정한 목표를 찾아 움직이는 행위자들의 행위 결과도 매우 중요하다는 점을 말하고자 함이다.

그러나 해방정국의 여건으로 볼 때 남한 내의 정치 지도자들이 취할 수 있는 행동 반경은 미국과 소련 간의 대립 관계라는 커다란 구조적 테두리 안에 철저히 제한돼 있었다고 봐야 한다. 그런 의미에서도 남한의 단독정부 수립은 한국인에 의한 결정이라기보다는 미소 양국의 국가적 이해관계의 마찰과 타협 과정에서 태어난 냉전체제의 산물로 봐야 할 것이다.

---

1 1994년 러시아의 옐친 대통령이 김영삼 대통령에게 건네준 소련 고위급 공식 자료는 약 1천200쪽에 달하는 귀중한 자료다. 한국정부는 그것을 번역해 공개한 바 있다. 미국에서는 워싱턴에 있는 윌슨연구소가 영문으로 번역해 연구자들에게 제공하고 있다. 그런데 그 자료는 한국전쟁에 관한 것뿐이며, 그것도 한국전쟁 발발 직전인 1950년 5월부터 8월까지의 기간은 빠져 있다. 그 기간의 자료를 공개하지 않은 것이다. 38선 설정이나 단독정부 수립과 관련된 소련 측 자료는 공개된 바 없다.

2 한국전쟁 이전의 한국과 전쟁 발발을 둘러싼 미국·소련·중국의 역할을 상세히 다룬 것으로 William Stueck, *Rethinking the Korean War* (Princeton University Press, 2002)가 있다. 이 책은 서은경 역, 『한국전쟁과 미국 외교 정책』(나남, 2005)으로 한국에서도 출간되었다.

3 미국정부가 25년마다 공개하는 외교 관계 자료인 FRUS(Foreign Relations of the United States)는 해당국의 현지 미국대사관 고위 관리들의 전문 또는 서한 보고서들을 수록한 것으로 그 내용은 공개 전에 심사 과정을 거치기 때문에 극비에 속하는 것은 제외되고 있다. 그러나 해당 국가의 정치 및 외교적 문제에 대한 큰 테두리를 이해하는 데 그런대로 유용하다. 여기서 미국의 정부 문서를 주요 자료로 활용하려는 이유는 해방정국에서 한반도의 분단을 비롯해 단독정부 수립에 이르는 가장 결정적이고 중요한 역할을 한 것은 남북한의 조선인이기보다 미국과 소련이었다고 볼 수 있기 때문이다. 남북한 정치인들의 역할도 중요했겠지만 북에서의 소련과 남에서의 미국의 역할을 능가할 정도로 결정적인 것은 아니었다. 그런 점에서 미국정부가 한국 문제를 어떤 시각과 어떤 방법을 가지고 다루었느냐를 알려면 공식 문서도 매우 중요한 자료 구실을 할 수 있다고 보는 것이다.

4 김용욱, 「미군정과 중도 민족 세력의 좌우 통합 운동」, 한배호 엮음, 『한국현대정치론 I』, (오름, 2000), 123-135쪽.

5 Donald S. McDonald, *U.S.-Korean Relations from Liberation to Self-Reliance*

(Westview Press, 1992), 1-36쪽 참조.

6 양호민 외, 『한반도 분단의 재인식』(나남, 1993), 84-86쪽. 특히 좌우 대립에 대한 자세한 논의를 참고할 것.

7 양호민 외, 앞의 책, 96쪽.

8 양호민 외, 앞의 책, 98쪽.

9 김용욱, 앞의 논문, 132-33쪽, 양호민 외 저, 앞의 책, 121-29쪽.

10 김용욱, 앞의 논문, 134쪽.

11 김용욱, 앞의 논문, 127쪽.

12 양호민 외, 앞의 책, 127쪽.

13 *Foreign Relations of the United States*(FRUS), 1947, Volume VI, 596-598쪽. (이하 FRUS로 약칭).

14 FRUS, 1947, Vol. 7, 601쪽.

15 FRUS, 1947. Vol. 7. 604-605쪽.

16 FRUS, 1947. Vol. 7. 610-618쪽.

17 FRUS, 1947, Vol. 7, 620쪽.

18 FRUS, 1947, Vol. 7, 620쪽.

19 FRUS, 1947, Vol. 7, 641-642쪽.

20 FRUS, 1947, Vol. 7, 647쪽.

21 FRUS, 1947, Vol. 7, 868-870쪽. 그리고 FRUS, 1947, Vol. 6, 1192-1193쪽.

22 FRUS, 1947, Vol. 7, 704-706쪽.

23 FRUS, 1947, Vol. 7, 739쪽

24 FRUS, 1947, Vol. 7, 740-741쪽.

25 Chae Jin Lee & Hideo Sato, *U.S. Policy toward Japan and Korea* (Praeger, 1982), 8쪽. 그리고 Donald S. McDonald, 앞의 책, 4-5쪽.

26 FRUS, 1947, Vol. 7, 748-749쪽.

27 FRUS, 1947, Vol. 7, 750쪽.

28 FRUS, 1947, Vol. 7, 746쪽.

29 FRUS, 1947, Vol. 7, 773-774쪽.

30 FRUS, 1947, Vol. 7, 781쪽

31 FRUS, 1947, Vol. 7, 783쪽

32 FRUS, 1947, Vol. 7, 784쪽.

33 FRUS, 1947, Vol. 7, 785쪽

34 FRUS, 1947, Vol. 7, 796-797쪽.

35 FRUS, 1947, Vol. 7, 817-818쪽.

36 FRUS, 1947, Vol. 7, 827-828 쪽.

37 FRUS, 1947, Vol. 7, 857-858쪽.

38 FRUS, 1947, Vol. 7, 860쪽.

39 FRUS, 1947, Vol. 7, 866-867쪽.

40 FRUS, 1947, Vol. 7, 869-870쪽.

41 FRUS, 1948, 1083쪽.

42 FRUS, 1948, 1095-1096쪽.

43 FRUS, 1948, 1096쪽.

44 FRUS, 1948, 1117쪽.

45 FRUS, 1948, 1120쪽.

46 FRUS, 1948, 1122쪽.

47 FRUS, 1948, 1139쪽.

48 FRUS, 1948, 1164-1166쪽.

49 양호민 외, 앞의 책, 190쪽.

50 양호민 외, 앞의 책, 199-200쪽.

51 제헌국회는 헌법을 제정하는 것으로 사명을 다하고 1950년 5월 30일, 제2대 국회의원 선거를 시행했다. 그리고 한 달 후 한국전쟁이 발발했으며 다수의 국회의원이 북으로 납치되었다.

제4장 민족의 비극 한국전쟁은 왜 일어났나

1948년 한반도에 두 개의 정부가 수립되었을 때, 한반도의 앞날은 밝지 못했다. 당시의 외교 관계 전문가라면 남한에 단독정부가 수립된 지 2년 후인 1950년 여름 한국전쟁이 발발했을 때 그다지 놀라지 않았을 것이다. 오히려 올 것이 왔다고 생각했을지도 모른다.

한때 한국전쟁을 누가 시작했느냐는 질문을 놓고 많은 논란이 있었다. 그러나 그동안 가려져 있었던 사실들이 속속 드러나면서 결론이 난 논란이 되어버렸다. 냉전체제가 무너지고 구소련과 중국의 공식 또는 비공식 자료들이 공개되면서 북한이 남한을 침략했다는 '남침설'은 이제 하나의 확고한 정설로 자리 잡게 되었다.[1]

누가 전쟁을 일으켰느냐는 질문에 대한 사실 관계가 밝혀진 것이다. 명백하게 북한의 김일성이 한반도에 공산주의 통일국가를 수립하고자 스탈린과 마오쩌둥의 지원을 받아 전쟁을 일으킨 것이다.

그런 의미에서 설사 한국전쟁을 '통일 전쟁'이라고 부르는 일부 좌경 학자들의 주장을 받아들인다 해도 북한이 남한을 무력으로 침략해 적화통일을 이루려 했다는 사실은 부인할 수 없다. 그리고 한국전쟁이 무력에 의한 '침략 전쟁'이었다는 것도 부인할 수 없는 명백한 사실이다. '통일 전쟁'이라는 용어를 쓴다 해서 그 전쟁이 '침략 전쟁'이었다는 사실은 바뀌지 않는다. 그리고 민족을 해방하고자 한 침략 전쟁이었다고 해도 목적을 위해 수백만의 목숨을 앗아 간 전쟁이라는 수단을 쓴 것을 '혁명'으로 정당화할 수는 없다.

누가 한국전쟁을 시작했는가? 이것은 마치 집의 소유권 문제를 놓고 서로 갈등을 겪는 형제가 대립 끝에 그 집에 불을 지르고 만 것과 같다. 형제끼리 누가 집을 차지할 것이냐를 놓고 죽기 살기의 갈등을 겪으며 서로 비방하고 서로 죽이겠다고 증오심을 품다가 그중 한 사람이 집의 문을 닫아걸고 상대방을 죽이려고 집에 불을 냈다고 하자. 그렇다면 누가 그 집을 불태웠고 살인행위를 했다고 할 것인가? 자기와 적대적인 관계에 있던 사람을 죽이고자 집에 불을 놓은 사람은 살인죄를 저지른 책임을 면할 수 없을 것이다. 한반도라는 집을 독차지하려다 뜻대로 안 된다고 집에 불을 놓고 그 안에서 평화스럽게 살던 선량한 주민들을 불태워 죽인 자는 살인범으로 규탄받아야 한다. 그렇기에 김일성이 그런 규탄의 대상이 된다는 사실은 엄연히 역사에 기록되어야 한다.

그런 점에서 누가 전쟁을 시작했느냐는 질문에 대한 해답은 명확하다. 북한의 김일성이 시작한 것이다. 전쟁을 일으킨 동기도 명확하다. 얼마 전에 출판된 한 책은 이에 대해 선명하고 설득력 있는 해답을 내놓았다.[2]

이 책에 따르면 한국전쟁은 김일성이 무력으로 한반도를 통일하겠다는 의도로 스탈린과 마오쩌둥을 설득해, 전쟁 지원을 약속 받고 시작한 전쟁이다. 스탈린과 마오쩌둥은 한반도에 미국의 군대를 고착시켜 미국의 군사력을 크게 약화시키겠다는 공통의 목적을 위해 김일성의 청을 들어주었다. 특히 마오쩌둥은 한국전쟁을 구실로 소련으로부터 대량의 무기와 군수산업 기술을 지원받아 명실 공히 아시아의 최대 강국이 되고자 했다.[3]

냉전이 끝나기 전까지만 해도 세계의 학계에서는 한국전쟁의 기원을 논할 때 대체로 세 개의 주장이 주류를 이루었다. 첫째, 이제는 하나의 정설이 되었지만, 소련의 스탈린이 미국의 대소 정책인 봉쇄 정책을 정면으로 돌파하고자 북한의 김일성을 시켜 남한을 침략했다는 '남침설'이 있었다. 물론 구소련과 중국 그리고 북한은 공식적으로 그것을 극구 부인해왔다.

둘째, '북침설'이다. 북한이 주장했고 남한의 한국군이 먼저 해주를 점령했다는 주장이 북침론의 근거로 사용되었다. 그러나 만일 남한이 북침했다면 왜 해주만 공격했느냐 하는 의문이 제기될 수 있다. 다른 지역도 공격을 가해야 했을 것이다. 그러나 전쟁 초부터 파죽지세로 밀고 내려온 인민군의 대대적인 공세로 미뤄볼 때 그 공세가 미리 짜인 치밀한 계획에 의한 것이었음을 스스로 증명했다고 할 수 있다.[4]

셋째, 미국의 '함정설'이다. 미국이 전쟁을 일으켰다는 가정을 가지고, 미국이(특히 이승만과 맥아더가 모의했다는 가정에서) 남한을 포기한 것처럼 위장하고 국군의 중무장을 의도적으로 지연하면서 북한을 전쟁으로 유인했다는 '함정설'이다. 미국의 좌경 학자인 이시도어 스톤Isidore Stone, 콜코 부부Joyce & Gabriel Kolko 같은 사람들이 내세우는 함정설이나 음모설이다.[5]

특히 신문기자인 스톤은 『한국전쟁 비사Hidden History of the Korean War』에서 이승만과 맥아더가 한국군을 시켜 도발적인 전쟁을 시작했다고 주장했으며, 콜코 부부도 이와 유사하게 한국군이 서울을 쉽게 인민군에게 내주고 질서정연하게 후퇴한 것을 보면 모든 것이 미국의 '각본에 의한 후퇴contrived retreat'라는 주장을 한 바 있다. 그러나 이들은 자신들의 주장을 뒷받침할 근거 있는 자료를 제시하진 못했다. 함정설 같은 음모이론conspiracy theory은 부정하기도 어렵지만 증명하기도 어렵기에 믿을 만한 자료가 없다면 오직 정황circumstantial 자료만 가지고 논할 수밖에 없는 근본적인 한계가 있다.

1950년, 전쟁이 발발해 3년여의 전란을 거쳐 휴전된 후, 남한은 남침설을, 북한은 북침설을 공식적인 전쟁 발발 원인으로 주장해왔다. 그러나 전쟁 발발 후 50년이 넘은 오늘, 이제는 누가 한국전쟁을 시작했느냐는 질문 자체가 쑥스러워졌다. 북한이 남한을 침략했다는 사실이 너무나 명백하게 드러났기 때문이다. 이제 남은 것은 왜 1950년 여름에 북한의 김일성이 남한을 침략하기로 했으며 스탈린과 마오쩌둥이 왜 동조했느냐 하는 의문을 푸는 것뿐이다. 즉 한국전쟁 발발 원인의 초점을 김일성의 남침 동기에 맞추는 것이다. 그리고 한국전쟁이 발발하던 당시 남한의 정치적 상황은 어떠했으며 그 당시 남한에 대한 미국의 정책이 무엇이었는지를 규명하는 일도 김일성의 남침 동기를 설명하는 데 매우 중요하다. 그것은 간접적으로 소위 미국의 '함정설'의 근거를 검토하는 데도 필요한 일이다. 한국전쟁의 기원을 논하는 북침설, 남침설, 함정설 가운데 먼저 북한이 주장해온 소위 '북침설'을 살펴보자.

누가 북침설을 주장하는가

한국전쟁은 남한에 단독정부가 수립된 지 1년 10개월 만에 발발했다. 단독정부가 수립된 후 2개월 후인 1948년 10월, 여순반란사건이 일어났다. 여수에 주둔하던 국군 제14연대 소속의 일부 좌익 군인들이 반란을 일으켜 여수와 순천의 우익 인사들과 수많은 양민을 학살했다. 진압군이 투입되자 반란군 일부는 지리산으로 들어가 빨치산 부대와 합류했고 일부는 제주도로 가 역시 한라산의 빨치산 부대와 합류해 저항을 계속했다.

여순반란사건은 그 당시 남한의 국가 안보가 얼마나 취약하고 허술했느냐를 드러낸 사건이었으며, 정부 수립 후에도 남한 내에 공산주의자들의 조직이 뿌리 깊게 남아 있음을 보여준 사례였다. 치안 상태가 불안해질수록 일제 강점기부터 독립운동가나 공산주의자를 색출해 검거하는 데 풍부한 경험을 가졌던 일본 경찰 출신의 경찰관이 중용重用되는 사태가 벌어졌다. 일경 출신의 경찰관들은 해방정국에서 좌익 세력을 분쇄하는 등 이승만을 중심으로 한 보수 세력을 지원하는 데 크게 일조했으며 그 공적 때문에 단독정부 수립 후 이승만은 그들 중 상당수를 경찰을 포함한 정부 요직에 기용하기도 했다.

그 당시의 이승만은 공산주의자의 도전으로부터 허약하고 부실한 남한정부를 지킬 것인가, 친일 분자를 처벌하고 정계와 관계에서 몰아내 민족정기를 세울 것인가 하는 어려운 갈림길에 서 있었다고 할 수 있다. 누구보다 강한 반일 감정을 가졌던 이승만이었지만 철저한 현실주의 정치가였던 이승만은 공산주의자를 제거하고 반공 투쟁을 승리로 이끌고자 친일 분자와 손잡는 쪽을 선택했다. 이승만은 대통령이 된 후 일본 고등계 경찰 출신을 중용해 대공 수사 활동을 이끌게 했다. 그리하여 이들은 신생 정부 기구의 요직에 포진해 서로 보호해주면서 막강한 세력을 확장해갔다.

한편, 야당 개혁 세력이라 할 수 있었던 독립운동가 출신의 국회의원들과 패기 넘친 일부 소장 국회의원들은 과거 일경 출신의 경찰 간부들을 공직에서 추출하려는 움직임을 보이기 시작했다. 일제강점기에 친일과 반민족적 행위를 한 세력을 숙청하려는 의도에서 1948년 9월 '반민족행위처벌법'을 통과시켜 친일 세력을 관계와 정계에서 추출하려 했다. 이는 국회 개원 초부터 이승만과 그의 반대 세력 사이의 쉴 새 없는 정치적 대립과 분쟁을 몰고 온 쟁점 중의 하나였다. 그 싸움에서 신진 개혁 세력은 완강한 이승만의 고집을 꺾을 수 없었다. '반민족행위특별조사위원회(반민특위)'는 유명무실하게 되었고, 오히려 반민특위를 구성해 친일 세력 숙청을 추진하려던 국회의원 일부가 용공으로 몰리거나 간첩 사건에 연루되는 사태가 벌어졌다.

정부 수립 전인 1948년 봄, 미국의 웨드마이어 육군 장군이 트루먼 대통령의 특사로 한국을 방문한 후 제출한 귀국 보고서 내용 가운데 "일경 출신 인사들이 미 군정의 정책 수행을 방해하고 있다"고 지적한 바 있었는데, 건국 후 이승만 정부하에서도 그 세력은 여전히 살아남아 이승만의 1인 지배와 권위주의 체제를 지탱하고 옹호하는 정치 세력으로 성장하게 되었다.

신생 한국에서 민족정기를 세우려는 세력과 친일 세력 등 반민족적 세력을 옹호하려는 이승만 사이의 일종의 이념적·도덕적 갈등도 심각했지만, 그것 외에 정치 세력 간의 권력 투쟁 때문에 생긴 갈등도 매우 심각했다. 잘 알려진 사실이지만, 1948년 제헌국회가 열린 후 상당수의 의석을 차지했던 한국민주당(한민당) 소속 의원들은 내각책임제를 선호했으나 이승만은 대통령중심제 정부를 원했다. 헌법 초안을 만들 때 내각책임제를 기초로 헌법을 초안했던 헌법학자 유진오에게 이승만은 하룻밤 사이에 헌법 초안을 내각책임제에서 대통령중심제로 바꾸도록 지시했다.

하루아침에 내각책임제 중심의 헌법 초안이 대통령중심제로 둔갑한 것이다. 한민당의 구상이 무산되면서 한민당과 이승만의 관계도 악화일로에 들어서게 되었다. 또 초대 국무총리와 각료를 임명하는 과정에서 이승만은 한민당을 위협적인 세력으로 보고 의도적으로 배제하려는 움직임을 보였고 그것이 한민당과의 관계를 더 나쁘게 만들었다.

이러한 정치적 대립으로 건국 초기부터 법안 처리나 정책 입안 과정에서 행정부와 입법부 사이에 알력과 갈등이 계속되었다. 설상가상으로 날로 심각해지는 경제 사정으로 남한의 정치 불안은 더욱 심각한 상태에 놓이게 되었다. 북한이 그동안 남한에 송전하던 전기를 단전한 후로 그나마 취약했던 남한 내의 공업 시설은 사실상 완전 마비 상태에 빠지고 말았다.

민생고는 날로 심해졌고 미국의 구호물자나 경제원조도 제때에 한국에 도착해 배급되지 못했다. 학원가에서는 좌익 학생들이 주동이 된 스트라이크나 수업 거부 운동이 빈번하게 일어났으며, 한국의 정세는 매우 어수선한 상황이었다. 한마디로 남한에 단독정부가 수립된 후 1년 동안의 남한 사회란 말 그대로 카오스와 빈곤이 지배하는 사회였다. 시중엔 갖가지 위기설이 떠돌고 있었다.

그런데도 이승만은 공식석상에서 서슴없이 북진 통일을 외쳤다. 항간에는 "전쟁이 나면 서울에서 아침을 먹고 개성에서 점심을 먹으며 평양에서 저녁을 먹는다"는 말이 나돌기도 했다. 국군이 막강한 힘을 지니고 있어서 전쟁만 나면 단숨에 북한을 제압하고 통일을 이룬다는 얘기였다.

한국전쟁이 일어나기 5개월 전인 1950년 1월, 이승만 대통령은 경무대에서 미국 애치슨 국무장관의 특사로 한국을 방문한 국제법 학자인 필립 제섭phillip Jessup 박사를 접견했다. 이승만은 제섭을 만나자마자 공산주의의 위협에 대해 말하기 시작했다. 한국이 남한 내 공산 게릴라의 위협과 38선에서의 북한군의 위협에 시달리고 있다고 말했다.

제섭은 방한 중 이승만을 여러 차례 예방했는데 그 첫 예방에서 이승만은 "한국군이 북한으로 올라간다면 훨씬 유리한 전략적 방어선을 가질 수 있다They would have a much better strategic defense line if their forces moved into North Korea"고 말했고 "한국군이 적을 이길 수 있다"는 자신감을 표명했다고 보고서에 썼다. 그러나 곧 이승만은 "우리가 북한의 정복을 시도하기 위한 어떤 계획을 하고 있다는 것은 아니다We are not planning to embark on any conquest"라며 조심스러움을 보였다고 제섭은 보고한 바 있다.[6]

제섭은 같은 보고서에서 자기가 이승만과의 대화에서 느낀 것은 '이승만이 38선 부근 지역에서 남한군이 주도권을 장악하는 일에 대해 반대하지 않고 있다는 것'이었다고 했다. 그리고 미국의 한국 군사원조 문제로 화제를 옮기자, 이승만은 한국군이 탱크와 전투기 그리고 군함을 갖도록 해달라고 강력하게 요청했다고 한다. 그 자리에 배석했던 로버츠 군사고문단장도 한국군을 위한 전투기나 대공포의 지원을 찬성했으며, 한국군이 경전차를 가졌으면 하지만 그것이 우선순위는 아니라는 말을 했다는 것이다.[7]

이러한 자료를 볼 때 이승만이 주장한 '북진 통일'은 어떤 구체적인 목표라기보다 하나의 구호에 불과했다고 봐야 한다. 제섭 특사에게도 전쟁을 시작하려는 것으로 오해를 살까 조심스러워 하면서 전쟁을 도발할 의사가 없음을 강조하고 있다. 또한 38선 위쪽으로 한국군을 북진시키는 것이 유리할 것이라는 말은 북한 전역을 말하기보다 옹진을 포함한 서부 전선 일부 지역을 염두에 두고 말했을 가능성이 있다. 38선이 확정되었을 때 지형적으로 서부 전선이 북한에 유리하게 그어졌다고 본 것이다. 그것을 두고 이승만은 만약 조금만 더 올라간다면 "훨씬 유리한 전략적 방어선" 을 가질 수 있다고 표현한 것이다.

단독정부 수립 과정을 다룬 앞 장에서 이미 언급했지만, 1948년 미국과 유엔의 승인을 받아 창설한 대한민국 군대의 병력은 5만7천 명에 불과했다. 장비도 매우 허술하고 빈약했다. 그것도 남한에서 철수한 미군에게 물려받은 것이었다. 미국 국무부가 미 육군 관리들에게 1949년 여름까지 한국에서 미군을 철수시키려면 조속히 한국군을 훈련하고 장비를 갖추게 하라고 특별히 요청할 정도였다. 그런 한국군의 병력으로 북진 통일을 하고자 했다면 그것은 아무리 보아도 이해가 가지 않는 일이다. 1948년 4월 2일의 미국정부의 국가안전보장회의(NSC)가 준비한 NSC 8호 보고서에 제시된 남북한 병력 비교에 따르면, 당시 남한의 병력은 5만7천 명, 북한 인민군은 12만5천 명 수준이었다. 이미 그 당시 북한의 병력은 거의 남한의 세 배에 달했다. 더구나 한국전쟁이 시작되기 얼마 전 마오쩌둥의 지시로 중국에서 북한으로 이동한 중국 공산당 팔로군八路軍 출신의 조선인 부대 3개 사단을 합친다면, 한국전쟁 직전의 북한군 병력은 20만 명을 넘어 30만 명에 가까웠을 것으로 추측할 수 있다.[8]

아무리 북진 통일에 의욕을 보인 남한정부였다 해도 1949년 여름, 남한에서 철수하는 미군에게 물려받은 경장비로 무장한 한국군을 가지고 북진 계획을 세운다는 것은 불가능한 일이었다. 미국의 NSC 8호가 1948년 봄에 나왔으니 한국정부에서 그 내용을 몰랐을 리 없을 것이며, 이미 1948년 당시의 북한 병력에 대한 상당한 정보가 수집되어 있었을 것으로 추측할 수 있다.

그렇다면 남한이 북진했다는 주장은 그다지 신빙성이 없다. 남한정부의 일부 고위층이 북한을 점령해서라도 통일을 하고 싶어했을지는 모르나 의도와 능력은 별개의 것이다. 그 당시 한국군은 북침이라는 군사 행동을 취할 수 있을 정도의 능력을 보유하지 못했다고 보는 것이 적절하다. 자살 행위를 한다면 몰라도 이성이 있다면—경우에 따라 어느 정도 자신의 군사력은 과대평가할 수는 있지만—적어도 상대방의 군사력을 정확하게 판단하고 전쟁을 일으키는 것이 일반적이다. 그렇다면 그 당시 남한과 북한의 군사력 차이를 남한 지도층이 몰랐다고는 보기 어렵다.

이미 앞 장에서도 다뤘지만 1948년 북한에 인민군이 창설되었을 때 남한의 중도파 정치 지도자의 한 사람인 김규식은 북한의 남침을 심각하게 우려해 미군이 남한에 계속 주둔해달라고 요구한 적이 있다. 당시 하지 장군의 정치고문이었던 제이콥스의 보고에 의하면 김규식은 "북한군이 남한을 위협하면 그리스의 공산당 게릴라 진압을 위해 보낸 미국의 항공모함과 지상군 규모의 병력을 미국정부가 남한에 파병해준다는 보장을 해줄 것" 을 요구했다.[9]

김규식은 미국정부가 경제원조를 하고 군대를 창설해 남한정부를 진정으로 지원할 생각이 있다면 자기도 아무 주저 없이 단독정부라도 그 정부를 지원하겠다고 말했다는 것이다. 김규식은 미국의 한반도 정책에 대해 매우 회의적이었던 것으로 보인다. 묘한 논리로 들릴지 모르지만, 김규식은 미국정부의 의도가 모호하다면 자신은 남한 단독정부 안에 찬성할 수 없다는 것이었다. 즉 단독정부가 수립되고 주한미군이 철수하면 북한이 남침할 가능성이 크다고 본 것이다.

학자 출신의 독립운동가였던 김규식은 1948년 당시 미국정부의 동향이나 의도를 꿰뚫어볼 수 있는 지적 능력을 갖춘 사람이었다. 그는 당시 미국의 지원에 대해 의구심을 가졌기 때문에 북한과 직접적인 대화와 협상을 하기 원했고 그런 방법을 써서라도 전쟁을 피해야 한다고 생각했다. 김규식이 북한의 위협에 대해 우려했다면 그 외 우파 지도자나 군부 내에서도 북한의 군사력에 대한 정보를 입수하고 남침 가능성을 걱정한 사람이 많았을 것이다.

북한의 군사적 우월성을 아는 남한의 지도층이라면 선불리 북한을 침공하겠다는 무모한 생각을 할 수는 없었을 것이다. 그리고 1948년 이후 1950년까지의 2년 동안 한국군의 장비 수준은 크게 개선되지 않았고 1949년에 미국 의회를 통과한 대한對韓 경제 및 군사원조안이 실제 시행되기 시작한 것은 한국전쟁이 터지기 바로 얼마 전이었다.[10] 만일 미국이나 한국이 북침 계획을 세웠더라면 그런 식으로 군사원조가 이뤄졌을까?

점차 전쟁 위협의 심각성을 감지한 한국정부는 미국의 원조를 기다릴 수 없어 독자적으로 1949년 3월부터 1950년 6월 사이에 국군 병력을 9만8천 명으로 증원했고 경찰력도 강화해 한국전쟁이 발발한 1950년 6월 당시엔 한국의 군경을 합친 전체 병력은 15만 명이었다. 그래도 12만 명의 정규군을 가지고 있던 인민군에 비해 남한의 국군은 약세에 놓여 있었다. 그런데도 당시 주한 미 군사고문단(KMAG)의 단장이었던 로버츠 준장은 "한국 육군의 군사력과 북한의 그것은 맞먹는 것" 이라고 말했다.[11]

로버츠 단장은 "만일 북한이 침공해온다면 한국군은 그것을 충분히 물리칠 능력을 갖추고 있다" 고 호언장담했다. 로버츠 단장은 한국의 지형으로 보아 탱크가 쓸모없다는 주장을 해서 한국군의 탱크 도입 요구를 거부했던 인물이다.[12] 그러나 1950년 1월 11일부터 14일까지 애치슨 미 국무장관의 특사로 한국을 방문했던 제섭 박사의 보고서에 따르면 "로버츠 고문단장이나 신성모 국방장관 그리고 한국군 장교들은 적어도 전투기와 대공포만이라도 지원해줄 것" 을 원하고 있다고 했다.[13]

북한 병력과 남한 병력을 동등하다고 본 로버츠 군사고문단장의 낙관적인 견해를 군사고문단의 다른 장교들이나 특히 미 대사관 직원들도 같이 공유했던 것은 아니었다. 한국전쟁 당시 주한 미국대사였던 존 무초John Muccio는 6월 9일 미국 의회에 제출한 보고서에서 로버츠 준장과는 정반대로 "북한군의 부정할 수 없는 물리적 우월성에 비춰 전쟁이 일어나면 북한이 승리할 확률이 높다" 고 보고한 바 있다.[14]

무초 대사는 소련이 제공한 탱크, 대포 등으로 중무장한 북한군의 전력이 남한보다 단연 우세할 뿐 아니라, 1949년 마오쩌둥이 중국을 공산화하고 지배하게 됨에 따라 북한에도 매우 유리하게 작용할 것이라고 보고했다. 그런 무초 대사의 견해를 당시의 한국정부 인사들이 모를 리 없었을 것이며, 이승만 대통령 역시 무초 대사와 빈번한 접촉을 통해 북한의 군사적 동향에 대해 알고 있었을 것으로 추측할 수 있다.[15]

사실 1950년 봄부터 서울에서는 한국정부와 미국대사관 사이에 한국군의 방위 능력과 장비의 불충분 문제를 놓고 많은 대화가 오고 갔다. 특히 북한의 남침 가능성과 그것이 얼마나 임박한 것인가를 놓고 많은 논란이 있었다. 이승만 대통령은 1950년 5월 5일, 기자회견을 열어 "5월과 6월이 우리나라에 있어서 가장 중대한 시기가 될 것 같다. 우리는 방위력을 갖추지 못하고 있다"고 했으며, 1950년 5월 10일 신성모 국방장관도 "지난 5월 7일 국군 장병에게 남침경계령南侵警戒令을 내렸다"는 담화를 발표하게 이르렀다.[16]

무엇보다 가장 중요한 것은 만일 남한이 북한을 공격하기 위한 북침 계획을 세웠을지라도 남한 단독으로는 염두도 내지 못했을 것이라는 점이다. 남한정부가 미국의 병력 지원은 바랄 수 없다고 해도 적어도 군수물자의 충분한 지원을 약속받지 않고 북침이라는 엄청난 전쟁 계획을 세우고 집행하려 했을까? 전쟁을 시작하면 미국이 도울 것이라는 가정을 두고 시작한다 해도 그런 가정이 그대로 실현된다는 보장이 없는 상황에서 북침은 어려웠을 것이다. 그리고 북한의 배후에 강력한 소련이 있고 마오쩌둥의 중공군이 북한 뒤에서 버티는 상황에서, 이승만과 그의 각료들이 단독으로 통일을 위한 북침을 감행하려 했다면 어떤 형태든 미국의 약속과 원조를 전제로 전쟁을 구상했을 것이다.

그런데 미국 측의 그런 자료는 공개된 바 없다.[17] 현재 미국정부는 카터 행정부 때 통과시킨 정보자유화법Information Freedom Act에 따라 어떤 기밀문서라도 공개를 요구받으면 일반에 공개할 의무를 갖고 있다. 만일 미국정부가 한국전쟁을 위한 계획을 세운 바 있었다면 그런 문서는 벌써 공개되었을 것이다. 그렇다면, 남한이 먼저 북한을 침공했다는 북한 측의 '북침설'은 실증 자료도 부족하거니와 심지어 당시의 정황만 보더라도 사실로 인정하기 어렵다.

'북침설' 은 북한이 자신의 남침을 호도하고자 조작해낸 선전에 지나지 않는다. 북한이 제시한 '실증적인 증거' 라는 것은 서울 점령 후 인민군이 경무대에서 찾아낸 이승만의 이름이 적힌 서류 몇 가지였다. 그것을 이승만이 전쟁 준비를 재가한 것처럼 날조해 북침설을 뒷받침하는 자료로 전 세계 언론 배포한 적이 있으나 그 자료 또한 북한에 의해 날조되었을 가능성이 크다.

함정인가 오판인가

다음으로 우리의 흥미를 끄는 주장은 미국의 함정설이다. 일종의 거대한 음모설이기도 하다. 즉 미국이 한국전쟁을 시작하려고 한국과 대만을 포기한다는 내용이 담긴 애치슨의 '돌출지역 방어선defense perimeter' 을 발표해 일종의 '함정' 을 만들었으며, 그것에 스탈린과 마오쩌둥 그리고 김일성이 속아 한국전쟁을 일으켰다는 음모설이다.

그 연속선상에 있는 주장이 되겠지만, 미국은 북한군이 중장비로 무장하고 소련제 탱크를 보유하고 있으며 전투기까지 가지고 있다는 것을 잘 알고 있으면서도 의도적으로 로버츠 미국 군사고문단장으로 하여금 "산이 많은 한국의 지형으로 보아 탱크는 무용지물" 이라는 주장을 하게 했고 한국군이 탱크로 무장하는 것을 막았으며 한국군에게 전투기도 공급해주지 않았다는 것이다.

한마디로 미국이 한반도에서 전쟁을 일으키고자 거대한 음모를 꾸며 북한과 소련이 빠질 함정을 마련했다는 것인데, 이 음모론 속에는 첫째, 한국에서 미군을 철수시키고 한국군의 병력이나 장비를 강화하는 것을 막아 북한보다 열세의 군사력을 유지토록 한 것과 둘째, 남한 지역을 포기한다는 함축적 의미가 담긴 공개적인 성명(돌출지역 방어선)을 공표함으로써 소련과 중국이 안심하고 김일성의 침략을 도울 수 있게 한 점을 포함하고 있다. 그러데 이 음모설이 입증되려면 확실한 증거가 있어야 한다. 과연 미국이 전쟁도발을 하고자 한국군을 의도적으로 약세에 놓이게 했으며 한국을 포기한다는 방위선을 공표했을까?

한국전쟁이 일어나기 전, 한때 '우군'이라 부르기도 했던 미국과 소련의 긴장 관계는 점점 악화하고 있었다. 소련이 동유럽에서 무력으로 공산 정권을 세워 소련의 세력권을 확장하려 하자, 미국은 이를 막고자 북대서양조약기구(NATO)를 결성해 소련의 위협에 대항하고 있었다. 특히 전쟁으로 폐허가 된 서유럽을 경제적으로 부흥시켜 공산주의 혁명의 발생 소지를 없앤다는 대외 원조 정책(마셜플랜, Marshall Plan)을 적극적으로 추진하고 있었다. 미국의 관심은 주로 대서양 쪽에 있었다.[18]

따라서 미국의 대아시아 정책은 대유럽 정책처럼 확고한 것은 아니었다. 그러나 소련은 자신의 이익을 위해 아시아를 긴요한 지역으로 간주하고 있었다. 특히 한반도에 소련의 위성 국가가 세워진다면 아시아 지역에서의 정치 군사적 판도가 절대적으로 유리해질 수 있었다. 스탈린이 북한의 김일성 정권을 지원한 것도 그런 국가 이익과 맞기 때문이었다.[19]

스탈린은 제2차 세계대전 종료 직후 장제스 정부와 교섭해 만주 일대와 중국의 신장웨이우얼 자치구에 대한 조차권을 확보하려 한 바 있었다. 그러나 1949년 10월, 마오쩌둥이 국공내전國共內戰[20]에서 승리해 중화인민공화국을 수립하게 되었고, 스탈린은 마오쩌둥에게 재차 국경 확장(만주와 신장웨이우얼)을 제의했으나 마오쩌둥이 이를 거절했다. 전후 아시아에 새로운 거점을 마련하려던 소련은 정치적으로나 군사 전략적인 면에서 큰 타격을 입은 것이다. 더구나 전후 일본 본토의 처리 문제에서도 영향력을 발휘하려다가 미국의 단호한 거부로 또 한번 타격을 입게 되었다. 소련은 대일전쟁에 참전했다는 구실로 일본 점령에 가담하기를 원했으나 미국은 소련을 완전히 배제했고, 이미 1949년 단독으로 대일 강화조약을 맺어 미군의 독자적인 일본 주둔을 밀고 나갔다. 소련은 아시아에서 가장 중요한 두 개의 세력 중심인 중국과 일본에서 영향력을 상실하게 된 것이다.

사정이 이렇게 되자 한반도는 소련의 대아시아 정책에서 전략적으로 가장 중요한 지역으로 떠올랐다. 만일 한반도를 통일시켜 소련의 영향권에 둔다면 공산화된 한반도는 일본에 중대한 위협이 될 수 있었다. 그뿐만 아니라 한반도를 이용해 중국을 견제할 수도 있었다. 한반도에 통일된 공산 정권을 세워 소련의 영향 아래 둘 수 있다면 중국과 일본에서 입은 소련의 손실을 충분히 만회하고도 남았기 때문이었다.

이처럼 한반도가 소련의 아시아 전략에 중요한 위치를 차지했던 데 비해 미국은 달랐다. 한국에 대한 미국 행정부나 의회의 입장을 보면 그것이 분명해진다. 앞장에서 이미 이승만이 주도한 남한 단독정부의 수립 배경을 논했지만, 1948년 8월 15일을 기해 수립된 대한민국정부와 제헌국회는 건국 초부터 여러 가지 쟁점을 놓고 서로 갈등 관계에 있었다. 당시 남한의 경제 사정은 매우 어려웠다. 원래 일제의 착취 대상이었던 식민지 조선이었기에 해방 후 남한의 경제는 최저 생활을 유지하기조차 어려운 실정이었다.

더구나 중일전쟁부터 태평양전쟁에 이르기까지 10여 년에 걸친 일본의 전쟁 수행 기간에 조선의 산업은 군수물자 생산에 동원되었을 뿐 민수民需물자의 공급은 크게 제한되어 있었다. 일본이 조선에서 물러난 후 일본인이 남한에 남겨놓은 경공업 시설도 북한으로부터 전력 공급이 끊기자 가동할 수도 없는 무용지물이 되어 있었다. 그리하여 1945년부터 1948년까지의 3년간의 미 군정 기간에, 남한 경제는 미국의 원조와 구호물자에 전적으로 의존하다시피 했다.

이러한 남한의 절박한 경제 사정을 우려한 미국 행정부는 한국특별위원회를 만들었고 이 위원회는 1947년 2월 25일, '한국에 앞으로 3년간 6억 달러의 지원을 해야 하며 이에 따른 예산안 인준을 서둘러야 한다'는 내용의 보고서를 의회에 제출했다. 그러나 미국 의회는 그 건의를 받아들이지 않았다.

당시의 미국정부의 한반도 정책의 불확실성을 보여주는 한 예로 버터워스 국무부 차관보 앞으로 보낸 국무부 극동국의 보고서를 들 수 있다. 그 보고서는 두 개의 대안을 제시했다. 하나는 무기한으로 남한에 미군이 점령군으로 존속하는 것이었다(당시의 군정청 정치고문 제이콥스는 적어도 앞으로 5년간 더 점령할 것을 고려했다고 한다). 또 하나의 대안은 되도록 빨리 그리고 점잖고 우아하게 한국에서 철수하는 일이었다.[21]

한국에서의 미군 철수를 주장한 국무부 정책기획실장 케넌의 견해는 마셜 국무장관 앞으로 보낸 1948년 3월 14일자 보고서에 명확히 나타나 있다. 아시아를 순방하던 중 마닐라에서 마셜 국무장관 앞으로 보낸 보고서에서 케넌은 서태평양 지역에서 미국의 가장 중요한 문제는 '전략strategy'이라고 하면서, 그가 만난 미국 외교관과 이 지역 주둔 미군 장성들의 의견을 종합한다는 전제 아래, 그런 전략적 개념 속에는 아시아 본토의 어느 지역도 우리에게 핵심적인 가치가 없는 것으로 봐야 하며 한국에서 미군을 조속한 시일 내에 철수시켜야 한다고 쓰고 있다. 그러면서 케넌은 맥아더 장군도 자기와 같은 생각을 하고 있다고 쓰고 있다.[22]

1948년 4월 2일자 NSC 8호 보고서는 남한에 북한이나 다른 세력에 의한 명백한 침략 가능성은 매우 희박한 것으로 평가하고 있다. 또 미군을 1948년 12월 말까지 철수시킨 후 남한의 경제적 붕괴를 우려한 조치로 1950년까지 대규모의 군사원조와 경제원조를 건의하기도 했다.[23] 그러나 NSC 8호 보고서가 건의한 원조물자 일부가 한국에 도착하기 시작한 것은 한국전쟁 발발 직전과 직후였다. 미국의 의회와 행정부는 그 보고서가 나온 지 2년 후에 한국전쟁이 일어나자 비로소 본격적인 원조를 시작한 것이다.

NSC 8호 보고서가 나온 지 4개월 후인 1948년 8월에 독립을 선포한 대한민국정부로서는 만일 NSC 8호 보고서 내용을 알고 있었다면 그 내용에 불만이 많았을 것이다. 그 내용을 알았는지는 알 수 없으나 여하튼 한국정부는 공식적으로 미군이 당분간 계속 한국에 주둔하기를 요청했다. 또한, 미국의 군사·경제원조가 조속히 해결될 것을 기대했다. 그러나 원조에 따른 예산 인준권을 가진 미국 의회의 입장은 달랐다. 미국 의회는 한국의 경제나 군사력 강화를 위한 대규모의 원조를 꺼렸던 것이다. 특히 종전 후의 미국 국민의 여론이 외국 주둔 미군의 조속한 철수를 요구했고, 그런 여론에 민감한 미국 의회는 주한 미군의 병사들이 빨리 귀국하기를 원하고 있었다.

한편, 미국정부는 의회에 미군이 남한에 보유하고 있던 6개월 분량의 보급물자와 군 장비를 새로 조직되는 국방경비대에 이관할 것을 건의하면서 남한에 미 군사고문단(KMAG)을 설치하는 일과 지속적인 '군사경제원조계획법'의 통과, 그리고 미국대사관과 미국의 경제원조 집행기관을 합친 단일 미국 사절단 설치 등을 건의하기로 했다. 그 결과 1948년에 태어난 것이 국방경비대(육군)와 4만5천 명의 경찰, 그리고 4천 명으로 구성된 해안경비대였다.[24]

미국 NSC는 주한 미군의 철수 시기를 1948년 12월경으로 잡았다가 유엔의 남한 단독정부 승인안 통과가 늦어지자 일단 1949년까지 철수를 연기했다. 그 후 NSC는 1949년 3월 22일자로 NSC 8-2호 보고서를 마련해 철군 시기를 1949년 6월로 잡았다. 이 보고서는 다음과 같이 한국에서의 미군 철수를 정당화하고 있다.

"여러 보완 조치를 한 후에도, 이 시점에서의 미군 철수 후에 소련이 지배하는 북한 정권이 직접 군사적 침략으로나 남한 내에서 반란으로 대한민국을 전복하려는 대대적인 공격을 감행해올 가능성이 있음을 인정하지만, 이 위험성은 가까운 장래에 언제나 있을 수 있다. 미군 당국의 지배적인 견해는, 잠정적으로 미군의 철수를 연기한다고 해서 대대적이고 적대적 공격으로 한국이 적에게 넘어가는 위험성을 감소시킬 수 없을 것으로 보고 있다. 미 극동사령관(맥아더)은 한국군의 창설 계획이 완료되었고 훈련과 전투 준비 상태도 미군의 철수를 정당화할 만큼 되었고, 미군 철수가 일본에 있는 미군의 안전에도 아무런 영향을 주지 않는다고 보고해왔다. 따라서 미군을 한국에서 1949년 6월 말까지 철수시킨다."[25]

이전의 NSC 8호 보고서는 북한의 남침 가능성이 희박한 것으로 전망했다. 그러나 그 후 1949년 3월 22일자로 나온 NSC 8-2호는 미군이 철수하고 나면 북한의 침략 가능성이 커질 것으로 보았다. 남한정부를 전복하고자 무력으로 침공해올 가능성이 있지만, 그 가능성은 언제나 있는 것인 만큼 그것 때문에 계획된 주한 미군의 철수를 연기할 필요는 없다는 것이다. 맥아더 극동사령관의 의견이라고 하면서 한국군이 잘 훈련되어 임전 태세를 갖춰가는 만큼 미군을 한국에서 철수해도 좋다는 것이다. 즉 주한 미군을 빼내가는 것에 더 비중을 두고 있으며 최악에는 한국을 포기하겠다는 것이다.

미국은 당시 주한 미군을 철수시키면서 '한국인 스스로에 의한 한국의 방어'라는 방안을 택했다. 미국은 이미 1949년 시점에서 후에 미국이 월남전에서 고전하던 1970년대 초, 한국을 비롯한 아시아에서의 미군의 철수를 주장한 닉슨독트린Nixon Doctrine에 천명한 '아시아인에 의한 아시아의 안보'라는 대아시아 정책의 기조를 수립하고 있었던 것이다.

예정대로 1949년 6월 미군은 한국에서 완전히 철수했다. 북한에 주둔했던 소련군은 1948년 12월에 북한에서 이미 철수한 상태였다. 한국전쟁이 일어나기 1년 전인 1949년 하반기부터, 한반도에는 수적으로 월등하게 우세하며 중무장한 북한군과 적은 병력에 경무장한 한국군만이 서로 대치하고 있었던 것이다.

한국군의 훈련이 잘되고 있기에 자체적으로 방위할 수 있다는 견해를 피력한 맥아더 장군은 그전엔 남한 방위에 전력을 기울이겠다는 발언을 여러 번 했다. 1948년 8월 15일 이승만 대통령의 취임식에 참석한 맥아더 장군은 축사에서 "만일 대한민국이 공산주의자에게 공격받는다면 나는 마치 캘리포니아를 지키듯이 대한민국을 지키겠다"고 했다. 그 후 이승만이 도쿄에서 맥아더를 방문했을 때도 이승만에게 같은 말을 되풀이했다.[26] 그런 맥아더가 1949년 하반기에 들어와 "소련 또는 중국에 의한 무력 공격은 없을 것"이라 전망하면서 미군 철수를 정당화하고 있는 것이다. 맥아더는 핵무기까지 갖춘 미국의 막강한 군사력 앞에 소련이 감히 극동에서 전면전으로 확대될지도 모를 국지전을 도발하지는 못할 것이라는 믿음을 갖고 있었던 것이다. 대리전이나 제한 전쟁의 가능성을 생각하지 않은 것이다.[27]

맥아더가 그와 같이 극동의 군사 정세에 대해 이전과는 다른 분석을 내리게 된 데에는 1947년 7월호 『Foreign Affairs』 지誌에 게재된 케넌의 논문을 시작으로 점차 미국정부의 대소련 전략으로 가닥이 잡혀간 '봉쇄 정책 Containment Policy'이 미친 영향을 생각해볼 수 있다. 맥아더는 여러 차례 도쿄에서 만난 케넌(당시 국무부 정책기획실장)에게 대소 외교 전략에 대한 설명을 들었으며 그에게 감명을 받고 그의 주장에 동조한 것으로 볼 수 있다.[28]

케넌은 아시아 본토가 소련의 통제권에 들어가도 미국의 안보에 심각한 영향을 주지 않을 것으로 보았고 거기엔 아프가니스탄에서 한국에 이르기까지의 지역을 포함하고 있었다. 케넌의 생각으로는 이 지역은 유사시 소련이 활용할 수 있는 필수 자원을 갖추지 못한 지역으로 미국으로서도 그런 지역을 방위한다는 것은 거리로 보나 병참 지원 능력으로 보나 무리라고 주장했다.[29]

케넌은 미국의 극동 전략을 세우는 데 있어 아시아 본토와 한국을 제외한 소위 '돌출지역 방어선'을 제창했고 그 후 국무장관인 딘 애치슨이 1950년 1월에 기자들 앞에서 그것을 공식적인 미국의 대소련 정책안으로 공표하게 된 것이다. 즉 일본·오키나와·필리핀 같은 섬을 돌출지역으로 해서 방어선을 긋는다는 것이며, 동시에 아시아 본토에 대한 방위는 회피하겠다는 것이었다. 한국과 대만을 그 방어선에서 제외한 것이다.

맥아더 장군이나 케넌이 아시아 본토를 방어선에서 제외한 이유 가운데는 중국에서 벌어진 국공내전의 전개 양상도 들어 있을 것으로 추측된다. 이미 1948년 후반기부터 마오쩌둥의 공산군이 전세를 역전시켜 승기를 잡아가고 있었다. 중국 곳곳에서 장제스의 군대가 패배하고 무기를 공산군에 뺏기는 사태가 속출하고 있었으며 국부군은 전의를 상실한 상태에 있었다. 그리고 1949년에 중공군이 전국을 장악하자 장제스는 대만으로 도피했으며 1949년 10월 중국에 공산 정권이 수립되는 일대 변화가 일어났다.

소련 다음으로 세계에서 최대의 영토를 가진 국가가 공산화된 사건은 미국 정부나 서방세계에 커다란 충격을 갖다주었다. 특히 미국 의회에서는 중국을 공산군에 넘겨준 책임을 묻는 정치적 논란이 벌어졌고, 보수 세력(특히 공화당 내의 보수주의자)과 진보 세력이 서로 그 책임을 상대방에게 떠넘기고 있었다.

그런 상황 속에서 1949년 가을, 미군은 남한에서 철수했다. 그리고 그 얼마 후인 1950년 1월 12일 애치슨 국무장관은 전 미국 신문기자협회에서 행한 연설에서 '애치슨라인Acheson line'으로 잘 알려진 '돌출지역 방어 계획Perimeter Defense Plan'을 발표했다.

돌출지역 방어 계획을 선언한 후 애치슨은 기자들의 질문에 "방어선 밖에 있는 나라들을 군사 공격으로부터 보호한다는 보장은 아무도 할 수 없다는 것은 명백하다. 그러나 그와 같은 보장을 하는 것이 필요하지 않다는 것 또한 명백하다"라고 말했다. 이어서 애치슨은 "만일 그런 공격이 있을 때 1차적으로 그 나라 국민이 저항해야 하며 그 다음에 유엔헌장의 정신에 따라 전 세계가 지원해야 할 것이다. 외부의 침략으로부터 자신의 독립을 지키려는 국민에게 유엔이라는 기구가 의지하기에 너무 약한 갈대임은 아직 입증되지 않았다"고 덧붙였다.

그럼에도, 애치슨은 한국에 대해 특별히 언급하며 미국 의회에 제출된 대한원조 법안을 의식해서인지 "지금까지 미국은 한국에 독립정부를 수립하는 일을 도왔고 경제원조를 해왔는데 그 나라를 중도에 포기한다는 것은 아시아에서의 미국의 국익으로 보아 패배주의적이고 정신 나간 짓"이라고 강하게 주장했다. 그러나 애치슨의 돌출지역 방어 계획 속에는 한국의 생존을 보장하려는 미국의 의지를 찾을 수 없었다.[30]

1950년 1월 애치슨의 기자회견이 있은 1주일 후, 미국 의회는 한국에 6천만 달러의 추가 원조를 요청한 행정부의 법안을 부결했다. 그 후 행정부의 노력으로 2월 9일 같은 법안의 재심 신청이 있었고 의회의 승인을 받았다. 이어서 1951년도 원조액 1억 달러에 대한 법안을 1950년 5월에 통과시켰으나 미국 의회의 한국에 대한 지원은 매우 소극적이었다.

그 당시 미국 상원의 외교분과위원장이었던 톰 코넬리Tom Connelly 상원의원은 1950년 5월 초 기자회견에서 "한국을 포기하라는 사람들이 있는데 그것이 얼마나 심각하게 고려될 것으로 보느냐"라는 기자들의 질문에 "심각하게 고려될 것이며 우리가 원하든 원치 않든 그렇게 되지 않을까 본다"라고 답했다. 그러면서 "나는 한국 편이다. 우리는 한국을 도울 것이다. 그런데 한국은 38선으로 갈라져 북쪽엔 공산주의자들이 대륙(중국)과도 연결되어 있고 소련도 그쪽에 있다. 따라서 그들은 언제든지 마음만 먹으면 대만을 점령할 수 있는 것처럼 남한도 지배할 수 있다" 고 말했다.[31]

코넬리의 기자회견이 미친 영향은 컸다. 마치 미국정부가 대만만 포기하는 것이 아니라 한국도 포기할 수 있다는 인상을 주기에 충분한 것이었다. 1950년 5월 9일, 이승만 대통령은 코넬리의 기자회견 내용을 읽은 후 "한국과 3천만의 한국인을 미국의 전략에 중요하지 않다고 무시해버릴 수 있을지 모르지만, 그의 언사는 공산주의자들에게 남쪽에 내려와 남한을 정복하라고 공개적인 초대장을 보낸 것이나 마찬가지"라며 분개했다. 이승만과 면담했던 주한 미국대사관의 에버렛 드럼라이트Everett Drumright 공사는 코넬리 상원의원의 발언 때문에 미국의 지원에 대한 이승만의 확신이 크게 흔들리고 있다고 보고했다.[32]

이처럼 미국의 한반도 방어 정책이 매우 불투명했고 확고한 것이 아니었지만, 미국이 소련을 전쟁에 끌어들이고자 함정을 만들었다는 주장은 견강부회한 면이 많다. 돌출지역 방어 계획은 미국이 알류샨 열도와 일본, 오키나와를 거쳐 필리핀까지 방위선을 긋고 이 지역을 지키겠다는 것이었으며 한국은 그 방위선에서 제외되었다. 이것이 소련으로 하여금 남한을 취약 지역으로 인식하게 한 계기가 되었음은 부인할 수 없다. 그러나 미국이 의도적으로 애치슨라인을 발표해 함정을 파고 소련을 한국전쟁에 끌어들였다는 주장은 억지다.

그것이 사실이 되려면 미국은 1949년이나 1950년에 소련군을 한반도에 끌어들여 제3차 세계대전이라는, 핵무기를 포함한 전면전을 치를 각오나 준비를 하고 있었다는 가정이 필요하다. 그러나 미국은 만일 소련과 전쟁을 하게 된다면 그것은 아시아가 아니라 유럽에서 일 거라고 판단하고 있었다. 그리고 미국은 그 무렵 미군을 재무장하거나 동원령을 내려 전쟁 준비를 하기보다 반대로 동원령을 해제하고 병사들을 고향으로 돌려보내고 있었다.

1948년 2월, 미 육군참모총장직을 떠나면서 아이젠하워 장군은 국방장관 앞으로 보낸 메모에서 "미국이 육군 병력을 증강하는 방법을 찾지 않으면 독일과 극동은 혼란에 빠지거나 공산주의자에게 넘어갈 것"이라고 경고했다. 또한, 육군참모총장에 취임한 직후 오마 브래들리Omar Bradley 장군도 트루먼 대통령이 참석한 브리핑에서 미국의 현 육군 병력은 승인받은 66만5천 명보다 12만 명이 적은데 연말에는 이 결원 숫자는 16만7천 명으로 늘어날 것이라고 했다. 병사를 모집하고 있으나 지원자가 적어 모자라는 수를 채우기조차 어렵다고 말하고 있다. 그러니까 한국전쟁 발발 당시에 미 육군의 병력은 전쟁에 대비해 동원령을 내리지도 않았고 전쟁 준비 차원의 군 전력 확장도 하고 있지 않았다.[33]

미국이 한국을 돌출지역 방어 계획에서 제외한 것은 외교 전략으로, 대소련 봉쇄 정책의 기본 노선을 따른 것이었고, 봉쇄 정책이 한국만을 염두에 두고 설정된 외교 군사 전략도 아니었다는 점에서 함정설의 근거는 매우 희박하다. 그러나 의도적으로 함정을 판 것은 아니지만, 미국의 국가 이익에 대한 검토 과정에서 미국의 핵심적인 이익으로 간주하는 '일본의 방어'에 남한이 꼭 필요한 것이 아니라는 판단을 내림으로써 김일성과 그의 후원자들(스탈린과 마오쩌둥)에게 남한 침략의 '초대장'을 준 것이라는 비판론이 있을 수는 있다. 그리고 미국이 스탈린의 의도를 오판했다는 비판도 가능하다. 아시아 본토나 남한에서 소련이 미국과 일전을 불사하지 않을 것으로 보면서도 북한 공산 정권을 이용한 소련의 '대리전'과 '제한 전쟁'의 가능성을 간과했다는 것이다.

이를 뒷받침해주는 자료로 한국전쟁이 일어나기 1주일 전인 1950년 6월 19일 미국 중앙정보부(CIA)가 작성한 '북한의 군사력 평가'라는 장문의 보고서가 있다. 그 보고서는 "북한이 선전, 침투, 태업, 공작, 게릴라전 등으로 남한을 장악할 수 있지만 미국의 군사·경제원조가 대폭 감소하지 않는 한, 그런 방식만으로는 남한의 붕괴를 가져올 수 없다"라고 쓰고 있다. 그리고 "남북한의 군사력은 비등하지만 북한은 전차와 대포 그리고 항공기를 가지고 있어 지금이라도 단기 군사작전으로 남한과 특히 서울 점령이라는 제한된 목적을 달성할 수 있는 능력을 갖추고 있다"고 했다.[34]

이 보고서는 계속해 소련의 의도를 논하는 항목에서 "소련이 정규 병력을 가지고 북한을 지원할 가능성은 없으며 북한에 대한 중국의 영향력 행사를 견제하고자 소련은 중공군의 한국 투입을 반대할 것"이라고 했다. 그러면서 "결론적으로 남한보다 북한의 군사력이 우월하긴 하지만 소련과 중국의 적극적 지원을 얻지 못한 북한이 남한 전체를 효율적으로 점령할 수 있을지는 확실치 않다"고 쓰고 있다.

또한 공산주의자들의 남한에 대한 위협을 막을 수 있는 요인으로 "첫째, 남한 사람들의 반공 자세, 둘째, 공산 침략을 막으려는 남한군의 계속적인 의지와 사기, 셋째, 남한 국민 사이에 공산 정권이 인기를 얻지 못하고 있다는 것, 넷째, 공산 정권이 숙련된 행정가나 기술자를 보유하지 못한 것"이라고 서술하고 있다. 미국이 군사·경제원조를 계속하기만 하면 소련과 중국이 개입하지 않는 한 북한만의 침략 행위나 공격을 남한군만으로 막아낼 수 있으며 더욱 중요한 것은 남한 국민의 정치적 의지와 태도라고 본 것이다.

소련의 스탈린과 중국의 마오쩌둥이 1949년경 이미 김일성과 함께 남침 계획을 논의했고 김일성을 지원하려는 계획을 추진하고 있었는데도 미국의 가장 중요한 정보기관인 CIA는 소련의 의도는 물론 중국의 의도를 제대로 파악하지 못하고 있었고 더구나 소련과 중공의 북한에 대한 대대적인 군사 지원 가능성을 부정하고 있었던 것이다.

헨리 키신저Henry Kissinger는 그의 저서 『Diplomacy』에서 미국의 공산권 봉쇄 정책이 두 가지 중요한 결함을 갖고 있었다고 주장했다.[35] "첫째는 미국이 당면할 도전의 성격이 과거 제2차 세계대전 때의 정규전처럼 적의 의도를 분명히 알 수 있는 명확한 성격의 도발일 것으로 가정한 것이 잘못이었고, 둘째로 봉쇄당한 소련의 공산주의자들이 스스로 패망해 해체될 때까지 도발하지 않고 수동적으로 기다리기만 할 것이라고 기대한 것도 잘못이었다. 미국은 공산주의자들이 능동적으로 미국에 정치 군사적 문제를 안겨줄 수 있는 지역을 골라 공격해오리라는 것을 고려하지 못했고, 제2차 세계대전 후의 미국의 정치적이나 전략적 교의doctrine 내용에서는 한국전쟁 같은 국지전의 가능성은 완전히 무시되고 있었다" 고 쓰고 있다.[36]

미국 의회는 유럽의 안전 문제를 매우 우려하고 있었기 때문에 내키지 않았지만 케넌의 봉쇄 정책을 받아들였다. 소련이 지중해 지역으로 팽창할 것을 두려워해 터키와 그리스 원조에 동의했고 유럽에 대한 소련의 위협을 고려해 NATO의 결성을 지원했다. 그러나 그 외 지역에서의 소련의 팽창 가능성은 별로 심각하게 고려하지 않았다. 그런데 미국이 방어선 밖에 있다고 선언했고 주둔했던 미군마저 철수시킨 한국에 소련이 지배하고 있는 북한 정권이 무력 침략을 해왔을 때, 봉쇄 정책이 내세웠던 가정들이 무너졌으며 봉쇄 정책의 애매성 때문에 미국은 심각한 딜레마에 빠지게 된 것이다.

한국전쟁이 일어나기 전까지는 미국의 지도층은 두 가지 종류의 전쟁 가능성만을 고려했다. 하나는 소련의 미국 본토에 대한 '기습 공격'이었고 또 하나는 소련 붉은 군대가 서유럽을 침공하는 경우였다. 미국은 한국전쟁 같은 국지전은 완전히 무시했던 것이다. 따라서 북한이 남침했을 때, 워싱턴 정가나 유럽 정가의 지배적인 견해는 미국이 한국을 포기할 것이라는 것이었다. 북한 인민군이 38선을 침범한 것에 대해 유엔 같은 외교적 통로를 통해 항의하는 것 정도로 사태는 끝날 것으로 보았던 것이다. 그래서 미국이 한국 파병 결정을 내렸을 때 세계의 모든 정부는 놀라운 반응을 보였다.[37]

키신저는 또한 한국전쟁의 원인을 '이중적인 오해'에서 온 것으로 보고 있다. 즉 미국과 소련이 서로에 대해 각기 다른 오해를 했다는 것이다.

모스크바와 평양의 공산주의자들은 미국이 한국을 돌출지역 방어선에서 제외한 것을 '사실' 그대로 받아들였다. 키신저는 공산주의자들이 중국에서의 공산군의 승리를 미국이 어쩔 수 없이 그냥 보고만 있었던 것을 기억하고 미국이 작은 한반도의 반쪽을 공산주의자가 지배한다고 해서 전쟁에 개입해오지 않을 것이라고 오판한 것이라 보고 있다. 모스크바와 평양은 공산주의 침략에 저항하는 것을 하나의 '도덕적 의무'로 공언하고 주장해온 미국의 대외적인 선언이 전략적 선택보다 더 큰 비중을 차지할 수도 있다는 사실을 전혀 이해하지 못했다는 것이다. 그래서 한반도에서 소련의 대리전을 일으키는 오판을 하게 된 것이다.[38]

또 키신저는 미국은 미국대로 원칙만 중요시하고 한국이 가진 지정학적 중요성을 너무 경시하는 오판을 했다고 지적하고 있다. 따라서 미국이 계획적으로 전쟁을 일으키고자 남한에서 철수한 후 남한을 방위선에서도 제외하는 식으로 덫을 놓았다는 '함정설'보다는 '오판설'이 한국전쟁의 기원을 설명하는데 보다 설득력 있는 주장이라 할 수 있다.[39]

김일성과 스탈린 그리고 마오쩌둥이 미국이 파놓은 덫에 걸려 한국전쟁을 시작했다는 함정설은 그들이 다 같이 미국의 의도나 정세 판단에 매우 어둡고 무지한 사람들이었다는 가정과, 미국정부가 소련이나 중국을 상대로 전면전을 할 능력을 갖추면서 미국의 의도를 완벽하게 감출 정도의 조직력을 갖추고 있다는 가정을 받아들여야 한다. 지금껏 살펴본 대로 이는 성립할 수 없는 가정들이다. 따라서 미국의 대소련 봉쇄 정책에 대해 소련이 '오판' 했고, 미국도 한국에서 철군하는 일을 서두른 나머지 한국의 지정학적, 전략적 가치에 대해 너무 과소평가했기에 한국전쟁이 일어났다는 오판설에 의미를 둔다면 한국전쟁은 미국의 봉쇄 정책이 지닌 '애매성' 이 가져온 비극적인 결과로 봐야 할 것이다.[40]

중국과 소련의 자료가 입증한 사실들

한국전쟁에 대한 미국 측의 자료는 많이 공개되었지만 소련이나 중국 측의 자료는 원천적으로 통제된 상태에 있다. 냉전 종식 후 제한된 자료가 나오고 있지만 아직도 불충분하다.[41] 북한은 한국전쟁을 일으킨 것이 남한이라는 북침설을 주장하는 정권인 만큼 북한이 공개하는 자료 역시 그런 주장을 뒷받침하는 데 한정돼 있다. 특히 북한은 북한군의 서울 점령 후 경무대에서 입수한 정부 문서를 허위 포장해 전 세계에 이승만이 북진 통일을 위한 침략전을 벌였다고 선전한 바 있다. 남한에서 떠돌던 "전쟁 나면 점심은 개성에서, 저녁은 평양에서 먹는다"는 말을 인용하면서 이승만의 북진 통일론을 전쟁 도발의 근거로 삼기도 했다.

전쟁 발발 당시 한국 육군의 상당수가 이북 출신으로 구성돼 있었다. 서북청년단 같은 극우 청년단체에 가담했던 이북 출신들 또한 군에 대거 입대했기 때문에 북한에 고향을 두고 온 이들이 이승만의 '북진 통일 정책' 을 전적으로 지지한 것은 당연한 일이며 '실지 회복' 은 이들의 간절한 염원이었다고 할 수 있다. 그러나 남한의 국군은 38선 부근에서 일상적으로 벌어진 소규모 전투를 감당할 정도였지 1950년 여름 북한을 상대로 전면전을 일으킬 정도의 준비된 군대는 아니었다.

더구나 키신저는 앞의 책에서 "워싱턴은 남한 군대에 최소한의 능력이라도 부여하면 무력으로 통일하려는 유혹에 빠질 것을 우려해 남한 군대를 경찰 기능 정도만을 수행할 수 있도록 훈련하고 무장시켰다"고 지적하고 있다.[42] 미국 국방부는 한국의 육군 병력을 5만7천 명으로 제한한 데 비해 당시 미 군정 사령관 하지 중장은 10만 명을 건의한 바 있었으나 그의 건의는 반영되지 않았다.[43]

북한 측의 자료는 완전히 날조된 것이기 때문에 고려할 가치도 없으나 최근에 공개된 중국의 자료는 살펴볼 만하다. 최근에 나온 장창Jang Chang과 존 홀리데이Jon Holiday의 공저인 『알려지지 않은 마오쩌둥』[44]이라는 책은 왜 마오쩌둥이 김일성의 요청을 받아들여 한국전쟁에 참전했으며, 한국전쟁을 통해 무엇을 얻으려 했는가를 상세히 보여준다. 책에 따르면 마오쩌둥은 중국을 소련과 대등한 군사 강국으로 만들겠다는 야심에 들떠 한국전쟁에 참전했으며, 마오쩌둥에게 한반도나 한국 민족은 얼마든지 쓰고 버릴 수 있는 희생양에 불과했다.

중국의 마오쩌둥이 한국전쟁에 개입하게 된 동기를 분석한 또 하나의 연구로 김일성의 남침 동기와 전쟁 도발의 과정을 확실하게 보여주는 이채진 교수의 근저 『China and Korea』의 제2장 「중국과 한국전쟁」이 있다.

지금까지 마오쩌둥의 한국전쟁 개입에 대해 여러 가지 설이 있었다. 중국 측은 아직도 공식적으로 미 제국주의자와 남한이 전쟁을 일으켰다고 주장하고 있다. 서방 학자들은 대체로 마오쩌둥이 북한의 전쟁 계획을 몰랐으며 스탈린의 권고와 지시에 피동적으로 응해 개입했거나 아시아의 혁명 운동에서 주도권을 잡고자 한국전쟁에 개입했다고 여겨왔다.

그러나 클레어몬트 대학의 이채진 교수에 따르면 마오쩌둥은 정확한 전쟁 발발의 시기나 세부 계획까지는 몰라도 적어도 김일성의 침략 계획을 알고 있었고 김일성의 군사적 준비 활동을 도와주고 격려했다는 것이다.[45] 이채진 교수는 마오쩌둥이 스탈린만큼 전쟁 계획에 대해 잘 알지는 못했으나 한국전쟁 발발 전부터 김일성과 긴밀하게 움직였다고 보고 있다. 김일성은 1949년 5월 북경을 방문한 후 평양 주재 소련 대사였던 슈티코프에게 마오쩌둥과의 회담 내용을 보고했다. 그 보고서가 러시아 외교문서로 보관되어 있다가 러시아의 옐친 대통령에 의해 한국정부에 일부 제공되었으며 이는 한국전쟁 발발과 관련한 스탈린과 마오쩌둥의 역할을 조명하는 중요한 자료가 되고 있다.

자료에 따르면 1949년 5월 김일성이 북경을 방문해 마오쩌둥과 회담했을 때 마오쩌둥은 김일성에게 기습전이나 장기전에 대비할 것을 권했다. 또한, 마오쩌둥은 만주에 주둔 중인 조선인으로 구성된 중공군 2개 사단과 중국 남부에 있는 조선계 중공군 1개 사단을 북한 국경으로 이동 배치하겠다고 약속했다.[46]

이채진 교수가 밝힌 중국 측의 한 자료에 의하면, 1949년 모스크바에서 스탈린과 마오쩌둥이 중소조약을 위해 만났을 때 스탈린이 마오쩌둥에게 "김일성이 왔었는데 그는 남한을 상대로 '움직이기move'를 원하고 있다. 김은 젊고 용감하나 유리한 조건들을 과대평가하고 불리한 조건들은 과소평가하고 있다"고 말했다고 한다.

니키타 흐루쇼프Nikita Khrushchev도 그의 회고록에서 한국전쟁이 "김일성의 머리에서 나온 자식brain child"이라는 표현을 쓰고 있으며 "스탈린은 처음에는 조심스럽게 생각했으나 전쟁하면 꼭 승리한다는 김일성의 설득에 말려들어 찬성하게 된 것"이라 지적한 바 있다. 즉 스탈린이 김일성의 말만 믿고 오판했다는 주장이다. 그러나 이것도 스탈린의 전쟁 도발 책임을 감소시키려는 의도에서 나온 말이다. 사실은 스탈린 역시 미국의 국력 약화를 노릴 의도로 한국전쟁을 일으켰고 김일성을 지원했던 것이다.

또한, 흐루쇼프는 스탈린이 마오쩌둥에게 김의 계획에 대해 물었을 때 마오쩌둥은 그것을 승인한다고 하면서 미국은 한국의 내부 문제에 개입하지 않을 것이라는 견해를 피력했다고 쓰고 있다. 그러면서 마오쩌둥이 "우리는 소김小金(김일성)을 도와야 한다. 조선(한국)은 어려운 상황에 있다"라고 말했다는 것이다. 스탈린이 김일성의 야심에 찬 전쟁 계획에 대해 반대와 찬성이 엇갈리는 이중 심리가 있었음에 반해, 마오쩌둥은 김일성에게 동정적이었다. 또한 김일성을 '小金'이라 부른 것을 보면 조선에 대한 중국의 전통적인 우월 의식을 나타낸 중화사상을 엿볼 수 있다.[47]

그러면서 마오쩌둥은 김일성에게 "장기전에 돌입하면 일본이 개입할 가능성이 있으나 소련과 중국이 있으니까 염려할 필요는 없다"고 말했다는 것이다. 더욱 중요한 것은 그 자리에서 마오쩌둥이 "미국이 개입해 만일 절대적으로 필요하면 중공군을 직접 한반도에 파병할 수도 있다"고 김일성에게 약속했다는 사실이다. 그러면서 마오쩌둥은 "지금(1949년 5월)은 국제 정세가 유리한 시점이 아니고 중국도 대만의 장세스 군대와 대치하고 있는 상황이므로 가까운 장래에 남한을 공격하는 것은 바람직하지 않다"고 조언했다는 것이다.

이런 여러 가지 드러난 사실은 보면 한국전쟁을 일으킨 원흉은 두말할 것도 없이 스탈린과 마오쩌둥을 설득해 그들의 지원을 받아 남침을 감행한 김일성이다. 그러나 교활하고 의심이 많았으며 치밀했던 스탈린이 김일성의 설득만으로 전쟁을 도왔을 것으로 보기는 어렵다. 그 나름대로 소련 정보기관이나 외교부서의 분석을 참고했을 것이다. 미국의 정책과 의도를 예의 분석한 끝에 미국의 개입 가능성을 낮게 오판한 나머지 북한을 내세워 미국을 궁지에 몰아넣으려던 하나의 도박이었다고 보는 것이 온당할 것이다.

1950년 1월, 북한의 김광협이 이끈 북한의 3인 대표단이 북경을 방문했을 때 김광협은 3개 사단의 조선계 중공군과 그들이 가진 장비를 북한에 이양해달라고 요구했고 중국은 즉각 요청을 받아들였다. 그러나 김광협은 북한이 그들을 당장 받아들일 수용 시설이 마련되어 있지 않다면서 조선계 중공군의 이동을 1950년 4월까지 미루도록 요청했다. 마오쩌둥은 약속대로 3개 사단의 조선계 중공군을 신속하게 북한 측에 양도하는 형식으로 김일성의 남침 계획을 지원한 것이다.

1950년 4월, 김일성과 박헌영은 직접 모스크바로 가 스탈린을 설득한 후,

5월 13일 중국으로 가서 마오쩌둥과 중국 지도층을 만났다. 김일성은 마오쩌둥에게 스탈린이 자기의 전쟁 계획을 승인했고 중국과 북한이 토의하도록 지시했다고 말했다. 김일성의 말만을 믿을 수 없었던 중국의 저우언라이周恩來 수상은 주중 소련 대사였던 로슈친Roshchin에게 김일성과 스탈린의 회담 내용을 확인토록 부탁했다. 그러나 이미 김일성과 박헌영을 만난 다음날, 스탈린은 마오쩌둥에게 "소련의 동지들은 조선의 동지들과의 대화를 통해 변하는 국제 상황에 비춰 한반도의 통일을 위한 제안에 동조하기로 했다. 다만, 단서로서 이 문제는 최종적으로 중국과 조선이 같이 결정해야 할 것이며 중국 동지들의 이견이 있다면 다음에 새로 논의하기까지 연기되어야 할 것이다. 북한의 동지들이 자세한 설명을 해줄 것이다"라는 전문을 보내놓은 상태였다.[48]

1950년 5월 15일, 북경에서 마오쩌둥이 김일성과 박헌영에게 전쟁 계획을 물었을 때 김일성은 3단계 계획을 설명했다. 우선 북한군을 증강하고, 남한에 평화적인 통일 제의를 한 다음, 남한이 평화 제의를 거부하면 곧 군사행동을 개시한다는 안이었다. 마오쩌둥이 김일성에게 일본이 개입할 가능성을 묻자 김일성은 그런 가능성은 희박하나 미국이 2, 3만의 일본 군대를 보낼 수도 있을 것이라고 대답했다. 그러자 마오쩌둥은 "만일 미국이 개입하면 중국은 조선을 돕고자 중공군을 파병하겠다" 고 약속했다.[49]

마오쩌둥은 이미 1949년 김일성에게 중공군의 지원을 약속한 바 있었기 때문에 1950년 초에 조선인으로 구성된 중공군 3개 사단을 북한으로 이동시켰다. 국공내전에서 장제스 군대와 싸워 전투 경험이 풍부한 조선인들로 구성된 이들 3개 사단은 한국전쟁에서 북한 인민군의 중추 부대로 그리고 남한을 공격하는 선봉대로 결정적인 역할을 담당했다.[50]

이것이 이채진 교수가 중국 자료와 러시아정부가 한국정부에 보내준 한국전쟁에 관한 러시아 외교문서를 중심으로 밝혀낸 한국전쟁을 둘러싼 김일성과 스탈린 그리고 마오쩌둥의 사전 모의의 내용이다. 위의 자료만 보아도 김일성은 1949년 이미 한국전쟁을 일으킬 결심을 하고 스탈린과 마오쩌둥을 그 전쟁에 끌어들이고자 여러 차례 소련과 중국을 방문했고 스탈린은 '변하는 국제 상황'을 내세워 김일성의 남침 계획을 승인한 것이다.

스탈린이 말한 '변하는 국제 상황'이 어떤 의미였는지는 정확히 알 수 없으나, 미국이 한국을 돌출지역 방어선에서 제외해 한국을 사실상 방어 불가능한 지역으로 포기한 것이라 오판했을 가능성이 있다. 그런 미국의 움직임을 주시한 스탈린은 국제 정세가 자기들에게 유리하게 변하고 있다고 판단했던 것이다.

지금까지 살펴본 대로 "누가 한국전쟁을 일으켰나?"라는 질문에 대한 대답은 너무나 명백하다. 김일성이 전쟁을 계획하고 소련과 중국의 지원을 얻어 남침을 감행했다. "왜 전쟁을 일으켰느냐?" 라는 질문에 대한 대답도 명백하다. 김일성은 남한을 무력으로 점령해 남북한을 통일시키고자 했고 김일성의 지원 요청을 받은 스탈린과 마오쩌둥은 미국을 약화시키는 동시에 가능하면 한반도를 공산화함으로써 아시아에서 절대적으로 유리한 전략적 지위를 확보하겠다는 계산으로 전쟁을 부추긴 것이다.

그런 공동 목표를 가졌던 스탈린과 마오쩌둥이었지만 실제로는 서로 경쟁과 대립 관계를 형성하고 있었으며 한국전쟁에서 김일성을 지원하는 의도도 서로 달랐다. 그런 두 사람의 틈바귀에서 김일성은 '조국해방전쟁'이라는 핑계로 무력 통일의 야망을 품었으나 예기치 않았던 유엔군의 참전으로 한때 자신의 통치 지역인 북한 전체를 상실하는 위협을 겪었고 마오쩌둥이 김일성의 의사를 무시하면서까지 일방적으로 전쟁을 계속하려 했을 때는 스탈린에게 매달려 휴전을 주선해줄 것을 간청하기도 했다.[51]

그처럼 김일성이 일으킨 동족상잔의 전쟁은 한반도에서 남북한 사이에 화해하기 어려운 불신감과 증오심을 갖게 하는 비극적인 유산을 남겨 놓았다. 김일성은 조국을 해방하기 위한 전쟁이라는 구실로 수많은 사람을 희생시키는 만행을 저질렀다. 한국전쟁은 노골적이고 무차별한 침략 전쟁이었다. 만일 한국전쟁이 일어나지 않았다면 남북한 사이의 관계가 오늘처럼 악화되지는 않았을 것이며 동서독의 경우처럼 상당한 기간의 교류를 거쳐 통일이 이뤄졌을 개연성도 생각해볼 수 있다. 그러나 한국전쟁은 그 가능성을 더욱 어렵고 요원한 것으로 만들었다. 이것이 김일성의 전쟁 도발로 우리 민족이 치른 심적 고통과 물질적 희생만큼이나 컸던 정치적 대가였다.

3년간 계속된 한국전쟁이 남겨놓은 피해는 너무나 컸다. 1953년에 나온 유엔 보고서에 따르면 한국전쟁으로 남한에서만 민간인을 포함해 131만3천836명의 사상자가 발생했다. 4만7천 명이 전사했고 18만3천 명의 군인이 부상당했으며, 7만 명이 행방불명 또는 포로가 되었다고 한다. 1953년 11월 캐봇 롯지 유엔 미국 대표는 유엔 연설에서 1만7천 명의 남한 민간인이 북한 인민군에 의해 학살당했으며 20만 명의 남한 청년들이 인민군에게 잡혀 의용군으로 끌려갔다고 발표했다.[52]

남한의 군인과 민간인 희생자 수가 그처럼 엄청났다면 북한 역시 그에 상당하거나 그 이상의 희생자를 냈을 것으로 추정할 수 있다. 낮게 추정한다 해도 남북한을 합쳐서 약 5백만 명의 군인이나 민간인이 전쟁으로 사망 또는 부상당하거나 행방불명되는 비운을 맞았다고 할 수 있다. 김일성의 무모한 전쟁이 치른 엄청난 희생이었다.

1950년 당시, 서울시민 150만 명 가운데 인민군이 서울을 점령하기 전에 서울을 탈출한 사람은 10만 명에 불과했다. 나머지는 서울 수복 때까지 90일간 인민군의 통치하에 있었다. 그리고 전쟁 기간 동안 남한 지역 곳곳에서 서로 죽고 죽이는 민간 학살이 반복됐다. 인민군의 점령 지역에서 억울하게 반동분자로 몰려 처형된 양민도 많았고 한국군이 점령한 지역에서는 부역자로 몰려 죽은 사람도 많았다. 모두가 전쟁이 가져온 민족적인 비극이었다.

한국전쟁은 남북한을 잿더미로 만들었다. 전쟁으로 집을 잃은 사람, 북한에서 맨몸으로 피난해온 사람, 수없이 많이 생긴 전쟁고아, 그리고 전쟁으로 가족 일부나 전부를 잃은 사람들의 고통 등 이루 말할 수 없는 전쟁의 비극이 한반도를 어두운 죽음의 골짜기로 변화시켰다. 1951년 당시 남한이 입은 경제적 손실은 약 20억 달러에 달했고 남한의 산업 시설, 교통 시설, 전력 등은 완전히 파괴되었다. 쌍방의 포화砲火와 폭탄으로 서울과 평양은 완전히 폐허가 되었다. 이것이 한국전쟁이 남긴 비극적인 상처다.

---

1 미국 윌슨연구소 연구위원 Kathryn Wethersby 교수가 영문으로 번역해 공개한 자료 중에는 한국전쟁 시작 전에 대한 자료는 없다. 옐친이 가져온 1천200쪽의 자료에도 전쟁 직전과 직후의 자료는 없다. 그러나 전쟁 직후부터, 특히 미군의 인천상륙작전으로 인민군이 괴멸되기 시작한 1950년 10월을 기점으로 스탈린, 김일성, 마오쩌둥 3자 간에 빈번한 교신이 있었고 이전에도 스탈린이 김일성의 남침 계획을 인정하는 내용의 많은 서신이 공개되고 있다. 영문 번역판은 *New Russian Documents on the Korean War*로 Woodrow Wilson International Center for Scholars(Washington D.C.)에서 출판되었고 인터넷에서 내려받을 수 있다.

2 Jung Chang & Jon Holliday, *The Unknown Story; Mao* (New York: Alfred A. Knopf, 2005).

3 Jung Chang & Jon Holliday, 앞의 책, 357-379쪽.

4 Karunakar Gupta, *How Did the Korean War Begin?*, China Quarterly, no. 52 (October-December, 1972), 699-716쪽. Gupta는 이 논문에서 "남한군이 1950년 6월 25일 해주시를 먼저 공격함으로써 전쟁을 도발했다"는 북한의 주장을 검토하면서 북한 인민군이 한국군 제1사단이 주둔하던 개성을 점령한 것이 25일 오전 9시에서 9시 30분 사이였다는 것을 강조한다. 그리고 그날 한국정부는 한국군이 해주를 점령했다는 보도를 발표했는데 개성에서 북쪽으로 5마일 들어간 해주를 한국군 1사단이 먼저 공격을 했거나 또는 동시에 시작하지 않고서 점령할 수 있었겠느냐는 질문을 제기하고 있다. 북한이 전면전을 시작했다는 미국과 유엔 측의 주장을 수정하려는 의도를 보이고 있다.

5 냉전 수정주의자로 불리는 사람들의 주장으로 냉전의 시작이 소련보다 미국 측에 있다고 주장하거나 나아가 미국이 계략을 세워 냉전에 소련이 말려들게 했다는 주장을 하는 사람들이다. 한국전쟁도 미국이 남한의 이승만과 맥아더 장군을 시켜 만든 함정에 소련과 김일성이 빠졌다고 보는 것이다. 이들 중 여러 학자는 미국이 1950년 1월 트루먼 대통령의 지시로 국가안전보장회의(NSC) 보고서 NSC 68호를 작성한 것을 전쟁 준비를 위한 예산 확보와 미국 군사력 증강 계획의 구체적인 증거로 내세워 미국이 한국전에 이미 대비했다고 주장했다. 그러나 NSC 68호가 발효한 것은 한국전쟁 발발 후의 일이었다는 것을 간과

하고 있다. 수정주의자의 대표적인 저서로 I. F. Stone, *The Hidden History of the Korean War* (New York: Monthly Review Press, 1952); Joyce & Gabriel Kolko, *The Limits of Power; The World and the United States Foreign Policy*, 1945-1954 (New York: Harper and Row, 1972)를 들 수 있다. 한국에서 한때 큰 관심을 불러 일으켰던 Bruce Cummings의 *The Origin of the Korean War*도 전쟁의 시작을 1948년으로까지 거슬러 올라가 그 책임을 소련보다 미국에 두려고 하는 점에서 수정주의적인 입장이며 또한 그런 주장의 선상에서 한국전쟁의 직접적인 기원을 소련과 중공의 지원을 얻은 김일성의 남침에 두는 것이 아니라 옹진 등 38선 지역에서의 남북한군의 충돌에서 시작된 내전 civil war으로 주장하고 있다.

6 FRUS, 1950, 1쪽.

7 FRUS, 1950, 2쪽.

8 마오쩌둥이 중국에서 공산 혁명을 주도하면서 창설한 정예 부대이다. 마오쩌둥과 함께 대장정大長征에 참여했고 중국에서 장제스의 국부군을 패배시킨 부대이기도 하다. 중국에 있었던 조선인들이 그 부대에 편입되어 조선족 중심의 부대를 형성하기도 했다.

9 FRUS, 1948, 1120쪽

10 Glenn D. Paige, *The Korean Decision* (New York: The Free Press, 1969), 71쪽.

11 Glenn D. Paige, 앞의 책, 70쪽.

12 로버츠 고문단장이 탱크 무용론을 편 이유는 한국의 교량이 30톤 이상을 지탱할 수 없는 것들이라는 사실도 포함되었다. 브루스 커밍스가 소련이 신예 스탈린탱크를 북한군에게 제공하지 않았다는 사실을 들어 소련의 한국전쟁 개입을 부정하려고 한 데 대해 김영호는 소련의 신예 탱크의 무게가 51톤이어서 북한이나 남한의 다리가 탱크의 하중을 견딜 수 없었다는 점을 들어 커밍스의 논점을 비판하고 있다. 김영호, 『한국전쟁의 기원과 전개과정』(두레, 1998), 46-49쪽 참조.

13 FRUS, 1950, 2-3쪽.

14 Glenn D. Paige, 앞의 책, 71쪽.

15 Glenn D. Paige, 앞의 책, 71쪽.

16 Glenn D. Paige, 앞의 책, 72쪽.

17 한국전쟁의 기원에 대해 소위 수정론을 주장하는 사람들이 그런 자료를 찾아 밝혀낼 과제를 안고 있다고 할 수 있다. 즉 남한이 전쟁을 일으키면 미국이 뒤에서 지원한다는 묵계나 약속이 있었다는 것을 증명해야 하는 증명의 부담burden of proof이 수정론자들에게 있다고 할 수 있다. 그런 자료가 나온다면 남한이 북한을 침략했다는 북침설이 신빙성을 얻을 것이다. 그러나 브루스 커밍스 같은 수정론자도 그런 자료를 제시하지 못하고 있다.

18 한배호, 「美國의 對韓政策」, 『美國과 東北亞』 (서울대학교 美國學硏究所, 1984), 23-58쪽. 마셜은 미군 육군참모총장을 지낸 미국의 국무장관으로 트루먼 행정부의 수석 장관으로 유럽의 재건에 적극적인 역할을 한 인물이다. 유럽 부흥 계획을 그가 제안했다는 의미

에서 마셜플랜이라 불렸다.

19 김영호, 앞의 책. 저자는 이러한 소련의 아시아 팽창 전략을 스탈린의 롤백 정책으로 설명하고 있고 스탈린이 한국전쟁을 일으킨 것도 그런 정책 때문이었다고 주장하고 있다.

20 장제스의 국민정부군(국부군)과 마오쩌둥의 공산군이 벌인 내전을 말함.

21 Donald S. McDonald, *U.S.-Korean Relations from Liberation to Self-Reliance* (Westview Press, 1992), 4-5쪽. 그리고 FRUS, 1947, Vol. 6, 609쪽.

22 FRUS, 1948, Vol. 1, 534쪽.

23 Donald S. McDonald, 앞의 책, 6쪽.

24 FRUS, 1948.

25 Donald S. McDonald, 앞의 책, 7쪽.

26 전쟁기념사업회 편, 『한국전쟁사』, 제1권 제2장, 97-102쪽.

27 앞의 책, 101쪽.

28 한배호, 앞의 논문, 26-27쪽.

29 John Lewis Gaddis, *Strategies of Containment* (Oxford U. Press, 1982). 59-60쪽.

30 Glenn D. Paige, 앞의 책, 69쪽.

31 Glenn D. Paige, 앞의 책, 68쪽.

32 FRUS, 1950, 77쪽.

33 FRUS, 1948, Vol. 2, 540쪽.

34 FRUS, 1950, 109-121쪽.

35 Henry Kissinger, *Diplomacy* (New York: Simon & Schuster, 1994). 19장, *dilemma of Containment: The Korean War*, 473-492쪽.

36 Henry Kissinger, 앞의 책, 474쪽.

37 Henry Kissinger, 앞의 책, 475쪽.

38 Henry Kissinger, 앞의 책, 475쪽.

39 Henry Kissinger, 앞의 책, 475쪽.

40 『조선일보』, 「한국전은 미국의 교만한 어리석음 때문」, 2007년 9월 24일, 14면. 이 기사는 최근에 출간된 전 『뉴욕타임즈』 기자 Halberstam가 쓴 *Imperial Ineptitude*라는 책을 참조했다. 저자는 맥아더의 자만심과 트루먼, 스탈린, 마오쩌둥, 김일성의 오판 때문에 한국전쟁이 발발했다는 주장을 하고 있다. 키신저의 주장과 일맥상통한다. 미국은 소련이 아시아에서 미국과 전쟁할 것으로 보지 않았고 '대리전'의 가능성도 예상하지 못했다. 소련 역시 미국이 한국에서 전쟁이 일어나도 참전하지 않을 것으로 판단했다. 남한 사정을 잘 알던 김일성도 미국이 한국에서 철수한 후를 노려 전쟁을 계획하고 남침을 감행했다.

41 구소련 패망 후 러시아의 옐친 대통령이 1994년 김영삼 정부에게 전달한 소련 공문서의 일부가 미국 워싱턴 윌슨연구소의 Kathryn Weathersby 박사에 의해 영문으로 번역되어 공개되었다. 1천200쪽의 문서이다. 주로 한국전쟁 당시의 스탈린과 마오쩌둥, 그리고 김일성 사이에 주고받은 비밀 서신들이다. 그 문서는 한국전쟁이 시작한 후 1950년 10월 초, 즉 북한 인민군이 한국전에서 괴멸당하고 중국군이 개입하려는 단계에 있었을 때의 자료만을 공개하고 있고 1950년 6월이나 그 직전의 3자 간의 서신은 공개하지 않고 있다.

42 Henry Kissinger, 앞의 책, 476쪽.

43 FRUS, 1948, Vol. 6. 1110쪽과 1139쪽 참조.

44 Jang Chang & Jon Holiday, 앞의 책. Jang Chang은 중국에서 문화혁명 당시 학생이었던 사람으로 영국으로 유학한 후 영국에 정착한 작가이다. 소설책 *Wild Swans*로도 유명하다. *The Unknown Story: Mao*는 많은 중국 지도층을 만나 취재한 내용으로 마오쩌둥의 알려 지지 않은 이야기들을 담고 있다.

45 Chae Jin Lee, *China and Korea* (Stanford: Hoover Press, 1996), 9쪽. 이런 주장이 갖는 의미는 매우 크다. 한국전쟁의 성격을 내란으로 보며 특히 남한과 미국이 주도한 침략 전쟁으로 보려는 소위 수정주의론자들(예를 들어 브루스 커밍스 같은 사람들)의 주장을 반박하는 것이 되기 때문이다.

46 Chae Jin Lee, 앞의 책, 9쪽.

47 Chae Jin Lee, 앞의 책, 10쪽.

48 Chae Jin Lee, 앞의 책, 11쪽.

49 Chae Jin Lee, 앞의 책, 11쪽.

50 Chae Jin Lee, 앞의 책, 9쪽. Jang Chang의 *The Unknown Story: Mao*에 따르면 마오쩌둥이 한국전쟁에 중공 의용군을 파병하는 문제를 놓고 중국 공산당의 정치국 회의를 했을 때 파병을 찬성한 것은 마오쩌둥과 저우언라이뿐이었고 나머지는 반대했다고 한다. 그러면서 마오쩌둥은 파병 결정은 1.5표에 의해 결정되었다고 말했다는 것이다. 362쪽 참조.

51 Jang Chang & Jon Holiday, 앞의 책, 368쪽.

52 Chae Jin Lee (ed.), *The Korean War* (The Keck Center for International and Strategic Studies. Claremont McKenna College, Monograph Series, Number 1. 1991), 113쪽.

제5장 4 · 19의거는 누가 왜 일으켰는가

4 · 19는 시민 혁명인가? 민중 봉기인가? 학생 의거인가? 아니면 집권자 스스로 물러난 단순한 정부 교체인가? 이 물음은 매우 중요하다. 역사적 사건의 정확한 본질 규명은 그 자체로도 매우 의미 있을 뿐만 아니라, 이 규명의 결과에 따라 그 후 이어지는 역사를 바라보는 관점이 전혀 달라지기 때문이다. 우리가 흔히 자세한 의미를 따지지 않고 쓰는 용어로 '혁명'과 '카리스마'가 있다. 파티에서조차 좀 색다르고 극적인 변화를 '혁명적인 변화'라고 말하고 좀 특출하고 남의 이목을 끌 정도로 잘났다는 의미로 '카리스마가 있다'고 말한다. 전문 용어가 그 뜻과 관계없이 남용되고 있는 것이다.

혁명이라는 개념을 정확하게 적용한다면 4 · 19는 '혁명'은 아니다. 그것은 학생 주도의 의거였다. 그렇다고 해서 4 · 19의 역사적 의미가 감소하거나 희석되는 것은 아니다. 4 · 19는 한국 민주화 운동의 역사에 커다란 획을 긋는 사건이었다. 단지 '혁명'이라는 정치학적 개념을 제대로 이해하고 4 · 19를 바라볼 필요가 있다는 것이다.

정치 변화에는 여러 가지 형태가 있다. 혁명, 쿠데타, 폐위(권력 포기), 선거에 의한 평화적인 정권 교체 등이 있다. 그중에서 혁명은 다른 유형의 정치 변화와 근본적으로 다른 성격을 갖는다. 혁명과 다른 정치 변화를 구별하는 가장 중요한 특징은 그 변화의 정도와 규모다. 혁명은 대규모 변화를 가져오지만 그보다 더 중요한 특징은 그것이 기존의 정치 질서 그리고 기존의 정치 이념이나 지배 세력을 완전히 새것으로 바꿔놓는 데 있다. 그래서 혁명은 전국을 휩쓰는 광범위한 폭력 사태를 수반하는 경우가 대부분이다. 즉 혁명은 변화를 추구하는 혁명 세력의 의도도 중요하지만, 그보다는 결과를 놓고 규정해야 한다.

프랑스혁명은 왕정 체제를 뒤집고 귀족층을 숙청했으며 공화제라는 새로운 정치 이념에 바탕을 둔 정치 질서를 수립했다. 그 점은 러시아혁명도 마찬가지다. 차르Czar 황제 아래의 제정 러시아를 뒤집어엎은 레닌과 그의 추종 세력인 볼셰비키Bolshevik는 소비에트라는 왕정과는 전혀 다른 새로운 정치 질서를 수립했다. 미국시민혁명도 영국 식민 지배로부터 독립을 얻은 후 공화국이라는 새로운 정치 질서를 창출한 근본적인 변화였다는 점에서 혁명이라 할 수 있다.

제2차 세계대전 후 중국의 공산혁명은 구정권이 가졌던 제도와 지배 세력을 완전히 청산한 후 과거 정권과 전혀 다른 정권을 세운 대대적인 변화였다. 그런 혁명에 비하면 중남미에서 흔히 일어난 군부가 무력으로 정부를 전복해 집권하는, 이른바 '쿠데타'라는 정치 변화는 아무리 군부가 자신을 '혁명 정권'이라 부른다 해도 정치체제regime나 정부 차원의 '변화' 정도이지 '혁명'은 아니다.

4·19 후에 있었던 정치적 변화의 성격은 엄밀히 따져 혁명적인 것이 아니다. 그것은 프랑스혁명이 지배 세력을 숙청하고 새로운 공화제를 수립하듯 급진적이면서 대규모의 변화는 아니었다. 오히려 집권자였던 이승만 대통령을 권력에서 물러나게 한 정권 교체 성격의 변화였다. 그리고 이승만이 외국으로 망명한 가운데 내각책임제로 개편된 정치 형태 안에서 선거를 통해

새로운 정부를 구성한 변화였다.

그런데 그런 변화를 가져오게 한 세력이 학생층이었다는 데 4·19의 특징이 있는 것이다. 그래서 외국 신문들은 그것을 "학생 의거Student Uprising"라 불렀던 것이다.[1] 덧붙이자면, '학생 의거'라는 표현보다 '학생 봉기student revolt'라 부르는 것이 더 정확한 표현일 것이다.

학생이 주동해 이룬 정치 변화이었지만 학생이 직접 정치권력을 장악하고 운영할 수는 없었다. 결국, 자유당을 비롯한 일부 정치 세력이 바뀌기는 했지만, 기성 정치인들이 계속 주도권을 장악해 개헌 과정을 거쳐 내각책임제로 정부 형태를 바꾸고 총선거로 과거 야당이었던 민주당이 집권하는 정치적 변화가 일어났을 뿐이다. 그처럼 집권 세력의 교체가 일어나긴 했지만, 선거를 통한 평화로운 정권 교체는 아니었다. 폭력적 진압에 따라 수많은 희생자를 낸 학생들과 일부 시민들의 의로운 항쟁에 의한 정부 교체였다.

필리핀의 마르코스를 권좌에서 몰아낸 필리핀의 '국민의 힘'에 의한 정치 변화는 학생이 아니라 수많은 시민이 주도한 것이어서 '민중 봉기popular uprising'라 부를 수 있다. 망명 생활을 마치고 귀국한 야당 지도자인 아키노Aquino 상원의원이 비행기에서 내리는 순간 살해당한 것이 도화선이 되었고 그것이 대대적인 반마르코스 운동을 가져와 폭력을 동반한 정치 변화로 이어졌다. 마르코스도 이승만처럼 망명해 미국에서 타계하는 비운을 겪었다.

1960년 4월 26일, 이승만 대통령은 대통령직을 사임하겠다는 성명을 내고 경무대를 떠나 이화장 사저로 돌아갔다. 1948년 8월 15일, 대한민국 초대 대통령으로 국회에서 간선으로 선출되었고 1952년 발췌 개헌안에 따라 직선제 대통령으로 재선되었으며[2] 1956년 3선을 거쳐 1960년 3월 15일에 있었던 제4대 대통령 선거에서 당선되어 1948년부터 1960년까지 12년간 국가원수 자리를 지켜오던 이승만이 권좌에서 물러나는 순간이었다.

이승만의 하야 성명이 있기 며칠 전, 대통령 집무실이 있는 경무대로 돌진하던 학생 데모대에 경무대 경비 경찰이 발포해 수많은 학생이 총탄에 쓰러졌다. 이를 계기로 학생과 시민들의 반정부 데모가 전국으로 불길처럼 번졌다. 마침내 서울 지역 대학교수들까지 나서 학생들의 희생을 책임지라며 거리시위를 했다. 정부와 여당은 정치 깡패를 동원해 시위에 나선 고려대 학생들에게 폭력을 행사했고 수많은 부상자를 냈다. 그것이 또 하나의 도화선이 되어 반정부 데모가 격화되자, 이승만 정부는 계엄령을 선포해 진압하려 했으나, 서울에 진주한 계엄군은 데모대에 발포하지 않았고 적극적으로 진압하려는 자세도 보이지 않았다. 군의 적극적인 지원을 얻지 못한 이승만은 12년간 지속해온 권위주의적 지배authoritarian rule를 포기하고 다시는 돌아오지 못한 하와이로의 망명길에 올랐다.

이승만 정권의 기본 성격과 지배 구조

4·19의거를 가져온 결정적 원인은 무엇인가? 학생 봉기의 결과로 4·19의거를 논하기는 쉽지만, 그 원인이랄까 이유를 가려내기는 그다지 쉬운 일이 아니다. 단지 40년 전에 일어난 일이지만 아직도 그 원인을 만족스럽게 설명해줄 자료를 찾기 어렵다. 때늦은 지혜hindsight를 빌려서라도 그 당시의 상황을 되돌아보면서 가장 그럴싸한 원인을 가려내볼까 한다. 그러려면 우선 4·19의거가 일어나게 된 배경과 그것이 전개된 과정 속에 포함된 이승만 정부의 성격을 분석, 규명해볼 필요가 있다.

학생들이 4·19의거를 통해 붕괴시킨 이승만의 정권[3]은 어떤 정권이었나? 학생들이 처음부터 의도적으로 정권을 붕괴시키겠다는 뚜렷한 목표를 가지고 데모를 시작하고 후에 폭력 사태까지 불러오게 되었는지는 정확히 알 수 없다. 1960년 3월 15일, 정부통령 선거를 치른 후 학생들이 공개적으로 요구하고 나온 것은 3·15선거가 부정선거였기 때문에 무효를 선언하고 재선거하라는 단순한 요구였다.

1948년 단독정부 수립 이후 유례를 볼 수 없을 정도로 노골적이고 대규모적인 부정선거를 저지른 자유당과 정부는 학생들이 재선거를 요구하는 집단 시위에 나서자 정적을 용공분자로 모는 상습적인 방식대로 학생들이 공산주의자의 선동과 사주를 받고 있다고 주장하면서 안이한 자세로 사태를 수습하려 했다.

그러다 마산에서 눈에 최루탄을 맞아 사망한 것으로 보이는 고등학생의 시신이 바닷물 위로 떠올랐다. 이에 격분한 학생들의 시위는 더욱 과격해졌고 전국 여러 지역으로 퍼지기 시작해 마침내 서울에서 대학생과 고등학생을 중심으로 대대적인 반정부 데모가 일어났다. 그러나 자유당과 이승만 정부는 계속 강경 진압으로 대응했고 그 결과 수많은 학생과 시민이 경찰의 총에 맞아 사망하는 사태가 벌어졌다. 비로소 사태의 심각성을 깨달은 이승만은 측근 인사의 하야 권고를 받아들여 대통령직 사임을 결심하고 경무대를 떠났고 4·19의거는 막을 내리게 된 것이다.

3·15부정선거를 규탄한 학생들의 집단행동에 의해 무너진 정권을 '이승만 정권'이라고 부르기도 하고 '자유당 정권'이라고도 부른다. 여기서 정권이라 함은 '정치 시스템political system'이나 '헌정 질서' 같은 용어보다 덜 광범하고 덜 포괄적이지만, 구체적인 행정부, 대통령직, 내각, 술탄Sultan, 또는 군사정부 같은 용어보다는 훨씬 추상적인 것으로, 중간적인 개념이다. 우리가 '경제 정책'을 적자 정책, 균형 예산 또는 통화 정책 같은 용어보다 훨씬 포괄적인 개념으로 사용하는 것처럼, '정권regime' 또한 그러한 포괄적 개념으로 이해할 수 있다. 정권은 다른 말로 '정치체제'라고 부르기도 한다. 여기에서는 정권과 정치체제를 동의어로 사용하기로 한다. 그러나 분석의 목적을 위해서는 영어의 'regime'을 '정치체제'로 옮기는 것이 적절하다고 생각한다.

정치체제의 구성에 대한 논의도 매우 다양하다. 데이비드 이스튼David Easton 같은 학자는 정치 시스템과 정치체제를 구별해 쓰면서 정치 시스템을 정치체제의 상위 개념으로 간주한다. 그는 정치체제의 구성 요소로 기본적인 가치(목표, 원리), 규범 또는 규칙, 그리고 권위 구조(정부보다 광의적 개념의)를 들고 있다.[4] 해리 엑스타인Harry Eckstein도 정치체제의 구성 요소로 권위 구조와 정치적 경쟁 구조structure of competition라는 두 개의 구조적 요소를 들고 있다. 이와 대조적으로 정치 경제적 접근을 취하는 토마스 펨펠Thomas Pempel[5]은 일본을 대상으로 한 연구에서 정치체제가 '사회 경제적 동맹체', '정치·경제 제도', 그리고 '공공 정책 프로필public policy profile'로 구성되는 것으로 보고 있다.

그런 정권이 교체되는 원인에 대한 세 사람의 설명은 서로 다르다. 이스튼은 급격하고 대대적인 변화는 정치 시스템 자체보다 그것을 둘러싼 환경의 변화에서 비롯되는 것으로 본다. 혁명과 같은 대규모적인 변화나 변질 과정은 정치적 차원보다 그것을 둘러싼 환경, 즉 사회적·문화적 또는 국제적 차원의 변화에서 비롯되는 것으로 본다. 정치체제를 구성하는 정부 정책, 규칙, 규범 같은 요소들에도 변화가 있을 수 있으나, 그런 경우의 변화는 정책을 바꾸거나 새로운 규정을 만들거나 새로운 가치관을 주입하는 등의 누적적인incremental 변화라는 것이다.[6]

엑스타인은 정치적 권위 구조(정치체제)와 사회적 권위 구조 사이의 정합성consonance이나 조화성으로 정치 변화를 설명한다. 그는 정치 변화 그 자체보다 정치적 안정의 문제에 관심을 둔다. 그리고 노르웨이를 연구 대상으로 해 "민주정치가 안정을 누리려면 정치적 권위 구조와 사회적 권위 구조가 서로 조화로운 일치를 보여야 한다"고 주장한다. 정치적 권위 구조가 민주적이라 해도 사회적 권위 구조가 비민주적이고 권위주의적일 때 정치적 권위 구조는 불안정하며 대부분 정치적 권위 구조도 비민주적일 가능성이 크다는 것이다. 매우 불안했던 해방 직후 한국의 정치적 상황과 맥을 잇는 관점이라 하겠다.

펨펠은 정치체제를 구성하는 세 개의 요소인 사회 경제적 동맹체, 정치 경제 제도, 그리고 공공 정책 프로필이 하나의 삼각대를 형성하는 것으로 보고 그들 세 개의 요소 중 어느 하나라도 없으면 삼각대가 쓰러지는 것처럼 정치체제도 세 요인 사이의 관계에 따라 변한다고 주장한다. 이들 삼자가 조화를 이뤄 일정한 평형을 유지했을 때 정치체제는 안정된다는 것이다. 반대로 삼자가 균형을 상실하게 될 때 체제는 변화(이행)를 겪게 된다. 펨펠은 이들 삼자의 관계는 상호 보완적이기도 하지만 서로 불안한 긴장 상태를 형성하고 있기에 정치체제란 기본적으로 "제한된 수준의 안정성을 갖거나 불안한 상태"에 있다고 주장하고 있다. 한편 정치체제란 도전을 받지 않는 비교적 안정된 지배 양식이라는 특징도 지니고 있다고 본다. 특히 선진적인 민주정치체제는 그렇다는 것이다.

그러나 이승만 정권처럼 민주정치체제가 아닌 정권을 이해하는 데 도움을 주는 것은 후안 린츠Juan Linz의 '권위주의 정권Authoritarian regime'이라는 개념(공산 정권도 아니고 민주 정권도 아닌 제3의 정권 형태)이다. 남유럽(스페인·포르투갈·그리스)에 나타난 군사 정권과 남미의 수많은 군사 정권, 이집트의 나세르가 주도했던 군사 정권, 타이완의 장제스가 이끈 국민당 정권, 미얀마의 군사 정권이 모두 이 유형에 속한다.

스페인의 프랑코 체제를 예로 삼은 린츠의 권위주의 정권에 대한 연구와 개념 규정은 학계의 많은 관심을 끌었고 권위주의 정권이라는 개념은 남유럽이나 남미의 문화적 배경을 초월해 보다 광범한 적실성을 지닌 중위中圍 개념으로 발전했다.

린츠는 권위주의 정권의 대표적인 유형으로 군부(관료) 권위주의, 유기체 국가주의, 동원動員 권위주의, 탈전체주의적 권위주의 등을 들고 있다.[7] 또한 권위주의 정권의 특질은 첫째, 정치적 다원주의가 없다는 것, 둘째, 이데올로기가 아니라 지배층의 사고방식mentality이 중요하게 작동한다는 것, 셋째, 지배층의 행동 양식이 어느 정도 예측 가능하다는 것 등이다.[8]

보통 권위주의 정권은 이데올로기를 바탕으로 한 강력한 결속력을 지닌 정당 조직을 갖추지 못하며, 다원화된 사회의 여러 계층이나 집단으로부터 광범한 대중적 지지를 얻을 수 있는 구조적 기반도 부실할 수밖에 없다. 지배층은 대중적 기반을 지닌 정치 조직을 외면하려는 성향을 갖고 있기에 강력하고 결속력을 지닌 권력 중심부power center를 갖기 어렵다. 유일한 지배 수단은 군대와 정보기관, 사법기관, 경찰 같은 조직이다.

이승만과 자유당이 지배했던 1950년대 한국의 정치체제는 제도와 실천, 형식과 내용 면에서 매우 불안한 체제였다. 형식적으로는 미국식 민주주의를 본뜬 민주적인 체제였으나 1948년 국회에서 간선 대통령으로 당선된 이승만은 2년 후 한국전쟁을 맞게 되었고 그때 이미 국회 내에는 이승만의 반대 세력이 다수 세력을 형성하고 있었다. 그리고 전쟁 발발 후 2년이 지난 1952년 이승만의 4년 임기가 끝날 무렵, 국회 내의 반이승만 세력은 다음 대통령으로 장면을 추대하려는 움직임을 보이고 있었다. 이에 맞서 이승만은 임시 수도 부산에서 강제로 개헌안을 통과시켜 전쟁 중에 국회에서 치른 대통령 선거(부산정치파동)에서 제2대 대통령으로 재선되었다.

그런 의미에서 1952년은 한국 정치사에서 하나의 중요한 분수령 또는 전환점을 이룬 해이다. 당시 야당이 비판한 대로 '1인 독재'의 기반이 갖춰진 것이다. 그처럼 정치권력을 일정한 형태의 정치제도가 아니라 대통령이라는 개인과 일치시켰다는 의미에서 필자는 이승만 체제를 '개인적 권위주의 정권' 또는 '준경쟁적 권위주의 체제semi-competitive authoritarian regime'라고 규정한 바 있다.[9]

즉 부산정치파동을 겪은 후, 이승만의 '사이비 카리스마' 이미지를 업은 자유당 지도층은 형식적으로 헌정憲政의 제도적 테두리를 유지하면서도 실제로는 이승만 개인의 영구 집권이 가능하도록 강권과 금권을 동원했으며 이들 스스로 제도 위에 군림하는 과두지배 세력을 형성한 것이다. 정치 분석에서 형식보다 중요한 것은 실질적인 지배 양식style of rule이다. 비록 선거 제도와 의회 제도를 유지했다 해도 이승만과 자유당의 지배 양식은 강권 의존적이었다. 반대 세력이 집권하는 길을 원천적으로 봉쇄하려 했고 민주적

절차를 무시한 채 야당을 폭력으로 억압했다. 그런 면에서 이승만과 자유당의 정치체제는 비민주적이며 정권 독점에 집착한 권위주의 체제였다.

이승만과 자유당의 과두지배 세력이 이끈 권위주의 정치체제는 군사 정권은 아니었다. 군부를 정치권력의 기반이나 수단으로 사용할 수 없었다. 물론 군부의 지속적인 충성과 지지가 필요했다. 그들은 장성급 장교들에 대한 인사권을 이용해 군의 충성을 확보하려 했다. 특히 군부 내 특정 장성을 중심으로 파벌을 조장해 붕당들 사이에 적대적 경쟁 관계를 부추김으로써 분리와 지배의 통치 기술을 발휘한 것이다. 그러나 군부라는 조직 자체를 제도적으로 자유당의 권위주의 체제 속에 편입시키지는 않았다.

군부가 본격적으로 정치화한 것은 1961년 5월 박정희 소장의 쿠데타 정권이 수립되면서부터였다. 이승만 정권하에서는 경찰 조직이 중요한 정치적 역할을 했다. 경찰 조직은 특히 선거와 관련해 가장 중요한 역할을 담당했던 강권 조직이자 정보망이었다. 자유당 정권의 유지와 장기적인 집권을 위해 시행해야만 했던 여러 차례의 국회의원, 대통령 선거와 관련해서 유권자들을 동원하고 반대 세력을 감시하는 데 강력한 조직력을 발휘한 조직은 군대가 아니라 경찰이었다. 자유당 정권하에서 역대 내무장관이 다른 어느 장관보다 막강한 힘을 지닐 수 있었던 것도 그런 이유에서였다. 이승만 정권은 경찰이라는 강권조직에 크게 의존했던 과두지배적 성격을 지닌 권위주의 정치체제였다고 할 수 있다.

이승만의 정치체제는 또한 극히 제한된 정치적 다원주의를 바탕으로 한 정권이었다고 할 수 있다. 산업화 과정을 본격적으로 밟기도 전인 1950년대, 전쟁으로 폐허가 되었던 한국 사회에 다원적인 구조는 형성될 수 없었다. 그 당시의 한국 사회는 매우 단순한 농촌 중심의 사회구조를 갖고 있었다. 따라서 어떤 지배자가 집권했을 때 정치권력을 멋대로 행사해도 그것을 견제하는 대체 정치 세력을 형성할 수 있을 정도로 사회구조가 다원적이지 못했다. 다시 말해서 1950년대 한국 사회는 정치체제를 쉽게 권위주의적 체제로 바꿀 수 있는 사회구조였다.

이승만의 정치체제는 대중을 정치적 목적으로 동원하는 데 필요한 이데올로기(이념)를 갖추지 못했다. 이승만이 주장한 반공 이데올로기를 사이비 이데올로기로 간주한다면 한국전쟁 중이나 그 직후에는 어느 한계까지는 그것을 정치적 수단으로 활용할 수 있었으나 대중으로부터 지속적이고 조직적인 지지를 확보하기에 충분하거나 새로운 정치 세력을 충원하기 위한 수단으로 활용될 수 있는 내용의 것은 아니었다. 따라서 이승만의 반공 이데올로기는 대중적 지지와 제도적으로 강력한 권력 중심부(또는 정당)를 형성할 수 있을 정도의 내용과 호소력을 지닌 정치적 도구로 역할을 할 수 없었다.

이승만 정권의 권력 피라미드의 최고봉을 차지했던 지배 블록은 대개 일제강점기에 관료를 지냈던 사람들로 구성돼 있었다. 물론 건국 초기에는 상당수의 독립지사나 정치인들이 국회에 진출하거나 정부 요직을 점했으나 그들 중 많은 사람이 한국전쟁 중 북한으로 납치됐거나 사망했고 나머지도 점차로 이승만의 자의적인 권력 행사에 비판적이 되면서 야당 지도자로 변신했다. 그 결과 정부 요직의 상당수를 차지한 것은 일제 관료 출신의 인사들이었고 자유당 당무회의에서 요직을 차지했던 인사들 역시 다수가 일제강점기의 관료 출신들이었다.

일제 식민지 관료로 있었던 저들은 무엇보다 관료적 사고방식과 행동 양식을 가진 자들로서 위계질서를 존중하고 상사에 대한 충성에 익숙한 사람들이었다. 출세를 위해서는 아부도 서슴지 않았으며 윗사람의 '눈치'만 살피면서 상관의 비위에 맞게 행동하는 사람들이었다.

다시 말해서 테오도르 아도르노Theodor Adorno 같은 정치심리학자가 묘사한 '권위주의적인 개성Authoritarian personality'에 그대로 들어맞는 지도층이었던 것이다. 아도르노는 '약한 자를 무시하거나 억누르고 강한 자에게는 충성하며 자신의 입신영달을 위해서는 어떤 짓을 해도 정당하며 어차피 사회는 강한 자가 약한 자를 지배하게 되어 있다는 세계관을 가진 사람들'을 권위주의적 개성의 소유자라고 보았다. 그런 권위주의적인 성향을 지닌 과두지배 세력에 둘러싸인 이승만이었기에 이승만 정권은 형식적으로나마 민주적 정치체제였지만 자연스럽게 권위주의적인 정치체제로 변질할 수 있었던 것이다.

이승만 정권의 성격과 지지 세력

이처럼 정치적 다원주의도 없고, 반듯한 이데올로기로 국민을 이끌 수도 없었고, 일제강점기부터 관료 생활을 해온 인사들이 주축을 이뤘던 이승만의 권위주의적 정치체제를 뒷받침해준 이들은 과연 누구였을까?

이승만 정권의 사회경제적 동맹체의 하나로, 이승만 정권의 가장 중요한 지지자들은 경제적으로 강한 영향력을 행사했던 소수 재벌이었다. 이승만 정권은 한국전쟁 후 미국의 대규모 군사·경제원조를 계속 확보할 수 있었으며 이를 기반으로 경공업과 소비 산업 중심의 소수 재벌을 육성해 이승만의 지배를 재정적으로 뒷받침하게 했다. 정경유착의 구조적 조건들을 갖추게 된 것이다. 이승만 정권의 핵심 과두지배 세력은 마음에 내키지는 않았지만, 미국의 압력 때문에 대통령 선거와 국회의원 총선거를 정기적으로 치를 수밖에 없었으며 그때마다 소수 재벌이 필요한 선거 자금을 조달해주었던 것이다.

그러나 이승만 정권을 지지했던 또 다른 사회경제적 동맹체로서 가장 큰 힘을 발휘한 세력은 당시 인구의 절대다수를 차지했던 농민들이었다. 1950년대의 '여촌야도'라는 표현대로 자유당의 표밭을 이뤘던 것은 전체 인구의 약 70-80%를 차지한 농촌 지역이었다. 집권당인 자유당은 선거구의 농촌 편중을 노린 선거구 재조정을 통해 국회의원의 절대다수를 확보할 수 있었다. 반대로 선거 때 경찰의 간섭이 어려웠던 도시에서는 여당보다 야당 후보가 당선되는 경우가 많았다. 그러나 당시의 인구는 압도적으로 농촌에 집중돼 있었다.

정부와 여당은 재벌과 농민 외에도 자유당 산하에 정부의 통제를 받던 여러 사회단체와 이익단체를 포용하고 있었다. 대한노동총연맹(대한노총)을 비롯해서 여성단체, 농민단체, 심지어 종교단체까지 지지세력으로 확보하고 있었다. 그러나 각 사회단체의 장들이 자유당 당원으로 당 조직의 상부층을 형성하고 있었을 뿐 사회단체의 구성원들이 자유당에 적극적으로 참여한 것은 아니었다. 그런 의미에서도 자유당은 과두지배 성격의 조직이었지 대중정당은 될 수 없었다.

노동단체도 농민단체와 함께 자유당의 산하단체 성격을 갖고 있었으나 노동자들이 자유당을 적극적으로 지지한 것은 아니었다. 대한노총이라는 대규모 노동단체의 장이 여당 중앙조직의 요직을 차지하기는 했지만, 노동자 자신들의 정치 활동은 극도로 제한돼 있었다. 여기엔 한국 사회 전체가 북한과 첨예한 대결 상태에 있었다는 점이 크게 작용했다. 또한, 산업화 수준이 매우 낮았던 1950년대에 노동계층의 조직화는 한계를 지닐 수밖에 없었고 법적으로 노동조합의 활동이 크게 제약받고 있었다는 사실도 이유 중의 하나일 것이다.

한편, 자유당에 대해 매우 비판적이고 부정적이었던 사회경제적 세력은 전체국민의 20—30%를 차지했던 도시민층이었다. 이들은 자유당의 장기집권에 대해 매우 부정적이었으며 특히 진보적이거나 자유주의적 성향이 있는 지식인, 현실에 대해 불만을 품은 대학생, 그리고 빈곤의 악순환에서 벗어나지 못하는 도시빈민들은 선거 때마다 자유당보다 야당을 지원하는 반정부적 성향을 지니고 있었다. 야당이 1950년대 후반부터 선거 구호로 "못 살겠다. 갈아보자!"를 내걸었고 그것이 도시민층 특히 도시 저변의 빈곤층에게 큰 호소력을 지닐 수 있었던 것도 정부 여당에 대한 도시민층의 불만이 날로 높아가고 있었기 때문이었다.

이승만 정권은 정치제도나 경제제도가 제도화하지 못한 권위주의 정권이었다. 이승만이라는 거물 정치인의 압도적인 지위에 눌려 붕당朋黨의 성격에서 벗어나지 못했던 자유당, 그리고 야당에 대해 조직적인 탄압을 가함으로써 이승만에게 도전할 수 있는 지도자가 등장하는 것을 봉쇄하는 데 급급했던 정부, 그것이 권위주의적 지배 양식을 취했던 이승만 정권의 본질이었다.

비록 붕당의 성격을 지녔지만, 자유당은 관제 선거라고 불릴 정도로 깊숙이 개입한 정권의 지원 아래 국회 내에 압도적인 다수를 유지해왔다. 자민당이 압도적인 다수로 독주하는 일본의 정당정치를 가리켜 '1.5 정당체제one and half party system'라고 부른 미국 학자[10]도 있었지만, 한국전쟁이 휴전협정 체결로 끝난 1954년부터 1958년까지 자유당이 국회에서 차지한 의석수는 총의석 203석 중 과반이 넘는 114석인데 비해 야당인 민주당은 21석에 불과했다. 나머지 68석은 무소속이었다. 또한, 1958년에서 1960년 사이의 정당별 의석수는 총의석 233석 중 여당이 126석이었고 야당은 79석이었다. 무소속의 수는 28석으로 줄었다.[11] 적어도 한국전쟁이 휴전되던 1954년부터 4·19의거가 발생했던 1960년 4월까지 한국은 자유당의 '일당 압도 체제Dominant party system' 하에 놓였었던 것이다.

이승만 정권하에서 대통령 선거와 국회의원 선거는 4년마다 정기적으로 시행되었다.[12] 이는 한국전쟁 이후 군사·경제원조를 통해 한국 정치에 깊숙이 관여한 미국정부의 눈치를 봐야 했기 때문이었다. 미국 행정부는 한국 원조를 위해 미국 의회의 승인을 받아야 했는데 그때마다 한국을 "민주주의의 진열장show-case of democracy"으로 만들어야 한다고 역설했다. 그런 한국에서 이승만 정권이 대통령과 국회의원의 선거제도를 폐지한다는 것은 미국정부의 입장에서 불가능한 일이었다. 이승만 정권과 자유당은 마음에 내키지 않더라도 정기적으로 선거를 치를 수밖에 없었으며 야당과 정치적인 경쟁을 벌여야 했다.

이승만 정권은 민주주의의 가장 기본적인 원리라 할 삼권분립의 원칙과 그것에 기초한 절차나 규범을 지키지 않았다. 형식만의 삼권분립이었다. 대법원이 있었고 국회가 있었다. 그러나 대법원의 독립성은 매우 제한되었다. 대법관의 임명에서부터 대통령의 영향력이 작용했으며 '진보당進步黨사건'에서 볼 수 있었듯이 법관들은 외부 정치 세력으로부터 심각한 위협과 압력을 받아야 했다. 사법부 독립은 말뿐이었다.[13]

국회 역시 행정부로부터 독립된 대의기관은 아니었다. 행정부가 기안한 법안들을 통과시키는 역할을 했을 뿐, 국회 스스로 법안을 발의하는 경우는 매우 드물었다. 그러나 1950년대 후반부터 야당 의원 수가 늘어나고 야당의 대정부 비판 활동이 활발해지면서 국회는 그런대로 정부 정책을 비판하고 부정부패를 폭로하는 성토장으로서의 구실을 다하고 있었다.

이승만 정권의 한국은 자본주의 경제체제였다. 그러나 당시의 한국처럼 자본, 기술, 원료 등 모든 것이 부족했던 상황에서, 그리고 한국 경제가 거의 전적으로 미국의 무상원조에 매달리고 있던 당시로서는 자본주의 경제제도가 발전할 수 있는 여지가 없었다. 1950년대 후반부터 미국의 원조 정책이 전쟁 구호품 공급에서 경제 복구와 부흥으로 바뀌면서 국내의 소비 수요를 위해 제분, 제당, 시멘트 산업과 방직공업이 중심이 된 경공업 산업화가 시작되었으나 그 규모는 매우 제한된 것이었다. 1950년대 한국 경제는 근본적으로 원조 경제의 테두리를 벗어나지 못했다.

그런대로 이승만 정권하에서 어느 정도 정치제도로서의 역할을 한 것은 선거제도였다고 할 수 있다. 1952년 이후 꾸준히 직선으로 대통령과 국회의원을 선출하는 선거제도를 채택했다. 그러나 문제는 그 선거가 얼마나 공정하고 자유롭게 시행되었느냐 하는 것이었다. 선거 때마다 부정선거 시비가 끊이질않았고 경찰의 선거 개입도 공공연한 사실로 인식돼 있었다. 매표 행위도 다반사였다. 국민은 선거가 이승만을 당선시키거나 여당 국회의원들을 당선시키기 위한 하나의 요식행위라는 것을 잘 알고 있었다.

이승만 정권은 언론에 대해서도 제한된 수준이었지만 탄압을 가했다. 『동아일보』를 1개월간 정간시킨 일이 있었고 『대구매일신문』 같은 지방신문에 대해 탄압을 가하기도 했다. 대부분 주요 신문들은 정부에 대해 매우 비판적이었지만 대놓고 노골적으로 탄압하지는 않았다. 후의 일이지만 민주당 대통령 후보였던 장면 부통령을 사설에서 지지했던 『경향신문』(가톨릭 재단 운영)을 1959년에 폐간시킨 것은 과격하고 예외적인 조치였다.

그러나 이승만 정권의 야당에 대한 감시와 탄압은 매우 조직적이었다. 야당은 선거 자금의 지원도 제한돼 있었고 조직적인 경찰의 간섭과 개입으로 선거 때마다 고전할 수밖에 없었다. 그나마 언론의 지지와 일부 도시민의 지지를 얻어 국회에서 일정한 의석을 확보했으며 1958년 선거에서는 70여 의석을 차지하기도 했다. 그러나 권위주의적 정치체제 아래서 야당의 운신 폭은 매우 좁았다. 고작 야당이 할 수 있는 역할이란 국회 내에서 정부를 비판하고 반대하는 '목소리뿐인 야당vocal opposition' 역할 정도였다. 이승만 정권을 준경쟁적semi-competitive 권위주의 정권이라 부르려는 이유도 여기에 있다.

이승만 정권의 지배 블록은 철저한 반공을 내세운 보수 세력으로 구성되었다. 1952년 부산정치파동을 거쳐 단일 집권당으로 등장한 자유당은 이승만을 종신 대통령으로 만들고자 1954년에 유명한 '사사오입四捨五入' 개헌을 강행해 대통령직이 연임으로 제한돼 있던 것을 폐지하고 종신 때까지 무제한 출마할 수 있도록 했다. 개정한 헌법에 기초해 이승만은 1956년 제3대 대통령 선거에 출마해 당선되었다.

1956년 대통령 선거에서 야당인 민주당에서는 신익희를 대통령 후보로, 그리고 장면을 부통령 후보로 내세워 이승만과 이기붕 팀에 도전했으나 신익희가 선거유세 중 심장마비로 사망하자 유권자들은 그에 대한 애도와 야당에 대한 지지 표시로 민주당 부통령 후보인 장면에게 투표해 여당 후보인 이기붕을 낙선시켰다. 그 결과 정부통령이 각각 다른 당에서 나오는 기이한 현상이 벌어지게 되었다. 대통령과 부통령을 동일 칸으로 만든 투표용지가 아니라 정부통령을 각각 따로 투표하도록 한 선거 방식이 낳은 기현상이었다고 할 수 있다.

1956년 이후 여야 사이에 더욱 격렬한 대립과 알력이 벌어지게 된 배경에는 이같이 두 개의 서로 다른 당이 각각 대통령과 부통령의 자리를 차지한 데 있었던 것이다. 특히 여당으로서는 연로年老한 이승만이 임기 도중 사망할 가능성을 염려하지 않을 수 없었다. 대통령 유고 시 법적으로 대통령직은 야당 출신의 장면 부통령이 계승하게 돼 있었다. 이것은 여당의 지배 블록에 악몽과도 같은 것이었다.

이승만 정권의 반일 정책

이승만 정권이 강력한 반공 정책을 추구했던 것은 너무나 잘 알려진 사실이다. 또한 철저한 반일 정책을 추구한 정권이었다. 이승만은 한국전쟁 도중에도 "만일 일본군이 한국에 침략해오면 북한과 싸우는 것을 그만두고 일본군과 싸울 것이다"는 말을 했다고 언론에 보도된 바 있었다. 그만큼 이승만의 반일 감정은 매우 격렬한 것이었다.

국내에선 반공 정책을 추구해 북한에 동조하거나 친북 행동을 하는 정치 세력을 분쇄하는 데 주력했을 뿐 아니라, 필요하면 야당 관계자를 용공주의자로 몰아 탄압하기도 했다. 이웃인 일본과는 철저한 반일 정책을 유지함으로써 고도의 긴장 관계를 조성하기도 했다. 한국전쟁 중 이승만은 동해에 일방적으로 '리 라인Rhee Line'을 설정해 일본 어선들을 나포함으로써 한일 양국 간에 긴장을 고조시키기도 했다. 그처럼 이승만 정권은 휴전선 너머에 북한이라는 적대 국가와 대한해협 건너에 일본이라는 적대 국가를 두고 국민을 결속시키기 위한 수단으로 활용했다. 외부로부터의 위협을 조장해 국내의 통제와 단속을 강화하려는 독재체제의 전형적인 수법을 이용한 것이다.

이승만 정권은 내수 위주의 수입 대체 산업화를 추진했다. 그런데 1957년을 기점으로 미국의 원조가 점차 감소하고 원조가 차관으로 전환되면서 시급히 장기 개발 계획을 수립해야 하는 처지에 놓이게 되었다. 그러나 그런 계획의 집행은 쉽사리 이뤄질 수 없었다. 미국의 원조 기조가 바뀐다는 것은 그전까지 이승만 정권이 활용해온 환율 정책과 금융 특혜를 통한 정치자금 조성의 길이 막히게 될 가능성을 가지고 있었다. 1958년 경제성장률은 7.0%이었으나 다음해인 1959년에는 2.1%로 둔화해 경제는 불황에 빠지고 실업률은 매우 증가했다. 미국의 원조 감소에 따른 경제성장의 둔화는 물자 공급을 감소시켜 급격한 인플레이션을 가져왔다.[14]

이러한 경제 침체와 고용 기회의 절대 부족으로 대학을 나와도 취직자리를 얻지 못한 젊은 지식인층은 깊은 좌절에 빠졌으며, 이들은 자유당 정부의 무능과 부정부패가 그와 같은 상황을 가져오게 한 것이라 보고 정부에 대해 격렬한 반감의식을 가질 수밖에 없었다. 미국의 무상원조에 의존해온 이승만 정권의 지배 블록이나 관료들은 안이한 자세로 미국 원조가 무한정으로 계속될 것으로만 생각했지 장기적인 안목에서 경제개발 정책을 세우는 일은 추진하지 못했다. 이승만을 주축으로 하는 자유당의 집권 연장에만 더 큰 관심을 쏟고 있었던 것이다.

왜 부정선거를 저질렀나

이승만 정권의 전성기는 전쟁이 끝나던 1954년에서 1958년까지의 5년간이었다. 앞에서 언급했지만 펨펠은 정권을 구성하는 세 가지 요소를 제시한 바 있었다. 펨펠은 정치체제의 변수로서 '사회경제적 동맹체', '정치제도와 경제제도', 그리고 '공공 정책 프로필'을 들면서 이 세 가지가 조화를 이루면 정권은 안정되지만, 삼각대의 어느 하나가 무너져 균형을 상실하게 될 때 체제는 큰 변화를 겪게 된다고 했다. 한국전쟁 휴전 후인 1954년부터 1958년까지는 이승만 정권을 구성했던 세 개의 변수들이 어느 정도 서로 조화와 평형을 이룬 시기였다고 할 수 있다.

당시 세계는 한국전쟁을 겪은 후, 미국과 소련은 물론 미국과 중국 사이의 냉전이 극에 달하고 있었다. 이것은 철저한 반공주의를 내세웠던 이승만 정권에 매우 유리한 국제적 환경이었다. 이승만은 반공 투쟁의 최전선 지대인 한국의 지도자로, 그리고 미국의 적극적인 지원을 받는 반공 지도자로, 국제사회에서 높은 평가를 받고 있었다. 국내적으로 '서울 사수'를 공표한 이승만이 스스로 서울을 포기한 데 대한 야당과 국민의 비판이 있었지만 그래도 전쟁을 수행하는 과정에서 이승만의 영도력은 인정받았다. 특히 반공 포로의 석방을 둘러싼 미국과의 마찰에서 보여준 이승만의 소신과 굽히지 않은 강경한 태도에 국민은 많은 지지를 보냈다.

그런 이승만의 후광을 업고 1954년 선거에서 자유당은 압도적인 승리를 거뒀다. 1954년 국회의원 선거에서 자유당이 114석을 얻은 데 반해 야당은 21석을 그리고 나머지 68석은 무소속 의원이 차지한 사실을 보아도 이승만 정권은 야당이나 반대 세력으로부터 큰 도전을 받지 않고 있었음을 알 수 있다. 1955년 민주당이라는 야당이 결성되면서 자유당과 맞서는 조직적인 반대 세력이 등장하게 되었고 야당이 무소속 의원 일부를 흡수함으로써 정권에 대한 견제와 비판을 가하기 시작했으나 그래도 국회는 자유당 의원이 절대다수였고 그들의 뜻대로 독주하고 있었다.

그처럼 1954년부터 수년간은 '여촌야도'로 불리던 사회경제적 동맹체, 일당 지배 체제를 가능케 한 정치적 기반, 그리고 미국의 적극적인 군사·경제원조라는, 이 세 가지 변수가 어느 정도 조화와 평행을 이룬 시기였던 것이다. 그러나 1958년경에 이르면서 사정은 달라지기 시작했다. 위에서 말한 세 가지 변수에 변화가 일어나기 시작한 것이다. 이승만 정권을 지탱하던 삼각대가 흔들리기 시작했다. 우선 사회경제적 동맹체에 변화가 일어났다. 1958년 선거에서 야당인 민주당이 크게 약진한 것은 그동안 이승만 정권을 지탱해온 사회경제적 동맹체에 변화가 일어났음을 시사하는 것이었다. 즉 여당의 의석은 12석만 늘어났으나 야당은 58석이 늘어났다. 무소속 수가 68

석에서 28석으로 줄었다는 것은 유권자들이 무소속 후보를 외면하고 야당이 내세운 후보를 지지하기 시작했음을 의미했다. 즉 여당에 대항할 수 있는 야당 후보들을 선택하겠다는 의지의 표명이었다. 그동안 누려온 자유당의 일당 지배 체제의 틀이 일각에서 무너지기 시작한 것이다.

반공과 반일 정책을 기조로 하는 대외 정책도 새로운 도전을 맞이했다. 1960년 선거가 가까워질 무렵 미소 관계는 해빙기를 맞이했다. 소련에서는 1952년 스탈린이 사망한 후 여러 차례의 권력 투쟁이 벌어진 끝에 흐루쇼프가 서기장으로 집권하면서 대대적인 스탈린 격하 운동이 전개되었으며 경제면에서도 리버만의 '효율성을 강조하는 수정주의 정책'을 도입하기 시작했다. 1955년 스위스 제네바에서 열린 평화회담에 참석한 아이젠하워 미국 대통령과 소련의 총리 불가닌은 미소정상회담을 열고 "미소 양국은 평화공존의 필요성을 인식하고 양국 간에 여러 분야에 걸친 교류를 추진"하기로 합의했다. 한국의 지식인층은 그와 같은 국제정치 환경의 변화를 감지하고 있었다. 그리고 그것이 첨예한 미소의 대립을 정권 연장에 활용해온 자유당 정권에 어떤 변화를 가져올 것인가 주시하고 있었다.

그와 같은 변화 속에 과격할 정도의 반공을 내세우는 이승만은 미국 정가에 부담스러운 존재였다고 할 수 있다. 미국 의회에는 이승만이 야당을 탄압하고 정권 연장을 위해 '사사오입' 개헌을 한 것을 두고 반민주적인 독재자의 행위라며 공개적으로 비판하는 진보적 의원들도 있었다. 반면에 윌리엄 노랜드William Knowland와 같이 철저한 반공주의자로서 이승만을 전적으로 지원하던 캘리포니아 출신의 보수적 상원의원도 있었다. 대체로 미국의 언론과 의회에서 이승만 정권에 대한 지지도는 상당히 낮은 편이었다. 그러나 요식 행위에 불과한 것이었지만 선거라는 합법적인 절차를 밟아 당선된 정권의 정당성을 부정할 수 없었기에 미국정부나 언론은 이승만 정권에 대해 비판적 지지를 표명하고 있었다. 그러나 야당에 대한 이승만 정권의 탄압이 심해질수록 미국 내 여론은 나빠졌고 그것은 곧 미국정부의 원조 정책에 반영되지 않을 수 없었다.

특히 미국은 이승만의 극단적인 대일 관계에 불만을 갖고 있었다. 미국의 전략적 이익에서 볼 때 한일 양국의 불필요한 마찰과 갈등은 바람직하지 않았다. 미국은 제2차 세계대전 종결 후부터 아시아 정책에서 일본을 중추적인 국가로 간주하고 전략적 거점으로 활용하고자 했으며 한국은 그런 일본의 방위를 위한 전초기지로 부차적인 구실을 해줄 것을 기대하고 있었다.

미국은 특히 한국전쟁 기간에 일본 경제의 재건에 막대한 비용을 투입하기도 했다. 일본이 '한국전쟁 특수 경기'라고 부를 만큼, 한국전쟁 중에 미군이 사용한 보급 물자 중 일본에서 사들일 수 있는 것은 일본에서 사도록 했고 한국군의 이동 수단인 군용트럭도 일제를 수입하도록 했으며 전쟁 후 한국의 경제 재건을 위한 경제원조를 했을 때는 일본에서만 자본재資本財를 들여오도록 제한하는 등 미국의 대한경제원조액의 상당수가 일본에 돌아갔다.

그처럼 일본을 중시하던 미국으로서는 지나친 반일 감정에 의해 좌우되는 이승만 정권의 대일 정책은 미국의 전략적 이익에도 어긋나는 것이었다. 미국정부는 이미 1960년 이전부터 한일 양국에 관계 개선을 종용하고 그런 목적에서 막후교섭을 벌여왔으며 미국 · 일본 · 한국이 아시아에서 공산 세력에 대항하기 위한 강력한 3각 동맹 체제를 형성하는 데 깊은 관심을 나타내고 있었다. 따라서 이승만의 대일 정책은 미국의 그런 목적을 달성하는 데 걸림돌이 되고 있었다.

무엇보다 이승만 정권의 안정을 흔든 것은 심각해진 경제 상황이었다. 1950년 이후 한국 경제는 미국의 대규모 원조에 전적으로 의존했다. 전쟁으로 모든 제조업 시설이 파괴되었고 식량도 생산할 수 없었다. 완전히 원조경제체제였다 해도 과언이 아니었다. 산업 시설도 없었으니 고용 능력도 없었으며 미국에서 들여온 구제품으로 생활해야 하는 상황이었다. 차관을 들여와 생필품 생산을 위한 제조업에 투자하기는 했으나 규모가 작았고 경제는 여전히 원조 경제체제의 틀에서 벗어나지 못하고 있었다.

이처럼 1958년 후부터 정권을 지탱했던 변수들에 변화가 일어나기 시작했으나 그들 변수 사이에 정권 자체를 흔들 정도로 심각한 긴장 관계나 대립 관계가 조성되어 근본적으로 정치 안정을 위협하는 상황으로 변한 것은 아니었다. 위에서 지적한 변화들이 일어나면서 도전 요소들이 발생한 것은 사실이지만 그 변수들은 여전히 권위주의적인 정치체제를 유지하는 데 유리하게 작용하고 있었다. 아직도 농민들이 유권자의 절대다수를 이루었고 그들을 친여 세력으로 쉽게 동원할 수 있었다. 야당을 지지하는 도시민층과 지식인층의 수는 제한적이었다. 1950년대 후반부터 도시화가 급진전을 보게 된 것을 제외하면 사회경제적 동맹체 내에 정권을 위협할 정도로 심각한 변화가 일어난 것은 아니었다.

이승만 정권은 관료 조직을 동원해 선거에 개입할 수 있었고 국회도 여전히 종속적인 위치에서 벗어나지 못해 행정부의 뜻대로 법안을 통과시킬 수 있었다. 행정부는 경찰만 아니라 군부와 특별히 조직된 군 정보기관 등 강권 조직을 계속 장악하고 있었다. 미국으로부터 제공되는 모든 원조를 정부가 직접 관리했으므로 친정부 기업가에게 특혜를 주는 대신 정권이 필요한 정치자금을 확보할 수도 있었다. 무역업자들에게도 미국 달러의 배정 과정에서 특혜를 주고 반대급부로 정치자금을 얻는 방법을 사용했다.

미소 양국에 해빙 현상이 일어났어도 국제정치는 여전히 동서 양 진영으로 갈라져 대립 상태를 지속하고 있었다. 그 양극 구조 속에서 한국은 주로 서방국가들과 외교 관계를 맺으며 저들의 지원으로 국제기구에서 북한을 견제하거나 소외시키는 데 주력하고 있었다. 그리고 서독정부가 고수했던 '할슈타인 교리Hallstein doctrine'를 한국도 답습해 북한과 외교 관계를 맺은 국가와는 국교를 맺지 않는 정책을 추구했다.

따라서 이승만 정권은 미소가 이끌던 동서 진영 어느 한 쪽에도 가담하지 않으려는 비동맹 중립국과는 외교 관계를 맺지 않았다. 그 결과 한국은 비동맹 중립국들이 속했던 제3세계로부터 완전히 소외당하는 국가가 되었다.

이것은 비동맹 중립국을 적대시하거나 탐탁지 않게 보는 미국의 대외 정책 기조를 따른 것으로 이승만 정권의 반비동맹 정책은 대미 관계를 원활하게 하는 데도 유리하게 작용했다.

그렇게 보면 정권을 구성하는 세 가지 변수들에 약간의 변화가 일어난 것은 사실이지만 그들 변수 사이에 결정적인 불안을 불러올 만큼 긴장 상태가 발생하거나 삼각대가 크게 무너지는 변화가 일어났던 것은 아니었다. 한 가지 잠재적으로 심각한 위기 상황을 몰고 올 가능성이 있는 문제를 제외한다면 이승만 정권의 계속적인 집권은 가능성을 지니고 있었다. 그 한 가지 문제란 다름 아닌 대통령직의 계승 문제였다. 즉 1960년 83세에 이른 이승만의 뒤를 이을 부통령을 자유당이 차지하지 못했다는 사실이었다.

선거를 거쳐 정당 간에 수평적인 정권 교체가 가능한 발전한 민주주의 체제와는 달리, 정당 간에 자유로운 정치적 경쟁을 허용하지 않았던 자유당 지배 체제 내부에서 권력 계승 문제가 발목을 잡은 셈이었다. 거기에는 정상적인 방법으로 권력을 승계하는 절차나 규범도 없고 경쟁 당사자들 사이에 서로 용납되는 일정한 규칙도 존재하지 않았다. 오직 정권 장악이라는 목적을 달성하고자 수단과 방법을 가리지 않고 싸울 수밖에 없었다.

1960년 이전부터 자유당 지도부 내에는 계승 문제를 놓고 강경파와 온건파로 불리는 두 세력 간에 대립이 있었다. 강경파는 무슨 방법을 써서라도 이승만의 계승자로 이기붕을 앉혀놓아야 자유당의 장기 집권이 보장된다고 주장했고, 온건파는 야당과 협상하고 내각책임제 개헌을 추진해 여야 간의 극한 대결을 막아야 한다는 생각이었다. 그 당시 야당인 민주당은 내각책임제를 정강정책으로 채택하고 있었다.

4·19의거 당시 자유당에서 선출한 국회부의장이었던 이재학은 후에 서술한 기록에서 1958년 12월 24일 있었던 보안법개정안의 날치기 국회 통과 사건이 있은 얼마 후 이기붕과 만나 내각책임제로의 개헌 필요성을 논하고 이기붕의 동의를 받았다고 했다. 또한, 야당의 원내총무였던 유진산도 만나

그의 동의를 얻어냈으며 이기붕이 대통령을 만나 승낙을 얻기로 했다고 서술하고 있다. 그런데 자유당 일각에서 개헌에 반대하는 성명이 나오자 이기붕도 개헌 반대로 돌아서게 되었다고 쓰고 있다.

1960년 3월 15일에 있을 정부통령 선거가 다가오면서 한국에 살고 있던 미국인들은 세 가지 형태의 정권 계승 가능성을 예상했다.[15] 첫째, 이승만의 유고에 이어 장면 부통령이 자동 승계하거나, 기대하기 어렵지만 이승만이 정계 은퇴를 결심한 후 선거를 거쳐 여당 후보가 당선되어 계승하는 헌법적인 계승 방법. 둘째, 선거에서 야당 후보가 대통령으로 당선되어 정권 교체를 이루는 방법. 셋째, 폭력을 수반하든 아니든 간에 초헌법적 또는 비헌법적인 방법에 의한 계승 방법. 이렇게 세 가지였다.

위의 세 가지 방법 중 첫 번째의 방법은 쉽게 배제되었다. 즉 이승만의 정계 은퇴 가능성은 희박했으며 그가 은퇴한 후 선거에서 여당 후보가 당선될 가능성도 적었다. 오히려 대통령 재직 중 유고로 부통령이 자동 승계하는 가능성은 있었다. 두 번째의 이승만과 경합한 야당 후보가 당선되어 정권 교체를 이루는 가능성도 크지 않았다. 이승만의 지지도가 낮기는 했지만, 장면이 선거에서 이승만을 이기고 당선될 수 있을 정도로 광범한 국민의 지지를 얻고 있지 못했다.

문제는 부통령 후보였다. 미국식의 투표 방식대로 한 당의 정부통령 후보가 동일 투표 자격을 이뤄 투표하는 것이 아니라 각각 투표하도록 한 선거 방식인 만큼 유권자들이 여당의 대통령 후보를 지지하면서 야당의 부통령 후보를 지지하는 현상이 나타날 수 있었다. 이 투표 방식은 제헌국회에서 간접선거로 정부통령을 선출하던 때부터 시작해 1952년 부산정치파동을 거쳐 정부통령 직선제로 개헌한 후에도 계속된 방식이었다. 그 방식으로 야당은 덕을 본 것이며 1956년 장면이 부통령으로 당선될 수 있었던 것이다.

이기붕은 1956년 부통령 선거에서 장면에게 패배한 전력이 있었다. 그 후 이기붕의 건강은 계속 악화해 자주 병원을 찾아야 하는 상태였다. 1958년

12월의 소위 날치기 보안법 통과 파동 이후에도 국회의장이었던 이기붕은 국회에 등원하지 못할 정도로 건강이 좋지 않았다. 그런 이기붕이 다가오는 정부통령 선거에서 장면을 상대로 정력적으로 선거를 치르길 기대할 수 없었다. 한마디로 매우 허약하고 믿음직스럽지 못한 부통령 후보였던 것이다.

1960년 선거를 앞에 둔 자유당 지도부가 볼 때 이기붕 후보의 문제도 있었지만, 전반적으로 볼 때 국내의 정치 상황이 여당에 유리하지 않았다. 농민들의 생활은 더욱 어려워지는 상태였다. 1958년 이후 뚜렷해진 경제적 침체와 계속되는 불경기로 도시민층은 물론 농민의 생계도 타격을 받지 않을 수 없었다. 자유당으로서는 자신을 확고하게 지지해온 세력이 흔들린다는 것은 심각한 일이었다. 자유당을 지지해 이권이나 혜택을 입은 농촌 지주들과 기업주들 그리고 도시의 보수적인 중간계층의 지지를 계속 확보하는 것이 중요했다.

1960년에 이르면서 자유당은 그동안 국민의 지지를 얻고자 이용했던 이승만의 사이비 카리스마를 '숭배'의 차원으로 격상시키려고 조작했으나 과거 이승만이 누렸던 권위와 위엄은 이미 퇴색되고 있었다. 이승만의 사이비 카리스마를 구성했던 과거의 독립운동 경력, 외국 유학의 학력, 해방정국에서의 반공 투쟁과 전쟁 중의 지도력은 그의 집권 기간 중 끊임없이 일어난 여당 정치인들의 부정부패와 행정부 관료들의 비리, 정책적인 잘못 등으로 이미 그 빛이 바랬고 국민 사이에는 오히려 이승만을 가리켜 "외교는 귀신이고 내정은 병신"이라는 냉소적인 표현이 회자하고 있었다. 그런 점에서 과거 어느 때보다 자유당은 비우호적 적대 세력에 둘러싸인 상태에 놓이게 된 것이다.

'3·15부정선거'는 이처럼 자유당에 주어진 불리한 선택의 구조[16]를 놓고 자유당 지도부의 강경파가 벌인 자충수였다고 할 수 있다. 이미 강경파에게 주도권이 넘어간 자유당은 1958년 12월 야당의 극한 반대를 폭력으로 제압하면서 보안법을 국회에서 통과시켰다.[17] 1959년 2월에는 장면 부통령을 사설에서 공개적으로 지지한 『경향신문』을 폐간했다.[18] 그리고 1959년 3월에는 국회 상임위원장을 모두 자유당 의원으로 채우고 최인규를 내무장관으로 임명했다. 그리고 비자유당계인 허정 서울시장의 사표를 수리하고 후임에 자유당원인 임흥순을 임명했다. 또한, 각 도지사와 경찰국장을 자유당원으로 충원함으로써 완전한 '자유당의 행정부'를 구성하기에 이르렀다.

1959년 6월에는 경북 영덕과 강원도 인제 두 선거구에서 재선거가 시행되었다. 1958년 국회의원 선거 때 제기된 선거 소송이 부정선거 판결을 받은 것이다. 두 선거구에서 있었던 재선거에는 경찰이 음양으로 개입해 야당 후보의 당선을 막기 위한 온갖 조직적인 활동을 벌였다. 예상대로 양 선거구에서 여당 후보가 당선되었다.

그처럼 경찰력을 조직적으로 동원한 것으로 보아도 이 두 지역에서의 재선거는 자유당으로서는 1960년 3월에 있을 정부통령 선거의 서전序戰과도 같았고 또한 3·15부정선거를 치르기 위한 예행연습과도 같은 것이었다고 할 수 있다. 결국 자유당 지도부는 후계 문제를 해결하는 세 가지 방법 중에서 초헌법적이고 폭력적인 부정행위를 선택했다. 이승만의 4선은 물론이고 이승만의 유고를 생각해 어떻게든 이기붕을 부통령으로 당선시켜 확실한 후계자로 만드는 길을 택한 것이다.

3·15부정선거는 해방 후 있었던 어느 선거보다 노골적이고 대대적인 부정선거였다. 선거 당일 헌병을 동원해 교통정리를 시키고 정·사복 경찰관을 각 투표소에 배치해 공포 분위기를 조장했고 야당계 인사에 대한 입후보 등록의 폭력 방해, 무수한 유령 유권자의 조작, 야당 참관인의 접수 거부, 기권 강요와 대리 투표, 투표 개시 전에 무더기 표 투입, 내통식 기표소 설치, 3인조 강제 편성 투표, 공개 투표 강요 등 온갖 부정과 불법을 자행한 선거였다. 투표와 개표 과정에서도 야당 참관인과 당원들에 대한 경찰의 폭력이 수없이 발생했다.

부정선거에 항의하는 데모는 3월 15일 마산에서 처음 막을 올렸다. 이어서 부산으로 확대되었고 4월 6일 서울에서도 데모대가 경찰의 저지를 무릅쓰고 경무대로 향하다가 경찰과 충돌해 유혈 사태가 일어났다.[19] 이러한 일련의 반정부 시위와 저항에 부딪힌 이승만 정권은 마산사태를 수습한다는 명목으로 최인규 내무장관과 이강학 경찰국장의 사표를 수리하고 홍진기를 내무장관으로 임명했다.[20]

그러다가 4월 11일 밤, 마산에서 제2차 봉기가 일어났다. 고등학생이었던 김주열의 시체가 발견되면서 격분한 고등학생과 시민들이 합세한 대대적인 데모가 일어났다. 이승만 정권은 데모대에 맞서 경찰을 투입했고 경찰의 발포로 사상자가 나왔다. 마산에서 강력 진압책을 쓴 이승만 정권은 전국 경찰의 기동력을 총동원해 경비망을 폈으나 4월 18일 부산과 대구에서 학생들이 봉기했고 서울에서도 고려대 학생과 대광고등학교 학생들이 데모에 나섰다. 4월 18일 청계천에서 고대 데모대와 정치 폭력배 사이에 유혈 충돌이 일어나 많은 학생 희생자가 생겨났다.

폭력배들이 고려대 학생들을 다치게 한 다음 날인 4월 19일, 부정선거를 규탄하는 데모는 전국으로 번졌다. "이승만 정부 물러가라", "민주 역도 몰아내고 정부통령 선거 다시 하자"라는 구호를 외친 대학생과 고등학생이 경무대를 향해 질주하자 경무대를 경비하던 경찰은 시위대를 향해 무차별 발포를 시작했다. 수많은 학생과 주변에 있던 시민들이 총탄에 맞아 사망하게 되었다.

학생과 시위에 가담한 일부 시민의 격한 저항에 부딪힌 이승만 정권은 4월 19일 저녁, 계엄령을 선포하고 1개 사단 병력을 서울에 투입했다. 서울에 진주한 군은 발포를 억제하면서 사태 수습에 노력했다. 비상계엄하에 있었던 4월 25일, 서울 지역 대학교수들이 혜화동에 있던 서울대 교수회관에 모여 부정선거를 규탄하고 태평로의 국회의사당까지 행진했다. 의사당 앞에서 14개 조항의 시국선언을 낭독했는데 그것이 또다시 수많은 학생의 데모를 유발했으며 계엄군도 학생 데모대를 강제 진압하지 않고 보호하기에 이르렀다.

대세는 완전히 학생 봉기 세력 쪽으로 기울었다. 4월 25일 밤, 서울 거리에는 수십만의 군중이 나와 계엄군의 경비를 무색하게 만들었고 탱크 부대를 둘러싼 시위대는 "국군 만세"를 외쳤다. 이승만의 하야 없이는 사태를 수습할 길이 없는 상황에 이르렀다. 그리하여 4월 26일 오전 10시, 이승만은 성명을 통해 "국민이 원하면 대통령직을 사임한다", "재선거를 지시한다", "이기붕 국회의장을 공직에서 물러나도록 한다", "국민이 원하면 내각책임제로 개헌한다"고 발표했다.[21]

같은 날 오후 3시, 국회는 비상회의를 열어 이승만 대통령의 사임 권고안을 통과시켰고 그것이 이승만에게 전달되자 이승만은 재차 대통령직을 사임하겠다는 성명을 발표했다. 이로써 3·15부정선거를 저질러 1개월여 동안 한국을 학생과 민중의 봉기로 몰아넣었던 이승만 정권은 끝을 보게 된 것이다.

학생이 거리로 나선 이유

한 자료가 제시한 4·19의거 희생자 통계에 따르면 전체 희생자 수는 186명이다. 지역별로 서울이 전체의 58%이고 다음으로 경상남도가 19.5%, 그리고 경상북도가 6%로 세 번째로 높은 사상자를 냈다. 연령층으로는 16-20세가 51%로 가장 많았고 21-25세가 26%였다. 30세 이상은 합쳐서 11%였다. 10-15세의 희생자도 6%를 차지했다.

이 간단한 통계가 보여주듯이 4·19의거는 16세부터 25세 사이의 젊은 세대가 앞장 선 봉기였다. 전체 성인 희생자(약 90명) 가운데 직장을 가진 성인의 비율은 40%를 차지하고 있고 무직자는 16%를 차지했다. 그러나 역시 학생 신분을 가졌던 희생자(약 80명)는 초중고와 대학생을 합쳐서 42%로서 가장 많았다. 희생자 중에는 15명의 여자도 있었다. 이 자료는 4·19의거가 학생이 주동이 되고 성인이 이들에 동조해 가담했던 봉기였음을 보여주고 있다. 아녀자와 행인들이 희생된 것은 경찰의 무차별 발포 때문이었다.

서울에서 희생자가 가장 많았던 이유는 4월 19일 경무대로 행진하는 학생들에게 경찰이 발포했기 때문이었다. 경무대를 경비하던 경찰이 데모대뿐 아니라 행인들에게까지 무차별 발포한 결과 수많은 시민과 학생이 희생되었던 것이다. 서울 다음으로 경남에서 19.5%라는 희생자가 생긴 것은 마산에서 학생과 시민에게 경찰이 총격을 가했기 때문이었다. 특히 마산은 고등학생 김주열의 죽음에 격분한 동료 학생들이 격렬한 데모를 벌였다. 경북은 야당 도시로 알려졌던 대구에서 데모에 참가한 학생들에게 경찰이 무차별 발포해 희생자가 난 것으로 보인다.

그런데 희생자의 연령을 볼 때 16-20세가 전체 희생자의 51%를 차지했다는 사실은 주목할 만한 사실이다. 고등학생들이 가장 많이 희생된 것이다. 그 다음으로 대학생 희생자도 26%를 차지하고 있다. 10대와 20대의 젊은 희생자가 76%를 차지한 것이다. 나머지는 30대 이상의 성인들이었다.

4·19의거의 원인을 분석한 재미 학자 김규영은 결론에서 세 가지 이유를 들고 있다. 첫째로 도덕적 기준과 집권 세력의 실제 행동 사이에 격차가 너무나 컸다는 것이다. 그것이 학생 봉기의 가장 주요한 원인이자 봉기의 동기라는 것이다. 둘째로 도시화의 속도와 경제개발의 속도가 너무 차이가 나고 경제개발이 지연되는 바람에 이승만 정권의 정당성에 대해 국민이 매우 부정적인 태도를 보이게 되었다는 것이다. 그 결과 도시에서 야당이 득세하고 여당은 지지층을 잃게 되었다는 것이다. 셋째로 학생과 여론 주도층이라 할 지식인층은 이승만 정권을 자유민주주의를 배반하는 정권으로 간주해 등을 돌렸다는 것이다.

1960년 6월 월간 잡지인 『사상계』는 4·19의거 때 데모에 참가했던 대학생과 고등학생을 불러 좌담회를 가졌다. 참석자들은 4·19의거가 일어나야 했던 배경과 미래의 정치 전망을 피력했다. 그중 한 대학생은 다음과 같은 의견을 진술하고 있다.

"긴 눈으로 본다면 무엇보다 교육의 힘이 컸다고 봅니다. 기성세대가 봉기한 것이 아니고, 또한 봉기한 자 가운데도 가장 앞장섰던 것은 대학생이 아니라 고등학생이었습니다. 그 이유가 교육에 있다고 봅니다. 기성세대가 민주주의에 대해 교육을 받은 것보다는 대학생이, 그리고 대학생보다는 고교생이 소학교 때부터 민주주의가 올바른 것, 언론의 자유가 올바른 것이라는 것을 아침저녁으로 배워왔거든요. 저들이 자라서 보니까 자기들이 배웠던 것과 위정자들의 정치 사이에 너무나 격차가 컸습니다. 거기에서 알력과 갈등 그리고 봉기를 위한 원동력이 우러나온 것이라고 봅니다."[22]

위의 주장은 김규영이 지적한 '도덕적 기준과 집권 세력의 정치 행위 사이의 격차'와도 일맥상통하는 설명이라 할 것이다. 즉 고등학생들이 받은 민주주의의 이상과 위정자들이 취한 행동과는 너무 거리가 멀었기에 도덕적인 의분을 느낀 학생들이 거리로 뛰쳐나온 것이다. 정의감에 불탄 젊은 학생들이 부정선거에 항의하고 시정을 요구하는데도 그것을 폭력으로 대응하는 데 의분을 느껴 일어난 매우 자연발생적인 행동이었다는 것이다.

따라서 4·19의거는 당시 정부가 주장한 것처럼 공산주의 세력이 배후에서 선동하거나, 일부가 주장하듯이 외세가 음모를 가지고 개입해 만든 사건도 아니고 시민들이 지배체제를 새로운 정치 질서로 대치하려는 혁명적인 동기를 가졌기 때문에 일어난 것도 아니었다.

이처럼 4·19의거의 원인을 교육의 영향으로 설명하는 것도 그런대로 설득력이 있다. 그러나 그것만으로 4·19의거라는 학생봉기가 일어나게 된 이유를 설명하는 것은 부족한 감이 있다. 교육이라는 요인 못지않게 젊은 학생들이 가졌던 심리적인 좌절감을 지적할 필요가 있다. 인간은 자신이 받은 교육에 비해 직업이나 다른 활동으로부터 받는 보상이 너무나 차이가 날 때 소위 사회심리학에서 말하는 '신분 불일치'라는 상황에 빠지게 된다. 자신의 신분에 걸맞는 대우와 인정을 받지 못할 때 오는 좌절감은 적절한 대상과 명분을 찾게 될 때 공격적인 행동을 취하게 할 가능성이 크다.

고등학생들이나 특히 고등교육을 받은 대학생의 눈에 비친 당시의 한국 사회는 한마디로 희망이 보이지 않는 암울한 사회였다 해도 과언이 아니다. 정치는 부정과 부패로 얼룩져 있었고 경제적으로는 전 국민이 빈곤의 악순환에서 벗어나지 못한 채 침체 상태에 빠져 있었다. 대학생이나 고등학생들이 볼 때 사회의 모든 현실이 자신들이 교육을 통해 얻은 가치와 모순되거나 괴리를 나타내고 있었다. 다른 나라들과 비교해봐도 이승만 정권은 너무나 무능하고 부패한 정권이었다.

특히 사회주의 사상에 매료돼 있던 일부 진보적 성향의 대학생들이 볼 때, 정권의 교조주의적인 반공주의 노선은 시대착오적인 것으로 보였을 것이고 친미 일변도와 반일 정책을 추구하는 이승만의 외교 정책은 수많은 제3세계 국가들과의 관계를 외면하면서 한국의 국제적 고립화를 자초하는 매우 어리석은 대외 정책으로 여겨졌을 것이다. 그뿐만 아니라 이들은 한국 사회가 보수적인 자유당의 지도 세력에 의해 지배받고 있는 한 어떠한 발전도 기대할 수 없다는 것을 잘 알고 있었다.

그러나 대부분 대학생이 그런 뚜렷한 이념을 가지고 직접 행동에 나선 것으로 보기는 어렵다. 크게는 이승만 정권이 저지른 3·15부정선거에 대한 다수 대학생의 의분이 행동의 직접적인 동기가 되었을 것으로 볼 수 있다. 그들 역시 이승만 정권에 대해 자신들이 바라는 방향으로 변화를 기대할 수 없었던 것이다. 이승만 정권은 젊은 학생층의 희망에 부응하는 개혁 노력을 보여주지 않았다. 이승만 정권하에 대학 졸업자는 양산되었지만 그들이 갈 수 있는 직장은 별로 없었다. 고등실업자의 수만 늘어나고 있었던 것이다.

교육과 신분 불일치에서 오는 좌절감이라는 심리적인 요인 외에 고려해야 할 것은 한국 역사에서 학생 운동이 차지해온 위치다. 역사적으로 한국의 학생 집단은 중요한 정치적 역할을 해온 집단이었다. 일본의 식민 통치 시대만 보아도 3·1운동이 일어나기 전 이미 일본에서 유학하던 한국 학생들에 의한 독립운동 계획이 있었으며 이를 주동한 학생들이 민족 대표 33인을 찾아와 독립운동에 앞장설 것을 간청한 바 있었다.

그 후 순종의 국장을 기해서 일어났던 6·10만세운동도 서울의 중학생들이 주동이 돼 일으켰던 운동이었다. 조선인 학생과 일본인 학생 사이의 집단적인 싸움에서 시작돼 전국으로 번졌던 광주학생항일운동 또한 한국인 학생들의 독립운동과 맥을 같이하는 집단행동이었다. 해방 후 좌우익 세력 사이에 격렬한 사상 투쟁이 벌어졌을 때 대학생과 고등학생들도 좌우로 갈라져 피를 흘리는 싸움을 벌인 적이 있었다. 공산당인 남로당은 학생 단체를 조직해 자신들의 정치적 목적에 이들을 이용했으며 우익단체 역시 마찬가지로 학생들을 조직해 학원에서 공산당과 그 추종 세력과 맞서 싸우도록 했다.

그처럼 한국의 학생운동은 오랫동안 정치화돼왔으며 현실 정치와 밀접하게 관계해온 역사와 전통을 가지고 있었다. 이미 일제강점기와 해방정국에서 상당수의 학생이 여러 가지 이념적인 입장을 바탕으로 정치화 과정을 겪었던 것이다.

다시 말해서 학생들이 4·19의거에 선봉대로 나설 수 있었던 것은 학생 집단이 비교적 조직되어 있고 과거 일제강점기나 해방정국에서처럼 소수 활동가activists 세력이 주도권을 갖고 집단행동을 이끌었기 때문이다. 주동적인 역할을 맡은 활동가의 끈질긴 노력 없이는 다수 학생을 동원하기란 쉬운 일이 아니다.

학생들은 매일 학교에서 만나는 집단이다. 하급생과 상급생 사이에 유대감이 있다. 선배가 하는 일을 후배들이 따를 가능성이 크다. 4·19의거에서 보여준 학생 봉기를 단순히 자연 발생적인 것으로만 간주하기 어려운 것도 그런 대규모적이고 조직적인 집단행동이 나타나려면 그것을 꾸미고 행동에 옮기는 활동적인 세력activists이 있어야 한다고 보기 때문이다. 구체적인 자료들은 없지만, 정황에 미뤄봐도 4·19의거를 주도하고 계획한 세력은 고등학생보다는 대학생이었다고 볼 수 있으며 그들은 자신들과 연관이 있거나 접촉할 수 있는 고등학생에게 접근해 그들의 참여를 얻어내는 데 성공했다고 할 수 있다.

4·19의거가 일어나기 직전 한국 사회는 잠재적으로 언젠가 폭발할 가능성이 많은 인화물질이 가득 찼던 창고와 같았다고 할 수 있다. 특히 젊은 층의 불만이 쌓여갔고 그들이 느낀 좌절감은 매우 심각했다. 자신이 받은 교육이나 자신이 원하는 지위에 비해 얻을 수 있는 것이 터무니없이 적었기에 학생들은 거리로 나설 수밖에 없었으며 그것이 학교라는 조직을 매개로 집단적인 행동으로 나타난 것이다.

이상과 현실, 교과서나 교실에서 배운 민주주의라는 도덕적 기준과 집권세력의 부정부패 사이에 괴리를 절실하게 느끼고 있던 고등학생이나, 대학을 졸업해도 뚜렷한 희망이 보이지 않았던 신분 불일치 현상에 직면한 대학생 집단이 볼 때, 그 답답한 현실에서 벗어날 수 있는 해결책은 무능하고 정당성 없는 이승만 정권을 갈아치우는 일이었다. 그런 상태에서 4·19의거를 일으키게 한 도화선 구실을 한 것이 바로 3·15부정선거였던 것이다.

---

1 백낙청은 4·19를 '미완의 혁명'이라고 규정하고 있다. '미완'이라는 표현이 시작하다 결말을 못 보았다는 것을 의미하는 것이라면 4·19가 혁명이 아님을 인정하고 있는 셈이다. 어떤 정치 변동이 혁명적인 것이 되려면 사실상 기존의 체제 자체에 일대 혁신과 변화를 가져오는 것이 돼야 하며 만일 혁명을 하려다 실패해 시작하기 전에 끝나는 경우 그것을 혁명이라 부를 수 없다. 엄밀히 말해서 4·19는 이승만을 비롯한 집권자들을 정부에서 추출하고 그 중 일부를 교도소에 보내는 정치적 변화를 가져왔으나 그 이전의 정치 질서와 전혀 다른 체제로 대치한 혁명적인 변화는 아니었다. 그렇다고 시민과 국민이 폭력으로 정권을 무너뜨린 민중 봉기였다고 할 수도 없다. 학생들이 주동이 되어 일으킨 봉기로 규정하는 것이 가장 적합하다고 본다. 백낙청, 「4·19의 역사적 의의와 현재성」, 강만길 편저, 『사월혁명론』(한길사, 1983), 30쪽. 최근에 나온 책자에서 김정남도 백낙청과 같은 인식을 하고 있다. 즉 4·19를 아직 끝나지 않은 혁명이라 본다. 김정남, 『4·19혁명』(민주화운동기념사업회, 2003).

2 1952년 한국전쟁 중 임시 수도 부산에서 이승만의 집권을 연장하고자 계엄하에 야당을 탄압하면서 헌법 개정을 강행했던 정치적 사건이다. 개정된 헌법으로 이승만은 1952년 제2대 대통령이 되었다. 흔히 '부산정치파동'이라 부른다.

3 여기서 정권이란 정치권력을 말하는 것이 아니라 한 국가가 지닌 기본적인 정치 질서의 형태를 말한다. 일반적으로 그 성격은 헌법으로 규정될 수 있으나 그런 형식적인 권력 구조보다 더 중요한 것은 정치권력을 행사하는 양식이나 권력을 견제하는 제도의 기능이다.

4 David Easton, An Approach to Analysis of Political System, *World Politics* (No.9, 1957), 383-400쪽. Harry Eckstein & Ted Gurr, *Patterns of Authority*(Princeton University Press, 1975). 그리고 Harry Eckstein, *Divison and Cohesion in Democracy: A Case Study of Norway* (Princeton University Press, 1966) 등이 정치체제의 구조적 특성을 다룬 것이다.

5 T. J. Pempel, *Regime Shift: Comparative Dynamics of the Japanese Political Economy* (Cornell University Press, 1998), 20-21쪽

7 그런 유의 변화를 설명하는 도식으로 David Easton은 지지와 변환conversion, 그리고 정책으로 구성되는 input-output 도식을 제시했다.

8 한배호, 『比較政治論』(法文社, 2002, 제4개정판), 379-386쪽 참조. 필자는 Juan Linz의 유형론을 중심으로 권위주의 정치체제의 특성들을 설명하고 있다. 그리고 Juan Linz의 권위주의 정치체제에 대한 설명은 Juan Linz, Authoritarian Regime: The Case of Spain, Erik Allard & Stein Rokkan(eds.), *Mass Politics: Studies in Political Sociology* (New York: The Free Press, 1970), 251-283쪽 참조.

9 Ann Willner, *Charismatic Leadership, Monograph* (Center for International Studies, Princeton University, 1969). 저자는 카리스마적 지도자의 불가결의 속성으로 이데올로기를 든다. 예로 레닌·히틀러·마오쩌둥·스탈린을 들고 있다. 그들과 비교하면 이승만을 카리스마적 지도자로 호칭하기 어려운 점이 있다. 카리스마적 지도자에 대해서는 Reinhard Bendix, Charistmatic Leadership, Reinhard Bendix and Gruenther Roth(eds.), *Scholarship and Partisanship: Essays on Max Weber* (University of California Press, 1971) 참조.

10 미국의 정치학자인 Robert A. Scalapino가 한 말인데 많이 인용됐다. 1954에서 1958년 사이 대한민국 국회 내의 정당별 의석수로 보면 그런 표현조차 맞지 않을 정도로 여당이 우세했다. 일당 지배 체제라는 표현이 더 적절한 상황이었다.

11 Quee young Kim, *The Fall of Syngman Rhee* (Institute of East Asian Studies, U. C. Berkeley, 1982), 29쪽과 중앙선거관리위원회 간행, 『국회의원 선거결과』(1971), 자료를 참조할 것.

12 그 당시의 한국 정세에 정통했던 미국 외교관 출신의 정치학자 Donald S. McDonald가 들려준 것인데 한국전쟁이 나기 전에 있던 제2대 국회의원 선거를 이승만은 당분간 연기하려 했으나, 미국의 반대에 부딪혀 예정대로 시행하게 되었다고 한다. 어려운 사정 속에

서도 정기적으로 선거를 시행할 수밖에 없었던 이유는 미국의 압력 때문이었다고 할 수 있다.

13 과거 공산당원이었으나 해방 후 전향해 이승만 정부의 농림부 장관도 지낸 진보적 정치인인 조봉암은 1952년 대통령 선거에 출마해 상당수의 지지표를 얻었다. 이에 자유당은 그를 경계하기 시작했고 그가 진보당을 창설하자 북한 간첩으로부터 돈을 받았다는 혐의로 간첩 사건에 연루시켜 사형했다.

14 이대근, 『한국전쟁과 1950년대의 자본축적』(까치, 1987), 148쪽.

15 Donald McDonald, *American-Korean Relations, 1945-1956: A Survey of the Record* (Unpublished paper Prepared for U.S. State Department, 1975), 27쪽.

16 선거라는 구조와 절차를 따라 정권 교체와 정권 연장을 보장해야 한다는 것, 자유당 정권에 대한 국민의 지지도가 현저하게 떨어지고 있는 것, 그리고 야당 측이 부통령직을 점유하고 있었다는 것이 자유당이 직면한 선택 구조(structure of choice)를 형성한 요인이었다.

17 이재학은 1958년 2월 KNA(대한항공사)의 항공기가 납치되었을 때 그 주모자들을 처벌할 법이 없어 그런 범죄를 다스릴 목적에서 국가보안법을 개정하려던 것이었다고 말하고 있으나 얼마나 사실인지는 알 수 없다. 야당이 반대하자 자유당은 날치기로 법을 통과시키고 농성하던 야당 의원들을 국회 경호 경찰을 시켜 강제로 의사당 밖으로 끌어냈다. 그 과정에서 많은 야당 의원이 상처를 입었다.

18 『경향신문』은 한국의 가톨릭재단이 운영하던 신문으로 장면 부통령을 지지하는 것으로 알려졌던 야당지였다. 그 신문의 칼럼으로 「여적餘滴」이라는 것이 있었는데 당시 그 신문의 주필이었던 주요한은 '소수의 폭력'이라는 표현을 써 정부와 여당을 비판했다. 그것을 문제 삼아 자유당 지도부는 정부에 압력을 넣어 『경향신문』을 폐간시키도록 했다. 정부 수립 후 처음 있는 폐간이었다.

19 서병조, 『主權者의 證言:韓國代議政治史』(母音出版社, 1963), 311-331쪽.

20 서병조, 앞의 책, 322쪽.

21 Quee young Kim, 앞의 책, 7쪽. 1960년 4월 『동아일보』에 보도된 자료를 인용하고 있음.

22 한국사월혁명간행위원회, 『民族統一への序曲: 韓國四月革命』(拓殖書房, 1977), 199쪽. 이 책은 1960년 4월 당시의 『동아일보』 기사와 『사상계』의 좌담 내용을 일본어로 번역해 간행한 것이다.

제6장 5·16쿠데타는 왜 일어났나

1950년대 후반과 1960년대를 지나며 제3세계는 잦은 쿠데타로 정치적 몸살을 앓고 있었다. 1958년 파키스탄에서 아유브칸이 주도한 쿠데타가 일어났고 이보다 조금 전인 1956년엔 군부 쿠데타를 일으켜 파루크 왕을 추방했던 이집트의 나세르가 선거를 통해 이집트 대통령에 선출되었다. 중남미의 소위 바나나 공화국이라고 불리는 나라들에서도 쿠데타가 제도화되었다고 말할 정도로 군에 의한 정권 변화가 빈번히 일어났다. 한 장군이 쿠데타를 일으켜 한동안 통치하다가 그것이 실패하면 다른 장군이 쿠데타를 일으키고 실각한 장군은 국외로 망명하는 일이 반복되면서 '쿠데타의 회전문revolving door'이라는 표현이 나오기도 했다. 의회민주주의가 제대로 작동하지 못한 저개발 국가일수록 군의 정치 개입이 빈번히 나타났다.

한국에서 일어난 군부 쿠데타도 그런 개발도상국에서 일어났던 것과 흡사하다. 서구식 민주정치가 도입되면서 그것이 제도로 뿌리를 내리지 못한 가운데 군부가 '만성화된 정치적 불안'을 해결하고 '빈곤의 악순환을 깬다'는 명분을 내세워 기존의 민간 정부를 무력으로 전복해 집권했다는 것이 공통된 점이다.

1961년 5월 16일 새벽, 박정희 소장의 지휘를 받은 3천여 명의 쿠데타군은 한강대교를 지키던 헌병 중대의 저항을 간단히 물리치고 한강 다리를 건너와 용산에 있는 육군본부를 점거한 다음 서울 시내로 진격해 중앙청을 비롯해 주요 정부기관과 방송국을 점령했다. 쿠데타군은 방송을 통해 한국에서 '군사혁명'이 일어났으며 혁명군이 군과 정부를 완전히 장악하고 있다고 선포했다.

5월 16일 새벽, 장도영 육군참모총장은 유엔군사령관 겸 미8군사령관인 카터 매그루더Carter Magruder 장군에게 전화를 걸어 유엔군을 동원해 쿠데타군을 진압해달라고 요청했다. 그러나 매그루더 장군은 자신의 권한이 오직 한국의 대외 안전 보장에만 국한되어 있다는 점을 상기시키면서 장도영 장군의 요청을 거절했다. 주한 미국대사관의 대리 대사로 있던 마셜 그린Marshall Green도 같은 날 오전 5시경 워싱턴으로 전문을 보내 자신은 유엔군의 출동을 거부한 매그루더 장군의 결정에 동의한다면서 "그러나 우리는 물론 합법적으로 구성된 정권을 지지하며 그것을 명백히 밝힐 것이다"라고 보고했다.[1]

장도영 육군참모총장은 곧 군 수뇌부 회의를 소집했다. 그러나 장도영 참모총장은 미군 측의 조언을 따라 원주에 있는 제1군사령부의 이한림 장군을 그 자리에 부르지 않았다. 그것이 후에 이한림 장군의 검거를 가져온 요인이 되기도 했다.[2] 그 회의에서 장도영 총장은 군사령관들의 장면 정권에 대한 충성도가 매우 불확실하다는 것을 알았다. 쿠데타군의 압력과 호소에 직면했던 장도영 총장은 쿠데타군에 가담하기로 하고 군사 정권의 최고회의 의장직을 수락했다.

한편, 장도영 총장의 유엔군 동원 부탁은 거절했으나 쿠데타에 반대했던 매그루더 유엔군사령관은 한국군이 합법적으로 수립된 장면 정부를 지지해달라고 요청하는 내용의 성명을 발표했다. 마셜 그린 대리대사도 매그루더 장군의 성명 내용에 찬성한다는 담화문을 공표했다. 이들의 성명은 주한미군방송(AFKN)을 통해서 공표되었을 뿐, 이미 쿠데타군이 장악하고 있었던 한국의 방송과 신문은 그 담화문을 발표할 수 없었다. 오직 장면 정권을 지지해온 『경향신문』만이 그 내용을 게재했다.[3]

이처럼 긴박하게 돌아가는 상황 속에서 윤보선 대통령과 한국 군부 지도자들이 합법적으로 구성된 장면 정부를 지지하려는 어떤 움직임도 보이지 않았으며, 장면 총리뿐만 아니라 각료들도 종적 없이 사라져 연락이 되지 않았다. 일반 국민 역시 무력에 의한 민간 정부의 전복이라는 사태에 방관적인 태도를 보이고 있었다.[4] 미국정부는 공식적으로는 국무부를 통해 쿠데타에 대한 반대 성명을 공표했으나 상황의 전개를 예의 주시하는 조심스럽고 유보적 자세를 취하고 있었다. 그런 와중에 수일 전 공식 방문을 위해 미국에 도착한 곽상훈 국회의장이 국무부의 월터 매카너기Walter McConaughy[5] 극동 담당 차관보를 방문해 쿠데타가 공산주의자들에 의해 주도된 것이 아니라는 것과 현재 장면 정부로서는 사태 수습이 어려운 단계에 있다는 자신의 견해를 전달했다. 곽상훈 부의장의 조언은 5·16쿠데타 주동 세력의 사상적 배경에 큰 관심이 있었던 미국 정부 관리들이 당시의 긴박한 사태를 판단하는 데 상당한 영향을 주었다.

국무부에서 열린 회의에서 장리욱 주미 대사와 고광림 주미 공사는 쿠데타가 공산주의자들이 주동한 것은 아니지만, 그것으로 말미암은 불안 상태가 지속하면 공산 세력의 개입을 가져올 것이라고 주장했다. 국무부는 당시 워싱턴 근방에서 미국정부의 지원으로 유학 중이던 송요찬과 최경록 장군을 불러 의견을 들었는데 최경록 장군은 쿠데타가 공산주의자들의 소행이라고 주장했다.[6] 여러 가지 상황을 종합한 미국정부는 5월 17일 저녁(워싱턴 시각) 서울의 미국대사관에 전문을 보내 쿠데타군과 접촉해 조속한 시일 내에 '민간인들로 구성된 거국내각'을 수립하도록 권고하는 일에 주력하라는 지시를 보냈다. 이것으로 미국정부는 쿠데타 발생 이틀 후인 5월 17일 저녁 이미

쿠데타를 사후 승인하기로 결정을 내린 것이다.[7]

그런 사이에 쿠데타군은 서울을 비롯한 모든 도시를 완전히 장악한 후 한국군과 유엔군의 아무런 저항도 받지 않은 채 정부를 접수했다. 그러다가 5월 18일 그동안 잠적해 있던 장면 총리와 그의 각료들이 나타나 윤보선 대통령에게 사직서를 제출함으로써 쿠데타군은 선거로 수립된 합법적인 민주 정권을 무너뜨리고 무력으로 정권을 장악하는 데 성공했다.[8] 1960년 4월 학생의거 후 내각책임제로 헌법을 개정해 7·29 총선을 통해 집권한 장면 내각은 8개월 만에 박정희를 지도자로 한 약 250명[9]의 군부 핵심 세력이 주동이 되어 일으킨 쿠데타에 의해 무너지고 만 것이다.

그렇다면 5·16쿠데타는 왜 일어났을까? 그것은 어떤 성격의 쿠데타인가? 그것을 주동하고 후에 집권 세력을 형성했던 군 장교들이 추구한 것은 무엇이었으며 어떤 결과를 가져왔나? 여기서는 이런 몇 가지 질문을 중심으로 5·16쿠데타와 군사 정권의 본질을 검토하기로 한다.

5·16쿠데타가 일어났을 때 미국정부가 가장 신경을 썼던 것은 공산주의자들의 개입 여부였다. 매그루더 장군은 5월 16일 아침, 미국의 합참의장 앞으로 보낸 전문의 결론 부분에서 "쿠데타의 지도자인 박정희가 한때 공산주의 사상에 물들었던 일은 있으나 쿠데타가 공산주의자들이 주동이 된 것은 아니다"라고 보고한 바 있다.[10]

그처럼 미국이 쿠데타의 성격과 주동 세력에 대해 비상한 관심을 보인 이유는 그것을 주도한 박정희가 공교롭게도 과거 남로당 조직과 연관된 적이 있었고 여순반란사건에도 직접 연루된 사실이 있었기 때문이었다. 박정희는 여순반란사건으로 체포되어 사형선고를 받았으나 동료 장교들의 구명 운동으로 살아나 퇴역한 후 문관으로 있다가 한국전쟁이 일어난 후 현역에 복귀한 경력이 있었다.[11] 그런 그가 주동이 되었으니 미국정부 측이 크게 경계한 것이다.

5·16은 어떤 쿠데타인가?

5·16은 어떤 성격의 쿠데타였나? 쿠데타의 실질적인 지도자였던 박정희는 그의 이름으로 된 저서 『국가와 혁명과 나』에서 쿠데타를 일으킨 동기를 다음과 같이 서술하고 있다.

> "4·19학생혁명이 놈들의 총질로 사실상 진퇴유곡에 빠졌을 때도, 군은 꾹 참으며 단지 그 되어가는 모습만 주의 깊게 보살펴주었을 뿐 끝내 군인 본래의 임무에만 충실했다는 것은 국민 여러분이 실제 보신 그대로이다. 그러나 참고 견딘다는 것과 옆에서 구경한다는 것은 결국 같은 말이 될 수 없는 것이다. (중략) 5·16 혁명은 이들과 등을 맞대는 것을 거부하고 서울 안에 도사린 적을 몰아내기 위해 출동한 군의 작전상 이동에 지나지 않는다고 요약할 수 있을 것이다." [12]

서울 안에 있는 '적'을 몰아내려고 취한 군사작전이 5·16쿠데타 목적이었다는 것이다. 물론 여기서 '적'이란 좁게는 당시의 집권 세력인 민주당 정권의 세력일 것이고 더 넓게는 정치인 전체를 말하는 것으로 볼 수 있다. 같은 책에서 박정희는 "4·19 혁명은 표면상의 자유당 정권을 타도한 것이지만 5·16은 민주당 정권이란 가면을 쓰고 설치려던 내면內面상의 자유당 정권을 뒤엎은 것이다"라고 쓰고 있다.[13] 한국을 망쳐 놓은 '놈'들이란 바로 그런 구정치인들이라는 것이다.

개발도상국에서 빈번하게 발생하는 쿠데타에 대한 학자들 간의 논의는 크게 보아 긍정론과 부정론으로 나눌 수 있다. 긍정론의 요지는 개발도상국에서 군대는 가장 근대화되고 능률성이 뛰어난 조직으로 저들이 정치에 개입해 집권하면 과감하게 사회 개혁을 해나갈 수 있어서 개발도상국의 발전에 이바지할 수 있다는 주장이다. 반대로 부정론자들의 주장은 군 조직의 획일적이고 집단주의적인 사고방식과 군인들의 극단주의적 성향을 들어 군인은 좋은 정치가가 될 수 없고 군부가 정치에 개입하면 정치 불안을 가져오고 심각한 갈등을 조성할 가능성이 있다고 주장한다.

김세진은 그의 저서에서 좀 역설적인 표현이긴 하지만 한국의 쿠데타를 '반동적 혁명가reactionary revolutionaries'가 주동한 것으로 보고 그런 이유 때문에 쿠데타가 사회 혁명을 촉발시킬 수 없었다고 주장한 바 있다.[14] 사실상 5·16쿠데타는 포르투갈이나 페루에서 나타났던 것 같은 사회주의 혁명을 지향한 군부 급진 세력이 주도한 성격의 쿠데타로 볼 수 없다. 박정희가 그의 저서에서 말한 '적'이란 구정치인들이며 일부 '정상배'들일 수는 있어도 사회주의 이론의 계급투쟁론에서 말하는 의미의 적 개념은 아니다.

5·16 주체 세력이 내세운 혁명 공약을 보아도 그것은 자명해진다. 박정희는 위의 책에서 "우리의 지상 목표는 두말할 것도 없이 4·19혁명 정신을 이어받아 정치, 경제, 사회, 문화의 향상과 새로운 민족의 세력을 기르자는 데 있었다"고 서술하고 있다. 쿠데타 세력은 다섯 개 항목으로 된 혁명 공약을 공포했는데 그 내용을 보면 다음과 같다.

첫째로 반공을 국시로 해 구호로만 남았던 반공 태세를 다시 가다듬어 외부의 침략에 대비하고, 둘째로 유엔 헌장을 잘 지켜 미국을 비롯한 자유세계 형제 나라들과의 결속을 단단히 함으로써 국제적인 고립에서 벗어나야 하고, 셋째로 구정권하의 모든 사회적 부패와 정치적인 구악을 일소하고 무너진 국민 도의와 민족정기를 바로잡음으로써 민족 민주 정신을 기르며, 넷째로 국가 자립 경제 재건에 온 힘을 기울여 굶주림에서 허덕이는 고통을 해소함으로써 국민에게 희망을 주며, 다섯째로 북한 공산 세력을 뒤엎을 수 있는 국가의 실력을 가다듬어 민족적 소망인 국토 통일을 이룩한다는 것이었다.

김세진도 지적하고 있지만 5·16쿠데타 세력은 체계적인 내용을 갖춘 어떤 특정의 개혁 철학을 갖고 있었다거나 그런 철학이나 사상을 신봉하는 장교들에 의해 취해진 행동은 아니었다. 사실 쿠데타 후의 조치에서 볼 수 있듯이 저들이 갖고 있던 청사진이란 3권을 장악한 최고회의를 구성하는 것

정도에서 벗어나지 않았다. 김세진 교수가 주동 세력을 가리켜 '반동적 혁명가들' 이라고 부른 것은 현실 정치에 대한 불만과 군 조직 내의 부패와 부정에 대한 의분 때문에 일어난 쿠데타였다는 것을 강조한 것이다.

이는 왕국이었던 이집트를 부정부패로부터 구한다는 명분을 내세워 나세르와 나기브의 '자유장교단' 이 일으킨 쿠데타의 성격과 맥을 같이하는 것으로 볼 수 있다. 즉 조국의 근대화라는 기치를 들고 파루크 왕을 추방함으로써 왕정을 폐지해 공화제를 수립한 이집트의 군사 쿠데타와 비슷한 성격을 지니고 있다는 것이다. 다만, 이집트는 왕정을 공화제로 대치하는 더 근본적인 변혁을 수반한 데 비해 한국의 5·16쿠데타는 비능률적이었던 의회민주주의와 민간 정부를 무력으로 전복하고 능률적인 군사정부를 수립함으로써 경제개발을 주축으로 하는 근대화를 추진하겠다는 데 역점을 두었다는 것이 다를 뿐이다.[15]

쿠데타 주동 세력의 의도나 성격을 이해하는 데 중요한 또 하나의 요소는 주동 세력의 사회적 배경이다. 주동 세력이 어떤 사회계층 출신들이며 어떤 교육적 배경이나 종교를 가졌으며 어느 지역 출신들이었느냐를 알아보는 것도 쿠데타의 성격을 이해하는 데 도움이 될 수 있다. 즉 주동 세력인 육사 8기생이나 그들이 옹립했던 장성급 주동자들의 사상적 성향이 매우 중요하다는 것이다.

이미 앞에서 박정희의 좌익 경력에 대해 언급했지만, 5·16쿠데타의 주동 세력 가운데 장성급 장교의 배경을 살펴보면 상당수가 지주 집안 출신이었으며 기독교인도 많았고 교육 수준도 고등교육을 받은 대학 졸업자가 많았다. 지역적으로도 육사 8기생으로 구성된 주동 세력 가운데는 해방 후 북한에서 월남해 우익 청년단체에 속해 있다가 군에 입대한 사람들이 많았고 5월 16일 새벽 1시 해병대를 이끌고 서울에 진입했던 장성급이나 영관급 장교 중에도 이북 출신이 많았다.[16] 어느 면으로 보나 사회주의적 사상을 가진 급진 세력에 의한 쿠데타는 아니었다.

쿠데타의 원인

정치학에서는 폭력을 수반하는 정치적 변화의 원인을 우발론偶發論과 내재론內在論에서 찾는 이론적 논의 틀을 갖고 있다.[17] 통상적이 아닌 조건들이 우발적으로 일어나 발생하게 되는 것을 우발적인 변화라고 할 수 있으며, 반대로 내재론은 어떤 일이 반드시 일어나게 되어 있고 그런 일이 일어날 잠재성이 언제든지 내재해 있으나, 그것을 막는 것들이 있기 때문에 단지 일어나지 않고 있다고 보는 것이다.

예를 들자면 자동차 사고는 분명히 우발적인 사태에 속한다. 운전자의 부주의에 의한 것이든 기관의 고장에 의한 것이든 그것을 우리는 우발적 사고라고 말한다. 물론 이 경우 그 원인을 알 수 없다는 것은 아니다. 운전자의 잘못 때문일 수도 있고 기관이 고장 난 것을 미리 대처하지 못해 사고를 일으키는 때도 있다. 그래서 무엇이 우발적 사고를 일으키게 했는지 그 원인을 알고 싶어한다.

반면에 내재론은 사고가 언제든지 일어날 수 있는 잠재성이 있으나 일어나지 않는 이유는, 무언가 그것을 방지하고 있기 때문이라고 보는 것이다. 따라서 그런 방지 요인이 없어지는 순간 사고가 나게 된다. 다시 자동차 사고로 비유한다면 자동차 엔진은 시간이 갈수록 낡게 된다. 계속 엔진을 방치하면 언젠가 그 엔진이 고장을 내 사고를 일으킬 것이다. 그러나 그게 언제인지는 정확히 알 수 없다.

그래서 두 개의 이론적 시각이 제기하는 질문의 내용은 서로 다르다. 우발론은 그런 사고나 사건이 왜 발생하느냐 묻고 그 이유를 따진다. 반대로 내재론은 '내재적인 사건이 왜 일찍 발생하지 않았느냐, 무엇이 그 발생을 억제하거나 막았느냐, 그런 조건들이 종결되면 어떤 일이 발생하느냐' 하는 것을 따진다. 또한 내재론은 '왜 그런 사건이 일어나지 않느냐' 하는 질문을 제기하기도 한다.

내재론의 대표적인 이론은 '집단행동론'으로 흔히 혁명을 설명하는 데 이용되기도 한다. 이 이론적 시각의 전제는 모든 집단이 권력을 추구하는 경쟁자라는 것이며 이미 권력을 차지한 집단과 그것에 도전하는 집단이 계속해서 경쟁과 쟁투를 벌이는 것이 곧 정치라는 것이다. 그러다가 어떤 시점에서 양자 사이의 균형이 깨지고 폭력적인 행동이 발생하게 되면서 혁명이 발생하게 된다는 것이다.

내재론의 시각에서 본다면 혁명이나 쿠데타 같은 폭력을 수반하는 행동은 모든 정치체제 속에 이미 내재해 있는 것으로 볼 수 있으며 그것을 방지하는 장치가 무너질 때 폭력적인 행동이 발생할 수 있다는 것이다.

우발론에 속하는 이론도 많이 있으나 대표적인 것으로 '상대적 박탈론'이 있다. 이 이론은 자기가 남보다 가진 것이 적다고 느낄 때 생기는 박탈감이 좌절감을 유발하게 되고 공격적인 행동을 가져온다는 가설을 바탕으로 하고 있다. 심리학에서도 유사한 이론으로 '좌절과 공격성'이라는 가설이 있다. 그처럼 공격적인 행동의 원인을 계산적인 것으로 보기보다 감성적[18]인 것으로 보기 때문에 우발적인 조건을 강조하게 된다.

이런 두 가지 이론적 시각을 5·16쿠데타에 적용해서 그 원인을 규명하는 것은 의미가 있다고 본다. 내재론적 시각에서 그 원인을 생각해본다면 한국전쟁 후 60만 대군이라는 아시아에서도 손꼽힐 정도의 큰 군대로 성장한 한국 군대가 왜 일찍 쿠데타를 일으키지 않았느냐 하는 질문을 제기할 수 있다. 한국 사회에 쿠데타라는 정치적 변화가 일어날 가능성이 이미 1950년대부터 '내재'해 있었다고 할 수 있는데 무엇이 쿠데타를 방지해온 것인가 하는 식의 질문을 제기하면서 5·16쿠데타의 발생 이유를 찾아가는 것이다.

그 경우 질문의 가정이 되는 것은 한국군이 과연 다른 정치집단과 경쟁 관계를 형성해 권력 투쟁에 나선 집단이었는가 하는 것이다. 만일 군이 그런 집단이었다면 왜 이승만 정권 기간인 1950년대부터 쿠데타를 계획하고 실현하지 못했는가 하는 질문이 나오며, 여기에 대해 쿠데타 발생을 막거나 방해한 요인 가운데 군은 정치적 중립을 지켜야 한다는 윤리적 규범이 작용했다던가, 구조적으로 한국군이 유엔군 사령관의(실제로는 미군) 작전지휘권 아래 있어서 항상 감시와 통제를 받았고 주한 미 군사고문단이 한국군의 고문 기능만 아니라 감시 기능을 맡고 있어서 한국군 장교들의 정치적 동향을 상세히 파악하고 있었기 때문에 쿠데타가 불가능했다는 설명이 나올 수 있다.

또 이승만 정권 당시는 이승만이 군 장성급의 인사를 직접 관장했는데, 군 내부의 파벌 간의 경쟁 관계를 '분리와 지배'라는 고전적인 통치 방식으로 적절히 활용함으로써 장성들이 군 내부에서 쿠데타를 일으킬 수 없도록 서로 견제하는 균형 관계를 잘 유지했기 때문이라는 등의 설명도 나올 수 있을 것이다.

사실 한국에서는 이미 부산정치파동이 있던 1952년 봄에 일부 지식인 사이에서 쿠데타의 가능성이 논의되기도 했고 실제로 이미 그 당시 박정희가 이종찬 참모총장을 찾아가 같이 쿠데타를 일으키자는 제의를 했다는 후문도 있다.[19] 또한 자유당 말기와 민주당 초기에 걸쳐 미국의 콜론 컨설팅사의 주관으로 로버트 스칼라피노Robert Scalapino 교수가 작업한 연구보고서에서도 한국에서의 쿠데타 발생의 개연성을 지적한 바 있었다.[20]

그러나 60만 대군을 가진 나라라고 해서 반드시 쿠데타나 폭력적인 방법에 의한 정권 변화가 일어날 개연성이 내재해 있다고 주장하기는 어렵다. 1950년대 한국군 내부에도 다른 개도국에서 일어나는 쿠데타를 보고 자신들도 그런 나라의 장교들처럼 무력으로 정부를 전복해서라도 군대가 집권해야 한다고 생각하거나 믿는 사람이 어느 정도 있었을지 모르나 그 수는 미미했으리라 생각된다. 즉 내재론적 시각으로 5·16의 발생 요인을 논하려면 1950년대 말에 이미 한국군이 정당이나 다른 정치 세력들과 정치권력의 장악을 놓고 경쟁 관계를 형성할 정도로 '정치화'된 집단이었다는 가정이 성립되어야 한다.

내재론으로 쿠데타의 발생 원인을 설명하려면 정치권력을 장악한 집권 세력과 권력 쟁취를 위해 투쟁하는 도전자 사이의 각축전이 전제돼 있어야 한다. 그런데 1950년대 군 조직이 그와 같은 권력 쟁취를 위해 투쟁하는 도전자의 성격을 지닐 정도로 정치화되어 있었다고 보기는 어렵다. 자유당 정권 당시의 혼란한 상황을 보고 쿠데타라는 폭력적 방법으로 변화를 가져오려는 생각이나 의도를 가진 소수 장교가 있었겠지만, 그들이 군부의 전적인 동조를 얻고 있었다고 볼 수는 없다.[21] 군부가 집단행동으로 쿠데타를 구상할 정도로 정치화되어 있었던 것은 아니라는 것이다.

내재론은 왜 쿠데타가 일어나지 않았느냐는 질문에 대한 해답을 찾는 데 적절한 시각이지 왜 어떤 시점에서 그것이 일어났느냐라는 질문을 다루는 데는 적절하지 않다. 아마 1950년대를 중심으로 이승만 정권하에서는 왜 쿠데타가 일어나지 않았는가에 관심이 있고 그 이유를 찾으려는 사람에게는 내재론의 시각이 유용할지 모른다. 그러나 이미 발생한 5·16쿠데타가 왜 발생했느냐를 알아보려는 사람에게는 내재론의 시각보다는 왜 그런 사태가 그 때에 일어났느냐라는 의문을 규명할 수 있는 우발론의 시각이 적절하고 유용하다고 하겠다.

우발론적 시각에서 5·16쿠데타의 원인을 규명하려면 우선 왜 그 사건이 그때에 일어나게 되었느냐 하는 질문을 제기해야 한다. 무엇이 일부 장교로 하여금 쿠데타를 일으키게 했는지 규명하는 것이다. 그리고 그런 행동을 일으킨 요인이 권력 쟁취를 위한 욕구에서 나온 계산적인 행동이라기보다는 정의감, 또는 감성적인 요소에 의해 촉발된 우발적이고 충동적 행동으로 보려는 것이다.

우발론적 시각에 속하는 이론으로 몇 개의 대표적인 이론을 들 수 있다. 하나는 급격한 변화를 강조한 것으로 사회경제적 조건이 급격하게 변하면 아노미 현상이 나타나게 되는데 그런 혼란 상태가 지속되면 정치적 폭력 사태가 발생하게 된다는 주장이다. 이와 비슷하게 '구조적 불균형 이론'에서는 사회경제적 조건의 급격한 변화를 의미하는 동원화mobilization 현상과 그런 급격한 변화를 흡수하는 제도 수준 사이에 현격한 차이가 있을 때 정치적 폭력이 발생한다고 주장한다. 새뮤얼 헌팅턴Samuel Huntington의 정치 변화 이론 또한 그런 불균형 이론을 바탕으로 한 것이다.[22] 그러나 이 주장들은 1950년대와 1960년대 초의 한국 사회에는 적용하기 어렵다. 그 당시의 한국은 아직도 산업화 단계 이전의 농업 중심의 저개발 국가였다.

우발론적 시각에 속하는 또 하나의 대표적인 이론으로 'J-커브 이론'이 있다. 제임스 데이비스James Davies[23]가 대표적인 주창자인 이 이론에 의하면 한동안 장기적으로 개선이 이뤄져 사람들의 기대가 상승하고 있다가 갑자기 그것이 중단되고 오히려 역행하면 충족되지 못한 기대가 좌절감으로 분출하면서 정치적 폭력 또는 혁명으로 나타날 수 있다는 주장이다. 이 이론도 1950년대나 1960년 초의 한국에 적용하기는 어려운 것이, 그 당시의 한국에서 '장기적인 개선' 즉 사회경제적 발전이 이뤄졌다고 보기 어렵다. 그리고 다른 나라의 경험적 자료를 조사한 결과를 보아도 장기적인 개선 후의 역행 현상이 반드시 혁명이라는 정치적 폭력 사태를 가져오는 것은 아니라는 점을 지적할 수 있다. 가령 1930년대에 대공황을 겪은 나라들이 많았지만, 그 나라들이 모두 혁명을 겪지는 않았다는 점을 지적할 수 있다.

오히려 더 적실성을 지닌 이론적 시각으로 테드 거Ted Gurr의 박탈감 이론이 있다. 테드 거는 그의 저서 『Why Men Rebel』에서 폭력 사태를 설명하고자 상대적 박탈감 이론을 기초로 한 모델을 제시하고 있는데 그 내용은 다음과 같다. 우선, 집단적인 정치적 폭력 행위는 공격성의 한 형태이다. 그리고 그 공격성은 좌절감이 만들어낸 분노에서 오는 것이다. 마지막으로 좌절감을 느끼게 하는 기본적인 원인은 인간의 가치 기대와 실제 가치 실현 사이의 격차에서 오는 불균형이다.[24] 이 이론의 가장 중요한 가정이 되는 좌절감 때문에 공격적인 행동을 취하게 된다는 것이 보기에 따라서는 내재적인 것으로 생각될 수도 있으나 테드 거는 그것이 속에 감춰진 성향dormant disposition이라 보고 있다. 그리고 박탈감과 좌절감은 인간 내부에 오랫동안 잠재하고 있다가 어떤 계기가 촉발하면 행동으로 전환될 수 있다는 것이다.

좌절감을 느끼고 그것 때문에 공격적인 행동이 나타나게 되기까지는 폭력적인 행동을 피하려는 경향을 극복할 정도로 어떤 외부적 힘이 강하게 작용해야만 한다. 그런 작용은 보통 우발적으로 일어난다. 그러니까 상대적 박탈감에서 오는 좌절감이 속에 감춰진 채, 휴면 상태의 성향으로 남아 있다가 어떤 계기로 인한 외부의 강한 자극 때문에 공격적이고 폭력적인 행동으로 나타나게 된다는 것이며 그것은 내재적이기라기보다 우발적이라는 것이다.

다시 말하면, 한국에서 4·19의거 이전부터 쿠데타가 발생할 가능성은 있었으나 군부의 정치 개입을 억제했던 요인이 자유당 붕괴로 제거되었으며 장면 정부 시기에 이르러 그 당시의 전반적인 혼란 상태와 아노미 상황에 편승해 일부 소장 장교들이 정군운동整軍運動이라는 이름 아래 군 상층부에 대한 공개적 반란을 일으켰고 그 운동이 쿠데타를 통한 국가 개조로 확대 전개되었다는 것이다.[25]

1950년대 군부에는 상대적 박탈감에서 온 좌절감과 장성급 인사의 적체 현상으로 인한 장교 집단의 불만이 팽배해 있었다. 일종의 상대적 박탈감이 군 내부에 존재하고 있었다고 할 수 있다. 그러나 박탈감이 심각하다고 해서 그것이 곧 쿠데타라는 폭력 행동으로 전환되는 것은 아니다. 테드 거의 주장에 따르면 오히려 행동을 유발하게 하는 요인은 좌절감이다. 그리고 심각한 좌절감을 느끼게 되는 이유는 인간의 가치 기대와 가치 실현 가능성 사이의 격차에서 오는 불균형 때문이다. 그런 좌절감이 겉으로 나타나지 않으나 내면에 깊숙이 자리 잡고 있었다가 어떤 계기에 자극을 받아 과격한 행동으로 나타난다는 것이다.

4·19의거 후에 일어난 군 내부의 정군운동은 부패한 상급 장교를 숙청하려는 중급 장교 중심의 운동이었으며 좌절감의 행동적인 표현이었다고 할 수 있다. 그러나 군 수뇌부와 장면 정부는 그것을 단순한 하극상 사건으로 취급했다. 그러자 과거에는 쿠데타라는 과격한 행동을 취하는 일에 대해 부

정적이었거나 소극적이었던 일부 군 장성들이 당시의 정치 사회적 혼란이라는 군 외부로부터 받은 강한 자극을 계기로 1961년 5월 16일 오전 1시를 기해 행동을 취하고 장면 정부를 전복하기에 이른 것이다.

우발론의 시각에서 5·16쿠데타를 일으킨 군인들의 동기를 설명하는 것도 중요하나 쿠데타를 일으키도록 자극을 준 당시 한국 사회의 상황도 함께 살펴야 한다. 군 내부의 요인으로는 부패와 진급 적체 문제가 있었다. 1950년대 말과 1960년대 초의 한국군의 일반 장교의 처지는 매우 어려웠다. 일부 부패한 장성들을 제외하고 양심적인 장교들은 생계를 유지하기조차 어려울 정도의 박봉으로 생활해야만 했다. 물론 그 당시 한국 사회가 전반적으로 빈곤에서 헤어나지 못한 후진 사회였던 만큼 군 장교들만이 그처럼 어려운 처지에 있었다는 것은 아니다. 그러나 일부 장성급 장교들 사이에서는 만성적인 부패 행위가 자행되고 있었다. 특히 장성들 사이에서 진급을 위해 정치인에게 뇌물을 바치는 행위가 공공연히 벌어지고 있었으며 국회의 국방위원회가 편파적으로 혹은 정치적 판단으로 군의 인사에 관여하는 일이 많았기 때문에 군 장교들의 원성의 대상이 되기도 했다.

또한, 일부 군 장교들은 후진국의 테두리에서 벗어나지 못한 한국과 특히 집권 세력인 자유당 정부의 무능을 비판했으며 빈곤의 악순환에서 벗어나지 못하고 미국의 군사·경제원조에 전적으로 의존하고 있는 현실을 개탄하기도 했다. 이와 대조적으로 1950—60년대 북한은 급속한 전후 복구를 통해 자립 경제를 수립한 것으로 알려졌고 군사력에서도 남한을 앞서고 있었다. 그런 북한 공산군과 대치하고 있던 군부로서는 자유당 정권은 너무나 부패하고 무능한 것으로 인식되었을 것이며 정부에 대한 불신감은 매우 높았을 것이다.

한편, 군 외부의 한국 사회의 상황 역시 일부 장교들로 하여금 좌절감과 의분을 느끼게 할 정도로 혼탁하고 불안정한 상태에 있었다. 박정희가 이미 자신의 저서에서도 밝혔듯이 3·15부정선거 후에 쿠데타를 일으킬 계획을 세워 추진하다가 4·19의거가 일어나 계획을 중단한 바 있었다는 것을 보아도 민심이 완전히 돌아선 자유당 말기에 그 정권에게선 아무런 발전이나 진전을 기대할 수 없다고 본 학생들처럼 일부 군 장교들 사이에서도 이승만 정권을 갈아치워야 한다는 느낌이나 생각이 깔렸었다고 할 수 있다. 자유당 정부가 계엄령을 내리고 서울에 군대를 투입해 데모하는 학생들을 제압하려 했으나 서울에 진입한 군대가 오히려 학생 데모를 '보호'하는 자세를 보였고 군 수뇌부가 학생들에게 발포하지 않도록 한 것도 그런 군 장교들의 동향을 반영한 것이라 하겠다.

4·19의거가 일어나 자유당 정부가 붕괴하고 민주당의 장면 정부가 수립되었으나 당시의 한국의 정치적 또는 경제적 상황은 전혀 나아진 바 없었다. 4·19의거 후의 혼란이 계속되는 가운데 민주당은 내각책임제로 개헌해 새로운 헌정 질서를 수립하려 했으나 민주당이 신·구 양파로 갈려 파벌들 사이에 정권 쟁취를 위한 싸움이 벌어지기 시작했다. 신파가 총리직을 맡아 정부를 수립했지만 구파의 협조 없이는 아무것도 할 수 없는 상황이었고, 그렇다고 신·구파가 사태의 심각성을 느껴 합심해 정권을 유지하고자 노력한 것도 아니었다.

해방 후 처음으로 생소한 내각책임제를 도입한 것도 문제였고 원활한 내각책임제의 운용을 위한 기초 조건인 정당 조직 기반도 없었다. 정당이라지만 사실은 파벌에 불과했던 민주당 내의 두 개의 정파 사이에 이전투구의 싸움이 벌어졌을 뿐이었다. 이런 상황에서 권위주의 정권을 무너트린 학생을 비롯한 젊은 세력들은 한국 정치의 자유화를 요구했으며 언론·집회·결사의 자유를 부르짖고 있었다. 일부 진보적인 교수들이 노조를 결성하려 했으며 일부 진보적인 학생 단체가 남북통일을 위해 판문점에서 학생들끼리 만나 통일을 논의해야 한다는 등의 급진적 주장을 펴기도 했다.

민주당으로서는 감당하기 어려운 자유화의 요구가 분출하고 있었지만, 민주당은 그것을 자유당 정권처럼 강권으로 억압할 수 없었으며 봇물처럼 터져 나오는 온갖 집단들의 자유화 요구 때문에 정치적 과부하 현상을 겪어야 했다. 그런 혼란한 틈을 타서 북한의 대남 간첩 활동도 더욱 활발해졌으나 4·19의거 당시 발포 사건으로 국민의 증오심을 산 경찰 조직은 사실상 마비 상태로 치안이 매우 취약한 지경이었다. 일부 우익 단체들이 남한의 정치적 혼란을 우려하고 공산화의 가능성을 심각하게 거론하게 된 배경은 이러한 데서 나온 것이라 하겠다.

내부적으로 휴면休眠 상태에 있던 군부의 장교들은 민주당 정권하에서 전개되던 자유화에 따르는 혼란에 대해 위기의식을 느끼면서 매우 민감하게 반응했다. 그들은 이런 상황이 계속되고 치안 공백 사태가 오는 것에 대해 깊은 우려를 나타내고 있었다. 특히 이북 출신의 장교들은 민주당 정권하의 정치적 혼란을 안보를 위협할 수 있는 심각한 사태로 인식했고 자유화와 북한과의 통일을 요구하는 일부 진보 세력의 움직임도 국가 질서를 전복할 위험성을 지닌 행동으로 간주했을 것이다.

다시 말해서 군 외부에서 벌어진 일련의 상황은 잠재해 있던 장교들의 분노에 불을 지를 수 있는 상황이었으며 그런 분노가 곧 국가의 안보를 지켜야 한다는 애국심으로 승화되면서 많은 군 장교들의 결속과 단결을 가능케 했다.[26]

쿠데타에 의해 작전 지휘권이 크게 손상당했던 매그루더 유엔군 사령관이 5월 17일자로 본국에 보낸 전문 보고서에서 "장면 총리는 용기를 가진 사람이 아니라는 정평이 있고 그를 지원하려는 세력은 어디에도 보이지 않는다. (중략) 요컨대 서울 주변에 있는 모든 힘있는 사람들은 쿠데타 계획에 대해 사전 지식을 갖고 있었던 것처럼 보이며 적어도 그것을 반대하지 않았다. 그것에 대한 찬반은 있으나 지금 어떤 행동을 취할 정도로 충분한 관심을 보이지 않고 있다"라고 쓴 것을 보면 많은 사람이 정파 간의 권력 싸움과 내분에 휘말렸던 장면 정부에 대해 매우 부정적이었다고 볼 수 있다. 사실 1961년 초부터 항간에 3월 위기설과 4월 위기설이 나돌고 있었다. 4·19학생의거의

1주년을 기해서 어떤 큰 사태가 발생할 것이라는 추측이 나돌고 있었다. 그런 분위기 속에서 박정희 소장이 주도한 쿠데타가 감행되었고 별다른 큰 저항 없이 장면 정권을 전복하고 군사정부를 수립하는 데 성공한 것이다.

미국의 반대에 부딪힌 군정 연장 계획

쿠데타라는 폭력 수단으로 집권한 박정희 장군의 군사정부는 순탄하지 못했다. 안팎으로 많은 도전과 시련을 겪었으며 군정 기간을 5년으로 설정했으나 압력에 못 이겨 그것을 단축하고 3년 후인 1963년 12월 민정으로 복귀하게 되었다. 집권 초부터 군사정부는 미국정부의 거센 비판과 반대에 부딪혔다. 그리고 국내 민간 정치 세력으로부터도 상당한 저항을 받았다. 군사정부는 처음에 민간인 정치인들을 '구정치인'으로 부르면서 숙청의 대상으로 삼았으나 정치인들을 완전히 외면할 수 없었다. 그리고 군사정부에 의해 정치 활동을 금지당한 정치 세력은 꾸준히 민정 복귀를 요구하면서 반대 투쟁을 계속해나갔다.

쿠데타군이 수립한 '국가재건최고회의(약칭 최고회의)'라는 군사정부의 통치 기구는 쿠데타에 참가한 장성들과 육사 8기생 출신의 영관급 장교들이 포함된 군사혁명위원회였다. 장도영 육군참모총장이 의장이었고 박정희와 이주일이 부의장이었다. 쿠데타 세력이 추대했던 장도영 의장은 얼마 후 최고회의 내에서 벌어진 권력 투쟁에서 밀려나 반혁명 음모죄로 몰려 실각한 후 미국으로 떠났으며 실세인 박정희가 의장직을 차지해 권력을 장악했다. 최고회의는 행정·사법·입법 3권을 다 장악했고 최고회의가 임명한 장관들이 행정부를 이끌며 최고회의의 결정을 집행했다.

쿠데타 초기에는 혁명검찰과 군법회의에서 사법권을 행사하다가 점차로 사법부에 재판권을 넘겨주었다. 군사정부 통치 기간 동안 민간인의 정치 활동은 금지되었고 언론은 철저한 검열을 받았다. 중요한 결정은 최고회의의 지령 형식으로 행정기관에 하달되었다. 모든 것이 군대식 명령에 의해 움직였다. 미국의 정치학자 헤롤드 라스웰Harold Lasswell이 명명한 '병영 국가garrison state'를 상기시키는 것이었다. 군사정부는 앞으로 5년간 통치한 후 혁명의 목적이 달성되면 군에 복귀하겠다고 했다.

최고회의라는 군부의 통치기관 못지않게 중요한 기관으로 중앙정보부가 조직되었다. 1961년 7월에 설립한 중앙정보부(KCIA)는 전국적으로 정보망을 갖춘 후 군사정부를 뒷받침하고 이른바 '군사혁명'을 성공으로 이끌기 위한 강권 조직의 역할을 담당했다. 그것은 행정부와 나란히 편성된 평행 구조parallel structure로 조직되었으며 행정부에 대한 감시 기능도 맡았다. 이름은 미국의 정보기관을 모방했지만, 그 기능은 전혀 다른 것이었다. 한국의 중앙정보부는 쿠데타를 통해 집권한 군부 세력이 계속 집권할 수 있도록 하기 위한 기반을 마련하는 데 그 목적이 있었다.

최고회의와 중앙정보부가 행사하는 권한은 아무도 견제하지 못할 정도로 무제한적이었다. 그리고 그 두 기관에 도전하는 어떤 정치 활동도 허용되지 않았다. 이미 정당을 포함한 모든 정치집단의 활동은 금지되어 있었으며 어떤 민간인 세력도 도전하기 어려운 완전한 군부독재체제였던 것이다. 세간에는 '최고위원이 최고야'라는 말과 최고위원만 끼면 불가능이 없다는 말이 돌 정도로 최고회의는 절대적 권력을 행사했다.

군사정부는 쿠데타 직후부터 미국정부의 강한 반대와 비판에 부딪혔다. 우선 한국군에 대한 지휘권을 행사해온 유엔군사령관의 권한을 무시한 채 쿠데타에 한국군을 동원한 것이 문제였다. 쿠데타군이 유엔군사령관의 권위에 정면 도전한 것이다. 미국은 그 권위를 회복시키지 않고서는 앞으로 미국이 한국군에 대한 지휘권을 행사할 수 없다고 판단했다. 그리하여 쿠데타 직후 매그루더 유엔군사령관은 쿠데타군을 이끈 박정희 소장과의 회합에서 일부 한국군(수도경비사령부)을 유엔사의 지휘권 밖에 두는 것으로 합의를 보는 동시에 기존의 유엔사의 한국군 지휘권을 재확인하면서 쿠데타 과정에

서 발생한 지휘권 갈등을 해결했다.[27]

지휘권 문제보다 더 심각한 한미 간의 쟁점은 '군정의 실시 기간'이었다. 미국정부는 쿠데타 직후부터 한국에 거국내각 성격의 정부를 수립하고 군은 곧 원대 복귀해야 한다는 태도를 보였다. 처음부터 군이 직접 통치하는 것을 반대한 것이다. 그러나 쿠데타 세력은 군정 기간을 5년으로 잡았으며 그동안 새로운 정치 질서와 깨끗한 정부를 수립한 후 원대 복귀한다는 것이었다.[28]

이처럼 군사정부와 미국정부는 민정 복귀 문제를 놓고 팽팽한 평행선을 긋고 있었으며 군사정부에 대해 미국이 쓸 수 있는 효율적인 압박 수단은 오직 경제원조뿐이었다. 그 당시 한국 경제는 미국의 원조에 크게 의존하고 있었고 미국의 경제원조 속에는 60만의 한국군에 대한 군비와 인건비도 포함돼 있었다. 더구나 1961년 한국은 가뭄으로 극심한 식량난을 겪고 있었으며 미국에 식량 원조 증가를 요청해야 할 상황이었다. 군사정부는 미국의 요구를 외면할 수 없는 약세에 놓여 있었던 것이다.

한국전쟁 이후 미국의 원조에 의존함으로써 자주성을 상실해온 것으로 인식했던 군사정부의 지도층은 쿠데타 직후부터 최고회의를 중심으로 경제 자립을 위한 장기 경제개발 계획을 수립하고자 했다. 그 계획 내용은 5개년 경제개발을 통해 한국 경제를 자립시키겠다는 것으로 기간산업을 건설하고 시장경제 원리를 배격하더라도 국가가 목표에 따라 자원의 배분을 통제하고 그 책임을 지겠다는 것이었다. 요컨대 내포적 공업화 전략을 바탕으로 한 장기 경제개발 계획이었으며 그 계획 속에는 위로부터의 민족주의(또는 국가주의)라는 이데올로기가 깔렸던 것이다.[29]

군사정부는 이러한 내용을 바탕으로 한 5개년 장기 개발 계획안을 채택하는 동시에 1961년 7월 자유당 정부 때 설치한 부흥부復興部를 폐지하고 장기 개발 계획을 종합적으로 기획, 집행하며 그에 따른 예산 집행 기능까지 갖춘 막강한 조직인 경제기획원을 발족시켰다.[30]

그러나 장기 경제개발 계획의 추진에는 막대한 자본이 필요했고 그것을 제공해줄 수 있는 국가는 미국뿐이었다. 작전지휘권 문제와 민정 복귀 문제로 미국정부와 갈등을 빚고 있던 군사정부였지만 미국정부로부터 장기 개발 정책을 위한 자본을 얻어내는 일은 꼭 이뤄야 할 시급한 과제였다.

한편, 미국은 한국 문제를 다루는 데 있어서 조속한 시일에 군사정부를 종식하고 민정으로 복귀시키는 일에 최우선 순위를 두었다. 박정희 의장이 1961년 7월 말 성명서를 통해 1963년 8월경에 민정 복귀를 실현하겠다고 서약했을 때 미국 국무부는 박정희 의장의 성명 내용을 환영했다. 또한 미국정부는 1961년 11월 박정희 최고회의 의장을 미국에 초청했다.

미국정부가 박정희 의장을 초청한 것은 미국이 실질적으로 박정희 의장을 한국정부의 대표로 인정하면서 민정으로 복귀하도록 압력을 넣자는 데 있었다. 군사정부로서도 박정희 의장의 방미를 대내외적으로 군사정부의 위신을 높히는 기회로 여겼고 미국으로부터 한국에 대한 원조를 더 얻어내는 계기로도 활용하고자 했다. 박정희 의장의 방미 명칭은 실무 방문working visit이었다. 공식 방문이나 국빈 방문은 아니었다. 미국은 군사정부를 실질적인 정부로 인정하면서도 공식적인 승인은 민정으로 복귀한 후로 미룬 것이다. 박정희 의장은 미국으로 가는 도중 일본에 들러 일본 정계의 요인들과 만나 한일 간의 현안에 대한 의견을 교환함으로써 한국의 경제개발을 위한 일본의 지원을 약속 받는 부수 효과도 얻었다.[31]

1961년 7월 말, 박정희 의장이 민정으로 복귀할 것을 약속했지만 같은 해 11월 미국 방문에서 돌아온 박정희 의장은 그 후 2년 동안 민정 복귀를 위한 선거가 치러지기까지 국내적으로 큰 정치적 시련에 직면했다. 그 시련은 민정 복귀와 그 후의 정국 주도권을 둘러싸고 김종필을 중심으로 한 세력과 최고회의 내의 반김 세력 사이의 치열한 알력과 쟁투에서 비롯된 것이었다. 그 싸움은 1962년 초부터 1963년 2월 말 김종필이 중앙정보부장직을 사임하고 1차 장기 외유에 나서기까지 계속되었다. 그동안 미국은 경제원조라는 미국이 가진 유일한 압력 수단을 이용해 군사정부를 상대로 민정 복귀 약속을 지키도록 압박을 계속했으며 궁극적으로는 군사정부를 종식하면서 민정으로 복귀시키는 데 성공했다.

박정희 의장이 1961년 11월 미국에서 케네디 대통령과 만나 민정 이양을 약속하고 귀국했을 때 민정 복귀를 둘러싸고 최고회의 위원들 사이에 의견이 대립하고 있었다. 특히 구정치인에 대해 불신하고 있던 영관급의 최고위원들은 군정 연장을 원했고 민정 복귀를 반대하고 있었다. 또한, 민정 복귀 압력을 가하는 미국정부에 대해서도 노골적으로 반미 감정을 나타냈다.

군사정부의 민정 복귀 사전 준비는 여러 가지 무리를 일으키며 진행되었다. 당시 신문들은 일제히 이른바 '3대부정사건'을 보도했다. 그 내용은 부정부패의 일소를 위해 혁명을 했다고 주장해온 군사정부의 정당성과 그 지도층에 대한 신뢰를 근본적으로 흔들어놓을 만큼 심각한 것이었다.

첫 번째 부정사건은 일본에서 '블루버드Bluebird'로 시판된 승용차를 들여와 마치 한국에서 생산 조립한 것처럼 꾸민 후 이름을 '새나라'로 바꿔 판매하면서 막대한 수입을 올린 일종의 불법 수입 사건이었다. 두 번째는 휴양을 위해 일본으로 가는 미군을 유치해 외화를 번다는 명목으로 '워커힐'이라는 종합 관광시설을 조성하면서 저지른 부정이며, 세 번째는 서울 증권시장에서 주가를 조작해 막대한 차액을 벌어들인 것이다. 주가 조작으로 수많은 소주주가 재산을 잃었고 심지어 자살한 사람도 있었다. 3대부정사건이 보도되면서 군사정부의 부패를 규탄하는 소리가 높아갔다. 3대부정사건은 중앙정보부가 주동이 되어 민정으로 복귀할 때를 대비해 필요한 정치자금을 마련하고자 이뤄진 것이었다.

또한, 최고회의는 4천369명의 구정치인의 정계 복귀를 금지하려고 정치정화법을 제정했다. 최고회의는 미국과 아무 협의 없이 울산에 공업단지를 조성하기로 했고, 1962년 6월10일 통화개혁과, 6월 30일 긴급금융조치법을 역시 미국과 아무런 상의 없이 결정했다.

미국은 두 조치에 대해 강하게 반대했고, 심지어 미국의 요구를 받아들이지 않을 때 한미 관계의 단절이나 원조의 중단도 고려하겠다고 위협했다.[32] 미국은 군사정부의 이러한 결정들의 배후에 김종필과 그를 둘러싼 과격한 성향이 있는 '혁명 주체' 세력의 작용이 있었다고 보고, 특히 김종필과 송요찬 국무총리 사이의 권력 투쟁과도 관련이 있는 것으로 판단했다. 결국 송요찬 총리는 김종필 부장과의 권력 투쟁에서 밀려나 총리직을 사임했다.

그런 와중에 박정희 의장은 주한 미국대사와 면담을 했다. 그 면담 내용을 본국에 보고하면서 미국대사는 박정희 의장이 "김종필 부장이 부담되고 있으며 그의 권한을 제한하는 방법을 생각하겠다"고 했다고 썼다. 미국대사는 그 보고서에서 박정희 의장에게 미국은 앞으로 김종필을 의사소통의 상대로 여기지 않겠다는 것과 박정희 의장이 알지 못한 김종필 부장의 지나치게 야심에 찬 활동 내용을 알려주었다고 보고했다.[33]

1962년 여름에 이르면서 최고회의 내부의 권력 투쟁은 소강상태에 있었으나 군사정부에 대한 국민의 지지와 신뢰는 떨어지고 있었다. 그런 중에도 군사정부는 민정 복귀를 위한 일련의 조치를 취해갔다. 우선 중앙정보부가 주동이 되어 헌법 개정 작업을 진행했다. 개헌 내용은 최고회의의 검토를 거쳐 국민투표에 부쳐졌으며 1962년 12월 31일에 공포되었다. 중앙정보부는 개헌 작업 과정을 미국대사관에 알려주었으며 박정희 의장이 대통령 후보로 출마하는 데 대해 미국대사관 측은 거부 반응을 보이지 않았다.[34]

중앙정보부가 개헌 작업을 할 때는 미국 측에 협조를 의뢰하기까지 했으나 공화당의 조직에 대한 정보는 일절 알리지 않았고 비밀에 부쳤다. 공화당의 비밀 조직을 포함한 민정 복귀 후의 군사정부의 계획에 대해 미국대사관 측은 매우 비판적이었으며, 미국대사는 박정희 의장과 만난 자리에서 김종필의 그런 움직임을 지지할 수 없다는 뜻을 전했다. 그러나 1962년 12월 17일, 박정희 의장은 1963년 4월에 대통령 선거를, 1963년 5월에 국회의원 선거를 실시하겠다는 성명을 냈다. 그리고 12월 중순 정당법과 선거법을 위한 지침을 제시한 후 12월 31일 정당법을 공포했다.

1963년 1월 정치 활동 금지를 해제했고 구정치인들의 활동이 재개되었다. 그 후 최고회의 내에서 공화당 대표를 차지하려던 김종필에 대한 강한 반대가 일어나면서 최고회의를 중심으로 치열한 권력투쟁이 다시 재연되기 시작했다. 특히 김종필 지지 세력과 송요찬 전 국무총리 사이의 갈등이 격화되는 가운데 송요찬 전 총리는 김종필이 자신을 암살하려 한다는 말을 미국 대사관에 전달했다. 그리고 이 싸움에 휘말려 김동하 해병대 중장을 비롯한 네 명의 회고회의 위원들이 사표를 제출했다.

야당 세력과 구정치인들도 다가오는 선거를 앞두고 서로 세력 규합과 확장에 열중했으나 군사정부에 맞설 만한 단일 야당의 설립은 지지부진했다. 오히려 쿠데타 이전의 과거 여러 정파에 속했던 정치인들끼리 서로 재결합하면서 수많은 정치 세력이 등장하고 있었다.

그러다 1963년 1월 공화당의 대표직을 노리는 김종필을 견제하려는 최고회의 내의 반김 세력이 김종필의 공화당 구상안과 사전 조직 문제를 놓고 크게 반발하면서 군사정부의 고위층은 심각한 내분에 휘말리게 되었다.[35] 이처럼 권력층의 내분이 심화하고 구정치인들이 정치 활동을 재개하면서 국내 정치 상황이 불안해지자 군의 일부 과격한 장교들은 수십 대의 군용 차를 몰고 청와대에 들어가 박정희 의장에게 선거를 취소하고 군정의 연장을 요구하는 집단 시위를 벌였다.

사태가 심각해지자 국방장관과 육·해·공·해병 참모총장들은 1963년 2월 17일 박정희 의장을 만난 자리에서 김종필 부장이 공화당을 떠날 것과 즉시 국외로 나갈 것을 요구했다. 그 다음 날인 2월 18일, 박정희 의장은 예고 없이 기자회견을 열어 자신의 민정 복귀 구상을 수정하고 자신의 민정 참여 포기를 포함한 정국 수습안을 제시했다. 민정 복귀를 둘러싸고 이전투구를 벌이고 있던 최고회의 장성급 위원들과 김종필 지지 세력 양자 사이에서 어느 한쪽으로만 치우칠 수 없었던 박정희 의장이 고민 끝에 내린 결정은 자신의 민정 참여 포기였다.

박정희 의장은 구정치인들과 정당들이 쿠데타를 주동한 군인에게 보복하지 않을 것을 약속한다면, 자신은 민정에 참여하지 않겠다고 했다. 그의 기자회견 내용에 대해 군과 김종필 주변의 세력들은 그것이 미국의 압력에 의한 것으로 보고 반발했고 기자회견 후 여러 차례 박정희 의장에 대한 암살미수 사건들이 보도되기도 했다. 미국은 그런 사건들이 모두 중앙정보부에 의해 조작된 것으로 판단하고 있었다. 결국 박정희 의장의 성명 후 일주일 뒤인 2월 25일 김종필이 장기간의 외국 체류를 위해 한국을 떠났다. 동시에 반김종필 세력이었던 4명의 장성급 위원들도 최고위원직을 사임하기에 이르렀다.[36]

군사정부 내의 권력 투쟁과 내분에 시달리던 박정희 의장은 김종필 부장이 사임한 지 한 달 후인 1963년 3월 16일, 다른 최고회의 위원들과의 사전 협의 없이 '한국이 아직 민주정치를 할 준비가 되어 있지 않다'라는 이유를 들어 군정을 4년 더 연장하겠다며 국민투표를 제의했다. 박정희 의장은 1963년 2월 18일에 만일 구정치인들이 쿠데타를 일으킨 군에 대해 보복 조치를 않는다면 자신은 민정에 참여하지 않겠다는 내용의 수정안을 제시했었다. 그런지 한 달 후인 3월 16일 박정희는 느닷없이 군정을 4년 더 연장하겠다고 선포하면서 민정으로 복귀하겠다던 약속을 번복한 것이다.

박정희 의장의 군정 연장 제의를 구정치인들은 물론 미국 역시 받아들이지 않았다. 군정 연장에 반기를 든 구정치인들이 윤보선 전 대통령과 허정 과도정부 수반 그리고 과거의 여야 정당 지도자들을 중심으로 집결하기 시작했으며 군사정부의 경고를 무시한 거리 시위를 벌였고 경찰에 의해 구금되기도 했으나, 미국의 강력한 항의를 받은 군사정부는 구속자들을 석방하지 않을 수 없었다. 결국 박정희는 1963년 4월 8일 군정 연장안을 철회할 수밖에 없었다.

1963년 7월 27일, 박정희 의장에 의해 민정 이양 일정이 발표되었다.

1963년 10월 15일에 대통령 선거를 하며 11월 26일에 국회의원 선거를 하겠다는 내용이었다. 그러면서 군사정부는 이미 김종필이 중앙정보부장으로 있었을 때 비밀리에 조직한 공화당을 중심으로 선거전을 치르기 위한 태세에 돌입했다.

김종필이 공화당을 비밀리에 조직할 당시 중앙정보부는 언론계와 학계 출신의 엘리트를 선발해 공화당의 이념을 주입시키고 조직을 맡을 수 있도록 비밀리에 교육시켰다. 김종필 부장은 그런 정예 요원들을 공화당의 간부로 기용한 후 국회에 진출시켜 당료黨僚들이 주요 결정권을 행사하는 당료 중심의 정당을 구상하고 있었다. 그런데 그것이 최고회의 위원들의 의구심과 반발을 사게 되면서 심각한 갈등으로 번져 김종필은 중앙정보부장직을 사임하고 장기간 외국 체류의 길로 떠나게 되었다. 그것이 소위 자의 반 타의 반의 김종필의 1차 외유였다. 그가 부장직을 사임한 후 당료 중심으로 운영하려던 공화당의 조직 원리도 백지화되어 국회의원 중심의 정당으로 환원되었다. 따라서 민정 이양과 대통령 선거를 앞두고 박정희와 최고위원들은 선거 경력을 지닌 구정치인들을 대거 공화당에 입당시켜야만 했다. 구정치인의 공화당 영입 배경을 묻는 기자들의 질문에 박정희는 "이상 4 현실 6"이라는 표현으로 그것을 정당화하기도 했다.

1963년 10월, 민정 이양을 위한 대통령 선거가 시행되어 박정희 후보와 윤보선 후보가 격렬한 선거전을 전개했다. 선거 결과는 박정희 후보가 15만 표라는 근소한 차로 윤보선 후보를 눌러 대통령으로 당선되었다. 그리하여 민간인복으로 갈아입은 박정희 대통령이 이끄는, 겉으론 민간 정부이지만 실제로는 군부 출신이 이끄는 공화당 정권이 등장하게 되었다.

1960년 초 한국을 지배했던 민주당 정권은 물론 1950년대 이승만 정권과도 여러 면에서 많은 대조를 이루는 군부 중심의 정권이 나타난 것이다.

장기 경제개발의 추진

1963년 10월에 있었던 대통령 선거에서 당선된 박정희 대통령의 정부는 군 출신들이 핵심 부서를 장악한 군부 관료 중심의 정부였다. 그것은 지배 양식이나 정부 형태로 보아 권위주의적 성격을 지닌 것이었다. 권위주의 정권의 의미에 대해서는 이미 이승만 정권의 성격을 다루면서 논한 바 있으나, 그것은 매우 제한된 구조 속에서 집단적인 지배 양식에 의해 정교한 이념이 아니라, 지배층의 사고방식이 정치의 방향을 좌우하는 정권 유형이다. 그중에도 가장 중요한 특징은 반대 세력으로부터 정권을 유지하고자 강권 조직을 앞세워 통제와 억압을 일삼는다는 것이다.

공화당 정권이 이승만의 자유당 정권과 다른 점은 그것이 군부가 주도한 권위주의 정권이었으며 야당의 활동을 크게 제약하고 야당의 활동을 체계적으로 감시한 독재 정권이었다는 사실이다. 자유당 정권도 경찰과 군 특수기관을 동원해 야당에 대한 탄압과 통제를 불사했으나 공화당 정권에 비한다면 자유당 정권은 야당의 정치 활동을 공화당 정권처럼 철저하게 봉쇄하거나 탄압하지는 않았다.

공화당 정권이 더욱 권위주의적인 정권이 된 이유는 애초에 그것이 무력에 의존한 쿠데타로 집권한 정권이었기 때문이었다. 폭력 수단에 의해 집권한 정권인 만큼 그것을 야당이나 적대 세력에 쉽게 양보할 수 없었다. 반대 세력에 대해 보다 덜 관용적이었고 경쟁에 의해 정권을 상실하는 것을 허용하기 어려웠다. 자유당 정권은 비록 '요식행위'라는 비난은 받았지만, 선거로 집권한 정권이었으며 계속해서 선거를 통해 정권을 유지했다. 선거에 참여하는 야당에 대해 제한적이었지만, 참여와 경쟁의 기회를 부여한 정권이었다. 그래서 자유당 정권에 대해 '준경쟁적 권위주의'라는 이름을 붙인 것이다.

공화당 정권은 군부 주도의 권위주의 정권이면서 또한 '개발주의 국가

Developmental State'의 측면을 지닌 정권이다. 개발주의 국가란 조직화한 관료 조직이나 정치적 구조 안에서 경제 근대화를 위해 국가의 자원과 능력을 동원하려는 엘리트로 구성되는 국가이다.[37] 찰머스 존슨Chalmers Johnson이 일본의 모델이라 칭하면서 추출해낸 개발주의 국가의 요소는 첫째, 가장 유능한 엘리트 관료군, 둘째, 관료들이 주도권을 잡고 효율적으로 운영하도록 매우 자유로운 활동 영역을 부여하는 정치체제(정권), 셋째, 시장체제의 운영에 적당하게 개입하는 국가, 넷째, 일본의 통산성通産省 같은 조정과 선도 기능 기능을 맡는 조직의 활용 등이다.

일본을 모델로 한 것이지만 이 개발주의 국가 모델을 한국에 적용해보면 박정희의 공화당 정부가 바로 전형적인 개발주의 국가의 유형에 속했던 정권이라는 것을 실감할 수 있다. 박정희 정권은 5개년 개발 계획을 시행하면서 일본의 영향을 많이 받았다. 우선 민정 복귀 후 새로운 관료진을 충원하는 데 주력했다. 특히 위관급의 장교들을 대거 예편시켜 중간급 관료로 특채하기도 했다. 그러면서 최고회의 시절 이미 장기 경제개발 계획을 수립한 후 업무를 중복해 관장해온 정부 부서들을 통폐합해 경제기획원이라는 경제개발을 주도할 새로운 부서를 신설했다. 경제기획원이 일본의 통산성처럼 조정과 선도 역할을 담당하도록 한 것이다.

개발주의 국가 모델에서 두 번째로 중요한 요소는 입법부와 사법부가 행정부의 개발 정책을 적극적으로 지원하는 역할을 담당하는 동시에 입법부 내에 여당이 절대다수를 형성해야 한다는 것이다. 여당은 관료들이 지나치게 전횡을 하거나 무책임할 때만 개입해 바로잡을 뿐 관료들의 활동을 제약해서는 안 된다. 오히려 입법부나 사법부의 역할은 사회의 여러 이익집단이 관료에게 온갖 압력을 넣어 개발주의 국가가 추구할 목표의 우선 순위가 왜곡되는 일이 없도록 관료들의 방패막이 노릇을 해야 한다는 것이다.

개발주의 국가 모델의 또 하나의 요소는 국가의 시장 개입이다. 산업 정책을 집행하는 데 있어서 국가는 적당한 수준에서 시장에 개입하면서 동시에 기업들의 경쟁력을 강화하는 역할을 해야 한다. 그러나 국가의 지나친 통제에서 생기는 비효율성, 부정부패 그리고 관료주의의 병폐는 막아야 하며, 국가경영진(관료)과 사기업 경영 엘리트 사이에서 생길 갈등을 적절히 없애면서 국가의 개입을 제도화시켜야 한다는 것이다.

개발주의 국가는 그 나름의 정치적 문제점도 지니고 있다. 하나는 관료들이 외면한 이익 집단이나 조직 또는 소수 집단이 거리시위를 벌여 정부 정책에 반대하기 위한 집단행동을 취할 수 있으며 그것이 확산되면 정치 안정을 위협할 수도 있다. 따라서 개발주의 국가의 정책 목표를 원활히 달성하려면 정권의 개발 정책을 지지하는 국민 다수로 구성된 연합 세력을 구축하는 것이 절대 필요하다.

박정희의 군부 권위주의 정권이 추진한 개발 정책은 바로 이러한 일본의 개발주의 국가 모델을 그대로 한국에 도입한 셈이다. 박정희 정권은 빈곤의 악순환에서 벗어나지 못했던 한국 경제를 산업화 단계로 도약시키는 장기 경제개발을 추진함으로써 집권 과정에서 발생한 정당성 위기를 없애고 정권의 안정을 확보하려 했다.

경제개발 5개년 계획안은 장면 정권이 이미 건설부를 중심으로 마련했으나 그것을 집행하기도 전에 쿠데타에 의해 중단됐고 그 후 군사정부인 최고회의가 건설부 안을 수정해 최고회의 안으로서 새로운 5개년 계획안을 작성했다. 그러나 최고회의는 1961년 7월, 경제기획원을 만들어서 경제기획원으로 하여금 최고회의 안을 수정케 한 후 최종적으로 수출 대체 산업 우선론을 기초로 한 장기 개발 계획을 채택했다.

최고회의 안은 내포적 공업화 전략에 기초를 둔 장기 개발 계획이었다. 내포적 공업화란 한마디로 말해서 한국 경제의 대미 의존도를 줄이는 데 역점을 두면서 자립 경제 수립을 장기적인 목표로 내세운 전략이었다. 그 밑에는 공업화를 달성함으로써 미국 경제로부터 자립하고 한국 단독의 자기 완결적인 경제체제를 형성하려는 일종의 경제 민족주의 이념이 깔렸다고 할 수 있다. 그러려면 투자 정책에서 당장 수출 효과가 높은 수출 산업에 대한 투자보다 기간산업의 건설에 대한 투자를 우선한다는 것이며 이를 위해 국가가 경제에 적극적으로 개입하는 국가 주도의 경제개발을 계획한 것이었다.

1961년 11월, 최고회의 의장 자격으로 미국을 방문한 박정희 의장은 그런 내용의 개발 계획안을 가지고 케네디 대통령과 면담하면서 미국정부의 지원을 요청했다. 그 당시 미국 측은 한국의 장기 경제개발에 대해 명확한 방향을 제시하지 못하고 있었으나, 최고회의 측의 내포적 공업화안에 대해서는 부정적으로 평가하고 있었다. 오히려 미국정부는 한국 경제의 안정화를 중요시했으며 통화가치의 안정, 기존 시설의 최대한 활용 등을 강조했다.

미국은 내포적 공업화 전략 대신에 수출 지향적 공업화 정책을 추진하도록 종용했으며 최고회의의 군부 통치가 종식되고 민정으로 공화당 정권이 수립되는 것을 전후해서 박정희 정권의 경제개발 정책을 지원하기 시작했다. 경제기획원을 중심으로 5개년 개발 계획을 세우는 과정에 미국 학자들이 대거 참여하는 등 한국의 경제개발에 적극 관심을 보이기 시작했다. 미국은 장기적으로 일본의 자본과 한국의 저임금 노동력을 이용해 한국의 경제개발을 추진한다는 구상을 하고 있었으며 그런 구상 속에서 한일 관계의 개선을 적극적으로 주선하려고 했다. 그 구상은 1965년 한일 국교 정상화로 결실을 보게 되었다.

1 Donald S. MacDonald, *U. S.-Korean Relations from Liberation to Self-Reliance: The Twenty-Years Record* (Colorado: Westview Press, 1992), 208쪽.

2 육군 제1군사령관이었던 이한림 장군은 쿠데타 세력에 의해 원주에서 서울로 압송되어 구금되었다가 5월 17일 쿠데타 지지 성명을 냈다. 그의 지지 성명으로 쿠데타의 성공은 보장된 것이나 다름없었다.

3 Donald S. MacDonald, 앞의 책, 209쪽.

4 계엄하에 공포 분위기가 계속되던 1961년 6월『사상계』는 함석헌의「5·16을 어떻게 볼 것인가」라는 권두문을 실었다. 계엄하에서 모두가 무거운 침묵에 묻혀 있었던 그 시기에 쿠데타를 공개적으로 비판하고 나온 유일한 글이었다고 할 수 있다. 그 글은 광야에서 외치는 외로운 목소리처럼 보였지만 시간이 지나면서 지식인층 사이에 지대한 영향을 미쳤다. 그 글에서 함석헌은 쿠데타를 혁명으로 간주할 수 없고 하루속히 군 본연의 위치로 돌아가는 것이 옳다는 주장을 폈다. 민주주의를 회복하려는『사상계』와 군사정부 사이의 오랜 싸움은 그렇게 시작되었고 종국에 유신체제 때『사상계』는 폐간당하는 비극을 겪었다.

5 매카너기 차관보는 4·19 당시 주한 미국대사로 있었던 사람으로 이승만을 찾아가 하야를 권고한 사람이다. 그 후 본국으로 돌아가 국무부 차관보에 부임했다. 그런 그가 다시 5·16이라는 격변을 다루는 위치에 놓이게 된 것이다.

6 Donald S. MacDonald, 앞의 책, 211쪽.

7 Donald S. MacDonald, 앞의 책, 212쪽.

8 매그루더 장군은 유엔군을 동원하는 일은 꺼렸지만 이한림 장군 휘하의 제1군사령부 산하 부대를 동원해 쿠데타군을 진압하려 했다. 그러나 미국정부가 그것을 적극 지지한 것 같지 않으며, 더구나 당사국인 한국의 윤보선 대통령이 무력 진압에 반대했을 뿐 아니라 이한림 장군에게 친서를 보내 유혈 사태 방지를 당부했다. 5월 16일 11시, 청와대에서 있었던 윤보선 대통령, 그린 대리 대사 그리고 매그루더 장군의 회합에서 매그루더 장군은 대통령이 재가한다면 군대를 동원해 쿠데타군을 진압할 의사를 표명했으나 윤보선 대통령은 이에 반대했다고 한다. 그럼으로써 쿠데타군은 큰 저항 없이 장면 정권을 전복시키고 집권하게 된 것이다.

9 Se Jin Kim, *The Politics of Military Revolution in Korea* (The University of North Carolina Press, 1971), 99쪽.

10 Donald S. MacDonald, 앞의 책, 212쪽.

11 Donald S. MacDonald는 전직 외교관 출신으로 5·16 당시 미 국무부의 한국과장을 맡고 있었던 사람이다. 그는 한국에서 오래 근무한 적이 있었으며 퇴직 후 미국 동부에 있는 대학에서 교수로 있었다. 필자와 만난 자리에서 그는 미국의 정보기관의 파일에는 박정희 장군이 "한국군 내에서 가장 정치적인 장군"으로 적혀 있었다고 말한 바 있다. 5·16 얼마 후 미국의 정보 계통 인사와 교류가 깊었던 한 한국인은 박정희 장군의 전력과 사상 배경 때문에 미국은 한때 박정희 장군이 남한을 김일성에게 넘겨주지 않을까 걱정했으나 박정희 장군이 권력욕이 매우 강한 사람이라는 사실을 중시해 그를 받아들이기로 했다고 말한 적이 있다.

12 박정희,『국가와 혁명과 나』(향문사, 1963).

13 박정희, 앞의 책.

14 Se Jin Kim, 앞의 책, 132쪽.

15 이집트에서 나세르와 나기브의 관계와 한국에서의 박정희와 김종필의 관계를 대비해보는 것도 흥미로운 일이다. 쿠데타 후 나기브는 나세르에의 의해 실각했고 나세르가 정권을

잡아 혁명을 추진한 데 비해 한국에서는 박정희가 1979년 시해당할 때까지 근 20년간을 집권했다. 필자가 1980년 1년간 미국 워싱턴에서 연구교수로 있을 때 만난 전 주한 미국 대리 대사 마셜 그린도 한국의 쿠데타와 이집트의 자유장교단에 의한 쿠데타를 유사한 경우로 생각하고 있었다. 즉 단순한 애국심의 발로였을 뿐 어떤 뚜렷한 이념(가령 사회주의 사상 같은)에 의해서나 거사 후에 대한 면밀한 계획을 사전에 준비해 행동한 것이 아니라는 것이다.

16 Bae Ho Hahn & Kyu Taik Kim, Social Origins of Korean Political Leaders: 1952-1962, *Asian Survey* (University of California Press, 1963). 305-323쪽

17 이 두 가지 이론적 전망에 대한 자세한 설명과 두 이론에 대한 평가에서 우발론의 적실성을 강조한 글로서 Harry Ecstein, Explaining Collective Political Violence, Ted Gurr (ed.), *Handbook of Political Conflict* (New York: The Free Press, 1980), 135-166쪽을 참조할 것.

18 우발론이 감성적인 요인을 강조하는 이유는 폭력을 수반하는 정치 행동에는 한 사회의 독특한 문화가 작용할 수 있다고 보기 때문이다. 따라서 정치 행동도 학습 이론으로 설명할 수 있다고 보게 된다. 특정의 문화적 배경 속에서 어떤 모델을 보고 배운 것이 행동으로 나타나게 되며, 따라서 감성이나 정의情誼가 우발적인 행동을 일으키는 데 중요하게 작용하는 것으로 본다. 상대적 박탈감relative deprivation은 감정적인 반응이며 그것이 과격한 정치 행동을 가져올 때 폭력을 수반하는 정치 변화를 낳게 한다고 볼 수 있다.

19 당시 이승만 대통령은 이종찬 육군참모총장에게 군대를 부산에 투입하도록 지시했으나 이 참모총장이 이를 거절했다는 이야기가 있다. 그 때문에 이종찬 총장은 이승만의 노여움을 사 육군대학총장으로 좌천되었다고 한다. 그러나 그 당시 한국군의 지휘권은 유엔군 사령관이 쥐고 있었으며 주한 미국대사, 유엔 참전 국가의 대표들이 이승만의 야당 탄압과 개헌 조치를 비판했기에 이종찬 총장으로서도 단독 행위를 하기가 어려운 상황이었다.

20 이 보고서가 미친 영향은 지대한 것이었다고 하겠다. 이 보고서는 군부 내의 파벌 싸움과 특히 소장 장교들의 불만에 초점을 맞추고 있고 그런 이유를 들어 쿠데타 발생 가능성을 시사한 바 있다.

21 다른 어느 장성보다 '정치화' 되어 있었던 박정희는 앞서 인용한 그의 저서에서 "그와 같이 나는 40평생의 전 생애를 걸고 뜻있는 동지들과 나라를 살리는 방법을 의논했다. 자유당 정권이 끝장날 무렵이었다"(67쪽)라고 쓰고 있다. 이어서 "허울 좋은 국토 방위라는 글자만 지켜보며, 그리고 언제나 정의로운 애국 군대는 참는다, 내버려둔다는 등의 거짓 명분을 내세워 부패한 정권과 등을 맞댈 수는 도저히 없었던 것이다"라고 쓰고 있다. 군의 정치적 개입을 막기 위한 장벽으로서의 군의 정치적 중립이라는 규범을 인정할 수 없다고 주장하는 것이다.

22 Samuel P. Huntington, *Political Order in Changing Societies* (Yale University Press, 1968).

23 J. C. Davis, *Toward a Theory of Revolution* (American Sociological Review, 1962).

24 Ted Gurr, *Why Men Rebel* (Princeton University Press, 1970), 23쪽.

25 이런 관점에서 5·16쿠데타를 논한 논문으로 김세중, 「5·16의 정치사회적 의미」, 『현대사를 어떻게 볼 것인가 4: 박정희와 5·16』 (동아일보사, 1990), 15쪽. 그 외에도 동아일보사가 개최한 학술회의 발표 논문들이 쿠데타의 원인과 성격을 다루고 있다. 1990년 5월 13일자 『동아일보』도 8면에서 좌담 형식으로 5·16쿠데타 후의 한국 정치에 대한 논술을 싣고 있다.

26 5·16쿠데타의 성격을 논하면서 임영태는 "박정희·김종필·김동하로 대표되는 핵심 인물들의 생각과 행적을 중심으로 해서 5·16의 동기와 원인을 살펴볼 때, 5·16은 명확한 이념과 전망을 가지고 이뤄진 것이 아니었다. 진급 적체에 대한 불만, 군부 상층 지도부와 정부의 부패와 무능에 대한 분노, 정군운동에 대한 사명감 등이 중첩돼 이뤄진 것으로 봐야 할 것이다" 라고 기술하고 있다. 임영태, 『대한민국 50년사 1』 (들녘, 1998), 328쪽.

27 그렇게 해서 청와대의 경비와 서울 방위를 주목적으로 하는 수도경비사령부는 유엔군의 지휘권 밖에 놓이게 되었다.

28 미국은 대통령직속 특별반task force을 형성해 한국에 대해 새로운 정책을 수립했다. 특별반은 (1) 경제개발 5개년 계획 수립을 포함하는 경제 정책 (2) 민정 이양의 일정 (3) 재정과 외환의 안정화와 개혁, 기업 구조 개선과 전력 및 수송 요금의 안정화, 기존 공장의 생산 가동화 (4) 감군과 군사원조 삭감을 포함한 군사와 경제의 관계 (5) 한일 관계 등을 심의해 대통령의 재가를 얻어 주한 미국대사에게 전달했다. 자세한 내용에 대해서는 木宮正史, 「한국의 내포적 공업화 전략의 좌절: 5·16 군사정부의 국가 자율성의 구조적 한계」 (고려대학교 박사논문, 1991), 78-88쪽 참조.

29 木宮正史, 앞의 논문, 58-59쪽.

30 경제기획원이라는 기구의 설치는 당시엔 매우 획기적인 발상이었다고 할 수 있다. 다른 정부부처보다 우위를 차지하는 막강한 이 기구는 아시아 국가 가운데서도 보기 드물 정도의 규모를 갖춘 조직이었다. 일본에 경제기획청은 있으나 한국의 경제기획원과 같은 규모는 아니다. 그 기구 설치 작업에 종사했던 이한빈은 필자에게 경제기획원은 한국의 발전 전략에 결정적인 역할을 한 독특한 기구였다고 말한 적이 있다.

31 작고했지만 당시 미 국무부의 한국과장을 지낸 Donald S. MacDonald 박사가 필자에게 전한 바에 따르면, 박정희 의장과 미국 케네디 대통령이 백악관에서 가진 회담에서 케네디 대통령은 박정희 의장에게 맨 먼저 "언제 민정으로 복귀할 것이냐?" 고 물었다고 한다. Donald S. MacDonald는 한미 관계에 대한 국무부 자료를 편찬하는 작업에 오랫동안 종사한 후 공개 가능한 자료만을 골라 발간하기도 했다.

32 木宮正史, 앞의 논문, 121-122쪽. Donald S. MacDonald, 앞의 책, 218쪽.

33 Donald S. MacDonald, 앞의 책, 219쪽.

34 Donald S. MacDonald, 앞의 책, 220쪽. 개헌안의 내용을 놓고 구정치인들이 많은 불만을 나타냈지만, 미국대사관 측은 그들을 달래면서 일단 그 안을 수락하도록 권고했다고 한다.

35 반김 세력이 반발한 이유 중 하나는 공화당의 성격과 관련된 것이었다. 김종필과 그의 주변 세력이 공화당을 비밀로 조직했을 때 가진 한 가지 구상은 공화당을 당료들이 주축을 이루는 조직으로 만들면서 국회의원도 당료의 지시와 통제를 받도록 하는 강력한 중앙당 중심의 조직이었다. 영국의 노동당을 본뜬 것이라고도 했으나 비밀조직에 참여한 사람들을 당료로 하는 중앙집권적인 당 조직을 구상했던 것이다. 이 경우 국회의원의 권한과 활동 범위는 많이 제한되는 것이다. 공화당을 장악하려는 김종필의 세력은 막강한 힘을 갖게 될 것이기에 반김 세력이 적극적으로 반대한 것이다.

36 1963년 2월 17일, 국방장관과 4명의 참모총장이 박정희 의장을 만나 김종필이 공화당에서 물러나야 한다는 내용의 최후통첩을 전달하게 되자 박정희 의장은 그들의 요구를 수락하게 되었다. Donald S. McDonald, 앞의 책, 222쪽.

37 다음 장에서 상세히 다루겠지만, 개발주의 국가 개념을 발전시키는 데 공헌한 Chalmers Johnson은 일본이 메이지유신 이후부터 산업 정책에 역점을 둔 개발주의 국가로 등장하기 시작했다고 보고 일본의 개발주의 목표가 메이지유신 시대는 부국강병, 1930-1940년대는 불황depression의 복구, 전시 생산, 그리고 1950년대 전후 복구로 이어왔다고 본다. 그리고 1955년 이후, 특히 1960년부터는 소득 배가, 또는 미국과 유럽 따라잡기로 나타났다고 말한다. Chalmers Johnson, *MITI and the Japanese Miracle: The Growth of Industrial Policy: 1925-1975* (Stanford University Press, 1982), 20쪽.

제7장 박정희의 개발주의 국가는 무엇을 이룩했나

박정희가 주도한 군부의 쿠데타와 그들의 집권을 강력하게 반대한 것은 극소수의 민간 정치가였고 일부의 지식인층도 쿠데타에 대해 부정적인 태도를 보였다. 4·19의거의 주인공이었던 대학생들의 반응 역시 긍정적이지는 않았다. 그렇게 정치인과 일부 국민이 부정적인 반응을 보이는 상황 속에서 쿠데타군은 군의 정치 개입을 정당화할 수 있는 기반을 확보해야 했다. 박정희 정권은 경제개발을 추진함으로써 그 문제를 극복하려 했다.

1963년 10월, 2년 6개월 동안 최고회의가 통치한 군정이 종식되고 대통령 선거가 시행되어 박정희 공화당 후보가 대통령으로 당선되었다. 공화당 정부는 최고회의가 마련했던 경제개발 계획을 대폭 수정 보완해 과거의 자립경제 공업화 정책에서 수출 주도형 공업화 정책으로 기본 정책을 전환했다. 그 결과 외국 민간 자본이 대규모로 도입되기 시작했다. 박정희의 공화당 정권에 의해 한국은 서서히 일본의 경제개발 모델이 되었던 전형적인 개발주의 국가developmental state로 변모하기 시작했다.

개발주의 국가라는 용어는 일본의 고도 경제성장을 이끈 성장 모델을 가리켜 쓴 말로써 유능한 관료들이 경제개발을 주도하고 정부가 시장경제체제의 운영에 직간접적으로 개입하는 국가를 지칭한다.[1] 개발주의 국가를 형성하려면 무엇보다 먼저 개발 정책을 조정 선도하는 조직을 갖춰야 한다. 박정희 정권은 이미 최고회의 시절 관료 조직을 개편하는 조치를 취했다. 구정권과 밀착했던 관료들을 대폭 정리하고 대신 군 장교들을 대거 예편시켜 관료 조직 내에 배치했다. 특히 경제기획원과 기타 경제부처를 중심으로 젊고 유능한 공무원을 채용해 관료 조직의 세대교체를 이루기도 했다. 이미 최고회의 시절 설립한 경제기획원에 일본의 통산성이 한 것 같은 개발 정책을 기획 조정하는 역할과 수출 주도형의 공업화 정책을 선도하도록 하는 책임이 부여되었다.

시간이 가면서 박정희가 추구한 개발주의 국가의 구체적인 형태가 나타나기 시작했다. 우선 경제개발 정책을 적극적으로 지원하고 뒷받침해줄 수 있는 강력한 행정부 중심의 정부가 등장했다. 쿠데타로 집권한 군부가 권력의 핵을 이뤘던 박정희의 군사정부는 강력한 대통령 중심제를 지향한 정권이었다. 그것은 이승만 정권과 다르고 장면 정권과도 다른 것이었다. 박정희 정권은 해방 후 한국에 있어서 하나의 독특한 정권 형태를 구축하게 된 것이다. 그런 의미에서 박정희 정권은 하나의 새로운 전범paradigm 또는 모델을 만들어냈다고 볼 수 있다.

그 정권은 헌법도 갖췄고 국회도 존재하는 민주적인 정권으로 보였지만 실제 권력 구조 면에서 정권을 뒷받침한 것은 군부와 강권 조직을 포함하는 정보기관이었다. 공화당은 처음에 정당 관료 중심의 강력한 중앙집권적 조직으로 출발했으나 도중에 명사 중심의 붕당으로 전환했으며 결국 선거용 정당으로 전락하고 말았다. 실제로 정당 간부들이 정부 요직을 장악하고 정권을 운영하는 집권당의 역할을 담당한 것은 아니었다. 정치권력은 대통령에게 집중돼 있었고 그의 직무실인 청와대가 정치권력의 핵심체를 이루었다.

정부 부처의 이름을 그대로 딴 청와대 비서실의 비서가 사실상 해당 정부

부처를 장악해 대통령의 의사와 결정이 제대로 전달되어 집행되는가를 확인하며 감독했다. 행정부의 장관들은 청와대 해당 비서의 실질적인 통제 아래 있었다 해도 과언이 아니었다. 이승만 정권 때도 대통령 비서실인 경무대가 상당한 권한을 행사했으나 박정희의 비서실 규모나 기능은 그때와 비교할 수 없을 정도도 확대 강화되었다.

국회는 공화당이 다수를 점했기에 야당의 반대가 있더라도 무난히 정부가 제출한 법안을 통과시킬 수 있었다. 공화당은 정부가 추진하려는 정책을 이의 없이 통과시켜주는 거수기에 불과했다. 행정부와 입법부 사이의 권력 균형이나 상호 견제라는 민주적인 원칙을 반영한 정치 질서가 아니라 강력한 권한을 행사하는 대통령 중심의 정치체제였다. 일본보다, 과거의 한국의 다른 정권들에 비해도 가장 높은 수준의 통제력과 집행 능력을 갖춘 대통령 중심제의 정부 형태가 등장한 것이다.

이제 문제는 경제개발을 추진하는 데 필요한 자본이었으며 그것을 미국에만 의존하기 어려운 상황이었다. 그리고 미국의 통제를 덜 받으려면 자본 도입의 다변화가 필요했고 그 유력한 대상이 일본이었다. 그러나 일본의 자본을 도입하려면 한일 국교를 정상화해야만 했다. 그러나 이승만 정권 때 시작했던 '한일회담'은 여전히 교착상태에 빠져 있었고, 공화당 정권이 수립된 후에도 여전히 해결의 실마리가 보이지 않았다.

박정희 대통령은 이미 최고회의 의장 시절인 1961년 11월, 미국 방문 길에 오르면서 도중 일본에 들러 일본 정계의 지도급 인사들과 여러 차례 비공식 회합을 가진 적이 있었다. 그 당시 이케다 하야토池田勇人 일본 총리와의 만남에서 박정희 의장은 한국이 일본의 메이지유신과 같은 혁명적인 변화를 가져오고자 쿠데타를 일으킨 만큼 한국의 경제개발을 일본이 도와주었으면 한다는 요지의 요청을 했다. 이때 이미 일본은 미국의 점령하의 새로운 상황에서 제2의 개발주의 국가로의 진입을 이뤘고, 1960년대 존슨이 일본의 통산성을 다룬 저서에서 말한 '일본의 기적'이 꿈이 아닌 현실로 나타나기 시작한 단계에 있었다.

일본이 한국의 경제개발에 관여하려면 한일 간의 현안인 국교 수립 문제가 해결되어야 했다. 이미 한일 양국은 1950년대부터 여러 차례 회담을 열어 배상 문제와 평화선(일본은 Rhee Line이라 부름)[2] 등 주요 쟁점을 놓고 협상을 벌여왔으나 좀처럼 타개책을 찾지 못하고 있었다.

장기 개발 정책의 추진을 위한 재원이 필요했던 박정희의 공화당 정권이 한일 국교 정상화를 위해 현안을 일괄 타결하려 하자 반일 감정에 젖어 있던 지식인과 학생은 '굴욕 외교'라고 크게 반발하면서 국교 정상화 반대 운동을 전개하게 되었다.[3] 이에 박정희 정권은 군대를 동원하고 위수령衛戍令을 발동해 대학에 휴교령을 내리는 등 반대 세력을 강권으로 굴복시킨 채 1965년 6월 한일협정을 맺은 후 국회의 비준을 받았다.

이로써 해방 이후 오랫동안 피지배자 지배자와 사이라는 긴장과 갈등 관계를 유지했던 한국과 일본이 국교를 정상화했고 일본은 한국에 3억 달러의 무상 원조, 2억 달러의 장기 정부 차관, 1억 달러의 상업 차관 등 총 6억 달러를 제공하기로 합의했다. 박정희 정권이 장기 경제개발을 추진하기 위한 재원을 확보하는 데 성공한 것이다. 경제개발을 최우선 과제로 삼고 새로 충원한 기술 관료, 강력한 대통령 중심제의 정부기구, 다른 정부 부처보다 높은 지위를 가진 경제기획원을 갖춘 박정희 정권은 일본과의 관계 정상화로 장기 개발 정책에 필요한 외자 도입의 길을 활짝 열면서 수출 주도형의 공업화를 추진할 모든 여건을 갖추게 되었다. 이것은 한국이 본격적으로 개발주의 국가로 변모하기 시작했음을 의미하는 것이었다.

박정희 정권은 명실 공히 개발주의 국가의 건설을 목표로 했던 정권이었다. 집권 초기에 박정희 정권이 반복했던 구호는 서독의 '라인강의 기적'처럼 '한강의 기적'을 만들겠다는 것이었다. 그러나 실제로 박정희 정권이 기본 목표로 삼았던 것은 부국강병富國强兵이었다. 일본이 메이지유신 당시 내걸었던 국가 목표와 비슷한 것이었다. 쿠데타 주도 세력은 혁명 공약에서 반공을 국시國是로 할 것을 선언했다. 한국전쟁 후 소련의 지원 아래 상당한 수준의 공업화를 달성해 경제에서 남한을 앞서가는 것으로 알려진 북한 공산 정권을 의식하고 있던 군부 세력으로서는 반공이라는 목표를 위해 국방력의 강화는 중요한 것이었고, 그것은 경제개발을 통해서만 달성될 수 있다는 인식을 공유하고 있었다. 따라서 저들에게 부국강병이라는 구호처럼 짧고 단순하면서도 명백하게 국가 목표를 제시해줄 수 있는 구호도 찾기 어려웠을 것이다.

한국 개발주의 국가의 공공 정책

정치와 사회의 관계를 논할 때, 그 둘 사이의 가장 중요한 차이는 정치만이 구속력을 갖는 국가적 차원의 목표를 설정할 권한과 기능을 갖고 있다는 점이다. 즉 정권만이 공공 정책을 수립해 사회구성원 전체에게 그것을 준수하도록 강요할 수 있다. 물론 정권의 성격에 따라 공공 정책을 수립하는 방법이나 과정 그리고 기본 목표의 내용에 차이가 있을 수 있다. 권위주의 정권처럼 소수 집권층이 중심이 되어 기본 목표를 설정하고 집행할 수가 있고 민주 정권처럼 상호 견제와 균형을 중시하는 정치제도를 중심으로 기본 목표를 설정할 때도 있다.

그렇게 해서 수립된 기본 목표를 달성하기 위한 공공 정책은 일종의 패러다임, 즉 전범典範과 같은 성격을 지닐 수 있다. 처음에 수립된 목표는 쉽사리 바꿀 수 없고 그 내용을 중심으로 채택한 정책은 오랫동안 답습될 가능성이 크다. 그런 경향을 경로 의존성path dependence이라고 말한다. 일단 취해진 정책이 길잡이 노릇을 하게 되어 그 후에 어떤 결정을 내려야 할 때 과거의 결정이 중요한 참고나 준거 틀frame of reference이 되어 그것에 따라 결정하게 된다는 것이다.

박정희 정권이 채택한 공공 정책 패러다임의 내용 가운데 특히 외교 정책

면에서 이승만 정권과 차이를 보인 것은 대일 정책이었다. '반공을 국시로 한다'는 쿠데타 군의 공약대로 박정희 정권은 반공 정책을 견지했으나 대북한 관계에서 주도권을 잡는다는 이유로 집권 얼마 후 이승만 정권이 유지해 왔던 '할스타인 교의Hallstein Doctrine'를 폐지했다.[4]

이승만 정권에 비하면 박정희 정권의 대일 정책은 경제개발을 위한 재원 조달에 목적을 둔 실리 위주의 정책이었다. 박정희는 이승만처럼 강렬한 반일 감정의 소유자는 아니었다. 일제강점기에 사범학교를 졸업하고 소학교 교사를 지내다 만주군관학교에 입학해 일본 육군 소위로 임관된 후 다시 일본군의 엘리트 코스인 일본 본토의 정규 사관학교를 졸업하는 등 일본군 장교 경력을 가졌던 박정희의 일본에 대한 감정이나 태도는 호의를 가진 것은 아니더라도 크게 반감을 품은 것은 아니었다고 하겠다. 박정희는 이승만보다 한일 국교 정상화 문제를 다루는 데 있어서 보다 현실적이고 실리적일 수 있었다. 그리고 이승만이 미국을 대하는 일을 편하게 여겼던 것과 대조적으로 일본어에 익숙했던 박정희는 일본과 일본 지도층과의 관계에서 더 편안함을 느꼈을 가능성이 크다.

경제개발 5개년 계획은 군사정부가 제일 먼저 착수해 공표한 정책 목표였다. 쿠데타 발생 2개월 후인 1961년 7월 31일, 군사정부는 최고회의 위원이었던 유원식이 중심이 되어 작성한 장기 경제개발 계획을 발표했다. 최고회의가 기안해 승인하는 형식은 취했지만 사실상 그 골격과 내용은 이승만 정권 말기 부흥부復興部를 중심으로 구성된 장기 경제개발 연구팀이 마련했던 안을 수정해 원용한 것이나 다름없었다. 또한 그것은 4·19의거 후 집권한 장면 정부가 경제개발을 위한 청사진으로 사용하려던 것이었다. 박정희 정권은 그런 배경을 지닌 제1차 경제개발 5개년 계획안을 수정해 1962년 1월, 정식으로 발표했다. 제1차 경제개발 5개년 계획안은 다음과 같은 몇 가지 특징을 지니고 있었다.

첫째, 7.1%라는 높은 성장률을 목표로 설정했다. 둘째로 사회간접자본에

48.8%, 광업과 제조업부문에 34%, 농업, 어업, 임업 부문에는 17.2%를 투자했다. 이것은 제1차 경제개발 5개년 계획이 소비재와 사회복지 부문에 낮게 투자하고 사회간접자본과 공업 부문에 집중 투자하는 불균형 성장 정책임을 의미했다. 셋째로 수출의 확대를 강조해 1966년 예상 수출액을 1억3천800만 달러로 잡았다.

제1차 경제개발 5개년 계획을 발표한 지 5개월 후인 1962년 6월 10일, 군사정부(최고회의)는 통화의 호칭 가치를 10분의 1로 내린 통화개혁을 극비리에 추진해 단행했다.[5] 군사정부가 통화개혁을 한 것은 앞으로 장기 경제개발을 하려면 국내 자본이 필요하다고 보고 그 소재를 파악하려는 데 목적을 두었다고 할 수 있다.[6] 그러나 통화개혁은 의도와는 달리 큰 성과를 거두지 못했다. 특히 미국정부와 사전 협의 없이 통화개혁을 추진해 미국정부의 강한 반발에 부딪히기도 했다.

그리하여 제1차 경제개발 5개년 계획은 집행 첫해부터 투자 재원의 부족과 농업의 흉작, 통화개혁의 실패, 높은 인플레이션 등으로 난관에 부딪히게 되었다. 1962년 경제성장 목표는 5.7%이었으나 실제 성장률은 2.2%에 그쳤다. 따라서 박정희 정권은 1964년부터 1966년까지의 3개년을 대상으로 하는 제1차 경제개발 5개년 계획의 수정안을 제시할 수밖에 없었다. 성장률을 7.1%에서 5%로 낮췄고 국내 저축률도 9.2%에서 7.2%로 하향 조정했으며 국내 총투자도 22.6%에서 17%로 낮춰 조정했다.[7]

1967년부터 1971년까지의 5개년을 기간으로 하는 제2차 경제개발 5개년 계획이 1966년 7월 29일 발표되었다. 이 계획안은 계획 기간 동안 연평균 7%의 성장률을 목표로 했고 국내 저축 6천173억 원과 국외 저축 3천627억 원을 투자하기로 했다. 그리고 1972년부터 1976년까지를 기간으로 하는 제3차 경제개발 5개년 계획은 1971년 2월 9일 발표되었는데, 그 안은 계획 기간 중 연평균 8.6%의 경제성장을 목표로 정했으며 농어촌 경제개발과 중공업 발전을 주축으로 하고 이를 위한 국내 재원 조달을 강조하고 있었다. 이처럼 1962년에 시작해 1976년에 이르는 세 번의 경제개발 5개년 계획을 추진한 결과 한국 경제는 농업 위주의 경제에서 공업 경제로의 획기적인 변화를 겪게 되었다. 다음의 수치가 그 기간에 이룩한 급격한 경제성장 내용을 선명하게 보여준다.

연도	GNP(10억 원)	1인당 GNP(달러)	수출(백만 달러)	경제성장률(%)
1961	296.8	82	50.9	5.6
1962	348.6	87	54.8	2.2
1964	696.8	103	119.1	9.6
1966	1,032.0	125	250.3	12.7
1967	1,245.1	142	320.2	6.6
1968	1,575.7	169	455.4	11.3
1970	2,776.9	243	835.2	7.6
1972	4,177.5	318	1,624.1	5.3
1974	7,564.5	540	4,460.4	8.5
1976	13,818.2	797	7,715.3	13.4
1978	23,936.8	1,392	12,710.6	11.0
1980	36,749.7	1,589	17,504.9	-4.8
1982	52,182.3	1,773	21,853.8	7.2
1984	70,088.4	2,044	29,244.9	9.3
1986	90,543.0	2,503	34,714.5	12.9
1988	123,579.2	4,040	60,696.4	12.2
1990	171,488.1	5,569	65,015.7	9.0
1992	229,938.5	6,749	76,631.5	5.0
1994	303,772.6	8,467	96,013.2	8.4
1996	354,854.1	10,548	129,715.1	6.9

출처: 한국은행, 경제통계연보와 기타 통계자료를 집계한 John Kie-Chiang Oh, *Korean Politics* (Cornell University Press, 1999), 62쪽.

위의 수치는 한국 경제가 짧은 기간 안에 얼마나 빨리 성장했는가를 잘 보여주고 있다. GNP(국민총생산)는 1962년의 3천486억 원에서 10년 후인 1972년에는 10배가 넘는 4조1천775억 원으로 늘어났고 1인당 GNP도 1962

년의 87달러에서 1972년에는 그것의 5배에 가까운 318달러로 증가한 것이다. 그리고 18년 후인 1990년에 한국의 1인당 소득은 5천 달러를 넘어섰다.

이러한 고도의 경제성장 때문에 박정희 정권은 매우 성공적인 정권이었다는 평가를 얻게 되었다. 사실 경제성장이 본 궤도에 오르기 시작한 1960년대 중반부터 박정희 정권은 개발주의 국가가 갖춰야 할 모든 조건을 갖추기 시작했다. 경제개발을 추진할 유능한 기술 관료진이 형성되었고, 그들의 정책적 자율성을 보장할 수 있도록 입법부와 사법부의 권한과 기능을 대폭 축소할 수 있었다. 그리고 국가의 경제 개입에 대해 민간 경제 부문이 순응하는 메커니즘이 형성되기도 했다. 청와대, 관료 그리고 대기업에 의한 개발 추진 세력이 형성된 것이다. 경공업 중심의 공업화와 경제개발 정책을 추진한 삼륜차三輪車의 세 바퀴를 구성한 것이다.

박정희 정권이 추진한 1960년대 경공업 중심의 수출 주도형 공업화 정책은 신자유주의와 신국제노동분업구조주의가 주장하는 요소들을 아울러 반영한 것이었다 할 수 있다.[8] 한국의 공업화 전략은 그 당시 선진 자본주의 국가의 경제 정책 기조가 되었던 신자유주의적 요소와 또 하나의 대세로 등장하고 있었던 신국제노동분업구조의 요건과 국내의 정치 사회적 조건들이 유리하게 결합한 속에서 진행되었다고 할 수 있다. 1960년대는 유엔이 '개발 10년'을 선포한 시기이기도 하며, 이른바 '주변국'의 개발 문제가 심각한 관심사로 등장하던 시기이기도 했다.

세계적으로 선진국의 유통 자본이 풍부하게 돌아가던 시기이기도 했다. 조건만 갖추면 외자 도입이 비교적 쉬웠던 시기였다. 또한, 이 시기는 선진 자본주의 국가에서의 임금 상승과 맞물려 주변부 국가의 저렴하고 우수한 노동력이 각광받던 시기였다. 따라서 생산기술의 세계적 보급과 교통 및 통신의 발달로 주변부 국가들이 선진국의 기술을 쉽게 도입해 제품을 생산할 수 있었다.

박정희 정권의 수출 주도형 공업화 정책은 이러한 국제적 여건을 적절히 이용하고 국내적으로는 한국 기업의 수출 품목이 비교우위를 지닐 수 있도록 뒷받침하는 데 역점을 둔 것이었다. 그러고자 두 가지 방법을 사용했다. 첫째는 수출 지향적 개방을 위해 환율과 금융 정책을 재조정하는 일이었다. 둘째는 세금 및 금융 특혜를 비롯한 각종 수출 촉진 정책을 추진하는 동시에 정부가 직접 수출 산업의 육성에 적극 참여하는 것이었다. 그리고 국가는 경제기획원을 통해 기업들에 대한 효율적인 통제를 유지했으며 수출 진흥을 위한 구체적인 조정과 지도 권한을 행사했다.

1953년부터 1960년까지의 공정 환율은 1달러에 50원이었다. 달러를 구하기 어려웠던 당시, 정부로부터 달러를 공정 환율로 배급받고 수입 허가를 얻는 것은 그것만으로 큰 이권이었으며 자유당은 그런 방법으로 기업으로부터 정치자금을 확보했다. 5·16 쿠데타 후 군부는 1962년 2월 2일, 1달러에 130원으로 원화의 평가절하 조치를 취했다. 그러나 환율이 실세를 반영하지 못하자 미국은 여러 차례 환율 인상을 요구했다. 결국, 1964년 또다시 평가절하 조치가 단행되었고 1962년에 채택했던 고정환율제를 단일변동환율제로 변경하고 환율을 1달러에 255원으로 인상했다. 정부는 환율을 인상하면서 수출 증대와 특혜 및 부패를 없앤다는 이유를 들었지만, 실질적으로는 이승만 정권 때 구축된 수입 대체 산업에 기반을 둔 정치 특혜 구조를 와해시키면서 군부 엘리트의 자율성을 확보하려는 정치적 목표가 있었다.

한국의 금융 정책은 한국전쟁 후 1962년까지 저금리 정책을 유지했다. 이승만 정권 시기 저금리 정책으로 은행 대출 수요가 증가하면서 은행 대출은 정치권의 이권 대상이 되었다. 1965년에 군부 엘리트는 은행 금리와 사금리의 격차와 복잡한 금리체계를 조정하기 위한 목적에서 이자제한법을 개정하고 금리 현실화 조치를 단행했다. 이 조치에 따라 금리의 법정 최고 한도가 연 20%에서 26.5%로 상향 조정되었다. 그리고 1년 만기 정기예금 금리도 연 15%에서 30%로, 일반 대출 금리는 연 16%에서 28%로 인상되었다. 금리 인상 조치는 제2차 경제개발 5개년 계획의 재원 충당을 위해 저축 증대를 목적으로 한 것이었으며 저금리 정책으로 발생할 이권을 배제하려는 것이었다.[9] 그런 목적 외에 정치적으로 금리 현실화 조치는 이승만 정권 당시 형성된 보수적인 기득권 세력을 무력화시키고 구정치 세력과 야당의 유착을 차단하는 효과를 노린 조치였다.

고금리 정책을 골자로 하는 군부 엘리트의 금융 정책은 국내 자본 동원을 증가시키는 효과를 거두었을 뿐 아니라 기업들로 하여금 고금리의 은행 대출보다 이자가 싼 차관 도입을 선호하도록 유도했다. 그러나 군부 엘리트가 추진한 고금리 정책은 은행 예금 금리가 대출 금리보다 높은 이유로 여전히 특혜의 소지를 안고 있었으며 특히 관치 금융의 기반이 되기도 했다. 대출을 받아 은행에 예금만 해도 이익이 나올 수 있었기 때문이다.

환율과 금융 정책의 변동을 통해 수출 주도형 공업화의 기본적인 틀을 구성한 청와대와 경제기획원의 관료들은 민간 기업인을 동원해 대대적인 수출 진흥 정책을 집행했다. 정부의 수출 정책에 호응하는 기업에 수출 보조금과 세금 특혜를 비롯한 여러 가지 동기 유발 조건들을 제공함으로써 수출을 촉진하려 했다. 또한, 정부 정책에 비협조적인 기업에 대해서는 세무조사와 같은 제재 수단을 쓰기도 했다.

수출 촉진 조치 중에서 가장 효과적이었던 방법은 직접보조금제도와 조세감면, 금융 특혜 등이었다. 특히 수출 프리미엄과 보조액을 계속 늘여나갔다. 수출 직접보조금제도는 1964년까지 실시했으나 1965년부터는 세금 감면이나 금융 특혜와 같은 간접 지원 방식이 선호되었다. 수출 기업들은 낮은 이자의 금융 지원을 받을 뿐 아니라 수출 소득의 세금 감면이라는 이중적 특혜를 얻을 수 있었다. 이러한 조치들은 수출 성과에 대한 보상 요인이 되기도 했지만 수출 실적이 미달할 때 제재 수단으로 이용되기도 했다. 이외에도 원자재 수입품에 대한 마모 부분의 인정, 수출입 링크제, 공공요금 할인 등이 효과적인 수출 촉진 수단으로 이용되기도 했다.

개발 정책 추진의 제도적 장치

존슨이 지적한 개발주의 국가의 조건 중에는 관료진에게 정책 수립이나 집행 과정에서 고도의 자율성을 확보해주는 정치적, 제도적 장치가 포함되어 있다. 펨펠은 그것을 제도적 테두리institutional framework라 부르고 있다. 일본을 모델로 삼아 개발주의 국가 개념을 개발한 존슨은 개발주의 국가가 갖춰야 할 정치체제의 성격을 다음과 같이 서술하고 있다.

> "관료 체제가 주도권을 행사하고 효율적으로 운영할 수 있도록 충분한 영역을 부여해야 한다. 이것은 구체적으로 입법부와 사법부를 안전판 기능으로만 제한시키는 것을 의미한다. 국가는 관료 체제에 개입하고 그것이 도를 지나치면 견제할 수 있는 태세는 갖춰야 하지만 더욱 중요한 기능은 사회 내의 수많은 이익집단으로부터 관료 체제를 방어하는 일이다. 관료 체제가 그런 집단들의 요구에 응할 때 개발주의 정책의 우선 순위를 왜곡시킬 수 있기 때문이다."[10]

존슨이 강조하려는 것은 크게 보면 국가의 자율성이다. 국가가 목표로 삼는 산업화를 추진하려면 사회로부터는 물론 기업체와도 거리를 유지할 필요가 있다는 것이다. 존슨은 이런 정치체제에 의해 개발주의 정책이 뒷받침될 때 원래의 목적대로 정책을 수행할 수 있으나 그것은 몇 가지 정치적 문제점을 지니고 있음을 지적한다.

첫째로 관료 체제에 접근할 능력이 없는 이익집단은 자신들의 요구를 관철하고자 직접 행동을 취하려 한다는 것이다. 그런 소외된 집단들은 시위와 폭력 행사를 통해서 자신들의 요구를 관철하려 할 가능성이 크다. 둘째로 이러한 폐쇄적인 정치체제 아래에서 부정부패가 끊이지 않을 가능성이 있다. 관료 조직에 대한 이익집단의 접근을 차단한다 해도 지배 엘리트를 구성하는 세력(특히 정치인들)이 저들을 대신해서 이권에 개입함으로써 생기는 부패를 막기 어렵다. 그런 부정행위가 정치가들 사이에 국한되고 관료가 개입되지 않는다면 개발 정책의 추진에는 큰 지장이 없겠지만 그것이 관료 사회 내에 침투하면 개발주의 국가가 지향하는 목적 달성에 큰 차질을 빚을 수 있다.[11]

개발주의 국가가 개발 정책을 효과적으로 추진하려면 적절한 정치체제가 필요하다. 정치체제를 구성하는 주요 제도로는 정부제도와 경제제도 그리고 정부, 경제, 사회를 연결해주는 선거제도 등이 있다. 특히 국가가 사회집단으로부터 독립해서 또는 그것에 대항해서 독자적으로 정책 프로그램을 개발하고 추진할 수 있는 수단을 갖고 있는가가 중요하다. 국가 기구를 장악한 관료들의 자율성이 중요할 뿐 아니라, 정치와 경제제도의 혼합 형태가 권력과 권위를 분산分散시키는 성격의 것이냐 아니면 집중시키고 있느냐가 중요하다.

일본은 정치제도를 대표하는 관료와 자민당 의원, 그리고 경제제도를 대표하는 기업인과 농민이 합쳐 일본의 보수체제를 지탱하는 제도적 테두리를 구성했다. 전후 민주화를 추진한 일본의 자민당 보수 정권은 관료, 정치인, 기업인, 농민의 연합 세력에 의해 형성된 제도적 기재를 바탕으로 장기 집권을 계속할 수 있었다.

표면적으로만 보면 박정희 정권 역시 관료, 정치인, 기업인 그리고 농민의 연합 세력을 바탕으로 했던 정권이었다고 할 수 있다. 그러나 여러 가지 면에서 일본과 큰 차이가 있다. 하나는 박정희 정권은 개발주의 국가를 형성하는 과정에서 그 이전에 없었던 중앙집권적이며 군부가 주도하고 정보기관이 뒷받침하는 대통령 중심의 새로운 국가기구를 창출했다는 점이다. 정치체제의 유형으로 보면 그것은 소수에 의한 집단적 지배형태를 가진 군부 중심의 권위주의 정권이었다. 또한 행정 수반인 대통령 집무실로서의 청와대의 기능과 권한이 과거의 이승만이나 장면 정권 때보다 월등히 강화되었다.

또 하나의 차이점은 개발주의 국가의 개발 정책을 주도하는 정치체제의 성격이다. 전후 일본에 비해 박정희 정권하의 사법부는 거의 자율성을 갖지 못했다고 할 수 있으며 입법부는 대통령과 청와대의 통제하에 있었다고 할 수 있다. 1963년 총선을 치른 후 박정희 정권 내내 국회에서 한 번도 야당이 다수를 이룬 적이 없을뿐더러 여당도 대통령과 행정부의 지지와 통제에 순응하고 관료의 정책을 뒷받침하는 피동적인 구실을 했을 뿐이었다.

박정희 정권은 정보기관을 통해 여당 국회의원들이 관료들의 정책 수립 과정이나 집행에 개입하거나 그들의 정책을 왜곡시키는 일이 없도록 감시했으나 국회의원과 관료가 관련된 부정 사건을 완전히 봉쇄할 수는 없었다. 오히려 박정희 정권은 자본주의적 개발주의 국가에서 일어날 수 있는 대규모의 권력형 부정부패와 비리가 빈번했을 뿐 아니라 그 규모가 과거 어느 정권 때보다 컸다.

경제 규모가 커지고 특히 외자 도입의 규모가 커질수록 부패의 규모도 커졌다. 더구나 정보기관을 통해 원천적인 방법으로 언론을 통제하고 있었고 관료와 정치인 그리고 기업이 연관된 권력형 부정부패의 실상은 자세히 알려지지 않았기 때문에 대다수 부정부패는 은폐되었다. 그것이 부패의 규모를 더 크게 만든 요인이기도 했다.

박정희 정권은 이익단체들의 활동을 크게 제약했다. 무엇보다 노동단체들의 활동을 원천적으로 막았다. 농민단체 역시 마찬가지였다. 그 외에 정책 수립과 직접 관련된 조직이나 집단들의 활동을 제약했다. 더구나 정치적인 성격을 지닌 이익단체는 조직하기조차 어려웠다. 소위 관변단체라고 불리는 것들만이 인정을 받았고 정부와 긴밀한 관계를 유지하면서 제한적이나마 정책 수립 과정에 영향을 미칠 수 있었다.

박정희는 공화당 정부 중반부터 '경제 제일주의'라는 구호를 내세우기 시작했다. 개발주의 국가의 목표를 단적이면서도 가장 뚜렷하게 제시한 것이라 할 수 있다. 그 뜻은 사람마다 달리 해석할 수 있었지만 그 구호가 암시한 것은 경제개발을 위해서는 정치적 안정이 필요하며 정치적 안정의 토대 위에서만 경제개발도 이룩할 수 있다는 정권의 주장을 반영한 것이었다. 그러면서 박정희 정권의 집권 시기 전체를 통해서 경제 제일주의의 가장 중요하고 구체적인 제도적 장치로 등장한 것이 '수출진흥확대회의' 였다.

이 회의는 1962년 말, 내각 수반 직속으로 설치된 수출진흥위원회로부터 비롯된 것으로 경제 부처 각료와 한국은행 총재, 공보부 장관, 무역진흥공사 사장, 상공회의소 의장, 무역협회 회장 등으로 구성됐다. 그것이 활발한 기능을 발휘하기 시작한 것은 1965년부터로 대통령이 직접 주재하는 '수출진흥확대회의' 로 개편되면서부터였다. 연례행사로 개최된 이 회의에서 종합적인 수출 정책의 입안과 함께 세부적인 수출 장애 요인에 이르기까지 모든 분야가 총망라되어 논의되었다. 이 회의는 1978년부터 '무역진흥확대회의' 로 개편되어 전 각료와 경제단체장, 수출 유관 단체 및 기관장 그리고 경제 분야의 교수평가단 등 200여 명이 참석하는 대규모의 회의가 되어 국가의 경제와 수출 정책에 지대한 영향을 미치는 제도적 장치로 자리 잡게 되었다.

그 외에도 수출업체들을 위한 유인책으로 상공부 산하에 수출상황실을 설치하고 산업별, 수출업체별, 지역별로 수출 목표를 할당한 후 수시로 진척 상황을 점검하도록 했다. 매년 11월 30일을 수출의 날로 정하고 수출 실적이 좋은 업체들을 포상했으며 특히 1억 달러를 초과한 업체에 특별 보상이 주어지기도 했다.

새롭게 형성된 박정희 정권의 지지 세력

정치와 사회는 밀접한 관계를 지니고 있다. 어느 면에서 정치구조는 사회구조를 반영하고 있다고 할 수 있다. 전통 사회의 구성원들 사이의 유대 관계와 사회적 통합 수준은 현대사회와 전혀 다른 것이며 서로 다른 사회적 구조를 지닌 정치체제 역시 다를 수밖에 없다.

한국 사회는 개인주의적이거나 업적주의적인 유대를 중요시하기보다는 집단적이고 귀속주의적 유대를 강조하는 경향이 많은 사회이다. 그런 사회구조는 단순한 농업 사회에서 흔히 나타나는 특징이기도 하다. 그런 사회일수록 사회적 분화가 낮지만, 귀속주의적 유대감을 바탕으로 비교적 높은 수준의 사회적 통합이 이뤄질 수 있다. 그러나 농촌 사회가 해체되고 다른 형의 사회로 전환하는 격변을 겪을 때 과도기적 현상으로 사회 통합의 해체 현상이 나타나기도 한다. 1960년대 한국 사회도 박정희가 주도한 개발주의 국가가 가져온 광범위한 사회 경제적 변화의 여파로 일시적이지만 심각한 사회 통합의 해체 현상을 겪었다. 사회 경제적 변화는 특정 사회의 분화 수준이나 사회계층의 성격 변화를 가져올 뿐 아니라, 그 사회 내에 특정의 사회 경제적 연합 세력이 형성되는 데도 영향을 미칠 수 있다. 단순한 농업 사회에서 나타나는 사회 경제적 연합 세력이란 농민이 중심이 되지만 산업사회의 경우 그 중심 세력을 이루는 것은 노동 세력이다. 그리고 사회 경제구조와 정치체제와의 관계에서 어떤 세력이 사회 경제적 연합 세력의 주동 세력이 되느냐에 따라 정치체제의 성격에도 영향을 미치게 된다. 노동 세력이 정치체제 내의 사회 경제적 동맹체 속에 포함되느냐의 문제가 정권의 성격을 형성하는 중요한 요인이 될 수 있다는 것이다.

사회 경제적 연합체를 중심으로 정권의 성격을 파악하려고 할 때 제기할 수 있는 질문은 '사회가 어느 노선에 따라 어느 정도 분열되어 있는가', '얼마나 다원적인가', '사회 경제 부문의 어느 부문이 잘 조직화해 있으며 어떤 부문이 그렇지 못한가', '어떤 집단들이 어떤 쟁점을 가지고 다른 집단과 쟁투를 벌이고 있으며 그 집단이 얼마나 영구적인 기반을 가지고 다른 집단과 동맹 관계를 형성하고 있는가' 등이다. 이에 따라 정권의 성격을 규정할 수 있다.[12]

여러 집단이 어떤 쟁점을 가지고 다른 집단과 쟁투나 갈등을 벌이고 있을 때 균열 현상이 나타나게 된다. 선진 민주국가는 균열의 노선은 다양하게 구성되지만, 그것이 대체로 서로 다르면서 중첩된 두 개의 차원으로 구성된다.

첫 번째는 종교, 언어, 민족, 인종, 감정, 혈연적 정서의 차이를 중심으로 한 균열이다. 두 번째 노선은 경제와 물질적 이익을 둘러싸고 생기는 구체적 이해관계(가령 경제적 이익)를 바탕으로 하는 균열이다. 그것은 달리 말하면 하나는 문화적cultural 균열이고 또 하나는 계급적class 균열이라고 부를 수 있다. 그리하여 어떤 균열 노선이 한 국가 내의 정치적 세력들을 갈라놓는 기반이 되느냐를 살피면 그 나라의 정치를 '문화적 정치'와 '계급적 정치'로 구별할 수 있을 것이다.[13] 특히 사회 경제적 동맹체에 노동 집단이 포함될 때 그 나라의 정치가 계급적 성격을 띠게 될 가능성이 크다고 하겠다.

박정희 정권 아래에서 노동 세력은 크게 성장했다. 그럼에도 박정희 정권은 노동 세력의 조직화를 철저하게 막고자 했으며 그 결과 노동 세력은 사회 경제적 동맹체에 포함되지 못했다. 오히려 박정희 정권은 노동 세력이 사회 경제적 동맹체에 포함되는 것을 막고자 노동단체의 활동을 크게 제약하고 통제하는 데 주력했다.[14]

1964년 초, 박정희의 공화당 정권이 출범하던 당시만 해도 박정희 정권의 사회 경제적 동맹체의 구성은 과거 정권 때와 별다른 차이가 없었다. 박정희 정권은 쿠데타 후 혁명재판소를 설치하고 과거 이승만 정권과 정치적으로 유착했던 재벌 가운데 부정선거와 관련되거나 국민으로부터 부정축재자로 지탄받아온 대기업주를 체포했다. 그러나 경제개발을 위해 일부 기존 재벌의 협조가 필요했던 군부는 곧 재벌 개편 정책을 취하기 시작했다. 기존의 기업 중 협조적인 재벌과 군부가 선발한 전혀 알려지지 않은 무명의 기업가를 중심으로 새로운 재벌 세력을 육성하기 시작했다.

군부의 비호 아래 새롭게 등장한 기업주들과 이승만 정권 아래에 성장했던 기존의 대기업주들은 '전국경제인연합회(전경련)'를 결성해 자신들의 이익을 보호하기 위한 이익집단을 형성했고 그 조직은 박정희 정권을 지탱하는 강력한 경제 동맹체로 활동하기 시작했다. 전경련의 구성원들은 한일 국교가 정상화되고 일본 재계의 한국 진출이 본격화되었을 때 정부의 적극적인 지원을 받아 일본 재벌과 밀접한 유대를 형성했고 한국에서 막강한 대재벌로 성장했다.

해방 이후 오랫동안 한국 정치의 균열 기반을 이뤘던 가장 중요한 요소는 정서, 혈연적 유대와 도시와 농촌이라는 지역적인 차이에서 비롯된 것이었다. 한국 정치는 전형적인 '문화적 정치'에 해당하는 것이었다. 그리고 농촌 지역의 유권자일수록 감정과 혈연적 정서를 중요시하는 경향을 나타내 정부와 여당을 지지했으나 도시, 특히 대도시의 거주자들일수록 야당을 지원하려는 경향을 보였다. 소위 여촌야도라는 현상이 지배했다.

1963년 대통령 선거에서도 1950년대 여촌야도 현상은 또다시 재연되었다. 박정희 후보의 지지층은 농촌의 유권자들이었다. 이런 현상은 1971년 대통령 선거 때까지 지속되었다. 공화당의 박정희 후보는 막대한 선거 비용을 썼으나 전체 투표수에서 그가 도시에서 얻은 것은 44.9%였고 농촌에서는 55.1%를 얻었다. 반대로 그의 경쟁 상대였던 야당의 김대중 후보는 도시민층으로부터 51.4%를, 농민층으로부터는 38.3%의 지지를 얻었다. 같은 해에 있었던 국회의원 선거에서도 역시 여촌야도 현상이 나타났다. 여당인 공화당이 도시에서 44.7%의 득표율을 나타냈지만 농촌에서는 50.2%의 득표율을 보였다. 야당인 신민당은 도시에서 53.6%, 농촌에서는 37.5%의 득표율을 기록했다.[15]

이처럼 농촌과 도시의 정치 참여 양태에 차이가 생기는 이유로 개인 유권자의 신념 또는 인식이라는 심리적 요인보다는 상황적 요인이라 할 수 있는 정치체제의 성격과 유권자가 속한 공동체의 성격 차이가 더욱 중요하게 작용하는 것으로 보는 것이 적절하다. 서구 사회와는 달리 한국 사회에서 개인들은 개인보다 집단을 의식하는 사고방식에 젖어 있으며 자기가 속한 공동체가 중요시하는 가치를 기준으로 행동하는 경향이 강하다고 할 수 있다. 다시 말해서 구체적인 경제적 이해관계보다 감정이나 혈연적 정서와 같은 문화적 요인이 정치적 균열의 바탕을 형성하고 있다고 할 수 있다.

1960년대 중반까지도 한국 인구 중 가장 큰 비율을 차지했던 세력은 농민층이었다. 인구의 절대다수가 거주하던 농촌 지역의 빈곤 상태는 매우 심각한 상태에 있었다. 한국전쟁 기간 동안 농사를 지을 수 없어서 식량 부족을 해결하고자 미국으로부터 잉여 농산물을 들여오게 되면서 국내 농산물 가격은 더욱 내려가 경제적으로 큰 타격을 입고 있었다.

그런 속에서 농사를 계속 지으려면 농경 자금이 필요했고 농가의 부채도 늘어났다. 그런 농촌 인구를 활용하고 농촌의 생활수준을 높여주는 문제가 박정희 정권에 부과된 시급한 과제이자 도전이었다. 박정희 정권이 직면한 가장 우선 과제는 농촌의 유휴 인구를 산업 현장으로 흡수하는 일과 날로 늘어가는 농촌의 부채 문제를 해결해줌으로써 그들의 정치적 지지를 유지하는 일이었다.

그것은 공업화를 통한 고용의 창출로만 가능한 일이었다. 그런 공업화를 추진하는 데 필요한 자본은 두 곳에서 마련되었다. 하나는 한일 국교 정상화로 이룬 일본의 자본 도입이다. 또 하나는 한국군의 월남 파병이었다. 파월 장병의 봉급은 고스란히 달러로 한국의 은행에 반입되어 저축되었다.

그렇게 해서 얻은 자본으로 서울을 비롯한 대도시 주변에 공장이 세워지면서 농촌 인구가 대거 도시로 이주하기 시작했다. 특히 초기 노동집약적인 공업화 과정을 주도한 가발, 합판, 섬유 등 경공업 분야의 공장이 집중했던 경인 지역이나 대구 그리고 부산공업단지에는 주로 비기술 근로자들인 농촌 출신의 남녀 근로자들이 모여들기 시작했다.[16]

그러면서 젊은층이 떠나버린 농촌에는 영농 세력이 급격히 감소하기 시작했다. 그 결과 1970년대 중반부터 도시와 농촌의 생활 수준 사이에도 현저한 격차가 나타나 소위 도시 농촌 간의 양극화 현상과 상대적 박탈의 문제가 사회 정치적 관심사로 등장했다.

그러나 농촌의 잉여 노동력을 흡수해 저임금과 양질의 노동력으로 이용한 노동집약적 공업화 정책을 추진한 결과 한국 경제는 성장을 보이기 시작했고 그런 혜택을 받은 것으로 여긴 농촌 인구만 아니라 공업단지가 있는 대도시의 농촌 출신 근로자들을 포함해 다수의 도시민층이 여당인 공화당을 지지하기 시작했다. 그 결과 한국은 1966년부터 1969년까지의 3, 4년 동안에 한국 경제에 변화가 생기면서 동시에 정국도 매우 안정되었다. 1966년과 1969년 사이의 3, 4년이 박정희 정권으로는 국민의 지지와 신뢰를 가장 많이 얻었던 시기였다고 할 수 있겠다.[17] 그런 지지는 1969년 박정희가 개헌을 통해 장기 집권하려는 3선 개헌을 강행하면서 크게 흔들리기 시작했다.

개발주의 국가로서의 박정희 정권의 성격은 경공업화에서 중화학공업화 정책으로 전환하면서 더욱 뚜렷해진다. 이미 경공업 중심의 수출 주도형 공업화를 통해 상당한 성과를 올린 박정희 정권은 중화학공업화를 위한 막대한 자본을 투자하고 동시에 재계와 기업구조도 대기업 중심으로 개편했다. 매년 증가하는 수출 목표를 달성하기 위한 활동이 정부와 대기업 중심으로 추진되었고 이에 따라 과거 비기술직 근로자가 절대다수였던 노동시장에 기술직 근로자의 수가 늘어나기 시작했다.

그러면서 섬유나 가발 같은 노동집약적 산업들이 사양화함에 따라 해당 산업에 종사하는 비기술적 근로자들의 임금이나 노동 조건은 더욱 열악한 상태에 놓이게 되었다. 그런 노동집약적 기업에 종사했던 노동 세력 사이에서 열악한 노동환경을 개선해주기를 요구하는 움직임이 나타나기 시작했으나 박정희 정권은 그들의 요구를 진지하게 수용하려 하지 않았고 오히려 탄압으로 맞섰다. 그것은 주로 농촌 출신이면서 대도시 주변의 공업단지를 중심으로 집결해 있던 다수 노동 세력을 크게 소외시키는 결과로 나타났다.

한편, 중화학공업화는 심각한 환경문제를 일으켰다. 공장 폐수 때문에 수질오염이 심각한 문제가 되었으나 공업화 추진에 전력을 투입한 정권과 대기업은 환경문제를 논하는 것조차 원천 봉쇄하는 부정적인 자세를 취하고 있었다.

소규모였지만 사회 일각에서 환경문제를 걱정하고 그것을 쟁점화하려는 세력이 있었으나 수출을 통한 국력 신장만을 추구하던 박정희 정권과 환경 문제를 논의한다는 것은 한국의 현실에 비추어 사치스러운 일이었다. 대기업 사이에서도 환경문제를 고려해 공해 방지를 위한 설비 투자를 하는 것은 비경제적이고 낭비라는 사고가 지배하고 있었다. 따라서 박정희 정권하에서는 환경문제를 다루기 위한 사회경제적 동맹체는 결성되기 어려웠다.[18] 정부 주변에서는 공해 문제나 환경문제를 공공연히 거론하는 것을 금기시하고 있었다.

초기의 노동집약적 공업화 단계나 그 후의 중화학공업화 단계에서나 박정희 정권은 노동 계층에 대한 체계적인 통제를 완화하지 않았다. 수출 경쟁에서 비교 우위를 유지하려면 기업의 생산성을 높여야 했기에 임금 인상을 최대한 억제했다. 근로자들이 집단행동을 통해 처우 개선을 요구하고 나설 경우 정권의 지상 목표였던 고도 경제성장에 차질을 가져오는 것으로 보았기에 박정희 정권은 '선 성장 후 분배'라는 구호를 내걸고 아직은 성장에만 집중할 때라면서 더 나은 내일을 위해 오늘의 고통을 참아야 한다고 근로자들을 설득했다.

그렇지만 박정희 정권 기간(1963-1979)에 형성된 사회경제적 동맹체에서 노동 세력은 철저하게 배제되어 있었다. 그렇다고 노사 간에 대립이나 갈등이 없었던 것은 아니다. 박정희 정권은 그런 갈등이나 균열이 표출되거나 확대되는 것을 막는 데 주력했으며 노동쟁의가 발생하지 않도록 조직적으로 감시했다.

박정희 정권은 노동 세력이 추구하려는 이익과 개발주의 국가가 추구하는 목표가 정합성consonance보다 상극으로 인식했기 때문에 노동자층을 자신의 사회경제적 동맹체로 포함할 수 없는 모순을 안고 있었던 것이다. 노동 세력의 반발을 무마시키는 방법으로 박정희 정권이 내놓은 것은 유교적인 정서와 가치에 호소하는 온정주의paternalism였다. 기업주가 노동자들을 자기 가족처럼 보살펴주라는 것이었다. 노동 세력의 조직화는 허용하지 않았다.

박정희의 공화당 정권 기간에 나타난 한 가지 중요하고 심각한 변화가 있었다면 그것은 1970년대 후반부터 두드러지게 나타난 호남과 영남 지역 사이의 반목을 바탕으로 한 새로운 균열이었다. 앞에서 살펴본 대로 여촌야도 현상은 한국에서 공업화 과정이 본 궤도에 오르기 전인 1950—60년대 전반까지의 한국 정치의 성격을 좌우하는 중요한 균열 기반이었다. 그러나 1970년대부터 영호남 지역이 대립하는 지역주의의 대립이라는 새로운 균열 노선이 나타내기 시작했다. 특히 1971년 대통령 선거에서 영호남을 대표하는 그곳 출신의 두 대통령 후보가 치열한 각축전을 벌인 후부터 영호남의 주민들 사이에 감정 대립과 정치적 긴장 관계의 골이 더욱 깊어갔다고 할 수 있다.

물론 영호남 간의 반목과 대립은 박정희 정권하에서 처음 생겨난 것은 아니다. 그러나 그것이 박정희 정권하에서 현저하게 악화했다는 것은 부인할 수 없다. 이미 이승만 정권 때부터 정부의 고위직 인사나 관료 승진에서 호남 출신이 차별 대우를 받아온 것은 누구나 아는 사실이었다. 그 때문에 호남 출신은 철저한 경쟁 원리에 따르는 사법이나 행정고시를 신분 상승을 위한 수단으로 삼아왔다는 것도 널리 알려진 사실이다.

따라서 호남 출신은 일반 관료 조직보다 지위 상승이 더 공개적으로 보장된 사법부에 몰려 있었다. 그러나 박정희 정권은 이미 영남 출신이 실세가 되어 장악한 일반 관료 조직만 아니라 심지어 군부의 장성급 인사에서도 지역주의라는 잣대를 적용했다. 군부를 가장 중요한 지지 세력으로 간주했던 박정희 정권은 집권 초기에 이북 출신 장성들을 대거 예편시켰으며 그 자리를 주로 영남 출신의 장교들로 채웠다. 창군 이래 다수를 차지했던 이북 출신 장성 세력을 군에서 제거한 것이다.

그 후부터 군 내부에서 육군참모총장 자리는 영남 출신이 아니면 바라볼 수 없는 것이 상식처럼 되었으며 장군 승진 심사 과정에서도 영남 출신 장교가 우선 순위를 차지하기 일쑤였다. 군부를 이용해 무력으로 집권했던 박정희는 군 조직의 중요성을 누구보다 잘 알고 있었다. 따라서 군의 고위직에는 동향임을 내세운 믿을 만한 경남과 경북 출신의 장성들을 임명했다. 호남 출신의 장성 수는 극히 적은 편이었다.

영호남 사이의 반목과 대립은 박정희 정권이 추진한 공업화 정책에서도 오히려 악화했다. 박정희 정권은 집권 초부터 영남 출신 재벌들을 중심으로 재벌 개편 작업을 추진했다. 서울 근교와 부산 그리고 대구 등에 대단위 공업단지를 선정하는 과정에 권력 핵심 세력의 출신 지역이 크게 작용했다. 자신들의 출신 지역에 공업단지를 유치하는 일에 치중한 것이다. 그 결과 호남 지역의 대도시는 제외되었으며 공업단지는 주로 영남 지역에 집중되는 현상이 나타났다.[19]

박정희 정권은 영호남 간의 반목과 감정 대립에 못지않게 또 하나의 심각한 문제에 봉착하고 있었다. 1970년대 초에 이르면서 전국 농가의 소득과 도시 인구의 소득 사이에 큰 차가 벌어졌다. 도시 인구의 평균 소득이 농가 소득의 배가 될 정도로 격차가 심해졌다.[20] 한국 사회는 도시와 농촌 간의 소득 격차로 심각한 양극화 현상을 빚고 있었다.

결과적으로 여촌야도라는 균열과 영호남 간의 지역주의의 대립이라는 새로운 균열이 이중적으로 중첩되면서 박정희 정권에 대한 지지 세력과 반대 세력을 형성하는데 중요하게 작용하게 된 것이다. 박정희 정권을 지지한 사회경제적 동맹체로는 대기업주와 중소기업주들과 같이 정권의 혜택을 받은 집단과 영남 지역의 농민들, 대기업 사원들을 포함하는 대도시의 일부 중산층이 포함되었다. 반면에 정권에 반대하고 야당을 지지한 사회경제적 동맹체 세력에는 호남 지역 주민의 상당수와 대도시로 이주한 호남 출신 시민을 비롯한 도시의 일부 중산층 시민과 다수의 단순 및 준기술직 노동자들이 포함되었다.

개발주의 국가 모델의 성패 여부는 경제개발 정책에 최대 우선 순위를 부여하면서 그것을 수립 집행하는 과정에서 관료들이 정치 세력이나 사회 세력으로부터 자율성을 갖도록 하는 데 달려 있다. 그리고 정책 수립이나 집행 과정에서 공적 영역과 사적 영역 사이에 상호 협력이 가능하면 할수록 개발주의 국가 모델의 성공 가능성이 커지는 것이다.

그러나 박정희 정권은 매우 폐쇄적이었으며 그것을 토대로 개발주의 국가를 운영하는 과정에서 공적 영역과 사적 영역 사이에 적극적으로 협력할 수 있는 동기 유발 능력을 갖추지 못했다. 한국의 경제개발 정책은 소수 기술관료를 중심으로 매우 밀폐된 구조 속에서 진행되었다. 정부가 육성한 재벌들은 기술 관료의 지시 아래 온갖 특혜와 비호를 받아가면서 수출을 추진했다. 정부는 시중 은행의 대주주가 되거나 은행장의 인사에 직접 관여함으로써 재벌들의 수출 활동을 지원하는 등 국내 금융 시장을 통제해나갔다.

박정희 정권의 개발주의 국가는 관료 조직이 사회 경제적 집단들로부터 철저하게 격리된 속에서 소수 대기업 중심의 경제개발 정책을 추진한 경우였다고 할 수 있다. 그뿐만 아니라 모든 중요한 결정은 권력의 핵이었던 청와대의 지지와 승인을 받아야만 했다. 경제개발을 위해 천문학적인 외국 자본이 도입되었고, 관료의 철저한 통제와 지시를 받아가며 기업 활동을 벌인 소수에 재벌 의해 해마다 수출액은 증가했다. 대규모의 자본 축적이 일어났고 외자 도입을 위한 거래 과정에서 일부의 관료들이 막대한 부를 챙기는 비리 현상이 나타났다. 관료들만 아니라 재벌과 정치권 사이에 과거 어느 정권에서도 찾아볼 수 없을 정도의 대규모 정경 유착관계가 형성되었다.

박정희 정권은 단군 이래 최대의 경제성장을 이룩했다고 자랑했지만 그런 홍보나 주장은 다수 서민층의 실생활에 직접 와닿을 정도의 것은 아니었다. 특히 일부 부유층의 사치스러운 생활이 드러나면서 상당수의 국민 사이에 상대적 박탈감이라는 심리적 불만이 조성되기 시작했다.

이것은 절대적 불평등의 문제이기보다 심리적인 문제였기 때문에 쉽게 해소될 수 있는 문제도 아니었다. 일부에서는 정부의 성장 제일주의에 대한 비판도 일어나기 시작했으며 성장만 아니라 분배 문제에 관심을 돌려야 한다는 목소리가 높아지기 시작했다.

3선 개헌으로 흔들리는 박정희 정권

1961년 헌정을 무력으로 중단시키고 집권했을 때부터 박정희 군부 정권에 가장 큰 적대 세력은 '자유민주주의'로의 복귀를 부르짖는 야당 정치 세력과 이에 동조하는 종교계(특히 기독교)의 민주화 추진 세력이었다. 그들은 또한 박정희의 개발주의 국가(반대 세력은 그것을 '개발 독재'라 불렀다)의 정당성을 부정하고 박정희 정권이 추진해온 경제 정책에 대해서도 비판적이었다.

박정희 정권은 매우 비민주적인 정권이었다. 이승만 정권이 형식상으로는 민주적인 요소를 담은 헌법을 가졌지만 실제로는 민주적인 정권이 아니었던 것처럼, 박정희의 제3공화국도 비록 겉으로 보면 민주적인 헌법을 지닌 정권처럼 보였지만 민주적인 정권은 아니었다. 민주적인 정치 질서를 운영하는데 지켜야 할 가장 기본적인 원칙인 권력 분립의 원칙과 자유롭고 공정한 경쟁(민주 선거)의 원칙이 지켜지지 않았다.

사법부는 있었으나 독립된 것은 아니었고 입법부도 '행정부의 시녀'라는 말을 들을 정도로 종속적인 관계에 놓여 있었다. 선거는 시행했지만 여야 간에 자유롭고 공정한 경쟁은 보장되지 않았다. 정권을 장악한 여권은 선거 때마다 관권 개입과 매수 행위 등 온갖 부정행위를 일삼았다. 더구나 쿠데타로 집권해 정권을 유지하는 과정에서 많은 적대 세력을 만들어낸 군부 정권으로서는 선거에 의해 야당이 집권하는 경우 뒤따를 정치적 보복을 의식하지 않을 수 없었다. 그럴수록 야당을 비롯한 모든 적대 세력에 대한 군부 정권의 탄압과 통제도 더욱 격화될 수밖에 없었다.

1969년, 박정희가 2선 연임 제한으로 되어 있는 헌법(그것도 쿠데타 후 군부 정권이 제정한 헌법)을 개정해 3선까지 출마하려고 하자 야당은 그의 장기 집권을 막기 위한 개헌 반대 운동을 벌였다. 그러나 국회에 다수 의석을 가졌던 공화당은 일부 공화당 의원들의 반대를 무릅쓰고 개헌안을 통과시켰다. 그 과정에서 공화당 소속 의원들이 핵분열을 일으키게 되었고 여당 조직에 돌이킬 수 없는 균열과 내분을 가져왔다. 야당과 재야 세력이 3선 개헌을 저지하려 했고 학생들이 시위를 벌였으나 개헌을 막을 수 있을 정도로 대대적인 국민적 저항은 나타나지 않았다.

1969년 10월 17일, 박정희 대통령에게 3선을 허용하는 개헌안이 국회를 통과한 후 국민투표에 부쳐졌다. 많은 수의 국민은 정치적으로 무관심한 편이었고 경제성장을 가져온 박정희 정권에 대체로 호의적이었다. "혼란이냐 안정이냐?" 라는 협박성의 선전문을 내걸고 시행한 국민투표에서 77.1%가 투표에 참가한 가운데 65.1%의 찬성으로 3선 개헌안이 통과되었다. 박정희 정권에 비판적인 사람들도 "총칼 가진 사람들이 더 하겠다고 발악하는데 별 수가 없는 것" 이라고 체념하는 태도였다. 그러나 서울에서는 40%가 투표에 참가하지 않았고 참가자의 53%가 반대표를 던졌다.

3선개헌파동은 1952년에 있었던 부산정치파동과 일맥상통한 데가 있었다. 지켜지지 않는 헌법은 종잇조각에 불과하다. 3선개헌파동과 부산정치파동은 모두가 국가원수가 재직 중에 헌법을 헌 종잇조각 정도로 여기면서 강압적으로 개헌해서라도 자신의 집권 기간을 연장하겠다는 목적에서 취해졌던 일이다. 결과적으로 헌법이 담고 있는 민주적 정치제도와 원칙에 의해 정치를 운용한 것이 아니라 권력이 헌법을 누르는 기현상이 발생한 것이다. 그리고 헌법에서 이탈하면 할수록 정치권력은 더욱 강권에 의존하게 되는 경향을 보이는 것이다. 헌법에 의한 통치 즉 법치法治가 아니라 집권자의 통치 스타일style of rule이 멋대로 정치 질서를 무너뜨리는 결과를 가져온 것이다.

3선개헌파동과 부산정치파동은 민주정치가 실현될 가능성을 원천적으로 봉쇄하는 데 이바지했다는 공통점을 지닌다. 부산정치파동 후 이승만 정권은 점차로 반대 세력을 완전 무력화하고 이승만 개인의 통치권을 영구화하는 권위주의 정권으로 변질했다. 마찬가지로 3선개헌파동을 겪은 박정희의 공화당 정권 역시 박정희의 집권을 연장하고 대통령의 권력을 보다 강화하는 길로 나아갔다. 3선 개헌은 박정희 정권이 민주정치로 전환할 의사가 없음을 확인시켜준 것이나 다름없었다.

그나마 선거에 필요한 형식적인 정치 조직체로 이용해온 공화당은 그 간부들이 3선 개헌 때 박정희에게 반기를 든 이유로 점차 권력 중심부로부터 배제되었다. 그리고 박정희 정권은 공화당 대신에 권력 유지의 중요 수단으로 써온 군과 중앙정보부, 보안사령부 등 강권 조직에 더욱 의존하기 시작했다.

해방 이후의 한국 정치사에서 1966년부터 1969까지의 기간은 한국 정치가 매우 안정되었던 시기였다고 할 수 있다. 그런데 1969년의 3선 개헌은 안정기에 있던 한국 정치를 다시 불안과 예측 불가능한 상태로 몰아넣는 결과를 가져왔다. 1967년 재선에 성공한 박정희 대통령이 3선 개헌으로 4년 임기가 끝나는 1971년 선거에서 또다시 당선될 때, 계속 집권을 위해 그후 또 개헌을 하지 않으리라는 보장은 없었다. 그런 사태가 계속될 때 한국 정치의 미래를 예측할 가능성은 완전히 사라지게 되는 것이다. 그만큼 정치 불안도 높아졌다.

1969년에 3선개헌파동을 겪기 전, 여권 내에는 수직적인 정권 교체가 이뤄지면서 점차 군부 권위주의 정권이 종식되고 민주정치 질서로 복귀하길 기대했던 사람들이 있었다. 그러나 그들의 희망은 사라지고 말았다. 또다시 한국 정치는 한 치 앞도 내다볼 수 없는 예측 불가능의 정치로 전락했다. 이것이 조성한 정치 불안은 그동안 박정희 정권이 수출 주도형 개발 정책으로 확보한 정당성 기반을 흔들었을 뿐 아니라, 정권이 어렵게 구축하는 데 성공한 도시민층의 지지 기반마저 잃어버리는 결과를 낳기도 했다.

3선개헌파동을 전후해서 지식인층과 정치권에서 경제개발을 둘러싼 본격적인 논쟁이 나타나기 시작했다. 박정희의 개발주의 국가를 비판해온 재야나 일부 지식층에서는 박정희 정권의 개발 정책이 저임금으로 노동력을 착취하고 대재벌에게 온갖 특혜를 주면서 자본을 축적하도록 허용한 정책이라고 비판했다. 그보다 온건한 비판으로는 박정희 정권이 성장에만 집착하고 분배 문제를 외면하고 있다는 주장도 있었다. 소위 파이pie에 비유한 논쟁이었다. 그동안 경제성장으로 파이는 커졌는데도 그것을 나눠먹을 줄을 모른다는 비판이었다. 이런 비판에 대해 정권 측은 파이가 아직도 작아서 더 키운 다음에 분배 문제를 논해야 한다고 맞섰다.

'성장이냐 분배냐' 라는 쟁점과도 무관한 것은 아니지만, 한국 경제의 대외 의존도에 대해 비판론을 제기하면서 명시적은 아니라도 묵시적으로 한국 경제체제를 북한의 '자립 경제' 와 비교해 한국 경제가 지닌 취약성을 지적하는 사람도 있었다. 자립 경제론 또는 민족 경제론을 펴면서 박정희 정권의 수출 주도형 경제성장 정책을 비판하기도 했다. 모두가 박정희 정권이 육성해온 대재벌 중심의 자본주의 경제체제를 부정적으로 보려는 시각에서 나온 것이었다. 천민자본주의, 졸부자본주의라는 표현이 그것을 반영해주는 것이었다. 극소수에 의해 부가 독점돼가는 것을 의식하면서 그 같은 경제성장이 한국 사회에 심각한 부익부빈익빈 현상을 가져왔다는 비판이었다.

1971년 제7대 대통령 선거에서 후보들 사이에 가장 첨예한 대립을 보였던 쟁점은 3선 개헌 문제와 경제개발 정책이었다. 박정희 대통령이 공화당 후보로 3선을 위해 출마했고 야당인 신민당은 대통령 후보로 40대의 김대중을 내세웠다. 후보 선출을 위한 신민당의 당내 선거에서 경합한 김영삼을 누르고 김대중 후보가 당선되어 야당 후보로 출마한 것이다. 공교롭게도 두 후보의 출신 지역은 영남과 호남이었다. 두 지역의 유권자는 예리한 대립 현상을 보였다. 그 당시 표출한 두 지역 간의 대립과 갈등은 그 후 계속해서 한국 정치에서 가장 중요한 균열 요소로 작용하면서 한국 정치의 향방에 중대한 영향을 미치는 결과를 가져왔다.

두 후보는 선거의 주요 쟁점이 되었던 3선 개헌에 대한 비판과 박정희 정권의 경제 정책에 대한 평가를 놓고 공방전을 펼쳤으며 야당 후보는 박정희 후보가 영구 집권을 위한 발판으로 3선 개헌을 강행했으며 대만의 총통제와 같은 독재 정권을 만들려 한다고 비난했다. 이에 맞선 박정희 후보는 이 번이 마지막이라며 지지를 호소했다. 경제 정책에 대한 논쟁에서 김대중 후보는 여당의 대재벌 위주의 정책을 비판하고 '대중경제론'이라고 부른 분배를 강조하는 경제 정책을 주장했다. 두 후보 간의 선거전은 매우 격렬한 것이었다. 지나간 1967년 박정희와 윤보선 후보 사이의 선거전과는 판이하게 긴장이 감돌았고 유권자의 관심도 매우 높은 편이었다.

그러나 막강한 조직력과 재원을 동원할 수 있는 여당 후보인 박정희가 또다시 대통령으로 당선됨으로써 격렬했던 제7대 대통령 선거는 막을 내렸다. 그리고 대선 유세 중 박정희의 영구 집권욕을 폭로하면서 공격했던 김대중 야당 후보의 예측이 정확했음을 입증시키려는 듯, 박정희 정권은 그다음 해인 1972년 10월 17일 유신헌법을 선포하기에 이르렀다.

그렇다면, 1960년대를 통해서 박정희의 개발주의 국가 이뤄놓은 것은 무엇인가? 박정희 정권은 일본이 50여 년에 걸친 끝에 달성한 개발주의 국가 모델을 한국에 들여와 단시일 내에 이룩하려 했다. 일본은 개발주의 국가로서 경제개발을 추진하는 과정에서 수많은 시행착오를 겪었다. 무엇보다 1930년대 일본 군부가 주도해 공업화 중심의 경제개발을 추진하면서 그 목표를 아시아의 다른 나라들을 침략해 점령하려는 목적 달성의 수단으로 썼다. 그 결과 수많은 국민을 전쟁터에 내몰아 희생시켰고 패전 후 일본을 잿더미로 만들었다.

그런 쓰라린 경험을 겪은 후 전후의 일본은 서방국가들과의 긴밀한 유대를 바탕으로 정경 분리라는 전략적인 구호를 내세우면서 수출 주도형의 개발 정책을 추진해 일본 역사에 없는 고도 경제성장을 이룩했다. 일본의 자민당 정권이 추진한 개발주의 국가의 목표는 단순히 경제성장 자체에 목표를 둔 것이 아니라 전후의 혼란과 좌파 정치 세력이 우세해진 정치적 상황 속에서 자유민주주의적 정치 질서를 유지한다는 더 큰 목표가 있었다. 경제가 목표라기보다 정치가 목표였고 경제는 그 주요 수단이었던 것이다.

박정희 정권이 문화적 차이는 있으나 일본의 개발주의 국가 모델을 한국적 상황에 적용하려 한 것은 올바른 결정이었다고 할 수 있다. 냉전체제하에 있던 1960년대 한국과 일본이었지만 일본에 비하면 한국이 처한 냉전적 상황은 매우 경직된 것이었다. 북한과 군사적인 대결을 계속하면서 경제적으로도 겉으로 계급 없는 사회, 평등한 사회로 비치던 북한과의 체제 경합도 벌여야 했다. 박정희 정권이 경제개발과 더불어 군사력 강화에 우선 순위를 둔 것은 그런 이유 때문이었다.

이 점은 전쟁 전의 개발주의를 통한 일본의 '부국강병'을 되풀이한 것이라 하겠다. 그런 우선 순위의 목표를 개방적이고 민주적인 정치체제가 아니라 폐쇄적이고 권위주의적인 정치체제를 가지고 분배를 요구하는 세력을 억누르면서 달성하려 했기 때문에 박정희 정권은 '개발 독재'라는 비판을 받았으며 그런 데로 성공한 개발 독재라는 평가를 얻게 된 것이다. 개발 독재라 비판한 이유는 박정희 정권의 개발주의 국가가 추진한 경제개발 정책이 국민의 참여 없는, 그리고 국민의 요구를 무시하거나 억제한 채 국민과 괴리된 소수가 결정하고 이룩한 경제개발이었기 때문이다. '능률적'이긴 했으나 '효율적'인 개발 추진 방법은 아니었다는 것이다.

그러기 때문에 또다시 제기할 수 있는 질문은 박정희 정권의 경제개발이 무엇을 위한 경제개발이냐 하는 것이다. 여기에 대해 박정희 정권의 집권 세력은 국민 앞에 명확한 해답이나 비전을 보여주지 못했다. 경제 발전의 목적은 경제 그 자체보다 다른 목적이나 목표를 달성하는 데 필요한 수단을 제공해준다는 데 더 큰 의의가 있는 것이다. 더 자유롭고 개방된 정치 질서, 그리고 더 평등한 복지 지향적인 사회를 건설하는 데 필요한 자원과 수단을 제공해주는 것이 경제개발인 것이다. 단순히 군사력 강화만이 목표일 수는 없다.

또한, 경제개발 그 자체가 목적으로 끝나고 만다면 아무리 높은 수준의 경제개발을 이룩했다 해도 그 가치는 절감될 수밖에 없다. '한강의 기적'이라고 불릴 정도로 단시일 내에 고도 성장을 이룩하는 데 성공했던 박정희 정권으로서는 그것을 점진적으로 더 개방된 정치 질서를 창출하기 위한 수단으로 활용할 가능성을 충분히 지니고 있었다. 그러나 박정희 정권은 어떤 목표를 위한 경제개발이냐 하는 의문에 대해서 국민이 이해하고 지지할 수 있도록 설득하거나 명확한 해답을 제시하는 데 실패했다. 그처럼 획기적인 경제성장을 이룩했음에도 '개발 독재를 지속하기 위한 개발'이라는 비난을 벗어나 더 안정된 정치 질서를 창출하지 못한 실패한 정권이었다고 말할 수 있을 것이다.

1 개발주의 국가 개념의 제안자로서 일반적으로 일본 통산성에 대한 연구를 바탕으로 개발주의 국가의 형성과 성공 조건들을 다룬 학자로 Chalmers Johnson을 들 수 있을 것이다. 그의 책 *MITI And the Japanese Miracle: The Growth of Industrial Policy 1925-1975*, (Stanford University Press, 1982). 참조.

2 한국전쟁 도중 이승만 대통령이 국가 안보상 필요하다는 이유로 일방적으로 동해에 책정한 통제선으로, 아직 미국의 점령하에 있던 일본이 강하게 항의했지만 이승만은 이를 묵살했다. 그리고 평화선을 침범한 일본 어선들을 나포해 선원을 감금시키기도 했다.

3 야당 정치인은 물론 일부 지식인이나 학생들이 박정희 정권이 추진하던 한일 관계의 정상화에 반대한 것은 그 당시 중앙정보부장이었던 김종필이 일본 외상 오히라와 비밀 각서를 교환했는데 그 내용이 한국 측이 '리 라인Rhee Line'을 양보하는 대신 무상 원조와 상업차관으로 6억 달러를 받기로 했다는 소문이 퍼지면서부터였다. 정식 외교 절차가 아니라 중앙정보부장이 교섭에 나섰다는 것도 비판과 반대의 이유가 되었다.

4 할스타인 독트린은 서독이 창안한 것으로 동독과 국교를 맺은 나라에 서독 대사관을 두지 않겠다는 정책이었다. 이승만 정권도 이 정책을 답습해 북한이 국교를 맺은 나라에 대사관을 설치하지 않았다. 그러나 박정희 정권은 그 정책을 포기하고 북한이 대사관을 설치한 국가에도 대사를 보냈다. 유엔에서 한반도 문제를 놓고 북한과 대결할 때 유리한 지위를 확보하려면 제3세계 국가들의 지지가 필요했기 때문이었다.

5 군사정부의 박정희 의장은 통화개혁 시행 3일 전에 버거 주한 미국대사에게 이를 통고했다. 버거 대사로부터 보고를 받은 미국정부는 통화개혁이 시기적으로 적절하지 않다는 부정적인 견해를 밝혀 왔으며 통화개혁을 둘러싸고 군사정부와 미국정부 사이에 상당 기간 알력과 긴장이 계속되기도 했다. 木宮正史, 앞의 논문, 121쪽.

6 통화개혁을 시행한 정책 수립자들은 그 당시 국내에 거주하던 화교(중국인)들이 현금을 많이 가지고 있다고 판단해 통화개혁을 밀어붙였으나 뜻밖에 화교들이 현금을 갖고 있지 않다는 것이 드러났으며 통화개혁이 실패로 돌아갔다고 경제 전문가들은 보고 있다. 木宮

正史, 앞의 논문, 112-113쪽.

7 경제기획원, 『개발연대의 경제정책: 경제기획원 20년사』(경제기획원, 1982), 59-61쪽.

8 신자유주의 이론은 자유 경쟁이 허용되는 시장 조건, 생산 요소의 국제적 자유 이동, 국가 간의 자유무역, 경제 주체들의 이윤 극대화 추구 등을 기본 가정으로 삼고 비교 우위의 원칙과 기술 이전이 보장되는 국제 환경에서 모든 나라들이 자유경쟁의 원칙으로 생산 요소를 합리적으로 사용하면 경제성장이 가능하다고 보고 있다. 반면에 신노동분업 이론은 주변부는 1차 상품을 수출하고 중심부로부터 제조품을 수입하던 과거의 고전적 노동 분업 구조가 주변부가 제조품을 수출하는 구조로 바뀌었다고 본다. 주변부의 풍부한 노동력, 생산기술의 이전 가능성을 이유로 든다.

9 중화학공업추진위원회기획단, 『한국공업발전에 관한 조사연구 III』, 1979. 박종철, 『한국의 산업화 정책과 국가의 역할: 1948-1972: 1공화국과 3공화국의 비교연구』(고려대학교 박사논문, 1987) 216쪽에서 재인용.

10 Chalmers Johnson, 앞의 책, 315쪽.

11 존슨이 지적한 개발주의 국가가 지닌 정치적 문제점은 박정희 정권하에서 그대로 드러난 바 있었다. 즉 소외된 집단들의 항의와 시위가 있었으나 박정희 정권은 이에 폭력적인 방법으로 대응하는 경우가 많았다. 또한 유신 때 가장 심했지만 그 이전인 제3공화국 시절에도 관료들의 부정부패가 과거 어느 정권 때보다 극심했다. 정경유착의 규모나 심도도 더욱 심각한 상태에 이르렀다.

12 T. J. Pempel 著, 최은봉 譯, 『현대일본의 체제이행』, (을유문화사, 2001), 75쪽.

13 Joji Watanuki는 일본 정치의 균열 노선이 주로 문화적 요인들이 바탕이 되어 왔다는 주장을 하고 있다. Joji Watnuki, Patterns of Politics in Present-Day Japan, Seymour M. Lipset and Stein Rokkan (eds.), *Party Systems and Voter Alignments: Cross-National Perspectives* (New York: The Free Press, 1967), 445-467쪽. 일본처럼 전후 일찍부터 노동 세력의 정치 참여가 활발했던 체제하에서도 유권자들의 경제 또는 신분 차이보다 그들의 가치관의 차이가 정치적 균열의 바탕을 이뤄왔다고 보고 있다.

14 이 점도 한국과 일본의 차이점이 되는 특징이다. 일본은 패전 후 맥아더 사령부가 노동단체를 합법화시키면서 중요한 사회경제적 동맹체로 등장했고 사회당을 지원하는 중추적인 세력을 형성했다.

15 Sung Il Choi & Chae Jin Lee, Environment, Policy and Electoral Participation, Chong Lim Kim (ed.), *Political Participation in Korea* (Santa Barbara: Clio Books, 1980), 165-180쪽.

16 그것은 마치 메이지유신 시대 일본이 산업화를 시작할 무렵 일본 농촌 출신의 젊은 여성들이 대도시의 공업단지에 여직공으로 대거 이주하던 시기를 연상케 했다. 그 당시를 다룬 일본의 소설이나 역사에는 그런 여공들의 생활을 중심으로 일어나는 비애와 낭만을 묘사한 것들이 많다.

17 1969년, 박정희의 3선 개헌 조작이 성공했을 때 큰 반대나 저항이 없었다는 사실에 비춰

봐도 이러한 관찰이 가능하다. 1968년에는 청와대 습격 사건과 울진 게릴라 침투 등 매우 심각한 안보적 위기 상황이 발생했으나 정국은 비교적 안정되어 있었다고 할 수 있다. 오히려 공화당 내부에서는 박정희의 3선 시도를 놓고 심각한 쟁투가 있었으며 김종필을 옹립하려던 세력이 거세당하는 사태가 일어나기도 했다.

18 그 세력이 본격적으로 모습을 드러낸 것은 1980년 후반부터라고 볼 수 있다. 그리고 1990년대부터 환경단체의 활동이 구체적 성과를 거두기 시작했다고 할 수 있다.

19 공업단지 지정 과정에서 행정부의 고위 관리의 작용도 있었지만, 국회의원들의 작용도 있었을 것이다. 영남 출신이 주도하던 정권인 만큼 영남 지역 출신의 국회의원들이 행정부에 접근하기 쉬웠고 자신들의 재선에 단지 유치를 이용하려 했을 것으로 짐작된다. 결과적으로 경북 지역과 영남 및 부산에 대단위 공업단지들이 들어서게 되었다. 울산단지, 구미단지, 대구의 공업단지들이 대표적인 예가 될 것이다. 호남인들이 반발한 것도 무리가 아니다.

20 그 당시 도시의 비숙련 노동자의 수입이 농민의 2배가 될 정도로 격차가 벌어지기 시작했다. 언론들은 그것을 양극화 현상이라 보도하면서 문제를 제기하기 시작했다. 박정희가 새마을운동을 시작하게 된 것은 그런 문제 제기와 관련 있다고 본다.

제8장 유신체제는 왜 붕괴했나

해방 후 한국의 역대 정권 가운데 가장 '독재적' 성격을 지닌 유신체제는 왜 나타났나? 1961년 5월 16일 쿠데타로 집권한 후 11년 동안 자신의 권력을 뒷받침해온 공화당 정권의 권력 구조를 뒤엎어버린 채, 박정희는 왜 새로운 유신체제를 채택하게 되었나? 그것이 박정희 대통령을 비롯한 소수 집권 세력의 단순한 집권욕 때문이었나? 아니면 국가를 위협하는 정치·경제·사회 전반에 걸친 심각한 위기에 대응하려던 박정희와 그 주변 집권 세력의 어쩔 수 없는 선택이었나? 그리고 왜 유신체제는 7년 만에 붕괴했나?

유신 체제는 무엇이고 왜 생겨났나

3선 대통령 임기(1971-1975) 시작 1년 만인 1972년 10월 17일, 박정희 대통령은 '특별 선언'이라는 담화를 발표하면서 2개월간 헌법 일부의 효력을 정지시키는 비상 조치를 취한다고 선언했다. 그러고는 비상계엄령을 내려 국회를 해산시키고 정당과 정치 활동을 금지한 다음 비상 국무회의가 만든 유신헌법을 공포했다. 그 헌법은 11월 21일, 국민투표에 부쳐졌다. 유신헌법에 대한 반대 발언을 허용하지 않는 가운데 한 국민투표는 91%의 투표율과 91%의 찬성을 나타냈다. 계엄하의 공포 분위기 속에서 매우 강압적인 방법으로 새로운 헌법이 채택된 것이다. 민주국가에서는 상상조차 할 수 없는 일이었다. 박정희 대통령은 이 조치가 "한국적 민주주의를 토착화할 개혁 조치"라고 주장했다. 비민주적인 방법으로 민주주의를 토착화한다는 역설적인 주장이었다.

유신헌법이 공포되고 새로운 헌법에 따라 강력한 권위주의 체제가 등장하자, 오랫동안 한국 정치를 관찰해온 사람들 사이에서는 이것이 바로 박정희가 쿠데타로 집권했을 당시에 만들고자 했던 정치체제라는 말이 나돌았다. 1961년 쿠데타 직후의 혁명 공약에서 군은 목적을 달성하면 본연의 임무로 복귀하겠다고 주장했지만, 당시 미국의 반대나 야당의 저항이 없었다면 군사정부인 최고회의는 상당 기간 집권했을 것이다. 그러나 여러 세력으로부터 저항을 받은 최고회의는 군정 연장을 포기하고 1963년 겨울, 대통령의 임기를 연임으로 제한하는 헌법을 제정해 민정으로 돌아섰다.

유신헌법의 내용은 1961년 쿠데타 후 군사정부에서 마련한 대통령 중심의 헌법 내용과는 판이했다. 그래서 1961년 쿠데타 당시 박정희가 생각했던 독재적 성격의 강력한 대통령제를 11년 후인 1972년에야 실현한 것이라는 평이 나올 만했다. 유신헌법은 대통령 직선제를 없애고 간접선거로 대통령을 선출하는 반민주적인 헌법이었다. 과거 인도네시아의 수카르노Sukarno가 수천 명으로 구성된 선거인단을 만들어 장기 집권했던 것처럼, 박정희도 수천 명의 통일주체국민회의(약칭 통대)라는 선거인단을 조직해 이들이 대통령을 선출하는 간접선거 방식을 선택한 것이다.

유신체제는 기존의 권력분립 원칙에 따른 의회 민주주의적 요소를 제거해버린 정치체제였다. 박정희는 유신체제의 정당성을 주장하고자 '통일'과 '안보'라는 두 가지 이유를 내세웠다. 그러나 통일과 안보는 서로 모순 관계에 있다. 만일 그 당시 남북한이 '통일'을 이야기할 정도로 관계가 호전되고 있었다면 북한의 위협에 대응하는 '안보'는 큰 문제가 되지 않았을 것이다. 그러나 박정희 정권은 통일과 안보라는 두 개의 키워드를 내세워 유신체제를 정당화했다. "급변하는 국제정세와 남북 관계, 그리고 국내 정치 상황에 효과적이고 능동적으로 대처하고자 유신체제가 필요하다"고 주장했다.

박정희 대통령이 특별 선언에서 언급한 국제정세의 변화란 1970년 미국 리처드 닉슨Richard Nixon 대통령의 안보수석이었던 헨리 키신저Henry Kissinger가 중국을 방문했고 이어서 핑퐁 외교라 불리던 스포츠 행사를 통해 미국과 중국이 과거의 적대 관계를 청산하면서 양국 사이에 국교 정상화가 이뤄진 상황을 말하는 것이었다. 특히 1971년 닉슨이 아시아의 안보는 아시아인들이 책임져야 한다며 그 본보기로 한국에서 미군 1개 사단(제2사단)을 철수시키자 사태는 더욱 심각해졌다.

한국전쟁 중 미군과 중공군은 교전 상대였고 그 후 냉전체제에서 미국과 중국은 적대 관계를 유지해왔다. 한국전쟁 이후 남한과 북한도 극도의 적대 관계를 유지해왔다. 그것이 1950—60년대 남북 관계와 미중 관계의 기본구조를 형성해온 상수constants였고 매개 변수parameter였다. 그러나 1970년대 초부터 나타난 일련의 변화는 아시아 지역과 한반도에 큰 충격을 몰고 왔다. 미국과 중국의 국교 정상화와 같은 일련의 사태는 냉전체제하에서 오랫동안 상수였던 요인들이 변수로 바뀌면서 안보 환경을 예측할 수 없게 만들었다. 그런 중요한 변화를 놓고 박정희 정권이 최악의 사태를 단정하고 매우 민감하게 대응하려 한 것은 어느 면 이해할 수 있는 일이었다.

박정희는 특별 선언에서 '급변'하는 국제정치 상황과 안보와 통일 문제에 효율적으로 대응하고자 기존의 헌정 질서를 파기하고 새로운 정치체제인 유신체제로 가게 되었다고 천명했다. 대통령 직선제를 폐지하고, 임기 제한이 없는 간선제로 하며 국회 의석의 3분의 1을 대통령이 지명하는 유신정우회維新政友會(약칭 유정회)에 속하는 의원들로 채운다는 내용이었다. 대통령의 친위대라 할 수 있는 유정회 소속 국회의원과 공화당 소속 의원으로 국회 내 절대다수인 3분의 2 의석을 무조건 유지하도록 만든 것이다.

얼핏 보면 평소 선거에 부정적이었던 박정희가 1971년 대선을 치르는 과정에서 만만치 않던 야당 후보와 대결하면서 대통령 직선제에 대해 심각한 회의를 느낀 것으로 상상할 수 있다. 또한 대선을 치르는 데 따르는 막대한 비용 문제에도 매우 부정적인 견해를 갖고 있었다. 그런 박정희로서는 어떻게든 대통령 직선제라는 부담스러운 제도 자체를 없앨 수 있는 구실을 찾고 있었던 것이다.

의회민주주의 정치제도를 쿠데타로 전복해 집권한 군사정부가 민주정치를 부정하고 그것을 대체할 다른 제도를 찾으려는 것은 이해할 수 있는 일이다. 박정희는 1961년 쿠데타로 집권한 후 쓴 『국가와 혁명과 나』라는 책에서 국회의원을 포함한 정당정치인을 구정치인이라 부르며 '적'이라 규정한 적이 있다. 정치인들을 부정부패의 원천이라고 본 것이다. 당시 군부에는 박정희 이외에도 그런 정치인들의 집합체인 국회는 없는 것이 좋다고 생각한 장성들이 많았다.

5·16쿠데타를 일으킨 박정희는 의회민주주의라는 생소한 제도 대신에 강력한 정부(행정부)가 모든 권력을 집중적으로 행사해 경제개발을 이뤄 부국강병을 달성하는 것이 바람직하다고 생각했다. 그런 목적을 달성하는 데 민주정치라는 제도는 매우 비능률적일 뿐 아니라 한국 국민의 의식 수준에 비춰 적절하지 않다는 것이었다. 그것이 서구 사회에는 맞을지 모르나 한국 사회에는 적합하지 않다고 여긴 박정희는 한국 사회에 맞는 '한국적 민주주의'라는 제도를 구상하고 있었던 것이다.

박정희의 유신체제는 그가 오래전부터 생각했던 '민주정치를 대신할 정권 형태'를 구체적으로 실천에 옮긴 것이나 마찬가지였다. 그러면 왜 1972년이라는 시점에 그런 대규모의 변화를 추진하게 되었느냐는 질문이 생긴다. 여기엔 크게 보아 두 가지 설명이 있을 수 있다.

하나는 1970년대 초의 한국 경제가 당면한 일련의 위기를 중요시하고 그 것이 정치체제에 미칠 영향을 우려해 그런 과격한 변화를 추구했다는 설명이다. 이를 편의상 '구조 체제적 모순론'이라 부르기로 한다.

또 하나는 단순하게 박정희와 그 측근 세력이 정권을 연장하려면 근본적으로 기존의 제도적 테두리를 바꿔야 하기 때문에 기존의 제3공화국 헌법을 백지화하고, 대통령 임기제를 폐지하는 형식으로 영구 집권의 독재정치 질서를 만드는 과격한 조치를 취했다고 보는 것이다. 이를 '제도적 제약론'이라 부르기로 한다. 이 두 가지 설명 외에도 다른 설명들이 있을 수 있다. 그러나 이 두 가지 시각은 유신체제를 이해하는 데 유용한 논거임이 분명하다.

새로운 권위주의의 등장

구조 체제적 모순론으로 보면 박정희 정권이 기존의 체제로는 감당할 수 없는 심각한 구조적 위기에 봉착했기 때문에 유신체제라는 새로운 권위주의 정권을 형성했다는 주장이 가능하다. 그 위기의 본질을 주로 경제구조와 관련이 있다. 이 경우 흔히 인용되는 이론적 시각은 중남미 군부 권위주의 정권의 기원을 논한 소위 'BA 이론'이라고도 불리는 '관료적 권위주의 Bureaucratic Authoritarian 이론'이다.

중남미에서는 1930년대부터 소위 '쿠데타의 회전문'이라는 표현이 나돌 정도로 군부 쿠데타가 빈번하게 일어났다. 한 장성이 이끄는 군대가 쿠데타를 일으켜 얼마간 집권하다가 부정부패가 도를 넘어서면 다른 장성이 또 다른 쿠데타로 집권하되, 전임자를 해치는 것이 아니라 자신이 실각할 때를 대비해 망명을 허용함으로써 쿠데타가 제도화되는 현상을 보였다. 이런 현상은 중남미에서 1960년대 말까지 지속하다가 그 후부터 소수의 군 장교들이 중심이 된 권력 지향적인 쿠데타가 아니라 신新군부라 불리는 장교 집단이 중심이 된, 보다 과격하고 정치체제 전체를 개편시키는 성격의 쿠데타로 바뀌게 되었다.

그처럼 중남미에서 신군부가 정권을 잡게 된 가장 중요한 원인은 안보에 대한 위기감 때문이었다. 쿠바의 카스트로가 일으킨 공산혁명은 심각한 빈부 격차로 정치적 불안정을 겪는 중남미 국가들의 기존 체제를 위협할 수 있는 요인이었다. 쿠바의 영향으로 중남미 나라들에서는 언제든지 노동 세력을 중심으로 한 자생적인 공산주의 운동이 일어날 가능성이 컸다. 중남미 국가(특히 아르헨티나)에서 일어난 신군부의 정치체제 개편은 이러한 안보 위기에 대항해 촉발한 것이며 새로운 정치체제의 성격은 관료적 권위주의로 나타났다.

이런 주장을 내세운 남미 학자로 아르헨티나 출신의 길레르모 오도넬 Guillermo O' Donnell을 들 수 있다.[1] 오도넬은 관료적 권위주의를 과거의 1인 독재나 소수의 군 장성들이 중심이 된 쿠데타가 아니라, 군부라는 '제도'가 쿠데타를 통해 집권하고, 종전과는 다르게 강하고 능동적이며 높은 수준의 자율성을 지닌 정권이라고 규정한다. 그런 정권은 특히 근대화와 산업화 과정에서 자본주의 경제개발과 깊은 관련을 맺고 있다는 것이다.

오도넬이 주장하는 관료적 권위주의론은 페론Perón이 오랫동안 지배했던 아르헨티나의 경험이 토대가 된 것으로 그는 대중영합주의populism가 강한 중남미 국가에서 그동안 정치적 목적으로 노동 세력을 정치에 깊이 개입하도록 허용했던 정권이, 수입 대체 산업의 단계를 벗어나 수출 지향적인 산업화로 전환하면서, 기존의 지배(자본) 세력의 요구에 따라 강성의 권위주의 정권으로 변하게 되었다고 주장한다.

한마디로 수출 지향적인 산업화 과정에서 자본주의적 경제개발을 계속 추진하려 할 때, 노동 세력과 같은 자본의 적대 세력을 억압하고 통제할 수 있는 강성의 권위주의 정권이 등장한다는 것이다. 군부 전체가 국가를 장악하면서 국가 안보를 강조하고 자본가 계급의 이익을 옹호하며 자본주의 경제체제를 유지하려 한다는 것이다.

중남미에서 군부가 내세운 국가 안보는 주로 쿠바의 공산주의 위협에 대항하기 위한 군사적 조치들을 의미했다. 중남미 국가에서 강성의 군부 권위주의 정권이 등장하게 된 가장 큰 이유는 밖으로는 쿠바 공산주의 정권의 위협과 안으로는 사회주의적 성향이 강한 노동 세력의 위협 때문이라고 할 수 있다.

오도넬의 관료적 권위주의론에 앞서, 이와 비슷한 주장을 한 것은 니코스 플란차스Nicos Poulantzas라는 마르크스주의 이론가였다.[2] 플란차스는 이탈리아에서의 무솔리니 파쇼 정권의 등장을 연구하면서 국가의 형태가 생산양식에 의해 결정되는 것으로 보았다. 생산양식의 단계가 변함에 따라 계급투쟁의 성격에 영향을 미치고 국가 형태의 변화에도 영향을 주게 되어 지배계급의 내부에 갈등이 생겨난다는 것이다. 지배계급 내에서도 가장 핵심적인 세력을 이루는 것은 권력 블록power bloc인데 이 블록의 성격이나 구성에 변화가 생기면서 생산양식까지도 변화를 겪게 된다. 이들 권력 블록은 정치적으로 가장 우위에 있으면서 자본주의의 지배를 확보하고자 권력을 분점하는 집단인데 그들과 지배계급 사이에는 가끔 구체적인 방법을 놓고 갈등을 빚게 되지만 대체로 공동 이익을 추구한다는 것이다.

플란차스는 지배계급 내의 파벌과 권력 블록 밖의 지원 계급들이 어떤 형태로 복합체를 구성하느냐에 따라 국가의 형태가 결정된다고 보았다. 이는 생산양식에 의해 국가 형태가 결정된다는 경제결정론에서 한 발 물러난 것으로 생산양식과 국가 형태, 그 양자 사이에서 '지배계급의 정당성을 둘러싼 계급투쟁이라는 내부적인 매개 변수'가 존재하며 그것이 중간에서 작용해 국가 형태를 결정한다고 보았다.

유신체제의 등장을 설명하는 데 있어서 국내 일부 학자는 네오마르크스주의 논법을 원용해 유신체제를 파쇼 정권으로 규정하기도 했다. 그러나 대다수 학자들은 플란차스의 파쇼 정권 개념보다 오도넬의 관료적 권위주의론을 더 선호하고 있다. 그러나 오도넬의 주장이 유신체제를 설명하는 이론적 시도로 타당성을 지니려면 유신 정권이 등장하기 이전에 중남미에서처럼 정권을 위협할 정도로 심각한 '계급투쟁'이 전개되었다는 근거가 있어야 한다.

한국 사회에도 빈부 격차가 있었고 노동계급으로 불리던 단순 또는 기술직 노동자들이 있었다. 1960년대 후반 산업화가 진척되면서 그런 계층에 속하는 인구가 눈에 띄게 증가했다. 대도시 주변에 건설된 공업단지에는 일자리를 찾아 갈수록 많은 농촌 출신의 단순노동자들이 모여들게 되었다. 대규모 중공업단지의 기업에 취업한 기술직 및 준기술직 노동자들의 수도 늘어났다. 그런 노동집단 내에서 노조를 결성하려는 움직임이 없었던 것은 아니었다. 그러나 그런 움직임이 활발하지도 않았지만 박정희 정권은 사전에 정보기관을 동원해 철저하게 통제하고 감시했다.

1945년 직후의 해방정국에서 나타났던 농민과 노동자들의 정치 활동을 예로 들면서 한국 사회에도 마르크스가 말한 것 같은 계급적인 대립이나 투쟁이 출현하고 있었다는 주장을 하는 사람도 있을 수 있다. 또한 한국전쟁으로 남한에서 공산주의자나 그 동조 세력이 제거되면서 자유당 정권 당시나 그 후 군사 정권하에서 그런 계급투쟁이 표면화될 수 없었지만 1960년대에 이르면서 한국 사회에도 점차로 심각한 계급 갈등이나 투쟁이 등장하기 시작했다고 주장하는 사람도 있다.

그러나 이런 주장을 뒷받침할 수 있는 경험적 사실과 근거는 찾아보기 어렵다. 한국전쟁으로 북한이나 남한은 폐허가 되었고 무無로부터 다시 시작해야 했다. 모두가 가난한 무산자가 된 상황에서 계급적인 대립이 생길 이유도 없었고 전 국민이 원조 물자에 의존해 살던 1950년대는 그런 갈등 현상이 나타날 상황은 아니었다.

그렇다고 한국 사회가 갈등이나 반목이 없는 낙원이었다는 것은 아니다. 인간 사회 어느 곳에서나 볼 수 있는 지역 간의 대립이나 갈등이 있었고 사회 집단 간에도 반목, 질투, 반감이 존재했다. 또한, 종교적인 분쟁도 있었다. 특히 자유당 정권 시절이나 심지어 군사 정권 아래에서도 없앨 수 없었던 선거제도의 시행으로 많은 혼란과 갈등을 가져왔고 부정선거에 항의하는 국민의 항의로 폭동이나 유혈 사태가 빚어진 적도 있었다. 그러나 그것은 '계급투쟁'과는 거리가 먼 것들이었다.

5·16쿠데타로 집권한 박정희 정권을 반대했던 세력은 농민계급도 아니고 더구나 노동계급도 아니었다. 그런 계급들은 정치화되지도 않았고 조직화되지도 않았다. 오히려 군사 정권이 수립된 후 계속해서 그 정권이 통제 대상으로 삼았던 세력은 '자유민주주의'로의 복귀를 주장하던 다양한 사회적 배경을 지녔던 세력이었다. 그 세력은 군사 정권을 정치적 자유를 억압하는 독재체제라고 규탄했으며 자유민주주의를 부정하는 정권이라고 비난해 왔다. 군사 정권이 볼 때 자기들을 위협하는 대안 세력이 있다면 그것은 자유민주주의라는 이념을 가지고 군사 정권의 정당성에 정면으로 도전하던 재야 세력이었다. 당시의 한국 사회에서 군사 정권에 반대하는 명분으로 내세울 수 있는 이념은 사회주의 이념이 아니라 자유민주주의였다.

따라서 군사 정권하의 정치적 대립 구도는 개발주의를 추구하는 군사 정권과 '자유민주주의'로의 복귀를 요구하는 자유주의적 세력 사이의 갈등과 균열이 바탕을 이룬 것이었다. 쿠데타 직후부터 형성되었던 그런 대립 구도는 유신체제가 공포되던 1972년 10월까지도 그 본질에 변함이 없었다. 중남미 국가처럼 사회주의 노동운동이 군사 정권을 위협하지도 않았고 도시 중산층이 야당 세력을 적극적으로 지지하면서 군사 정권에 조직적으로 반대하는 움직임을 보인 것도 아니었다. 유신헌법이 공포되던 때 한국에 군사 정권의 존립을 위협할 정도의 심각한 계급적 투쟁이나 갈등은 없었다.

그렇게 본다면 관료적 권위주의론이 내세우는 노동 세력의 정권 위협이라는 가정[3]은 한국의 상황과 일치하지 않는다. 그리고 가정이 틀리면 나오는 결론도 틀릴 수밖에 없다. 사실 중남미 국가를 연구하는 전문가들 사이에서도 오도넬의 이론을 중남미 지역 모든 국가에 적용하는 데 대해 논란이 있으며 아르헨티나의 경우에나 그런 가정이 어느 정도 타당성을 지닐 수 있는 것이 아니냐는 의견이 지배적이다.

한국의 일부 학자들이 유신체제의 등장 원인으로 산업화의 심화, 경제적 위기와 급증하는 노동 집단들의 임금 인상 요구 등을 들고 있지만, 제3공화국의 박정희 정권은 이런 문제들을 다룰 수 있는 충분한 권력과 매우 효율적인 '통제 수단'을 갖추고 있었기에 설득력이 떨어진다. 산업 심화 정책도 박정희 정권이 충분히 추진할 수 있는 정책적 과제에 불과했으며 그것 때문에 박정희 정권이 제3공화국을 대신해 반드시 유신체제라는 정권을 수립할 필요가 있었느냐 하는 것은 여전히 의문이다.

결론적으로 유신체제의 등장 원인을 중남미의 경험에 바탕을 둔 '관료적 권위주의 정권' 모델을 들어 설명하는 것은 설득력이 없다. 그런 정권의 등장 원인으로 작용했다는 정권 위협적인 요소들은 유신체제 등장 당시의 한국에는 존재하지 않았다. 일부 노동 세력이 지하운동을 전개하고 있었지만, 그것이 대규모로 표면화되어 정권을 위협할 만한 것은 아니었다. 박정희 정권은 그런 조직의 움직임을 충분히 제어할 만한 능력과 통제 수단을 가진 정권이었다. 노동 세력의 위협 때문에 박정희 정권 스스로 유산체제로 변신까지 해가며 과잉 대응해야 할 이유가 없었다.

그럼에도 일부 학자들이 관료적 권위주의 정권 개념을 가지고 유신체제의 등장 원인을 규명하려 한 것은 이 개념이 1980년대에 상당한 논란을 불러일으켰기 때문이다. 당시는 미국과 유럽의 사회과학계에 '네오마르크스주의'에서 파생한 여러 주장이 나타나 학자들의 관심을 끌었고 경제 현상이 정치 현상에 미치는 영향에 대한 연구가 활발한 시기였다. 네오마르크스주의가 선풍적인 인기를 끌었던 시기이기도 했다.

한국의 일부 사회과학자들은 한국전쟁 후 한국 사회과학계를 주도해온 미국 사회과학의 주류 이론이었던 기능주의나 다원주의적 시각을 반영한 경제와 정치 이론에 대해 싫증이 났고 그것을 비판적으로 보려는 성향을 지니고 있었다. 그런 미국 사회과학의 이론들이 매우 정태적이고 계급 이론을 부정하는 보수적인 이론이라고 보는 사람도 있었다.

많은 학자가 미국 사회과학 이론보다 마르크스주의나 네오마르크스주의가 동태적일 뿐 아니라 후진국 사회의 문제를 더 정확히 분석할 수 있다고 믿었고, 아르헨티나 출신의 오도넬이 중남미의 정치 변화를 다루면서 근대화 이론이 지닌 다원주의적 접근 방식을 비판하고 그 대안으로 관료적 권위주의론을 주장하자 한국의 사회과학자들은 이에 많은 관심을 보였다.

따져보면 경제와 정치의 관계를 논할 때 그것을 가장 단순하면서도 설득력 있게 주장하는 것은 마르크스의 경제결정론이다. 자본주의 경제의 모순을 부각시킨 그의 이론에서 경제는 주主고 정치는 종從이다. 정치권력은 자본주의 지배 블록의 이익을 옹호하기 위한 집행위원회executive committee라는 주장이다. 그런 마르크스 이론을 세련화한 수정론들이 난무하던 1980년대에 정치학을 다루는 사람들로서는 정치권력이라는 요소가 지닌 엄청난 능력과 그것을 행사할 때 얻어지는 '무한량의 가치를 추구하는 현상'으로서의 정치나 정치권력 자체에 대한 관찰을 소홀히 하기 쉬웠다. 잘못하면 경제가 정치를 전적으로 좌우하는 것처럼 착각을 일으킬 수도 있었다.

그처럼 경제적 차원을 중요하게 여기다 보니 관료적 권위주의 개념을 가지고 유신체제의 등장을 설명하는 과정에서 박정희 정권이 개발주의 국가의 공업화를 한 단계 심화시키고자 유신체제라는 독재체제를 창출하게 되었다는 주장이 나오게 된 것이다. 경제적 변수를 주로 다루면서 유신체제라는 정치적 변화를 종적 변수로 설명하려는 것이다. 한국의 일부 학자가 그런 주장을 받아들인 것은 관료적 권위주의론 속에 담겨 있는 진보적 성향에 대한 매혹 때문이었다는 추측도 가능하다. 그러나 이데올로기 지향적인 주장이 언제나 객관성과 현실성을 지니는 것은 아니다. 유신체제 등장에 대한 이데올로기 지향적인 설명은 이데올로기가 아니라 객관적인 연구에 의해 엄밀하게 검증되어야 한다.

관료적 권위주의론을 원용해 한국의 유신체제의 등장을 산업화의 심화 단계에서 파생되는 계급적 갈등을 억누르기 위한 대응책으로 설명하기보다 대통령의 임기 제한과 특히 직선제라는 선거 방식이 박정희 정권에 준 제도적 제약을 원천적으로 제거하려는 시도가 곧 유신체제의 등장으로 나타났다고 보는 접근이 있을 수 있다. 그것을 '제도적 제약론' 이라 부르기로 한다.

앞에서 지적했듯이 5·16쿠데타 이후 남한 내에서 박정희 정권에 정면으로 도전해온 세력은 자유민주주의의 회복을 요구하는 야당 정치인과 지식인 그리고 그들을 지지하는 시민과 학생 세력이었다. 그중에서도 재야로 불리던 세력이 야당보다 더 강력하게 군사 정권을 비판하고 반대하고 있었다. 재야라는 용어는 마치 정부를 전복하는 것도 불사하는 과격한 반정부 세력처럼 들리나 사실은 그렇게 과격한 세력은 아니었다. 재야 세력 속에는 정치인들만 아니라 소수이지만 종교 지도자도 가담하고 있었고 정권의 탄압을 받아 해직당한 대학교수들도 있었다. 그런 세력은 군부 권위주의 정권인 박정희 정권의 유일한 비판 세력이었고 그들은 군사 정권의 대안으로 민주 정권을 내세우고 있었다. 그들의 요구는 박정희 정권에 매우 부담스러운 것이었다.

미국정부도 공식적으로는 "한국이 민주주의의 표본이자 진열장" 이 되기를 바랐다. 미국의 언론이나 일부 정치인들은 1969년에 박정희 정권이 3선개헌을 강행하자 박정희 정권의 장기 집권을 우려하고 있었으며 민주화 운동을 전개하던 한국 내의 재야나 야당에 간접적으로 지원하려는 움직임을 나타냈다.

그런 자유민주주의자들이나 미국의 여론이 부담스럽기는 했지만 박정희 정권은 그런 세력으로부터 위협을 느낄 정도로 약한 정권은 아니었다. 자유민주주의자들의 위협은 어디까지나 도덕적moral인 것이었다. 대부분이 종교인이거나 지식인이며 모럴리스트moralist의 성격이 짙었던 재야 세력은 박정희 정권을 폭력으로 장악한 정권이고, 3선 개헌이라는 비도덕적이고 불법적인 방법으로 권력을 연장하고 있는 '부도덕한 정권'이라고 규탄했다. 재야 세력이 내세우는 도덕적 비난과 반대는 냉혹하고 폭력 의존적인 정치 권력 앞에서 매우 무력한 것이었다.

그 비판이 무력한 것이었지만 그럼에도 박정희 정권의 집권 세력에는 상당히 부담스러운 것이었다. 1971년 대통령 선거를 전후해 박정희와 그의 측근 세력에게 가장 부담스러웠던 것은 자유민주주의자들의 비판이나 반대가 아니었다. 그것은 4년 후 대통령을 또다시 직선으로 선출해야 한다는 헌법적인 제약이었다. 바로 대통령 직선제였다.[4] 그 제도가 경제개발의 지속적인 추진을 위해서도 집권을 계속해야 한다고 생각하던 박정희와 그의 측근 세력에게는 커다란 걸림돌이었다.

1963년과 1967년에 이어, 연임을 제한한 헌법을 고쳐 3선 개헌을 억지로 강행한 끝에 세 번째로 1971년 대통령 선거에 나서기는 했지만, 박정희는 장충단공원 유세에서 '이번이 마지막'이라고 읍소하다시피 하면서 유권자에게 지지를 호소해야만 했다. 다시는 나오지 않겠다고 약속한 것이다. 대중 앞에서 공개적으로 3선 대통령으로서의 임기가 끝나는 1975년까지만 대통령직을 맡겠다고 약속한 것이나 다름 없었다. 그의 약속에 대해 많은 사람은 반신반의半信半疑하는 듯한 눈치였다. 그동안 여러 정권한테 속아왔던 국민의 당연한 반응이었다.

지금까지 나온 자료들에 의하면 박정희 정권의 핵심 세력은 대통령 선거를 치른 1년 후인 1972년 5월경부터 이미 궁정동 안가安家에서 극비리에 유신체제 출범을 위한 준비 작업을 진행했다고 한다. 다시는 선거라는 제도적 제약과 굴레에 얽매이지 않고 정권을 유지해가는 방안을 찾은 끝에 나온 해답은 민주정치제도로서의 선거, 그것도 국민이 직접 대통령을 뽑는 직선제라는 제도를 없애는 길뿐이었다.[5]

유신헌법이 공포되자 외신에서는 '헌법의 보링constitutional overhauling'[6]

이라는 표현을 썼다. '보링'이란 자동차를 수리할 때 쓰는 말로 엔진 전체를 뜯어고치는 경우를 말한다. 헌법은 한 국가의 통치 기구(제도)들의 권한과 기능을 명시한 최고 문서이다. 한 국가를 거대한 기계로 비유한다면 헌법은 그런 기계들의 전체적인 구성 양식과 기능들을 설명한 청사진이라 할 수 있다.

유신헌법은 3공화국 출범 당시 제정한 헌법(청사진)을 백지화하면서 새로운 청사진을 가지고 새로운 기계(제도)를 만들어낸 격이다. 그 청사진의 기초 원리가 되는 정치 질서의 성격은 민주정치와는 다른 것이었다.[7] 민주적인 청사진은 경쟁과 권력분립의 원칙을 바탕으로 한 것이지만 유신헌법이라는 청사진은 그런 요소들을 완전히 배제한 것이었다. 정치권력이 대통령에게만 집중되고 정권을 위협하는 야당이라는 경쟁 상대의 정권 쟁취 가능성을 원천적으로 막아버린 청사진이었다.

그런 청사진을 가진 정치체제를 만들어내면서 박정희 정권이 내세운 이유는 '국가 안보'였다. "급변하는 국제정세와 남북 관계, 그리고 국내 정치 상황에 효율적이고 능동적으로 대처하려는 조치"로써 유신체제 같은 정치체제가 필요하다는 주장이었다. 그런데 박정희가 말한 급변하는 국제정세와 남북 관계, 그리고 국내 정치 상황이란 제3공화국이라는 기존의 정권 구조 또는 정치체제로써는 도저히 다룰 수 없을 정도로 긴박하고 어려운 과제였던가 하는 것은 논란의 여지가 많다.

그가 말한 '급변하는 국제정세'란 사실 한국을 크게 위협할 정도로 심각한 것은 아니었다. 오히려 다른 시각에서 본다면 이러한 변화가 아시아에 평화를 가져올 수 있는 긍정적인 진전일 수도 있었다. 미국과 중국의 국교 정상화는 세계가 놀란 만한 매우 극적이고 획기적인 변화였으나 그 결과 미국과 중국이 조성한 긴장 관계가 해소됨으로써 아시아 지역에 안정과 평화를 가져오는 데 크게 이바지할 수도 있었다. 더구나 월남전의 종식은 당장은 그동안 한국이 누려온 월남 특수特需라는 혜택을 상실할 수는 있지만 전쟁으로 막대한 자원과 인력을 소모해온 미국의 국가 이익으로 보나 아시아 지역

의 평화를 위해서는 바람직한 일이었다.[8]

그러나 박정희 정권의 핵심 세력은 그런 변화를 긍정적으로 보기보다는 '최악의 상태'로 받아들였고 그런 시각에서 변화에 대응하려고 했다. 그리고 미국과 중국의 관계 개선과 주한 미군 철수라는 새로운 사태 전개 속에서 불안해하는 국민을 향해 유신과 같은 강력한 체제만이 한국이 직면한 안보 상황에 적절히 대응할 수 있다는 주장을 내세우게 된 것이다. 동아시아 지역에서의 정치 군사적 변동을 한국의 안보체제의 위협 요인으로 규정하면서 장기 집권을 위한 체제 변화를 추구한 것이다.

이러한 대대적인 체제 개편 또는 혁신을 극비리에 추진했다는 사실만 봐도 유신체제의 등장 원인을 박정희와 그의 최측근 세력이 추구한 정권 연장이라는 맥락 속에서 파악하는 것이 타당하다는 생각이다. 유신체제 구상은 군부나 재계를 포함한 지배 집단의 동의나 합의를 거치거나 반영한 것이 아니었다. 그 당시의 상황이 지배 집단의 생존을 위협할 정도로 심각한 위기 상황이었다면 박정희 정권은 국무총리인 김종필을 그런 계획 수립 과정에서 배제할 필요가 없었을 것이다.[9] 오히려 그를 비롯한 지배 집단의 광범한 지지와 동의를 규합해 지지 세력을 확보하면서 유신체제를 계획하고 추진했을 것이다. 그러나 박정희는 그렇게 하지 않았다. 그렇게 할 만큼 뚜렷한 명분이 없었기 때문이었으며 그런 계획이 알려질 경우의 반대를 우려했기 때문이었다.

결국, 박정희는 극소수의 인원으로 구성된 팀에게 5개월 동안 극비리에 작업을 시킨 후 유신헌법을 공포하면서 어떤 반대도 허용하지 않은 채 그 체제를 국민에게 일방적으로 강요한 것이다. 유신체제는 출발부터 심각한 정당성 문제를 안고 시작했다.[10] 그 결과 박정희 정권은 1960년대의 고도 경제성장과 수출 규모 세계 12위로의 도약이라는 놀라운 업적에도 불구하고 유신체제 7년(1972–79)간의 집권 동안 끊임없는 반대와 저항에 부딪히게 되었다.

정치 없는 정치체제의 맹점

유신체제는 체제에 반대하는 어떤 세력도 인정하지 않았다. 유신헌법을 공포하면서 그 헌법 내용에 대해 찬반 의견을 논하지 못하도록 했다. 야당은 그것을 '궁정宮廷 쿠데타'라며 비난했고 야당 지도층 일부가 타협[11]을 주장했지만 대부분 야당 정치인은 유신 정권과의 협조를 거부했다. 유신체제가 계속되는 한 야당이 선거라는 평화적인 절차를 밟아 정권을 장악하는 길은 완전히 막혀버린 것이나 다름 없었다.

과거 제3공화국이라고 불린 공화당 정권(1964-1972) 시절에도 국회에서 야당은 한 번도 다수 의석을 차지한 적이 없었다. 그런데 50명에 가까운 유정회 의원이라는 간선 의원들이 국회의원 수의 3분의 1을 차지하면서 공화당 의원을 합친 여권의 의석수는 전체 의석의 3분의 2가 넘는 절대다수를 이루게 되었다. 야당 의원은 열세를 면치 못하게 되었다. 모든 법안은 여당에 의해 일방적으로 처리되었다. 그 법안들은 전부가 행정부 측에서 제출한 법안들이었다. 당시 항간에 떠돈 말처럼, 행정은 있으나 정치는 없었다.

유신체제는 '통일주체국민회의'라는 헌법 기구를 만들어 그것이 국회보다 더 국민을 대표하는 주권 기관인 것처럼 꾸몄다. 대통령을 선출하는 기관이기 때문이었다. 그러나 통일주체국민회의는 입법기관은 아니었다. 국회라는 입법기관은 그대로 유지해야만 했다. 만일 통일주체국민회의를 국회처럼 대의기관으로 만들었다면 그것은 북한의 인민대표회의라는 허구적인 입법 기구를 모방한 셈이 되는 것이다. 그러나 통일주체국민회의는 7년마다 새로 대통령을 선출할 때에 소집되는 형식적인 기구라는 점에서 북한의 인민대표회의와 매우 흡사한 점이 있었다.

대통령의 선출을 통한 정권 교체의 기회를 허용하는 선거제도를 뜯어고치고 자유로운 선거를 원천적으로 봉쇄한 유신체제는 정치를 최소화하는 대신 경제를 극대화한다는 방향을 선택했다. 유신체제는 "경제 제일주의"와 "능률의 극대화"라는 구호를 내세우면서 경제개발을 능률적으로 뒷받침하는 것을 지상 목표로 삼았다. 그리고 그런 정권의 목표에 반대하거나 비판하는 것을 반국가적인 행위로 여겼다.

그러나 사람은 빵 만으로만 사는 것이 아니다. 그리고 그 사실을 가장 절감한 사람들이 종교인을 포함 지식인층이었다고 할 수 있다. 다양한 '갈등'이 산재한 한국 사회에서 갈등을 평화적으로 해결할 방법을 찾기보다 그것을 제압하고 억제하려는 유신체제에 대해 맨 먼저 반기를 들고 나온 것은 기성 정당으로서의 야당이 아니라 재야라 불리던 일부 지식인층과 종교 지도자들이었다. 이들은 주로 인권 문제를 중요시하며 자유주의적 사고를 지닌 세력이었다.[12]

한편, 유신체제가 들어서면서 그전의 공화당 정권 시절부터 온갖 특혜를 받아 성장해온 재벌 소수에 대한 비판의 소리가 높아졌다. 특히 대기업의 경영진과 근로자 사이에 임금을 둘러싼 갈등이 표출되고 있었다. 평화시장의 극악한 근로 조건하에서 저임금으로 시달리던 근로자들의 불만이 전태일 분신 사건과 같은 극한 형식으로 분출되면서 노사 간의 갈등이 심각한 사회 정치적 문제로 드러나고 있었다. 유신 정권의 지도층은 노사 문제를 양자 간 이해관계의 조절을 통해 해결하려 하기보다 가부장家父長적이고 '온정주의적' 방식으로 노사 간의 갈등을 없애고자 했다. 물론 그 방법에는 한계가 있었다.

유신체제는 정보 조직과 강권 조직에의 의존한 채 공화당이라는 정당과 유정회라는 정치적 친위대가 국회를 상징적인 기구로 유지하면서 체제 반대 세력을 제어하고 억압했던 정권이었다. 이것은 바로 여러 이론가가 말하는 '권위주의 정권'이 지닌 공통된 특징이기도 하다.

그래서 유신 정권은 북한의 김일성이 이끄는 전체주의 정권에 맞서고자 고안考案해낸 또다른 권위주의적 정권이라는 해석도 나올 수 있다. 그런 정권을 일부 재야 세력은 우익 전체주의 체제인 과거 이탈리아의 '파시스트 정권'과 같은 것으로 규정하기도 했으나 엄격히 따져서 유신체제는 과거 이탈리아의 파시스트체제처럼 정교하고 체계적인 이념을 가진 정권은 아니었다.

또한, 유신체제는 네오마르크스주의자들이 주장하는 것처럼 자본가 계급을 옹호하는 것을 최대 목표로 삼아 거대한 지배 블록을 형성한 파시스트 정권도 아니었다. 그런 전체주의적 특징을 가진 체제들에 비하면 유신 정권은 비교적 단순한 독재적 성격의 지배체제였다고 하겠다. 군부를 포함한 관료조직과 국회를 중심으로 한 여권 정치 세력의 지지와 중앙정보부와 보안사 그리고 사법 및 경찰 같은 강권 조직을 지배 도구와 수단으로 삼아 반대 세력을 미리 제거하거나 약화시키면서 권력을 유지하고 연장한 지배체제였다.

경제 발전을 연구하는 학자들은 경제성장과 정치체제와의 관계를 논하면서 과거 역사를 볼 때 독재적인 성격을 지닌 국가가 빠른 고도 성장을 이룩한 예로서 스탈린 치하의 소련과 히틀러 치하의 나치 독일과 무솔리니 치하의 이탈리아를 든다. 그리고 군부가 집권해 전쟁 준비에 전력을 다했던 1930년대 일본을 같은 경우로 보고 있다. 확실히 그 국가들은 모두가 독재체제하에서 공업화를 추진해 고도 성장을 이룩하면서 대외적인 침략 행위를 저지른 국가들이었다. 그래서 정치체제의 성격과 경제 발전 속도 사이에 어떤 상관 관계가 있다는 주장을 내세우기도 했다.

이런 주장을 하나의 가설로 인정한다면 한국의 유신체제는 그 가설을 뒷받침하는 하나의 예가 될 수 있다. 사실 유신체제는 유신헌법 선포 2년 후인 1974년에 8.5%라는 높은 경제성장률을 달성함으로써 그 체제가 경제적인 면에서 매우 능률적인 정권임을 입증했다. 그리고 제3차 경제개발 5개년 계획이 끝난 1976년에 13.4%를, 그리고 유신 정권 말기인 1978년에도 11.0%라는 높은 경제성장률을 달성했다. 권위주의적인 정권일수록 빠른 속도로 성장을 이룩할 가능성이 크다는 가설이 뒷받침된 것이다.

수출 주도적 공업화와 특히 중화학 중심의 공업화를 추진했던 유신체제하에서 한국은 경제적으로 중진국의 대열에 낄 수 있게 되었으며 무역량도 세계 12위라는 서열을 점하게 될 정도로 고도 성장을 이룩했다. 그러나 그런 변화 과정에서 농촌은 소외되었으며 농촌 경제는 악화일로로 치닫고 있었다. 1970년대에 들어서면서 도시와 농촌의 경제적 격차는 심각한 사회 문제로 나타나기 시작했다. 유신 정권은 그 문제를 풀 방법으로 '새마을운동'이라는 지역 사회 개선 정책을 제시했다.

도농 간의 격차, 빈부의 양극화 현상이 중요 쟁점으로 등장하면서 재벌 중심의 경제 정책과 지역 편중 공업화 정책에 대한 비판이 제기되는 가운데 유신 정권은 대통령의 진두지휘 아래 내무부가 주무 부처가 되어 관료 조직을 통한 전국 규모의 새마을운동을 추진하기 시작했다. 새마을운동은 정권에 불만을 가진 도시민층에 대한 견제 장치로 활용하는 동시에 농촌 인구를 조직화해 정권 지지 세력으로 편입시키기 위한 정치적인 전략을 반영한 것이기도 했다. 그리고 농촌 새마을운동이 성공하면 그것을 도시로 확대하겠다는 것이 유신 정권의 구상이었다. 유신 정권은 새마을운동에 막대한 재정을 아낌없이 투입했다.

그러나 공업화를 통해 놀라울 정도의 경제성장을 달성했고 빈곤에 허덕이던 농촌을 새마을운동으로 개발해 농민에게 미래에 대한 희망과 자활 의지를 불어넣는 데 성공한 유신 정권이, 농촌 인구보다 부유한 생활을 누리고 있던 일부 도시 중산층과 노동자층으로부터 집요한 반대와 저항에 부딪히게 된 이유는 무엇일까? 그리고 얄궂게도 사상 최대의 경제성장률을 기록했던 1976년이 내외적으로 가장 심각한 도전과 반대로 고전한 시기가 된 것은 아이러니였다. 경제가 잘되고 성장률이 지속적으로 증가하면 유신체제에 대한 국민의 지지도도 높아져야 하는데 반대의 현상이 나타난 것이다. '경제제일주의'의 맹점이 점차 선명하게 드러나기 시작한 것이다.

1970년대에 이르면서 한국은 이른바 "한강의 기적"이라 부른 고도의 경제성장을 통해서 빈곤의 악순환을 끊고 농업 후진국에서 수출 위주의 산업국가로 변신했다. 국민의 평균 수입도 1960년대의 80달러에서 1970년대 중반에 이르러서는 2, 3천 달러에 달하게 되었다. 그러나 이러한 경제성장에도 빈부 격차는 여전했고 도시민들 사이에도 빈부 격차 문제는 크게 개선되지 못하고 있었다. 수출 주도형의 산업화를 통해 소수가 막대한 부를 축적할 수 있었던 데 반해 절대다수의 도시민층의 생활 조건은 고도 성장에 상응할 정도로 호전되지 않았다. 그런 가운데 이른바 상대적 박탈감이라는 현상이 도시민의 의식 속에 스며들기 시작했다.

유신 정권이 기대했던 것은 경제성장을 이룩할수록 정권에 대한 국민의 지지도가 높아지리라는 것이었다. 정권의 업적을 가지고 유신이라는 과격한 정변을 일으키게 된 동기를 정당화하겠다는 것이었다. 문제는 얼마나 높은 경제성장을 달성해야 그런 지지 현상이 나타나느냐는 것이다. 아무리 빠른 속도로 경제를 발전시키더라도 다수 국민의 욕구를 만족시킬 정도가 되려면 만만치 않은 시간이 필요한 법이다. 자신의 집권 기간에 그런 목표를 달성하겠다는 것이 박정희의 순수한 의도였다 하더라도 그것은 매우 비현실적인 환상에 불과했다. 경제 제일주의의 맹점이 바로 거기에 있었다.

고도 경제성장의 혜택을 입은 국민의 생활 수준은 1970년대에 이르면서 과거 한국전쟁 직후나 그 후 자유당 시절의 생존 유지 상태subsistence level에서 벗어났다. 그러나 인간은 빵의 문제가 해결되는 순간, 다른 차원의 욕구를 향해 나아가는 존재다. 1970년대 한국 국민은 심리학에서 말하는 자기 평가 욕구나 자기 실현 욕구의 단계에 접어든 상태였다.[13] 물질적 욕구를 넘어서 사회적 욕구와 더 나아가 사회적 평가의 욕구를 갈구하는 단계에 왔을 때, 그것을 정치적으로나 사회적으로 충족시키지 못하면 사람들은 좌절감을 느끼고 그것이 정치적 불만으로 표출된다는 사실을 유신체제는 간과한 것이다.

'정치 없는 정치체제'로서의 유신체제를 창출해 경제성장을 이룬 후 영구집권의 정당성을 인정받으려던 유신 정권은 반대 세력의 정치 활동을 크게 제한했을 뿐 아니라 쿠데타 이후 겨우 명맥을 유지해온 허약한 '시민 사회'

의 활동도 억누르는 조치를 취해왔다. 그런 억압에 가장 민감하게 반발한 것은 대학 공동체를 구성한 학생과 교수, 도시 중산층에 속하는 일부 지식인층이었다.

저들이 유신체제에 반대한 이유는 분명하고 간단했다. 무엇보다 선거라는 민주 절차를 폐지하면서까지 장기 집권을 꾀하는 정권의 정당성이 문제였다. 바로 정권의 도덕성 문제였다. 아무리 국내외 정세가 급하고 안보 태세가 흔들린다 해도 그것만으로 유신체제라는 과격한 체제를 수용하기 어려웠던 것이다. 그뿐만 아니라 일부 지식인층 가운데는 유신 정권에 의해 박탈된 정치적 자유의 회복과 헌정주의로의 복귀를 정면으로 요구하는 세력도 있었다.

정권의 성격이 억압적이고 폭압적이 될수록 그것에 저항하거나 반대하는 세력의 성격도 점점 강성으로 변하게 된다. 공화당 정권처럼 형식적이나마 의회정치를 인정하고 정당정치를 용납하던 시절의 반대 세력은 주로 기성 정당 세력이었다. 물론 기성 정당을 주도하던 야당 지도자 사이에 반대의 정도나 방법을 놓고 갈등이나 대립도 있었다. 그러나 그것은 어디까지나 국회나 그 주변의 정당정치인들 사이의 문제였으며, 때로는 여야 정당 사이에 타협과 협조가 이뤄지기도 했다. 그러나 정당정치가 사라진 유신체제하에선 이러한 방식의 대화와 타협이 있을 수 없었다. 독재 정권과 재야 세력은 한 치의 양보도 없이 유신체제의 정당성 문제를 두고 대립과 투쟁의 길로 나아갔다.

포고령 통치의 한계

유신헌법 공포 후 1년이 지난 1973년 12월, 지식인 사이에 많은 영향력을 가진 월간 잡지 『사상계』의 사장이었던 장준하는 함석헌·김재준·이병린·지학순·김수환 등과 '개헌청원국민운동본부'를 결성하고 본격적인 반유신 투쟁에 나섰다. 그리고 그 운동에 대한 시민의 호응이 높아지자 유신 정권은 주동자와 추종 세력에 대해 강력하게 대응하겠다고 발표했다. 유신 정권과 지식인, 민권운동가, 학생 집단을 포함한 반유신 세력 사이에 정면대결이 시작된 것이다.

개헌을 위한 서명 운동이 활발해지자 유신 정권은 검사 출신의 신직수 중앙정보부장을 시켜 일련의 긴급조치를 공포했다. 개헌 운동이 있은 한 달 후인 1974년 1월 8일, 정권은 긴급조치 1, 2호를 발표했다. 긴급조치 1호는 '유신체제에 대한 어떠한 비판도 불법이며 유신헌법에 대한 개헌 논의도 금지한다'는 것이었다. 긴급조치 2호는 '1호 조치를 위반하는 자는 일반 법원이 아니라 비상 군법회의에서 재판하며 징역 15년 이하에 처한다'는 것이었다. 헌법을 개정하라고 요구한다는 이유로 군법회의에 넘겨 징역 15년에 처한다는 것은 전시 국가에서조차 상상할 수 없는 일이었다.[14] 유신 정권은 법정에서 공정한 재판을 받을 국민의 기본 권리를 박탈했다. 인권을 근본적으로 짓밟은 것이다.

그러나 이 모든 강압적인 조치도 계속되는 유신 반대 세력의 저항을 뿌리뽑는 데 실패했다. 유신 정권이 극단적인 조치로 반대 세력을 제거하려 했지만 그럴수록 반대 세력의 저항도 더욱 격렬해졌다. 폭력과 탄압의 상승 현상이 일어났다. 1974년 1월, 유신 정권은 긴급조치 1호를 적용해 '개헌지지백만인서명운동'을 벌인 장준하와 백기완을 구속했다. 이들은 군법회의에서 최고형인 15년 징역을 선고받았다. 그러나 장준하의 구속으로 긴급조치의 실효는 반감되고 말았다. 장준하를 막고자 마련한 긴급조치였으나 장준하가 구속을 무릅쓰고 개헌 운동을 계속함으로써 긴급조치가 정면 도전을 받은 것이나 마찬가지였기 때문이다.

장준하가 구속된 이틀 후인 1월 17일, 도시산업선교회 소속의 목사 11명이 긴급조치 철회와 유신헌법 폐지를 요구하는 성명을 발표한 후 구속되었다. 이제 장준하의 구속과 이들 목사의 저항으로 긴급조치 1, 2호의 효력은 상실된 것이나 마찬가지였다. 그러나 유신 정권은 유신체제 반대 운동이 학생 조직으로 번져가자 1974년 4월, 긴급조치 4호를 선포했다. 그 내용은 '민청학련' 이라는 반정부 조직에 가담하거나 그 조직이 이끄는 수업 거부, 집회, 농성에 참가하는 자는 5년 이상의 징역에서 최고 사형까지 처한다는 것이었다.

그리고 1975년 4월 8일, 대법원은 긴급조치 4호와 관련된 '민청학련사건' 연루자 36명 중에서 8명에게 사형을, 9명에게 무기징역을 선고했다. 그리고 극비리에 8명을 사형했고 그들의 시신을 가족에게 인계하지도 않았다. 이 사건이 외국에 보도되면서 유신 정권은 국내외적으로 법과 인권을 완전히 짓밟은 혹독한 독재 정권이라는 비난을 받았다.

이처럼 유신 정권이 반대 세력에 무자비한 강권 조치를 취하면서 정권 유지에 급급했던 1975년 4월, 월남전이 종식되었고 라오스가 공산화되었다. 유신 정권으로서는 안보를 빙자해 재야 세력을 탄압하기에 매우 유리한 상황이 전개된 것이다. 그리하여 유신 정권은 1975년 5월, 긴급조치 7호(고려대학교에 무기 휴학조치를 취한 것)를 해제하면서 동시에 지금까지 선포해온 모든 긴급조치 내용을 전부 담은 가장 혹독한 내용의 긴급조치 9호를 공포했다.

긴급조치 9호는 허위 사실을 유포하거나 사실을 왜곡해서 발표하는 일, 유신헌법을 부정, 반대, 왜곡, 비방하거나, 개헌이나 헌법 폐지를 요구, 청원하고자 시위를 하는 일, 그리고 신문 방송 또는 통신을 이용해 그러한 일을 하는 자는 10년 이하의 징역에 처한다는 내용이었다. 게다가 박정희 정권은 9호 조치 위반 행위를 보도하는 것도 금했다.

그런 상황에서 발생한 것이 1976년 3월 1일 명동성당의 삼일절 미사를 이용한 '민주구국선언사건' 이었다. 김대중 · 함석헌 · 정일형 · 이태영 · 문익환 · 서남동 · 안병무 · 이문영 등 개신교 목사와 가톨릭 신부 그리고 재야 인사와 학자들이 참여해 선언문에 서명했다. 월남 공산화 이후 반유신 운동이 어느 정도 소강 상태였던 상황에서 재야 세력이 긴급조치 9호를 정면으로 부정하고 나왔다는 점에서 그 사건이 권력층에 준 충격은 매우 컸다.

김대중 외 11명이 구속 기소되었고 1976년 8월 윤보선과 김대중은 긴급조치 위반으로 8년 징역을 선고받았다. 민주구국선언사건의 배후에는 '민주회복국민대회'라는 조직이 있었으며 이 조직은 김대중과 그 외의 지도급 인사들이 구속된 후에도 그 운동을 점차로 확대해 반체제 운동을 위한 연합체로 발전해나갔다. 그 과정에서 개헌 운동이라는 측면만 아니라 인권 운동이라는 새로운 투쟁 목표가 추가되었으며 국외의 인권 운동 단체와의 연계가 형성되기도 했다. 개신교와 가톨릭의 인권 운동 세력과 민주화 운동 세력이 공동전선을 펴기 시작한 것도 그때에 일어난 중요한 변화였다.

내우외환을 겪는 유신 정권

유신 정권이 수립된 지 3, 4년이 되던 1975-77년경에 나타난 한 가지 특기할 변화는 유신 정권이 국내의 반대 세력뿐만 아니라 국외에서도 신랄한 비판의 대상이 되었다는 사실이다. 민주구국선언사건이 있은 후에도 국내 반유신 세력의 활동은 끊이지 않았고 긴급조치를 위반한 재야 인사와 대학생들이 구속되어 형무소에 갇혔다. 유신 정권은 사실상 '벌거벗은 권력naked power'이라는 말 그대로 반대 세력에 대해 극도의 노골적인 탄압을 가했다.

막강한 정보 조직과 군부의 지원을 받은 유신 정권은 국내의 반대 세력이 아무리 강력하게 저항한다 해도 그들을 제압하기에 충분한 능력을 지니고 있었다. 더구나 국민 대다수가 정권 반대 세력에 적극적으로 가담하기보다 구경꾼처럼 방관적인 태도를 보인 상황에서, 소수에 불과했던 재야와 일부 대학생으로 구성된 반유신 세력이 힘으로 유신 정권을 붕괴시킨다는 것은 상상조차 할 수 없는 일이었다. 오히려 불가능에 가까웠다. 한 정권이 붕괴하거나 대대적인 변화를 겪으려면, 국민의 다수가 가담하는 대규모의 반대 세력이 형성되거나 통치력을 상실할 정도로 집권 엘리트 내부에 심각한 내분이 생겨야 한다.

그러나 어떤 정권이든 국내의 반대 세력과 외부 세력의 압력이 동시에 정권을 압박할 때, 그 정권은 심각한 위기에 직면하게 될 가능성이 크다. 1970년대 후반에 들어서면서 유신 정권은 그와 같은 위기에 직면할 가능성이 커갔다.

유신체제는 특히 1970년대에 한·미·일 외교 관계에 심각한 균열이 나타나기 시작하면서 외부 세력의 커다란 도전에 직면하게 되었다. 유신체제 이전인 1960년대 말까지도 한국과 미국 그리고 일본을 묶는 3국 관계는 비교적 순조롭고 우호적인 상태를 유지하고 있었다. 미국이 월남에서 고전하고 있을 때 한국이 참전해 미국을 돕게 되면서 미국과 박정희 정권과의 관계가 매우 긴밀해졌다.

일본도 사토 에이사쿠佐藤榮作 내각하에서 한국과 국교를 정상화한 후 일본 자본이 남한에 대대적으로 유입되기 시작했으며 남북한 관계에서도 대중국 관계에 적용해온 정경분리 원칙을 내세워 남한에 비하면 소규모이지만 북한과도 비정부 차원의 무역 관계를 유지하고 있었다.

다만, 일본은 한일협정의 정신과 특히 남한을 "한반도에서 유일한 합법적인 정부"로 인정한 1948년 유엔결의안의 취지를 존중해 남한만을 합법적인 정권으로 인정하고 일본의 일부 정치인들, 특히 사회당 소속 의원들의 북한 방문은 허용했지만, 정부 차원에서의 교류는 금지하고 있었다.

그처럼 비교적 순조롭게 유지되어온 한·미·일 관계가 유신체제의 출범 이후 일련의 사건으로 마찰을 겪거나 갈등 관계를 조성하게 되었다. 국내에서의 반대뿐 아니라 동맹국인 미국정부와 우방인 일본정부로부터 항의와 비난을 받게 된 것이다. 그야말로 사면초가와 내우외환의 어려운 처지에 놓이게 되었다.

그 첫 번째 사건이 1973년 일본 도쿄에서 발생한 '김대중 납치사건'이었다. 한국의 중앙정보부 요원들에 의해 자행된 이 사건의 정확한 전모는 알려지지 않고 있으나 당시 정황이나 근래에 나온 자료들은 그것이 박정희 대통령과 이후락 중앙정보부장의 지시로 추진되었음을 보여주고 있다. 1971년 대통령 선거에서 강력한 야당 후보로 등장했던 김대중은 1972년 10월 유신헌법이 공포되던 당시 미국에 체류 중이었으나 귀국하지 않고 미국과 일본을 왕래하면서 반유신 운동의 지도자로 활약하고 있었다. 1973년도에는 주로 일본에 머무르면서 반유신 운동의 거점을 마련하는 일에 주력하고 있었다. 그 김대중이 1973년 8월 8일, 도쿄의 호텔에서 납치된 후 6일 후에 서울의 자택 문 앞에 내동댕이친 상태로 돌아오게 된 것이다.

사건이 보도되면서 일본정부는 납치 사건이 일본의 출입국법을 무시한 행위이며 일본의 주권을 침해한 것이라고 강력히 항의했다. 일본의 야당이나 언론은 납치범들이 일본 국토를 빠져나가기까지 그것을 탐지하지 못한 일본의 사정 당국도 신랄하게 비판했다.

궁지에 몰린 일본정부는 공격의 화살을 한국에 돌렸으며 외교 통로를 통해 조속히 납치범을 체포해 일본정부에 인도해달라고 요청했으나 한국정부는 그 사건에 개입한 바 없다는 이유로 일본정부의 요구를 일축했다. 납치사건으로 한일 관계는 1965년 국교 정상화 이래 최악의 상태에 빠지게 되었다. 그러나 사태가 악화하자 한국은 김종필을 일본에 특사로 보내 사과하도록 했고 재일 한국대사관 소속의 한 직원을 납치범으로 지목해 서울로 소환, 구속하여 사태를 수습하려 했다.

김대중 납치사건은 일본 국민 사이에 한국의 유신 정권이 목적을 달성하려면 수단 방법을 가리지 않는 무법적이고 무모한 정권이라는 이미지를 심어놓았다. 그러지 않아도 오랫동안 반한反韓 운동과 일본 내 정치 활동에 종사해온 조총련朝總聯을 비롯한 재일 친북 세력에게 납치 사건은 남한을 비방하고 공격하기에 더할 나위 없이 좋은 거리를 제공해준 셈이었다. 일본 내에 한국정부에 대한 비판 여론이 높아지자 일본정부는 한일 국교 정상화 이후 매년 정기적으로 개최해온 한일의원연맹과 한일장관회의를 무기 연기했다.

김대중 납치사건으로 냉각된 한일 관계는 납치 사건 1년 후인 1974년 8월 15일, 서울의 국립극장에서 열린 독립기념일 행사장에서 재일교포인 문세광이 쏜 총탄에 대통령 부인 육영수가 맞아 사망하는 사건이 발생하면서 정부 일각에서 공공연히 한일 국교 단절을 주장할 정도로 악화일로를 걷게 되었다.

그동안 김대중 납치사건으로 일본정부의 거친 항의와 압력을 받아왔던 박정희 정권은 문세광 저격 사건으로 외교적 반격을 시작했다. 박정희 정권은 문세광이 재일교포라는 사실을 들어 일본정부가 그의 암살 계획을 미리 저지하는 데 실패했으며 그의 암살 시도에 대한 정보를 한국정부와 교환하는 일에도 불성실했다는 점을 들어 일본정부를 비난하고 일본 측의 공식 사과를 요구했다.

한일 관계가 충돌을 겪을 정도로 악화했을 때 그 중간에서 사태 수습에 나선 것은 미국이었다. 미국정부는 주일 및 주한대사관을 통해 미국의 두 우방국이 심각한 갈등 관계에 빠져드는 데 대해 우려를 나타내면서 협박과 회유로 양국이 화해하도록 노력했다.[15] 미국의 중재 결과로 일본정부는 한국에 특사를 보내 한국정부에 공식으로 사과했다.

1974년 12월 다나카 가쿠에이田中角榮 일본 총리가 이른바 록히드 로비 사건으로 총리직에서 물러나고, 미키 다케오三木武夫가 차기 총리가 되면서 일본은 한일 국교 정상화 이후 유지해온 '하나의 한국 정책'에서 남북한을 대상으로 하는 '한반도 정책'이라는 새로운 정책으로 전환하게 되었다. 이것은 일본이 북한과 비정부 차원의 무역만 아니라 필요하면 일본의 정치인들이 북한을 자유롭게 왕래할 수 있게 하려는 의도를 담은 것이었다.

정계에서 청렴한 정치인으로 알려졌고 비교적 진보 성향이었던 미키 총리가 김대중 납치사건으로 확대된 일본 내의 반한(또는 반남한) 감정을 의식하면서 그와 같은 정책 전환을 주도하게 된 것이다. 그 저변에는 한국정부를 신뢰할 수 없으며 한반도의 긴장 상태를 살필 때 남한만 아니라 북한과도 관계를 개선할 필요가 있다는 정책적 입장도 있었다. 그런 이유 때문인지 미키 수상은 재직 중 한 번도 한국을 방문한 일이 없었다. 한일 관계는 국교 정상화 이후 가장 냉담한 상태에 빠지게 되었다. 모두가 김대중 납치사건에서 비롯된 결과였다.

미키 정부는 한반도 정책을 추진하면서 미국과 협력 아래 남북한의 유엔 동시 가입, 휴전 협정을 새로운 국제적 평화 협정으로 대치하는 일 등을 제안했으나 별 성과를 거두지 못한 채 재직 2년 만인 1976년 12월 총리직에서 물러났다. 친한파로 알려진 후임 후쿠다 다케오福田武夫 총리는 납치사건과 저격사건으로 악화한 한일 관계를 우호적으로 되돌리기 위한 노력을 취했으며, 한국정부 역시 그런 후쿠다의 입지를 지원하고자 여러 대응 조치를 취하기도 했다. 그런 조치의 하나로 박정희 정권은 간첩 혐의를 받고 복역 중이던 일본인 3명을 석방하기도 했다.

김대중 납치사건이 한일 관계에 미친 영향은 컸다. 그것은 국내나 국외에서 민주화 운동을 전개하던 세력에게 유신 정권의 정체를 분명히 알게 한 사건이기도 했다. 그리고 그동안 유신 정권에 대해 중립적인 입장을 취해왔던 미국정부의 고위 관료와 언론이 김대중 납치사건을 계기로 유신 정권의 가혹한 인권 탄압을 문제 삼기 시작했다. 유신 정권에 대한 국제적 평판이 점차 부정적으로 선회하기 시작한 것이다. 그런 부정적인 국제적 평판을 악화시키는 데 결정적으로 작용한 사건이 바로 1976년 10월에 일어난 코리아게이트Korea-gate사건이었다.

납치 사건으로 불편한 관계에 빠졌던 한일 관계가 호전되면서 양국의 의원으로 구성된 한일의원연맹이 다시 교류를 재개하기 시작한 지 얼마 후, 이번에는 박동선이 미 의회 의원과 정부 요인을 대상으로 합법적으로 등록된 로비스트로서가 아니라 개인 신분으로 한국정부를 위한 로비 활동을 전개해왔음이 드러나 박동선에 대한 구속영장이 발부되었다.[16]

박동선은 1950년대에 미국으로 유학 갔던 사람으로 워싱턴에 있는 조지타운대학을 마친 후 워싱턴 근교에 있는 조지타운이라는 고급주택과 고급 사교 클럽들이 밀집해 있는 지역에서 술집을 운영하면서 미국의 정계 요인들과 개인적 친분을 쌓아갔다. 이른바 미국의 상류사회에 침투하려 한 것이다. 박동선은 조지타운대학에서 수학하던 시절에 당시 주미 대사였던 정일권 대사와도 친분을 맺었고 한국대사관의 중앙정보부 파견 직원들과도 가까이 지내고 있었다. 당시 정일권 주미 대사의 주변에는 후에 한국 정계에서 활약한 한국 유학생들이 여러 명 있었다.[17] 박동선도 그런 유학생 중의 한 명이었다.

박동선은 정일권 대사가 국무총리로 지명돼 귀국하자 양국 정부 관리들과의 친분을 이용해 한국정부로부터 미국 쌀의 수입 대리인agent 권리를 얻어냈다. 당시 한국은 미국 쌀을 대량 수입했기에 박동선이 중간에서 받은 리베이트의 액수도 매우 컸다. 박동선은 그 돈 일부를 미 의회 의원을 한국에 초청해 유신체제에 대한 지지 성명을 내도록 하는 일에 썼고 한국인 부인을 둔 전 미 하원의장에게 비싼 선물을 하기도 했다.

그런 박동선의 로비 활동을 미국 사법 기관이 포착해 구속영장을 발부하자 박동선은 한동안 자취를 감추고 있다가 얼마 후 서울에 나타났다. 미국정부는 한국정부에 박동선의 범인 인도를 요구했으나 한국정부는 박동선이 한국인이라는 이유로 그 요구를 거부했다. 그 후 오랜 협상 끝에 1977년 4월, 박동선은 로비 활동의 전모를 사실대로 밝힌다면 실형을 면제하겠다는 미국 검찰의 제안을 받아들여 미국으로 돌아가 의회에서 코리아게이트와 관련된 모든 사실을 증언했다.[18]

박동선의 증언으로 그와 함께 일했던 여러 한국인이 미국의 사정 당국에 의해 고발되면서 '코리아게이트'의 전모가 드러났다. 미국 하원은 그 사건을 조사하기 위한 소위원회를 구성했고 소위원회의 활동 내용이 매일 언론에 보도되면서 미국 내의 한국 중앙정보부 직원들의 활동상도 상세히 드러나게 되었다. 더구나 미국에 거주하는 한국인에 대해 한국 정보부 직원들이 감시와 협박을 가하고 있다는 사실이 보도되면서 그 배후에 있는 유신 정권에 대한 비난의 목소리도 높아졌다.

뜻하지 않은 사태 전개로 크게 당황하게 된 유신 정권은 주미 한국대사를 교체하기로 하고 사건에 연루된 중앙정보부 직원들을 소환했다. 그리고 미국의 언론과 미국 의회를 상대로 유신체제의 정당성을 설득시킬 수 있는 인물로 당시 청와대 대통령 특보로 있던 함병춘 연세대 교수를 주미 대사로 임명했다.

함병춘 대사의 많은 노력에도 한미 관계는 쉽게 회복되지 않았고 미국 언론은 계속 한국정부를 공격하는 기사를 실었다. 유신 정권에 대한 미국의 여론은 날이 갈수록 나빠졌다. 그런 상황에서 박동선 사건이 터진 지 한 달 후인 1976년 11월, 민주당의 지미 카터Jimmy Carter가 새로운 미국 대통령으로 당선되었다.

카터 대통령 당선자는 선거 기간에 이미 주한미군 감축을 선거공약으로 내세웠으며 취임하자마자 국방부에 미군 철수안을 수립하도록 지시했다. 코리아게이트사건은 카터의 철군 결정을 굳히는 데 어느 정도 작용했을 것이다. 또한, 카터 당선자는 인권 문제를 미국의 외교 정책에 연계시킨다는 방침을 세우고 국무부 내에 인권 담당 차관보라는 새로운 직책을 마련했다. 미국정부가 명시적으로 인권과 외교를 연계하기로 한 것은 처음이었으며 앞으로 인권을 탄압하는 독재 국가에 대해 외교적으로 간섭하겠다는 뜻이었다. 그리고 외교적 수단으로 미국의 원조 철회를 들고 나왔다. 주한 미군 철수안에서 볼 수 있듯이 유신 정권은 카터 정부의 그런 새로운 외교 정책의 시금석이 된 것이다.

카터 행정부의 미군 철수안에 대해 크게 반발한 유신 정권은 모든 수단을 동원해 철수안을 저지하고자 로비 활동을 벌였다. 특히 과거에 한국에 근무한 적이 있던 미군 예비역 장성들이 로비 대상이 되었고 그들은 직접 국방부를 대상으로 한국정부를 위한 로비 활동을 했다. 결국, 철수안을 철회시키기 위한 한국과 미국의 여러 세력의 활동으로 카터는 주한 미군 철수를 당분간 연기하기로 결정했다. 그러나 카터 정부는 인권 문제를 거론하면서 유신 정권에 대해 국내외의 정권 반대 세력에 대한 정치적 탄압을 중지하라고 집요하게 요구했다. 카터 행정부는 사이러스 밴스Cyrus Vance 미 국무장관의 방한 시에 반유신 운동이나 인권 운동으로 수용 중인 수천 명의 이름이 적힌 명단을 한국정부에 제시하면서 그들의 사면을 촉구하기도 했다.

카터 정부는 유신 정권이 아무런 견제도 받지 않는 강권 정치체제로 변모하는 것에 대해 크게 우려했다. 특히 한국에 내란이나 심각한 소요 사태가 일어날 가능성에 주목했다. 바로 주한 미군의 안전 때문이었다. 한국 내에 심각한 소요가 발생하면 주한미군은 북쪽과 남쪽 양쪽으로부터 위협을 받을 수 있다는 주장이 나오기 시작했고 미군 철수를 요구하는 여론의 목소리가 높아갔다.

민주화를 요구하는 카터 정부의 태도에 대해 유신 정권은 겉으로 받아들이는 자세를 보였지만 기본적으로 미국의 압력에 반발하고 있었다. 미군의 철수 문제에 대해서도 한편으로는 철수를 막기 위한 로비를 벌였지만 동시에 미군이 철수하면 핵무기를 개발하겠다는 소문을 내며 강경한 분위기를 조성했다. 심지어 일부 고위 관리들이 사적인 자리에서 "미군은 나가려면 나가"라는 식의 언사를 서슴없이 말하는 모습도 보였다. 또한, 인권 문제에 대해서도 미국이나 서구 사회의 인권의 잣대를 한국 같은 개발도상국의 동양 사회에 적용해 비난한다는 것은 부당하다며 강한 반발을 보이기도 했다. 그러나 유엔은 보편적 인권선언에서 인권 문제는 문화적 배경을 초월한 인류 전체의 문제라고 언급한 바 있었다.

한미 관계가 극도로 냉각 상태에 있던 1979년 6월 29일, 미국의 카터 대통령이 한국을 방문했다. 카터 대통령은 서울에 도착해 곧바로 의정부에 있는 미군부대를 방문하고 그 다음 날 청와대가 베푼 만찬에 참석했다. 만찬에서 카터는 한국정부가 현재의 경제 수준에 걸맞는 정치발전을 이룩하기를 바란다는 취지의 인사말을 통해 간접적으로 유신 정권의 인권 탄압을 비판했다. 이에 대해 박정희는 안보 문제와 경제의 중요성을 강조하면서 역시 간접적으로 인권 문제를 내세운 미국정부의 간섭을 비판하는 내용으로 대응했다.

코리아게이트사건을 계기로 한국과 미국이 긴장 관계로 돌아선 것은 매우 심각한 문제였다. 이것은 김대중 납치사건이나 문세광의 저격사건 후 한국과 일본 사이에 있었던 긴장 관계와는 그 성격이 달랐다. 사실 유신 정권을 다루는 미국과 일본정부의 입장은 매우 대조적이었다. 일본은 김대중 납치사건 때나 문세광 저격사건 때 한국정부에 항의하거나 한국정부에 사과함으로써 사태를 수습하려 했다.

일본정부는 한국의 인권 탄압 문제를 거론한 적이 없으며 정치계도 극소수 정치인들을 제외하고는 한국의 민주화 운동을 지원하거나 한국정부의 인권 탄압을 비판하지 않았다. 일본정부나 정계가 한국정부에 대해 비판할 수 없었던 이유는 일본이 한국에 행사할 수 있는 외교적 카드가 없었기 때문이었다. 한국 경제가 일본 경제에 크게 의존하고 있던 것은 사실이나 일본은 정치적 이유로 한국에 경제적 제재를 가할 의도는 없었다. 일본 재계도 그것을 반대했을 것이다.

일본과는 달리 미국정부가 한국정부에 행사할 수 있는 외교적 카드는 많았다고 할 수 있다. 미국은 공식적인 성명으로는 안보와 군사적 이익 때문에 한국과 긴밀한 관계를 유지한다고 했지만, 한국정부에 대해 안보 이외에도 충분한 정치적 또는 경제적 압박 수단을 사용할 수 있었다. 미국은 군사적으로나 경제적으로 세계를 영도하는 최강국의 입장이었으며 유엔이나 다른 국제기구, 예를 들면 세계은행이나 IMF 같은 국제금융기구를 실제로 장악하고 있었기에 미국이 반대하면 한국정부의 처지는 매우 어려워질 수밖에 없는 상황이었다. 카터 행정부의 새로운 외교 정책은 인권과 외교를 연계시킨다는 것이었다. 이것은 주한미군의 철수 문제와 한국의 인권 문제를 연계해 다루겠다는 뜻이었다. 카터 행정부의 출현이 유신 정권을 크게 긴장시킨 것도 그런 이유 때문이었다. 그렇지 않아도 국내의 민주화 운동의 핵심 세력을 효과적으로 탄압해 겨우 정치적 소강상태에 들어가고 있었던 때에, 미국에서 발생한 코리아게이트사건으로 정치적 타격을 받은 유신 정권이 인권 문제를 강조하고 나온 카터 행정부의 등장으로 또 다른 심각한 도전을 맞게 된 것이다. 말 그대로 내우외환을 겪게 된 것이다.

실패로 끝난 유신체제

박정희 대통령이 민주정치의 대안으로 내세우려던 유신체제는 실패하고 말았다. 1961년 5·16쿠데타로 집권한 박정희를 비롯한 많은 군부 지도자는 한국에서 민주정치를 실시하기에 이르다는 사고방식을 공유하고 있었다. 심지어 오랫동안 미국에서 망명 생활을 하면서 미국식 민주정치를 직접 경험했던 이승만까지도 주한 미국대사에게 "한국에 민주정치는 맞지 않는다"고 말한 일이 있을 정도로 한국의 정치 지도층은 한국에서 민주정치를 실시하는 데 대해 매우 부정적인 생각을 갖고 있었다.

한국의 정치 지도층만이 민주정치에 대해 부정적인 태도나 견해를 가졌던 것은 아니다. 많은 한국 국민도 '한국에는 민주정치보다 독재정치가 맞는 것'으로 생각하는 경향이 있었다. 그런 경향 때문에 군부가 장면 정권과 같은 민주정치체제를 뒤엎고 집권했을 때조차 비교적 순응적인 태도를 보였다. 그리고 군사 정권의 주도하에 높은 경제성장을 이루면서부터 많은 국민이 박정희 정권을 소극적이거나 적극적으로 지지하기 시작했다. 과거 자유당 정권이나 장면 정권이 해내지 못한 일을 박정희 정권이 해냈기 때문이었다. 민주 정권으로 자처한 자유당 정권이나 장면 정권에 비해 박정희의 군부 권위주의 정권은 목적을 달성하는 능률적인 정부이고 한국의 실정에 맞는 정권으로 받아들여졌다. 박정희 정권은 그것을 '한국적 민주주의'라는 구호로 선전하기도 했다. 군부 권위주의가 '민주정치의 대안'으로서 어느 정도 자리를 잡게 되었다고 할 수 있다.

그런데 박정희의 권위주의 정권만 아니라 모든 권위주의 정권의 문제는 그것이 그 자체의 고유하고 안정된 정치제도를 갖지 못한다는 데 있다. 민주정치라는 정치제도는 서구에서 수백 년의 역사를 거쳐 그 나름의 확고한 정치제도를 창출했고 안정된 기반을 갖기에 이르렀다. 대통령제든 내각책임제든 일정한 제도적 장치와 법적 기반을 갖춘 민주정치제도가 확립된 것이다. 반면에 서구 민주주의를 부정하고 적대시했던 공산주의 정치체제조차도 공산당의 일당 독재를 토대로 그 나름의 정치제도를 발전시켜왔다. 공산당만이 집권할 수 있도록 하는 강권 통치체제와 인민회의 같은 사이비 대의제도도 갖추게 되었다.

민주정치나 공산주의 정치와는 달리, 권위주의 정권의 정치는 고유의 제도적 장치를 가지지 못했다. 법이나 제도에 의한 지배보다 인치人治, 즉 사람이 지배하는 형식의 정권이기 때문이다. 물론 권위주의 정권이 형식적으로 대통령 직선제나 국회라는 대의 기구를 유지하거나 복수 정당 체제를 인정하긴 했으나 내용상으로는 행정부의 시녀에 지나지 않았다. 겉으로는 복수 정당을 인정하면서도 야당이 집권하지 못하도록 억압해 실질적으로 일당 체제를 유지하려 했다. 제도와 실제 지배 양식 사이에 커다란 간격이 존재한 셈이다.

더구나 대통령 직선제를 폐지했고 국회를 행정부의 통제하에 둔 유신체제는, 제3공화국 시대에 형식적으로라도 유지했던 기본적인 민주정치제도마저 짓밟고 말았다. 강력한 조직망을 갖춘 정보기관과 군부의 지원을 받은 청와대라는 대통령 집무실에 속한 비서들이 대통령의 직접적인 지시 아래 장관들의 협조를 얻으며 행정부의 모든 결정과 활동을 주도하고 관장했다. 박정희 정권은 소수 엘리트 집단이 지배했던 과두지배 정권이었다. 민주정치제도의 권력 균형과 권력 분립의 원칙은 무시되었고 권력의 남용과 자의적인 행사를 견제하는 장치도 존재하지 않았다. 법이나 제도보다 강력한 권력을 행사하는 '사람'이 지배했기 때문이다.

민주정치를 경험해보지 못한 채 해방을 맞이했던 한국 국민이 처음부터 제대로 민주정치제도를 운용하기를 기대하기는 어려운 일이었다. 그런 점에서 제3공화국 시대의 군부 권위주의 정권은 국민이 민주정치제도를 체득하는 데 필요한 일종의 훈련장으로 볼 수도 있었다. 비록 약속을 지키지는 않았지만, 박정희 자신도 1961년 쿠데타로 집권한 직후 대국민 담화에서 민주정치를 실현하고자 쿠데타를 일으켰다고 주장했다. 민주정치를 제대로 시행하고자 민주정치를 잠시 중단하겠다는 것이었다.

박정희 정권이 경제성장을 이룩하게 되면서 국민 대다수는 진정한 민주정치를 위해 잠시 민주정치를 중단하겠다는 쿠데타 지도자들의 주장을 받아들이려 했다. 그러다 보면 자유로운 민주정치로 진화해갈 수 있기를 기대했다. 국민은 가능하면 박정희 정권이 그런 길을 열어놓길 기대했다.

그런데 난데없는 유신체제의 등장은 그런 국민의 기대와는 정반대로 가는 것이었다. 서서히 더욱 자유로운 민주정치체제로의 진화 과정을 기대했던 많은 국민에게 유신체제 선포는 그런 진화의 길을 완전히 막아버리는 일이나 마찬가지였다. 특히 더 자유로운 민주정치의 실현을 요구하거나 갈망하던 지식인층에게 유신체제의 등장은 충격적이고도 절망적인 사건이었다. 이제 그들에게 주어진 선택이란 유신체제를 지지하고 그 체제에 합류하거나 아니면 정면으로 반대 투쟁을 전개하는 일 뿐이었다.

과거보다 더 격렬한 반대 운동이 전개될 것을 예상한 유신 정권은 유신헌법을 만들어 대통령에게 과거 어느 때보다 광범위하고 강력한 긴급 권한을 부여했다. 유신체제에 대한 반대는 폭력과 무력으로 막겠다는 의지였다. 이것은 그나마 박정희 정권이 이룩한 고도 경제성장을 기반으로 더욱 실질적인 민주정치체제로 전환을 기대했던 사람들에게 큰 실망을 안겨주는 일이었다. 오히려 유신체제의 선포는 유신체제를 '민주정치의 대안 체제'로 만들겠다는 박정희의 강력한 의지의 표명이었다고 하겠다.

그런 대안 체제란 간략히 말해서 국회의원 직선제는 유지하되 대통령 직선제는 폐지하는 것이었다. 이유는 대통령 직선제를 실시하는 것이 낭비라고 본 것이다. 너무나 많은 선거자금을 써야 했고 박정희 자신으로서는 강력한 야당 후보에게 시달리면서 권력을 잃을 뻔한 위기를 경험하기도 했다. 무엇보다 임기 제한을 둔 현행 헌법으로는 3선 후의 재출마의 길이 막혀 있는 것이 가장 심각한 문제였다. 유신헌법은 그런 부담을 완전히 제거해주는 것이었다.

대통령 직선제 외에도 국회에서 야당의 득세를 막는 일은 박정희가 오랫동안 매달렸던 문제였다. 누가 야당 당수가 되느냐에 따라 야당 활동에 변화가 일어나고 정부에 대한 야당 의원들의 비판도 격렬해졌다. 그렇다고 국회를 완전히 폐쇄할 수도 없었다. 전 세계의 이목을 의식해야 했기 때문이다.

역사적으로 악명 높은 독재자들이 모두 국회를 불살라 버리거나 없애버린 전력이 있기에 만일 박정희 정권이 국회를 없애면 그가 국제적으로 입을 이미지 손실은 너무나 큰 것이었다. 따라서 유신 정권이 택한 방법은 국회 내에 정당 대표 이외에 박정희 대통령의 친위대가 교섭단체를 구성하도록 하는 일이었다. 바로 유정회가 그런 역할을 맡은 것이다.

유신체제의 지배 장치들은 박정희 정권이 만들어낸 독창적인 것은 아니었다. 똑같지는 않지만 총통제를 실시하던 대만의 국민당 정권도 국민당이 간선제로 총통을 선출하고 있었다. 인도네시아의 독재가 수카르노도 대의 기구를 장악해 종신 대통령직을 이어가고 있었다. 이렇게 제3세계의 여러 후진국에서 비민주적 통치 기구를 통치 수단으로 삼은 것을 박정희의 유신 정권도 모방한 셈이었다. 민주정치의 대안이 되는 정치체제를 만들겠다는 의도였다. 그러나 그 시도는 결국 실패로 끝나고 말았다. 그렇다면, 해방 이후 남한에 나타난 가장 강성의 권위주의 체제였던 유신체제가 지속하지 못하고

7년 만에 붕괴한 원인은 무엇인가?

첫째, 유신체제는 확고한 정당성을 갖지 못한 체제였다. 모든 정치체제가 정당성을 갖춰야 한다는 사실은 누구도 부인할 수 없다. 정치체제는 권력만으로는 지배할 수 없으며 피지배층으로부터 그런 권력이 인정을 받는 권위가 권력과 합쳐져야만 한다. 그런 의미에서 정당성이란 개념에는 권력과 권위가 동시에 포함되어 있다.

유신체제가 지녔던 태생적인 문제점은 바로 정당성이었다. 현대 정치에 나타난 두 가지 정치체제 유형은 민주주의 체제와 전체주의 체제이다. 이 두 개의 정치체제는 뚜렷하고 정교한 이념을 기반으로 한 정당성을 갖고 있었다. 좌익 전체주의 체제인 공산주의 체제나 우익 전체주의 체제인 나치스와 파시즘은 모두가 이념을 중심으로 체제의 정당성을 규정하고 있었으며 모두가 그런 이념을 구현한다는 명목으로 조직된 독재 정당을 가지고 지배 체제를 유지할 수 있었다.

그런데 유신체제처럼 공산체제도 아니고 민주체제도 아닌 권위주의 체제를 합법화시키고 정당성 기반을 마련해줄 이념이나 원리는 존재하지 않는다. 그런 권위주의 체제들은 대개가 폭력으로 집권한 후 폭력으로 정권을 유지하려는 체제이다. 그런 정권들은 확고한 정당성 기반을 갖출 수 없기에 공산주의도 아니고 민주주의도 아닌 제3의 이념을 창출해 정당성 기반으로 이용하려 하지만 그다지 성공적이지 못했다. 비공산국가에서 나타난 권위주의 정권의 대개가 '민주주의' 정치체제인 양 표방하지만 실제로는 독재체제의 성격을 띠고 있었다.

유신체제를 선포하면서 박정희 정권은 이전과 또 다른 차원의 정당성 문제에 봉착했다. 그동안 명맥만이라도 유지해온 민주주의 제도로서의 대통령 직선제를 폐지한 것뿐 아니라, 직선제로 운용해온 국회의 구성 원칙을 바꿔 일부 국회의원을 대통령이 지명하는 간선 의원으로 채운 것이다. 이것은 그나마 형식적으로 유지해온 민주정치제도를 폐기한 것과 다를 바 없었다.

민주주의로의 복귀를 요구하는 유신 반대 운동은 더욱 극렬해졌고 유신 정권의 정당성에 대한 도전이 더욱 날카로워졌다. 그 도전에 대해 유신 정권은 힘과 폭력으로 대응했고 그럴수록 정치 불안이 더욱 심화했다.

유신체제의 붕괴를 가져온 두 번째 이유는 공화당 시절부터 이어져온 지배 연합 세력의 내분이다. 지배 세력에 내분이 생기고 소수 과격 세력이 주도권을 잡게 되면서 유신 정권은 체제 운영에 있어서 유연성과 탄력성을 상실했다. 따라서 과거 고도 경제성장을 이룩하면서 공화당 정권이 점진적으로 만들어낸 비교적 광범한 지지층을 가진 지배 연합 세력(결탁 세력)을 계속 유지하지 못했다. 오히려 시간이 지나면서 그 결탁 세력은 약화하거나 분열을 겪게 되었다. 처음 균열은 3선 개헌으로까지 거슬러 올라갈 수 있다. 제3공화국의 핵심 세력을 이뤘던 군부 출신인 육사 8기생과 김종필의 추종 세력이 3선 개헌에 반대한 이유로 거세되면서 쿠데타 후 결성된 군부 중심의 결탁 세력이 분열되었다. 그 후 유신체제를 발족시키면서 박정희는 공화당 계열의 정치인보다 유정회 회원들을 중용했다. 오직 소수 재벌이 중심이 된 재계가 여전히 박정희와 유신체제의 충성스러운 지지 세력으로 남아 있었다.

유정회 회원의 상당수는 중앙정보부 출신으로서 자기들이 박정희의 정치적인 친위부대임을 자처했다. 국회에서는 공화당 출신 의원들과 유정회 회원들 사이에 협력보다 경쟁 관계가 나타나기도 했다. 특히 유정회 회원들이 차기 선거에서 지역구 국회의원으로 출마할 의도를 가질 경우 지역구 출신의 공화당 의원과 마찰이 일어나기도 했다. 유정회 회원들과 공화당 출신 의원들 사이의 관계는 원만할 수 없었다.

또한, 새마을운동을 추진하면서부터 유신 정권은 농촌 지역의 유지들을 포함한 새마을운동가들로 구성된 농촌 중심의 새로운 지지 세력을 구축하려했으나 큰 효과를 거두지 못했다. 그때 이미 도시 인구의 폭발적 증가와 농촌 인구의 감소로 농촌의 정치적 비중이 크게 줄어든 상태였기 때문이었다.

셋째 이유로 유신 정권이 지식인층의 지지를 얻는 데 실패했다는 점을 지적할 수 있다. 지식인층은 유신체제가 직간접으로 자기들에게 제약을 가한 것으로 생각하고 있었다. 유신 정권은 지식인층을 포섭하고자 소수이지만 교수와 지식인을 중심으로 유신체제를 정당화하기 위한 이념 체계를 창출하려 했으나 그것이 지식인층을 설득하기에 충분한 내용을 갖추지 못했다. 대부분의 지식인층은 폭력이나 협박 때문에 유신체제를 수용하는 듯한 복종의 자세를 취했으나 유신체제에 대해 긍정적인 입장은 취하지 않았다. 오히려 절대다수의 지식인층은 유신체제에 대해 매우 냉소적이거나 부정적이었다.

이것은 제3공화국 당시의 지식인층의 태도와 대조되는 것이었다. 쿠데타 초창기에는 군부에 대해 비판적이나 냉소적이었던 지식인층은 박정희 정권이 과감하게 경제개발 정책을 추진하고 성과를 올리기 시작하자 박정희 정권에 대해 긍정적이거나 중립적인 태도로 선회했다. 1967년 박정희가 대통령으로 연임된 것도 공화당 정권에 대한 지식인층의 긍정적인 평가가 있었기 때문이었다.

유신체제가 등장하면서 지식인층의 태도는 긍정적이기보다 비판적으로 변해갔다. 그들 중에는 아직도 지속적인 경제성장의 추진을 위해 유신체제 같은 강성 권위주의 지배체제가 필요하다고 믿는 사람도 있었으나 유신체제가 도를 넘어 종국에는 파국을 몰고 올 것을 우려하는 사람도 많았다. 그런 지식인층을 설득시키기에는 유신 정권의 옹호자들의 논리가 너무 빈약했다. 지식인층이 박정희 정권에 등을 돌림으로써 유신체제는 정권의 정당성 기반으로 받쳐줄 지적 자원을 확보하지 못한 것이다. 다만, 일부 지식인들이 그 일에 나섰으나 그들에 대한 지식인 사회의 반응은 매우 냉담했다.

네 번째 이유로 체제 말기에 나타난 권력 동맥경화증이라는 현상을 들 수 있다. 간단히 말하면 집권 세력 사이에 심각한 대립과 암투가 벌어지는 가운데 날로 심각하게 전개되는 내외의 정치적 상황에 대해 기민하게 대처해나가는 능력이 크게 저하되었다는 것이다. 쿠데타로 집권한 이후부터 박정희 정권은 여러 번의 심각한 정치적 위기를 겪었다. 가장 어려웠던 것은 한일 국교 정상화 때, 3선 개헌 때, 1971년 대통령 선거 때였다. 그런 위기를 극복하려면 집권 세력의 적절하고 민첩한 대응이 필요했다. 그리고 특히 집권 세력을 총지휘하는 대통령의 판단과 대응이 결정적인 역할을 했다. 권력층을 인체의 동맥으로 비유한다면 권력층이라는 동맥動脈이 원만한 순환 작용을 했다는 뜻이다. 그런데 집권층 내부에서 갈등이 생기고, 정보 유통 기능이 막히게 되고, 권력자의 판단이나 결단력에 차질이 생길 때, 그 정권은 권력 동맥경화증에 걸린 것으로 비유해볼 수 있다. 유신 정권 출범 이후 7년째를 맞이한 1979년의 유신 정권의 모습은 바로 그런 동맥경화증에 걸린 환자의 모습과도 같았다.

정권이 그런 동맥경화증에 걸리면 상황 판단이 기민할 수 없고 위기 상황에 대처하는 능력을 상실하게 된다. 1979년은 일련의 정치적 사건으로 심각한 위기 상황이 조성될 가능성이 큰 때였다. 1979년 10월 초 국회가 김영삼 신민당 당수를 국회의원직에서 제명하자 야당 의원들이 발발해 의원직 총사퇴를 단행했다. 국회가 완전히 파행사태에 빠진 것이다. 그것이 부산과 마산에서 폭동으로 나타났고 대응 방법 여하에 따라 다른 지역으로까지 확대될 위험성도 있었다. 유신체제를 정면에서 도전하던 김영삼이 야당 당수로 선출되자 그를 제거하려 한 집권층은 의원직 제명이라는 어처구니 없는 대응책을 내놓은 것이다. 당시의 집권층이 얼마나 경직돼 있었냐를 나타내는 것이며 정권의 종말이 머지않았음을 보여주는 것이었다.

유신체제가 실패하게 된 원인으로 네 가지를 들었으나 그것 외에도 수많은 요인을 생각할 수 있다. 그러나 이들 네 가지는 적어도 유신 정권이 등장한 이후부터 그것이 종말을 고하게 되는 1979년 10월 26일까지 유신 정권 집권층의 행동을 제약했던 요인들이기도 했다. 그런 제약을 유신 정권의 집권층이 슬기롭게 극복하지 못함으로써 마침내 비극적인 사건으로 정권의 종말을 맞게 된 것이다.

1 Guillermo A. O'Donnell, *Modernization and Bureaucratic Authoritarianism: Studies in Latin American Politics* (University of California Press, 1973)

2 Nicos Poulantzas의 저서로 *Political Power and Social Class* (Paris: Masepro, 1968)와 *Fascism and Di tatorship* (Masepro, 1970)이 있다. 그리고 *State, Power, Socialism* (London: New Left Book, 1978)가 있다.

3 BA 이론을 가정assumption이라 보는 것은 그것이 입증된 이론theory이 아니기 때문이다. 그리고 만일 가정이 틀린 것이라면 그것을 기반으로 한 어떤 결론도 틀린 것이 된다.

4 대학교수로 있다가 1972년 대통령 특별 보좌관으로 발탁되었던 필자의 친구는 1972년 여름에 전화로 "민주주의의 최저 구비 조건은 무엇이냐?" 고 물어온 적이 있다. 나는 서슴없이 "그것은 선거"라고 대답했더니 그는 전화상으로 좀 실망스러운 것 같은 반응을 보였다. 그 당시 박정희 대통령이 1971년 대통령 선거를 치르면서 야당 후보의 공격 때문에 일종의 모욕감을 느끼고 있었으며 그런 분위기를 청와대의 보좌관들이 감지하고 있었던 것이 아닌가 한다. 1972년 중반기라면 이때는 이미 궁정동의 안가를 중심으로 유신체제 창출을 위한 작업이 비밀리에 진행되고 있었던 때였다. 그 특별 보좌관의 전화도 청와대 내의 그런 움직임을 반영한 것이었다는 생각이 든다.

5 박정희는 유신 선포 전 어느 날 김종필과 함께 골프를 치러 나가면서 차 안에서 "내가 좀 획기적인 체제를 구상하고 있어. 우리나라는 선거를 잘못하면 망할지도 모르겠어. 또 1970년대는 순탄치 않은 시기가 될 것 같아. 국력을 키우고 대응해나가려면 체제 정비가 불가피하겠어"라고 말했다고 한다. 김충식 저, 『남산의 부장들 Ⅰ』(동아일보사, 1992), 386쪽.

6 '보링'이라 발음하지만 이 말은 영어의 overhaul에서 나온 말이다. 기계를 철저하게 분해해서 검사한다는 뜻으로 자동차의 경우 엔진의 여러 부분에 대한 정밀 검사를 뜻하기도 한다. 그리고 낡은 부분을 새로운 것으로 대치하는 경우를 말한다.

7 박정희가 김종필에게 말한 획기적인 체제란 바로 유신체제를 말한 것이었다. 그러나 그 체제의 성격이나 내용에 대해서는 박정희는 김종필과 의논하지 않은 것 같다. 김종필이 혹시 다른 생각을 하거나 반대할 수도 있다고 본 것인지는 알 길이 없다. 또는 양자 사이의 권력을 둘러싼 미묘한 관계 때문이었는지도 모른다.

8 월남전 도중 필리핀에서 미국, 월남, 한국의 정상들이 모여 월남전에 대한 해결책을 논의한 적이 있었다. 박정희는 전쟁을 계속할 것을 주장한 것으로 알려졌다. 그것이 당시 한국정부의 입장이었다면 한국정부가 월남전의 종식을 위한 미국과 월맹 간의 비밀 협상을 긍정적으로 인식하지 않았을 것이다.

9 김충식, 앞의 책, 386쪽. 김종필 국무총리는 궁정동 안가에서의 사전 계획에는 가담하지 않은 것으로 나와 있다.

10 정당성legitimacy은 합법성legality이라는 개념보다 광범한 의미며 지배층이 도덕적으로나 능력 면에서 능히 국민을 지배할 자격이 있다고 국민으로부터 인정을 받는 것을 의미

한다. 정당성을 판단하는 기준으로 일반적으로 도덕적인 차원과 업적 차원을 들 수 있는데 도덕적 차원에 결함이 있을 때 업적이나 특출한 능력을 내세워 지배자로서의 자격을 갖추었다고 주장하기도 한다. 유신체제의 문제점은 그것이 합법성이나 도덕성으로 보아 정당화하기 어려웠다는 점이다. 특히 도덕성을 강조하던 종교 지도자층의 반대가 거셌던 것도 그런 이유 때문이었다.

11 그 당시 '중도 통합론'이라는 주장을 내세운 한 야당 지도자가 안보 상황을 이유로 야당의 무조건 반대를 비판하면서 여권과의 협조를 강조한 일이 있다. '통합'이란 여권과 야권이 협조한다는 의미를 담은 것이었다.

12 『사상계』는 1950년대 이승만 정권 때부터 독재체제를 비판하고 자유 민주주의로의 복귀를 주장했다. 5·16쿠데타가 발생했을 때도 반대 의사를 표명했으며 군사 정권 기간 계속 자유 민주주의라는 이념적 기반 위에서 군사 정권을 비판해왔다. 더구나 유신체제가 들어선 후 장준하를 중심으로 한 재야 세력과 함께 정권의 정당성을 정면으로 부정해왔다.

13 A. H. Maslow, *A Theory of Human Motivation* (Psychological Review, 1943).

14 장제스 총통 치하의 대만에서는 대만 독립운동에 관련된 인사들을 군법회의에서 재판하도록 했다. 그것을 유신 정권이 모방한 것이 아닌가 한다.

15 1960-70년대의 한일 관계의 주요 쟁점을 다룬 것으로 Bae Ho Hahn, Policy Toward Japan, Youngnok Koo & Sung Joo Han (eds.), *The Foreign Policy of the Republic of Korea* (Columbia University Press, 1985) Chapter 7, 167-197쪽을 참조할 것.

16 한국정부는 미국으로부터 수입하는 쌀의 중개업자로 박동선을 지정했으며 박동선은 미국 회사로부터 받은 막대한 금액의 리베이트 일부를 미국 의회 의원들을 위한 호화 향연과 뇌물로 소비했다. 이른바 코리아게이트의 배후에는 주미 한국대사관에 배속된 중앙정보부 직원들이 관여해 있었다.

17 그중에는 공화당 정권과 유신체제하에서 국회의원을 역임한 몇 명도 포함된다. 그들 중에는 미 하원의 코리아게이트 조사위원회가 참고인으로 소환하려 했던 사람도 있다.

18 코리아게이트 사건을 가장 포괄적이고 상세하게 다룬 책으로 Robert Boettcher, *Gifts of Deceit: Sun Myung Moon, Tongsun Park and the Korean Scandal* (New York: Holt, Reinhart and Winston, 1980)이 있다. 이 책은 저자가 코리아게이트 사건을 조사하고자 미국 의회가 구성한 한미관계소위원회(Korean-American Relations Subcommittee)의 조사 책임자로 활동하면서 수집한 자료를 토대로 쓴 것이다.

제9장 우리의 민주화는 어떻게 달성되었나

간단히 말해서 민주화란 권위주의 정권이 종식되고, 민주적인 정치제도가 확고하게 정착되는 모든 단계와 과정을 뜻한다. 민주적인 정치제도라고 말할 때 보편적으로 포함할 수 있는 것으로 공정하고 자유로운 선거, 삼권분립의 원칙에 따라 행정부의 지배를 받지 않는 독립적인 입법부와 사법부, 그리고 마지막으로 공정하고 평화로운 방법으로 정치권력을 쟁취하고자 조직된 공적인 정치적 결사체로서의 정당을 들 수 있다.

민주적인 정치제도가 제 기능을 발휘하려면 제도나 조직을 갖추는 것만으로 되는 것이 아니다. 민주적인 제도를 운용하는 데 충분한 객관적인 요건, 예를 들어 사회 경제적 여건과 같은 광범한 맥락이나 조건이 필요하다. 그리고 민주적인 정치제도를 운용하는 정치 행위자들의 가치관이나 행동양식이 그런 제도 운용에 걸맞는 것이 돼야 한다. 또한 국민의 교육 수준도 이를 뒷받침할 수 있어야 한다.

민주화를 달성하는 데 필요한 여건은 간단한 것이 아니므로 어떤 조건과 상황에서 권위주의 정권이 종식되느냐, 어떤 방법으로 민주적인 정치제도를 정착시키느냐와 같은 질문에 대한 해답은 쉽게 찾을 수 없다. 그리고 그 나라의 특수한 사정과 배경이 민주화 과정에 영향을 미치기 때문에 민주화에 작용하는 요인들도 나라마다 서로 다를 수 있다.

한국의 민주화의 전체 과정을 규명하려면 민주화를 겪은 여러 나라의 경험을 비교하고 그것을 토대로 이론적인 명제를 찾아내려는 비교정치학적인 접근이 필요하다. 즉 공시적共時的 탐구를 추구해야 한다. 또한 지난 반세기 동안 한국이 겪었던 민주화 과정의 실패 사례와 성공 사례를 비교하면서 다루는 통시적通時的 접근 방법도 필요하다. 그런 점에서 한국의 민주화 과정을 이해하기 위해서는 여러 나라의 민주화 과정으로부터 얻은 가정이나 명제들을 참고하는 동시에 해방 후부터 1980년대 후반에 이르는 기간의 구체적인 정치사를 짚어보는 절충적인 접근을 시도할 필요가 있다.

한국은 제2차 세계대전 후 '신생국'이라 불린 다른 독립국들처럼 민주화를 시도하면서 여러 차례 시행착오를 겪었다. 첫 번째 민주화 시도는 이승만 정권이 붕괴한 후인 1960년 4월에 있었다. 오랫동안 권위주의적인 지배(1948-1960)를 지속한 이승만 정권이 1960년 4월 19일에 일어난 학생의거로 붕괴했다. 그 후 민주당이 집권해 민주적인 정권이 등장하면서 9개월간의 짧은 '민주 시대'를 누리다가 1961년 5월 군부의 쿠데타로 군부 권위주의 정권 시대라는 긴 터널 속으로 빠져들었다.

군부 권위주의 체제는 1979년 10월 박정희 대통령의 시해 사건으로 일단 종말을 고하는 듯했다. 그리고 민주정치체제로 전환하는 데 유리한 조건이 조성되기 시작했다. 그러나 1980년 '신군부'로 자처한 '하나회' 중심의 장교들이 제2의 쿠데타를 일으켜 또다시 군부 권위주의 정권을 재창출하는 상황이 전개되었다. 그러나 전두환 장군의 군사 정권과 그를 계승한 노태우의 군사 정권하에서 민주화를 요구한 수많은 사람의 희생으로 김영삼 대통령과 김대중 대통령, 그리고 노무현 대통령으로 이어지는 민주 정권이 자리 잡게 되었으며 2008년 다시 한 번 평화로운 정권 교체가 이뤄져 이제 한국 사회는 민주정치제도가 자리 잡기 시작했다고 할 수 있는 초보적inchoate 단계에 이르고 있다. 많은 희생과 노력 끝에 얻은 귀하고 값진 결실이다.

1980년대 초, 세계 정치학자들의 관심은 일부 유럽 국가와 제3세계에서 일어난 민주화 현상에 집중되었다. 그런 학자들의 노력으로 민주화에 대한 연구가 활기를 띠게 되었지만, 여러 가지 다양한 시각과 이념적 성향을 반영하는 이론적 전망이 제시되었을 뿐 민주 현상의 전반을 아우르는 정초한 이론은 나오지 않았다.[1]

1980년, 스페인을 40년간 통치해온 프랑코 장군이 사망하자 이를 계기로 왕의 지지를 받은 민주화 운동이 전개되어 스페인에 민중 정권이 들어서게 되었다. 이어서 포르투갈에서도 쿠데타를 일으킨 진보 성향의 장교들에 의한 정치개혁이 추진되었고 그 후 민간인 주도로 민주화를 달성했다. 비슷한 상황이 한때 군부가 지배했던 그리스에서도 일어났다. 이른바 '남유럽의 민주화'라는 연쇄적인 정치 변화가 나타난 것이다.

거의 같은 시기, 제3세계인 중남미에서도 군사 정권으로부터 민주 정권으로 이행하는 일련의 정치 변화가 나타나기 시작했다. 브라질을 필두로 아르헨티나에 민주화의 바람이 불었고 칠레의 군부 권위주의 정권과 멕시코의 일당 권위주의 정권이 종식되고 민주 정권으로 복귀하는 변화가 일어났다.[2] 그리고 소련이 붕괴하고 동유럽의 폴란드·체코·슬로바키아·헝가리·발트 3국 등 과거 소련이 지배하던 위성국가들이 자유화와 민주화의 과정을 밟기 시작했다. 헌팅턴이 말하는 '제3의 물결The Third Wave'이 남유럽과 중남미, 그리고 동유럽을 휩쓸기 시작했으며 그 얼마 후 아시아에서도 한국과 필리핀 그리고 대만에서 민주화의 물결이 파도 치기 시작했다.[3]

정치발전론과 민주화

한때, 미국의 정치학계에 개발 문제와 근대화를 다룬 '정치발전론Political

Development studies'이 주요 연구 주제로 등장한 적이 있었다.[4] 그 당시 정치발전을 다루던 서구 학자들은 다양한 형태를 지닌 개발도상국(그 대다수가 신생 독립국이다)의 정치체제를 일정한 유형으로 분류하고 이들 사이의 유사점과 차이점을 찾아내면서 그런 개발도상국의 정치체제에 변화를 가져오는 주요 요인을 규명하는 데 관심을 두고 있었다. 비록 명시적으로 논하지는 않았지만, 묵시적으로 서구 학자들 사이에는 정치발전의 함축적 의미를 민주정치와 동일시하려는 시도들이 있었고 정치발전을 '정치적 근대화'로 동일시하는 경향을 보여 왔다.

정치발전 연구가 내놓은 성과들은 여러 권의 책으로 출판되었다.[5] 이들은 정치발전에 큰 영향을 미치는 것으로 관료제, 교육, 정당체제, 커뮤니케이션, 정치 문화political culture를 꼽았다. 정치체제가 발전하려면 무엇보다 정부 조직을 운영하는 관료 조직이 '근대화' 되어야 하며, 정당들이 사적인 조직이 아니라 공적이고 제도화된 조직으로 발전해야 한다. 아울러 국민의 교육 수준이 높아져야 하며, 언론과 방송 등 커뮤니케이션 망이 발달해야 한다는 것이다.

이런 조건들을 갖춰야 발전한 정치체제라 할 수 있다는 것인데 표현만 다를 뿐 '정치발전'을 근대화를 달성한 '민주 정권'의 동의어로 다루고 있는 셈이다. 민주적인 정치체제로 발전해나가려면 관료제, 교육, 통신, 정치 문화 같은 여러 가지 필수 조건이 갖춰져야 한다는 것이며 그런 주장의 근저에는 서구 사회가 경험한 '근대화 과정'을 보편화시킨 객관적인 역사 인식이 자리 잡고 있다고 봐야 한다. 다시 말해서 민주정치를 실현하려면 일련의 사회 경제적 필수 조건을 충족시켜야 한다는 것이다.

그런 주장을 한 대표적인 학자로 시모어 립셋Seymour Lipset을 들 수 있다.[6] 그는 일정한 수준에 도달한 개인당 소득, 도시화, 통신, 교통, 교육, 그리고 복수 정당을 갖춰야만 민주정치가 가능하다는 주장을 했다.[7] 이것은 또한 여러 사람이 거론한 '중산층이 다수를 이루는 나라에서 민주화가 발생할 가능성이 크다'는 명제와 일맥상통하는 주장이다. 근대화가 어느 정도 수준에 도달해야 민주정치로의 진화가 가능하다고 본 것이다. 근대화론에 바탕을 둔 민주화론이라 할 수 있다.

종속이론과 민주화

정치발전론이나 근대화론에 대해 반론을 제기한 움직임도 있었다. 1970년대에 이르면서 중남미 일각에서 그런 반론이 제기되었고 그것이 얼마 후 여러 나라 학자들의 관심을 끌게 되었다. 반론의 핵심 논리는 종속이론 dependency theory이었다. 주로 중남미의 정치 경제적인 상황과 특성을 반영한 것으로 자본주의적 세계 경제가 지배하고 있는 한 자본주의의 중심부와 그 주변부의 관계는 구조적으로 종속적인 상태에서 벗어날 수 없으며 그런 종속 관계 속에서 아무리 근대화를 추진한다 해도 그것은 오직 종속성을 더 심화시킬 뿐이라고 주장했다. 따라서 근대화론을 근간으로 정치발전론을 논하는 것은 무의미하다는 것이다.

그런 종속 관계가 지속하는 한 과거처럼 소수 장성이 기존의 정부를 뒤엎고 돌아가면서 집권하던 식의 1인 독재체제와는 종류가 다른, 신군부라고 자처하는 새로운 군부 세력에 의한 '관료적 권위주의' 정권이 등장해 노동운동 같은 진보 세력의 위협으로부터 자본주의를 옹호하고 체계적으로 반대 세력을 탄압 또는 제거하면서 장기 집권을 꾀하게 된다는 것이다.[8] 종속이론은 근대화론에 대한 하나의 도전적인 반론이었고 근대화가 민주화를 위한 충족 또는 필수 조건이 될 수 있다는 가정을 기본적으로 부정하는 것이었다. 그리고 관료적 권위주의 정권은 주로 자본주의 세력의 옹호자로 기능을 한다는 것이다.

이러한 연구자들의 노력에도 불구하고 1980년대 이후 몇 개의 나라에서 민주화 과정을 명쾌하게 설명해줄 수 있는 이론은 아직 없다고 하겠다.

근대화론을 기반으로 했던 1960년대 정치발전론은 그 자체의 가정이나 명제로서는 1980년대에 나타난 민주화를 설명해주지 못한다. 정치발전론이 주장했던 것처럼 민주정치로의 전환의 필수조건이라 할 경제발전, 도시화, 산업화, 교육 수준의 향상, 통신 수단의 발달 같은 요건을 갖춘 후 권위주의 정권을 종식하고 민주화로 이행한 나라들(가령 남유럽 국가들)도 있으나 1980년대에 민주화로 이행한 중남미나 아시아 국가들이 모두 그런 요건을 갖춘 것은 아니었다.

또 종속이론의 시각에서 '관료적 권위주의'의 등장 요인을 다룬 주장들은 많으나 그 정권이 어떻게 해서 붕괴하는지에 대한 설명까지 제시해주는 것은 별로 없다. 종속이론의 기본 가정들에 비춰본다면, 종속이론이 설명할 수 있는 것이란 주변부에 속한다고 할 남유럽이나 중남미, 그리고 필리핀과 한국 같은 국가들이 권위주의 정권에서 민주 정권으로 이행할 수 있었던 것은 '중심부가 자신의 심각한 모순 때문에 통제 능력을 상실하거나 주변부 내의 계급투쟁이나 갈등의 결과로 종속 관계에 어떤 변화가 일어나 민주화가 발생했다'는 식의 설명일 것이다. 그러나 이것은 순환 논리요 공허한 주장이다. 역사적 사실이 그것을 뒷받침해주지도 않는다.

그렇게 보면 정치발전론과 종속이론은 서로 다른 가정을 바탕으로 정치 변화의 원인을 다뤄왔다고 할 수 있다. 정치발전론과 종속이론은 근대화라는 거대한 사회·정치·경제적 변화가 민주화에 미칠 영향에 대해서 서로 상반된 견해를 나타내고 있다. 정치발전론이 근대화 과정에 대해 긍정적이고 그것이 진척될수록 정치발전에도 순기능으로 작용해 민주화의 가능성을 높여줄 수 있다는 낙관적인 가정 위에 서 있는 주장이라면, 종속이론은 근대화 현상이 정치적 민주화를 가져오기보다 경제적으로나 정치적으로 종속성을 더욱 심화시킨다는 결정론적인 주장을 하고 있다.[9]

우선 정치발전론에서 말하는 근대화가 진척되면 될수록 민주화가 저절로 이뤄진다는 주장은 설득력이 없다. 근대화 과정과 민주화 과정 사이에 그런 명확한 인과관계가 있다는 주장을 내세울 만한 충분한 근거는 없다. 그뿐만 아니라 어떤 권위주의 정권은 역으로 근대화를 성공적으로 달성한 후 권위주의적 체제를 보다 근대적인 형태로 만들어 계속 유지해가기도 한다. 근대화가 곧 민주화를 가져올 수 있다고 단정해 말하기는 어렵다.

그러나 종속이론과 비교하자면 민주화의 이행 과정을 보다 포괄적으로 다룰 수 있는 이론은 근대화론에 기댄 정치발전론이다. 그런 점에서 근대화 과정과 연관해서 민주화 문제를 다뤘던 1960년대 정치발전 연구는 나름대로 1980년대 민주화 과정의 이해를 위한 중요한 학문적 밑거름을 제공한 셈이 된다.

다양한 민주화 연구

1980년대에 들어서면서 다양한 시각을 지닌 민주화 연구가 등장하기 시작했다. 처음 민주화 연구를 주도한 이들은 1960년대 이전부터 중남미 정치를 연구해온 미국과 유럽 학자들이었다. 그들은 중남미에서의 권위주의 정권에서 민주 정권으로의 이행 문제에 관심을 두고 있었다. 스페인의 프랑코 체제를 연구한 린츠, 브라질의 군사 정권을 연구한 알프레드 스테판Alfred Stepan, 칠레를 연구한 아르투로 바렌즈엘라Arturo Valenzuela 등을 대표적인 학자로 꼽을 수 있다.

그들의 연구에 다른 지역 연구가들이 참여하기도 했다.[10] 특히 린츠, 래리 디아몬드Larry Diamond, 립셋의 연구 활동이 두드러졌다. 필립페 슈미터Phillippe Schmitter와 오도넬의 『권위주의 지배로부터의 이행Transitions from Authoritarian Rule』이라는 공저도 민주화 연구가들에게 좋은 길잡이가 되었다. 이 연구서는 비교정치학적 접근으로 민주화에 대한 이론적 설명에 도움이 될 개념 틀을 제공했다.[11]

또 하나의 민주화 연구로 전략적 선택론strategic choice theory을 활용한 것이 있다. 게임 이론에 바탕을 두고 민주화 과정을 네 개 유형의 정치 행위자들 사이에서 이뤄지는 타협과 협상의 결과로 설명하려는 접근 방식이다. 여기서 중요한 것은 행위자들이 합리적인 선택을 한다는 가정이다. 지배 세력을 구성하고 있는 정권 지지 세력이 강경파와 온건파로 나눠지고 권위주의 정권에 반대하는 세력도 최대주의자maximalists와 최소주의자minimalists로 구성된다. 이들 반대 세력 내의 최대주의자란 지배 세력을 깨끗이 정리하고 제거해야 하며 필요하면 극단적 수단을 써서라도 순수하고 광범한 범위의 민주화를 실현하려는 세력을 말한다. 반면에 최소주의자란 현실적인 상황을 살펴 우선 자유로운 직선제를 시행해 정권을 교체하면서 서서히 과거의 지배 세력을 제거하자는 비교적 온건한 반대 세력을 말한다.

게임 이론을 원용하는 전략적 선택론은 강경파와 최대주의자, 강경파와 최소주의자, 그리고 온건파와 최대주의자 사이에 연합이 이뤄질 가능성이 작다고 보고 민주화로의 이행을 위해서는 온건파와 최소주의자의 협력이 필요한 것으로 본다. 온건파는 지배 세력에 속하지만 권위주의 지배의 연장이 어렵다는 판단을 내리고 현재의 질서와 자신들의 지위를 유지하는 조건에서 협상을 통해 반대 세력에 정권을 넘겨줄 의도가 있는 세력이다. 자신들은 새로운 민주 정권하에서도 생존할 가능성이 있다고 판단하는 것이다.

전략적 선택론은 1980년대 후반에 한국에서 나타났던 여야 간의 협상과정을 이해하는 데 어느 정도 유용한 이론적 시각이다. 그러나 1950년대 후반부터 1980년대에 이르기까지 전개되었던 한국의 민주화 과정을 설명하는 데는 적실성이 없다. 자유당 정권 때나 공화당 그리고 유신 정권처럼 집권 세력과 반대 세력 사이의 힘의 균형이 일방적으로 집권 세력에 기울었던 시기에는 집권층과 민주 세력 사이에 민주화를 위한 타협이나 협상이 이뤄질 수 없었다. 따라서 한국의 민주화 과정은 전략적 선택론 같은 공시적 시각을 적용해 다루는 것도 필요하지만 오히려 40여 년 동안 나타났던 민주화 운동의 전개 과정을 살펴보는 통시적 시각에서 다루는 것이 더 중요하다.[12]

세 번째의 민주화 연구로 역시 공시적인 연구로 볼 수 있지만 1980년대 민주화 과정을 역사적-제도적 시각에서 포괄적으로 다룬 헌팅턴의 『제3의 물결』을 들 수 있다.[13] 헌팅턴은 1980년대라는 시점에 초점을 맞추어 그 시기를 통해서 이뤄진 민주화 과정을 총괄적으로 검토하면서 과거 유럽을 중심으로 일어났던 제1, 제2의 민주화 물결과 1980년대에 나타난 민주화 현상을 비교하면서 그것이 왜 일어났으며, 어떻게 진행되었고, 그런 민주화의 앞날은 어떤가라는 문제를 다루고 있다. 1922년 22개에 불과했던 민주국가가 1990년에 59개로 늘어났다. 여기에는 구소련 치하에 있다가 탈냉전 시대를 맞아 민주화에 성공한 동유럽 국가들도 포함돼 있다.

헌팅턴은 그처럼 증가한 민주국가들이 겪은 민주화 과정을 놓고 학자들 간에 다양한 설명이 있고 그들이 이론 수립을 위해 사용하는 변수도 다양하다고 말한다. 헌팅턴은 그와 같이 다수 주장에 비춰볼 때 다음과 같은 몇 가지 잠정적인 명제들을 내세울 만하다고 주장한다. 우선, 하나의 요인만 가지고는 민주화를 설명할 수 없다. 그리고 각 나라의 민주화는 여러 가지 요인들의 복합 작용의 결과이다. 또한, 민주화에 작용하는 복합적 요인들도 나라마다 다를 수 있으며 한 시기의 민주화 물결에 작용했던 요인은 다른 시기의 민주화 물결에 작용한 요인과 다를 수 있다. 마지막으로, 한 정권 내에서 초기에 나타났던 민주화 물결에 작용한 요인과 그 후의 민주화 물결에 작용한 요인이 서로 다를 수 있다는 것이다.[14]

헌팅턴이 지적한 대로 민주화 과정에 작용했을 수많은 요인이나 변수로 보아 민주화에 대한 일반 이론의 수립이 간단치 않다는 것은 쉽게 이해할 수 있다. 민주화 과정의 여러 가지 요인 중에서도 정치 지도층의 역할이 매우 중요하다는 것은 모두가 인정하는 점이다. 전략적 선택론도 주요 정치 행위자들의 협상에 초점을 맞추고 있다. 그러나 그렇게 민주화 과정을 하나 또는 제한된 수의 요인만 가지고 설명하긴 어렵다. 포괄적인 시각으로 이해할 필요가 있으며 그런 과정이 전개되는 나라의 정치·사회·경제 그리고 문화적 요인들을 포함한 광범한 맥락을 중요시할 필요가 있다. 이런 점에 비춰 헌팅턴의 주장은 매우 시사적이다. 각 나라가 지닌 정치·사회·경제적 맥락이 중요하며 그런 맥락에 따라 한 나라의 민주화의 성격도 다를 수 있다는 것이다.

그런 의미에서 민주화는 기본적으로 한 나라가 만들어내는 그 나라의 독특한 토산품土産品이라는 표현이 오히려 적절한 것이라 하겠다. 나라마다 겪는 민주화의 본질이 서로 다르다는 것을 인정하자는 것이다. 넓게는 여러 나라가 겪은 민주화 과정에 대한 비교 연구를 바탕으로 '민주화'의 보편적 맥락을 고려하는 동시에 개별 나라를 중심으로 그 국가가 상당 기간을 통해 겪은 '민주화의 사례'를 통시적 시각에서 파악하는 것이 바람직하다는 것이다.

헌팅턴은 제1의 물결이 일어났던 19세기 유럽의 민주화 과정은 경제발전, 산업화, 도시화, 부르주아와 노동계급의 성장, 그리고 점진적이지만 경제적 불평등의 감소와 연관이 있는 것으로 보고 있다. 다시 말해서 유럽 사회 민주정치의 발전은 근대화 과정이라는 강력한 역사·정치·경제·사회적 맥락과 밀접한 연관 속에서 진행되었다는 주장이다.

헌팅턴은 1980년대에 와서 왜 제3의 민주화 물결이 일어났는가를 이해하는 데 있어 다음 다섯 가지 변화 요인을 고려할 것을 제안한다.[15] 1980년대에 여러 나라에서 민주화 과정을 촉진하는 데 작용한 것들로 첫째, 정당성 문제의 심화 또는 악화, 둘째, 1960년대 이후 전대미문의 높은 경제성장, 셋째, 가톨릭 교회의 교리와 활동 내용의 변화, 넷째, 외부 세력(특히 미국과 러시아 같은 최강국과 유럽연합 같은)의 정책 변화, 다섯째, 국제적인 규모로 발달한 통신망의 확산을 들고 있다.

이런 변화 요인들이 1980년대 이후의 제3의 민주화 물결에 포괄적인 영향을 주었다는 것이다. 이는 1980년대 말 한국이 겪은 민주화 과정을 이해하는 데도 좋은 시사점이 될 수 있으며 한국 상황에 적용해 검토해볼 만하다. 그러나 한국에서 일어난 민주화 과정은 이미 1960년대 이전부터 시작되었다는 점을 강조할 필요가 있다.

1948년 단독정부 수립 후부터 민주화를 달성한 1980—90년대 초의 40년간 역사를 검토 대상으로 잡고, 1950년대와 1960년 초, 그리고 1970년대와 1980년대에 각각 서로 다른 특징을 보였던 한국 민주화의 역사적 경험을 다루는 통시적 비교도 가능하다. 여기서는 그런 시각을 가지고 한국의 민주화의 성격을 파악해보고자 한다.

한국의 민주화 과정

우선 두 개의 커다란 질문을 하고 한국 민주화의 기본 성격과 특징을 살펴보기로 한다. 첫 번째 질문은 한국의 권위주의 정권의 성격 또는 본질에 관한 것이다. 민주화를 달성한 나라들을 비교한 연구에 따르면 권위주의 정권의 성격과 그 정권하에 진행되는 민주화 과정의 특징 사이에 연관이 있는 것으로 나타났다. 비교적 온건한 권위주의 정권하에서 진행(허용)되는 민주화와 매우 강경한 권위주의 정권하에서 나타나는 민주화의 성격이 다를 수 있다는 것이다. 한국도 같은 권위주의 정권이라도 이승만 정권과, 공화당 정권, 그리고 유신 정권 사이에 상당한 차이가 있다.[16]

두 번째 질문은 어떻게 해서 1980년대에 와서 민주화가 시작되었느냐는 것이다. 이 질문에 대해 한때 일부 한국 정치학자들처럼 경제 중심적인 설명을 시도할 수도 있다. 이들은 1980년대 후반의 민주화 과정을 논하면서 여러 가지 경제지표상의 변화와 특히 노동 세력의 증가를 강조하면서 경제적 변화와 민주화를 연관시키기도 했다.

이 두 개 질문에 대한 해답을 찾고자 다음 세 개의 비교 맥락을 설정하고자 한다. 해방 후부터 1980년대 후반에 이르기까지 한국의 정권 유형을 세 개의 맥락으로 나누고, 세 개 정권하에서 민주화가 실패하거나 성공한 원인을 찾아보려는 것이다. 한 맥락 속에서는 민주화를 달성하지 못했지만, 다른 맥락 속에서 민주화가 달성되었다면 그렇게 된 원인이 무엇이냐를 밝혀 보려는 것이다.

한국의 민주정치제도는 해방 후 미 군정청을 통해 들어온 외래적인 정치제도였다. 그 제도는 대한민국 수립 후 오래지 않아 비민주적이고 독재적인 지배 체제로 전락했고 민주제도에 의한 지배가 아니라 강권과 금권으로 운영하는 과두지배로 변질했다. 권위주의화한 것이다. 그것이 한국인 자신의 노력으로 자생적인 민주정치제도로 전환하기까지는 상당한 시간과 희생이 따랐다.

먼저 간략하게 세 개의 맥락에 대해 알아보자. 첫 번째 맥락은 1950년대 이승만 정권의 성격과 그 정권에 대항해 투쟁했던 야당 중심의 민주화 운동이다. 그 민주화 운동은 자유당에 대해 실망한 많은 사람의 동정과 지지를 얻어 마침내 4·19의거를 거쳐 민주화 세력의 집권을 가져왔으나 장면 정권이 1961년 5월 16일의 쿠데타에 의해 붕괴하면서 첫 번째 민주화 경험은 실패로 끝났다.

두 번째 맥락은 1961년 쿠데타로 집권한 군부 권위주의 정권과 그 정권하에서 전개되었던 민주화 운동의 성격이다. 두 번째 맥락을 구성하는 정권과 민주화 세력 간의 대결은 첫째 맥락에 비한다면 여러 면에서 차이점을 나타낸다. 우선 집권 세력이 군부였다는 점이 다르고, 야당 세력의 성격도 달랐다. 정치권력을 장악하는 방법에서도 달랐다. 특히 유신 정권 때처럼 포고령에 의지하고 강권과 폭력에 의존해 정권을 유지하려 하면 할수록 이에 반대하는 세력들의 폭력 의존도도 높아갔다. 유신 정권이 종식되면서 민주체제로의 이행 가능성이 커갔으나 민주화를 주도하던 세력이 분열을 겪게 되면서 제2의 쿠데타를 일으킨 군부 세력이 집권하게 되었고 민주화 운동은 또다시 두 번째의 좌절을 겪게 되었다.

세 번째 맥락으로 전두환 소장이 이끈 신군부가 집권한 후인 1980년대의 한국 정치를 들 수 있다. 세 번째 맥락은 그 이전의 두 개의 맥락을 구성했던 요소들을 공유하기도 하지만 차이점도 지니고 있다. 가장 뚜렷한 차이점은 전두환 정권이 태생부터 처절한 유혈 사태를 수반하면서 출발했기 때문에 과거 어느 정권보다 광범한 저항과 반대에 부딪혔다는 것이다. 신군부는 그것을 극복하고 집권하는 데 있어서 과거 유신체제와 같은 높은 수준의 강권에 의존하지 않을 수 없었다. 반대 세력이 거세질수록 정권의 대응 방법도 더욱 폭력화했다. 폭력의 상호 상승이 계속될수록 정권의 기반은 더욱 취약해졌다.

무엇보다 이전의 군사 정권 시기에 비해 전두환 정권을 둘러싼 내외적 여건이 달랐다. 박정희 정권은 경제성장을 정당성 근거로 활용했고 그런대로 한동안 재벌과 농촌 유지들로 구성된 안정된 지지 세력을 갖추고 있었으나, 이미 경제개발이 상당히 진척된 상태에서 집권한 전두환 정권은, 정당화를 위한 조건들을 갖추지 못했다. 대외적으로도 군사 정권에 대한 미국과 일본의 지지도 점차 사라지고 있었다.

이렇게 두 개의 질문을 던지고 한국의 민주화 과정을 살펴보고자 한다. 그러나 이미 5장에서 이승만 정권에 대해 비교적 자세히 언급했고 7장과 8장에서도 박정희 정권과 유신체제를 다루었기 때문에, 두 정권하에서 나타났던 민주화 운동에만 논의를 집중하기로 한다. 다만, 이전에 전두환 정권의 특징에 대한 언급이 없었기 때문에 전두환 정권의 특징과 민주화 과정을 좀 더 자세히 다루기로 한다.

이승만 정권하의 민주화 운동

이승만 정권하의 민주화 운동은 민주정치의 회복과 반독재 운동을 목표로 전개되었다. 1955년에 창당된 야당인 민주당은 주로 국회를 무대로 원내 투쟁을 통해 정권 교체를 추구한 세력이 주축을 이루었고, 원외에서 이승만에 대한 반독재 운동을 전개한 것은 조봉암을 위시한 진보 세력과 이승만의 단독정부안에 반대했던 한독당을 포함한 '남북협상파'와 그 지지 세력이었다.

하나는 기존질서 안에서의 교체를 추구하는 제도권 야당 또는 '왕당파 반대 세력royal opposition'이라 한다면, 두 번째는 진보당을 창설한 조봉암이 간첩죄로 사형당하고 진보당이 불법화된 후에도 그의 정치적 노선을 따라 반독재 운동을 전개했던 재야라는 세력이었다.

야당인 민주당을 주도한 사람들은 1945년 이후의 해방정국에서 이승만의 단독정부 수립 주장에 동조하고 이승만과 함께 대한민국을 수립했던 정치인들이었다. 그러다가 이승만이 집권해 전횡적인 행동을 취하자 반대 세력으로 돌아섰다. 신익희는 이승만 정권하에서 국회의장을, 조병옥은 내무장관을, 장면은 초대 주미 대사를, 심지어 진보당을 만든 조봉암도 1948년 초대 내각의 농림장관을 지낸 사람이었다.

대한민국의 수립 과정에 동참했던 옛 동지들이 집권의 장기화를 노리는 이승만에게 반기를 든 것이다. 신익희와 조병옥이 서로 다른 정치적 성향이나 출신 지역을 초월해 야당인 민주당을 창설하게 된 것은, 1954년 자유당이 무소속 의원들을 영입해 전체 국회의석 203석 중 135석을 차지해 이승만의 영구 집권을 가능케 하는 개헌안을 통과시킨 후였다.

그런데 반이승만 세력을 규합하는 과정에서 신당 발기를 주도한 준비위원회는 좌익 전향자와 부정행위 관련자는 신당에서 제외하기로 했다. 조봉암(전향한 공산주의자)과 좌파 세력은 배제되었고 우파인 신익희·조병옥·장면·곽상훈이 창당을 주도하게 되었다. 그런 점에서 야당인 민주당은 단독정부안을 지지했던 정치 세력과 지방 토호가 주축이 되었던 한국민주당, 그리고 일제강점기의 조선에서 친일 행위를 했던 일부 세력이 결집한, 자유당과 본질적으로 크게 다른 바가 없는 보수 정당이었다.

그런 야당이 추진한 민주화 방법은 이승만의 권위주의 정치와 여당의 부정부패를 폭로함으로써 선거를 통한 정권 교체를 달성하는 일이었다. 국회에서 정부의 비리와 부정을 폭로하는 일과 선거 때 유세장에 대중을 동원해 자유당을 공격하고 정권 교체를 외치는 것이 야당의 민주화 운동의 주요 활동이었다. 어떤 외국인 정치학자는 그런 야당을 가리켜 '목소리만의 반대 vocal opposition'라는 표현을 쓰기도 했다.

시간이 지나면서 민주당의 원내 주도적 민주화 운동은 일부 국민의 관심과 지지를 얻기 시작했다. 1956년 정부통령 선거에서 야당의 신익희 대통령 후보와 장면 부통령 후보에 대한 지지가 크게 늘었고 신익희 후보가 선거유세 도중 심장마비로 사망하면서 그에 대한 동정표가 야당의 장면 부통령 후보에게 쏠려 선거 결과는 이승만이 대통령에, 야당의 장면이 부통령으로 당선되는 기이한 현상이 나타났다. 그런 의미에서 1956년 대통령 선거 이후 한국은 80세가 넘은 고령의 이승만과 그의 유고 시 헌법에 따라 대통령직을 자동 승계하게 된 야당의 장면 부통령이 동거하는 미묘한 상황이 형성되기에 이르렀다[17]

이승만 정권하의 민주화 운동은 반독재의 기치를 들고 주로 원내에서 그리고 선거 참여를 통해 다수 국민의 호응과 지지를 받았지만, 선거를 통한 정권 교체의 가능성은 매우 희박했다. 우선 전체 유권자의 절대다수가 농촌 거주자였다. 여촌야도라는 말 그대로 여당은 유권자 수가 월등히 많은 농촌을 장악했고 야당은 오직 대도시에서 일정한 규모의 지지 세력을 확보할 수 있었다. 여권은 강권 조직을 동원해 쉽게 여당 후보를 당선시키는 선거 조작을 일삼았다. 선거 때마다 부정행위가 잇달았으나 야당의 항의는 무시되었다. 선거는 여당을 위한, 정권 유지를 가능케 하는 요식행위에 불과했다. 야당에 대한 통제와 억압은 1960년 대통령 선거가 다가올수록 더욱 거세졌다.

1958년 이후부터 민주당의 움직임도 이전보다 더욱 활발해졌고 보다 조직화되었다. 그 결과로 1958년 국회의원 선거 결과 자유당은 126석, 민주당은 79석을 차지하게 되었다. 1955년 33석이었던 야당으로서는 큰 약진을 보인 것이다. 그리고 야당은 민심이 야당 지지로 돌아섰다는 자신감과 그런 추세라면 장면 부통령이 다음 대통령 선거에서 더욱 많은 지지표를 얻어 정권 교체가 가능할 수도 있다는 희망적인 전망도 하게 되었다. 그러나 야당이 추진한 선거를 통한 평화적인 정권 교체와 민주화 달성은 쉽게 이뤄질 수 없었다.

여당인 자유당이 정권 교체를 허용할 의사가 전혀 없었기 때문이다. 여당은 집권 이래로 공정하고 자유로운 선거를 통해 정권을 교체한다는 민주정치의 운영 원칙을 지켜본 적이 없었다. 이승만 정권을 '준경쟁적 권위주의'라 부르는 이유도 여기에 있다. 자유당은 1960년 대통령 선거에서 야당 후보가 승리할 가능성에 어떻게든 대비를 해야 했다.

1958년 대통령 선거를 2년 앞두고 자유당이 제안한 국가보안법 개정안은 언론이나 야당 세력의 반정부 활동을 북한 공산주의자들과 연관시켜 한층 더 철저하게 통제하는 데 목적을 둔 개정안이었다. 민주당은 그 개정안이 언론의 자유를 말살하고 야당을 탄압 질식시키고 국민의 공포감을 조장시키는 악법이라고 규탄하면서 저지 운동을 전개해 야당 국회의원 전원이 국회에서 농성을 시작했다.

이에 맞서 1958년 12월 크리스마스를 얼마 앞두고 정부와 여당이 국회 경호원과 외부 세력을 동원해 야당 의원들을 국회에서 강제로 끌어내는 과정에서 심한 몸싸움을 벌이게 되었고 여러 명의 야당 의원이 상처를 입고 병원에 입원하는 사태가 벌어졌다. 그 사건은 '보안법파동'이라 불렀다. 이것은 1952년 임시 수도 부산에서 이승만의 재선을 위한 헌법 개정 과정에서 야당 의원들을 감금하고 탄압했던 부산정치파동에 이어 두 번째로 일어난 대대적인 야당 탄압이었다.

1958년에는 또 하나의 언론 탄압 사건이 발생했다. 『경향신문』이 장면 부통령을 사설에서 지원하고 있다고 본 자유당은 『경향신문』의 폐간을 결정했다. 신문 폐간을 위한 법적 근거를 마련하지 못했던 자유당 정부는 해방 후 미 군정 때 제정된 언론규제법으로 『경향신문』을 폐간시켰다. 『경향신문』의 배후에 바티칸이 있는 것으로 오해했다가 그것이 사실이 아니고 단순히 한국의 가톨릭계 인사들의 신문임을 알게 된 이승만 정권은 폐간이라는 가혹한 조치를 취한 것이다.

이처럼 자유당의 야당 탄압이 심해질수록, 야당의 배후에는 주로 대도시를 중심으로 하는 지지 세력이 늘어나고 있었다. 약자를 동정하는 국민 심리가 작동한 것이다. 대도시를 중심으로 지식인과 학생층 사이에 장기 집권을 누려온 자유당의 부정부패에 대한 반감과 정부의 무능함에 대한 불만이 점차 높아졌다. 그럴수록 정권 연장을 노리는 자유당은 폭력과 탄압에 의존하려 했다.

진보 세력의 민주화 운동

이승만 정권하에서 민주화 운동의 또 하나의 줄기를 이뤄온 것은 다양한 정치적 신조와 성향의 재야 진보 세력이었다. 이들을 재야라 부르는 것은 그 세력이 원내가 아니라 원외院外, 즉 국회 밖에서 형성되었기 때문이다. 또한 민주화 달성의 방법으로 선거를 통한 정권 교체를 추구했지만 동시에 보다 광범하고 혁신적인 정치 개혁의 필요성을 강조하기도 했다. 외교 분야에서는 이승만 정권의 편향된 대미 의존도를 비판하고 중립국들과의 외교 관계 수립을 주장하기도 했다. 특히 대북 관계에서도 이승만 정권의 반공주의 노선을 비판하고 남북회담에 참석했던 김구와 김규식의 노선을 따라 민족적 대동단결을 통한 남북통일을 주장하기도 했다.

정치적 성향으로 본다면 일부는 조봉암의 진보당 세력, 해방정국에서 반이승만 노선을 취했던 세력, 그리고 특히 좌우합작이나 남북 회담을 추진했거나 지지했던 민족주의적 세력의 결합이었다. 그런 의미에서 모두가 진보적인 세력은 아니었다. 다만, 자유당이나 민주당의 정치 노선보다 대미 관계, 통일 정책, 정치 개혁, 사회 정책에서 진보적인 입장을 지녔다고 할 수 있다.

이들 재야 세력에 대해 자유당은 물론 창당 과정에서 조봉암을 제외한 전력이 있는 민주당까지도 부정적이었다. 특히 1956년 대통령 선거에서 진보당의 조봉암 후보가 216만 표를 얻자 여야 모두 충격을 받았다. 그것이 결국 조봉암의 간첩사건 연루와 그의 사형으로 이어졌고 진보당은 불법화되었다. 진보당이 불법화된 후부터 재야 세력에 대한 정권의 감시와 탄압은 더욱 강화되었으며 이들의 민주화 운동은 근본적인 제약을 받게 되었다.

그런 가운데도 재야 세력은 1960년 2월, 서상일 · 정화암 · 장택상 · 이훈구 · 박기출 등이 회합해 반독재민주수호연맹(약칭 반독민연)을 결성했다. 반독민연은 "자유당과 민주당의 부패한 사대주의 세력에 의한 국정의 농단을 막고, 양심적 민족 세력을 조직해 민주적 정치 질서와 도의적 사회 질서의 확립을 기한다"는 취지의 성명을 발표하고 1960년 3월에 있을 정부통령 선거에 대비해 장택상을 대통령 후보로, 박기출을 부통령 후보로 지명했다. 그런데 반독민연은 정부통령 선거에 후보를 등록시키지 못했다. 장택상은 자유당 정부의 회유와 압력에 굴복해 대통령 후보를 사퇴했고 박기출 부통령 후보도 그의 출마를 막기 위한 온갖 조작 때문에 후보 등록에 실패했다. 그런 가운데 재야 세력도 4 · 19의거를 맞이했다.

재야 세력은 학생의거 후인 1960년 7월 민주당이 선거에서 대승해 집권한 후 정권 교체에 따르는 과도기적 혼란 속에서 민주당 정권에 하나의 커다란 도전 세력이 되었다. 재야 세력은 이승만 정권이 실시해온 반공주의의 폐기와 남북 관계의 변화를 주장했고 통일을 위한 진보 세력의 규합도 촉구했다. 언론의 자유화를 주장하고 노동운동의 자율화도 요구했다. 민주화와 통일을 동시에 달성하려는 움직임을 보였다. 그러던 중 1960년 5월 16일, 박정희 소장이 이끈 군부가 쿠데타를 일으켜 장면 정권이 전복되면서 군부가 직접 정치를 장악하는 군부 통치하에 들어갔다.

박정희 정권하의 민주화 운동

박정희 정권하의 민주화 세력은 더욱 조직화하고 다변화되었으며 더욱 활발한 성격을 지녔다고 할 수 있다. 박정희 정권은 1960년 5월 쿠데타로 집권한 직후 모든 민간 정치인의 정치 활동을 금지했다. 동시에 쿠데타군은 지식인과 정치인 중에서 좌익 성향이 있는 인사들을 감금하고 언론인들을 간첩죄로 몰아 사형을 집행했으며 장면 정권 당시 친북 또는 좌익적인 활동을 한 것으로 간주한 재야 운동가들을 대대적으로 구속했다. 이승만 정권 당시부터 민주화 운동의 한 줄기를 이뤄온 재야 세력은 군사정부의 가장 철저한 탄압 대상이 되었다.[18]

나머지 한 줄기인 보수적인 민간 정치인들은 친군사정부 세력과 반군사정부 세력으로 갈라지는 분열을 겪어야 했다. 1963년 초, 군사정부가 민간인의 정치 활동 재개를 허용하자 반군사정부 세력으로 남은 것은 장면 정권 당시 신민당의 지도자였던 윤보선이 주도한 민정당, 이승만 정권의 붕괴 직후 과도정부 수반이었던 허정의 국민당, 그리고 장면 정권하에 여당이었던 박순천이 이끈 민주당이었다. 나머지 상당수의 구정치인이 여당인 민주공화당에 입당해 총선에 참여했다. 쿠데타 직후 철저한 통제와 탄압을 받은 재야 세력이나 특히 좌익 성향의 세력으로 간주된 세력의 정치 활동은 금지되었다. 그들 중 상당수의 지도급 인사들은 투옥됐거나 출옥 후에도 군사정부의 감시하에 있었다. 그들은 대통령 선거나 국회의원 선거 등 모든 정치 활동에서 배제되었다.

군부의 직접 통치 기간을 연장하려던 박정희의 군사정부가 미국의 압력으로 민정으로 이양하게 되면서 군부는 숙청 대상이었던 구정치인들의 정치 활동을 재개시킬 수밖에 없었다. 그리고 선거를 치르려면 그동안 군부가 부패의 온상으로 혐오해온 정당도 창당해야 했다. 민주공화당이 창설되었고 이어서 1963년 10월 15일에 있었던 직접 대통령 선거에서 공화당의 박정희 후보가 민정당의 윤보선 후보를 누르고 대통령으로 당선되었다. 최고회의라는 군사정부(1961-1963)에서 공화당 정권으로 변신한 것이다.[19]

민정 이양 후 민주화 운동의 주류를 이룬 것은 국회에 진출한 이른바 제도권의 야당 의원들이었다. 국회의 정원 175명 중에서 여당인 공화당 의원이 110석을 차지했고 나머지 의석을 민정당, 민주당, 자유민주당이 차지했다. 장면 정권하에서 반대 세력을 형성했던 민주당의 구파가 주를 이룬 민정당과 장면 정권 당시의 여당이었던 민주당은 군사 정권하에서도 여전히 경쟁과 긴장 관계를 계속했다. 1963년 대통령 선거에서 야당의 대통령 후보로 민정당의 윤보선 후보를 선출할 때도 야권 지도자들 사이에 많은 갈등과 대립이 있었다.

공화당 정권이 1964년에 추진한 한일 국교 정상화는 야당의 민주화 운동에 큰 변화를 가져왔다. 야당은 이미 1962년 중앙정보부장인 김종필과 일본의 오히라 마사요시大平正平 외상이 청구권 문제를 놓고 비밀 메모를 교환하면서 한일 문제를 타결했다는 보도가 나오자 범국민 반대 운동을 전개하기 시작했다. 정계만 아니라 종교계와 학생 그리고 민간 단체들도 반대 운동에 가세하기 시작했다.

반대 운동이 전국적으로 확대된 것은 청구권 문제를 놓고 장기간 지연돼 온 한일 협상을 중앙정보부장이 나서서 정치적으로 타결했다는 데 대한 불신과 반감만 아니라, 일제의 식민 지배하에 쌓여온 국민의 반일 감정을 없애는 데 있어서 정부나 일본 측이 아무런 성의를 보인 바 없다는 여론 때문이었다. 그런 국민의 뿌리 깊은 반일 감정이 폭발하면서 나타난 반대 운동은 비록 야당이 전면에서 주도했으나, 그들을 지지하는 학생층과 일반 시민들의 연속되는 격렬한 시위로 나타나 박정희 정권은 크게 위협받았으며 그런 반대 시위가 한국에서만 아니라 일본에서도 사회당[20]이 중심이 된 한일 수교 반대 시위로 나타나면서, 박정희 정권이 서둘러 타결을 보려는 국교 정상화의 전망을 매우 어둡게 했다.

반대 운동에 맞서서 박정희 정권은 1964년 6월 3일, 비상계엄령을 선포하고 군대를 동원하는 강력한 대응 조치를 취했다. 집회와 시위가 금지되었고 대학에 무기한 휴교령을 내렸다. 박정희 정권은 정부의 정책을 비판하는 반대 운동을 무력과 폭력으로 극복한 것이다. 그렇게 해서 박정희 정권은 학생층과 지식인층은 물론 국민의 상당수를 자신의 반대 세력으로 만드는 결과를 초래하기도 했다. 그 후 박정희 정권은 야당과의 협상을 통해 계엄령을 해제하면서 언론과 학원의 통제를 강화하기 위한 법안을 국회에서 통과시켰다. 그러나 대일 외교에 대한 반대는 대학가를 중심으로 1965년 6월 22일 한일협정(한일기본조약)이 체결될 때까지 계속되었다.

한일협정 반대 운동을 계기로 형성된 야당과 학생, 그리고 지식층을 중심으로 한 반정부 세력은 민주화를 구호로 내세우지는 않았으나 박정희 정권의 권위주의 지배에 반기를 들었고, 언론의 자유를 요구했던 언론인들도 야당의 민주화를 지원했다. 그런 의미에서 '굴욕 외교 반대 운동'은 넓은 의미에서 민주화를 위한 하나의 연합 세력을 형성할 수 있는 계기를 제공했다. 그런 세력의 활동을 막고자 박정희 정권은 모든 수단을 동원했으며 그 수법은 과거 이승만 정권과는 비교할 수 없을 정도로 무자비했다.

한일협정 반대 운동으로 촉발된 정권과 반대 세력의 첨예한 대립이 완전히 사라지기도 전에 박정희 정권은 국론 분열을 일으킬 또 다른 정치적 쟁점을 만들었다. 한국군을 월남전에 파병한다는 것이었다. 그러나 이 쟁점은 한일협정과 같은 심각한 국론 분열과 정치적 대립으로 번지지는 않았다. 일부 지식인들의 반대와 비판이 있었고 국회에서도 야당 의원들의 반대가 있었으나 한일협정 때처럼 원외 투쟁으로 번지지는 않았다. 정보를 차단한 채 정권과 군에서 은밀히 추진했기 때문이었다.

이처럼 반대 세력을 쉽게 제압할 수 있었던 이유는 여러 가지 기제를 갖춘 박정희 정권의 지배 능력도 있었지만, 한일협정 체결을 계기로 한국에 유입하기 시작한 일본 자본의 투자 효과로 한국 경제가 호전되면서, 한일협정에 반대했던 일반 국민과 기업 경영자들 사이에 긍정적인 평가가 나타나기 시작했기 때문이었다. 거기에다 이른바 '월남 특수'라는 현상이 나타나면서 박정희 정권의 업적 평가에 현저한 변화가 일어났다.

박정희 공화당 후보는 1963년에 이어 1967년 대통령 선거에서 야당의 윤보선 후보를 또다시 물리치고 제6대 대통령에 취임했다. 쿠데타로 집권한 후 7년이 지나면서 박정희 정권은 점차 쿠데타로 집권한 데 따른 도덕적 비판이나 한일협정으로 겪었던 격렬한 비판을 극복하기 시작했고 경제개발 계획을 목표대로 달성하면서 강한 자신감을 보이기 시작했다. 그런 여건과 상황 속에서 박정희 정권은 허약한 야당의 반대를 무시하고 이승만 정권의 전철을 밟으며 심지어 일부 여당 국회의원들의 반대를 무릅쓰고 1969년 박정희의 3선을 위한 헌법 개정을 강행했다.

박정희는 재선 임기가 1971년에 끝나게 되어 있었으나 헌법 개정으로 또다시 대통령 후보로 출마할 길이 열린 것이다. 자유당이 1954년 '사사오입개헌'으로 이승만 대통령의 임기 제한을 없앤 사태를 재연한 것이다. 3선까지만 허용하는 것으로도 박정희의 장기 집권을 위한 발판은 마련된 것이다. 이런 일이 벌어지고 있었는데도 한일협정 때처럼 대규모의 반대 운동이 없었던 이유는 전과는 달리 박정희 정권에 대한 찬반 여론이나 국민의 태도가 명확하게 갈라지기보다 분산됐기 때문이었다.[21]

한편, 민정 이양을 계기로 제도권 야당들과는 별도로 '정치활동금지법'에 묶여 있었던 진보적인 재야 정치인들도 군사 정권에 대한 반대 투쟁을 전개하기 시작했다. 1965년에 김철이 주도한 통일사회당이 결성되었고, 이어서 다음 해 서민호가 중심이 되어 혁신 정당을 결성하고자 진보 세력을 규합하려다 실패했다. 서로 다른 이념적 성향이 있는 여러 갈래의 진보 세력을 단일의 정당으로 묶으려다 실패한 것이다. 그 배후에는 진보 세력의 세력화를 막으려는 정부 기관의 공작도 없지 않았다.

박정희 정권에 도전했던 세력은 새로운 이름으로 바꾼 제도권 내의 신민당新民黨이라는 최대 야당이었다. 신민당은 1967년 1월, 다가올 제6대 대통령 선거에서 윤보선을 대통령 후보로 추대하는 과정에서 여러 정파가 결속해 이룬 야당이었다. 대선에서 실패한 후 신민당은 제7대 국회의원 선거에서 다수 후보를 공천했으나 131명의 공천 후보 가운데 28명만 당선되었다.

선거 후 신민당은 다른 야당 당선자들을 모아 국회에서 45석을 확보했지만, 여당인 민주공화당은 공천을 받은 131명 중 102명이 당선되었으며 전국구 당선자를 합쳐 129석을 차지했다. 대대적인 관권 총선이었다는 것이 야당의 주장이었으며 학생들과 종교 단체도 부정선거를 규탄했다. 그러나 안전하게 개헌선을 확보한 공화당은 얼마 후 박정희의 3선을 위한 개헌을 큰 저항 없이 통과시킬 수 있었다. 야당은 물론 일부 여당 의원까지도 개헌에 반대했다가 정보기관에 끌려가 고초를 당한 후 의원직을 사퇴하거나 정부 고위직에서 해임당했다[22]

1971년 대선과 민주화 운동

박정희에 대한 민주 세력의 조직적이고 본격적인 도전이 시작된 것은 1971년 제7대 대통령 선거를 얼마 앞두고서였다. 야당을 비롯한 재야의 민주화 세력이 주요 쟁점으로 삼은 것은 박정희의 영구 집권 기도였다. 공화당 정권은 그동안 이룩한 고도 경제성장을 내세우며 박정희 대통령이 계속 집권해야 한다고 주장했다. "강을 건널 때는 말을 갈아타지 않는다"는 것이 여당의 선거 구호였다.

여야 간 대결의 초점은 박정희 대통령의 장기 집권에 맞춰졌으며 '독재의 계속이냐 아니면 정권 교체를 통한 민주화냐'라는 구도로 압축된 것이다. 국민의 태도 역시 이처럼 양분되었다. 그리고 상당수 국민은 박정희의 장기 집권은 반대하면서도 야당에 대한 불신과 야당이 집권할 경우의 불확실성에 대해서 우려하는 애매한 태도를 보이고 있었다. 그러나 다른 한편 1968년 대통령 선거 때 박정희를 지지했던 절대 지지층도 흔들리고 있었다. 그래서 박정희는 장충단 공원에서 가진 선거 유세에서 "이번 한 번만 다시 선출해 달라"고 호소하는 모습을 보였다.

이승만 정권 당시에도 대통령 선거 때 대도시마다 많은 청중이 몰려와 야당 후보의 유세 연설을 들었고 상당수의 도시 유권자층이 야당 후보를 지지했다. 그것은 1950년대 일이었다. 1970년대 초에 들어선 한국 사회는 대규모 농촌 인구의 도시 이주 현상을 겪으면서 도시화에 커다란 변화가 나타났다. 따라서 도시 유권자의 규모도 크게 달라졌다. 그 중 상당수가 비기술 근로자로 정권이 선전하는 고도 성장의 혜택을 몸소 느끼지 못한 계층이었다. 그런 계층이 야당 후보에게 지지를 보내게 되었고, 특히 야당 후보의 출신 지역에서 도시로 이주한 사람들이 야당 후보와 쉽사리 공감대를 형성할 수 있었다. 이미 1970년대 초의 한국 사회는 빈부 간의 격차나 교육 수준을 반영하는 계층적 균열과 지역주의적인 대립에서 오는 균열, 독재와 민주라는 정치체제의 선택에 따른 이념적 균열을 형성하기 시작했으며 그런 균열이 정치적 갈등으로 표면화되기 시작했다.

계층적 균열, 지역적 균열, 그리고 진보 대 보수라는 일종의 정치 성향 또는 넓은 의미의 이념적 균열이 정연하게 서로 연결되거나 일관성을 가지고 여야 정치 세력으로 포진한 것은 아니었다. 그러나 크게 보아 영남 지역과 개발 경제의 혜택을 받은 계층 그리고 보수적 이념 성향을 가진 계층이 주로 여당을 지지했고, 그 반대의 경우에 속한 이들이 주로 야당을 지지했다. 지역적으로나 이념적으로나 계층적으로 나름대로 혼합적 성격을 지닌 특징이 나타나고 있었다.

1970년대 초의 시점에서 볼 때 한국 사회가 선명하게 독재냐 민주냐라는 정치적 대결 구도를 형성하고 있던 것은 아니었다. 그러나 1970년대에 들어서면서 한국 사회는 본격적으로 산업화 과정을 겪기 시작했으며, 여러모로 산업사회에서 볼 수 있는 갈등 징후들이 나타나기 시작했다. 농경사회적 성격이 강했던 한국 사회는 이제 산업화를 거쳐 지역적, 계층적, 그리고 보수와 진보라는 정치적 성향을 바탕으로 한 균열 구조를 형성하기 시작한 것이다.

1970년대와 1980년대에 이르면서 군부 권위주의적 지배와 그 반대 세력 사이의 첨예한 대결이 보다 선명하게 드러나기 시작했다. 1971년 대선은 그런 정치적 대결 구조의 시험대였다. 가장 중요한 선거 쟁점은 박정희의 장기 집권이었다. 박정희 정권이 이룩한 경제개발에 대해 긍정적이면서도 장기 집권 가능성을 우려하는 사람이 많았다.

박정희 정권하에서 마지막 대통령 직접 선거가 돼버린 1971년 4월 27일의 제7대 대통령 선거는 여야가 조성한 세력들이 공정하게 대결하는 경쟁의 장으로 승화할 수 있는 마지막 기회였다.[23] 그러나 선거는 매우 혼탁한 분위기 속에서 진행되었다. 1969년 박정희의 3선 출마를 허용하기 위한 개헌까지 강행했고 정권을 야당에 넘겨줄 의사가 없었던 정부와 여당은 자유롭고 공평한 경쟁을 허용할 리 없었다.

정권을 야당에 넘겨줄 때 따르는 부담을 잘 아는 박정희 정권은 재집권을 위해 야당을 제압하고 박정희의 당선을 확정 짓고자 막대한 자금과 정부 조직을 총동원했다. 박정희 후보는 제2차 경제개발 5개년 계획의 완성, 평화통일 추진, 중립국 외교 확대, 4대 하천 개발 등을 공약으로 내세웠지만, 야당인 신민당의 김대중 후보는 대중경제론, 행정 개혁, 중앙정보부 해체, 학생 군사훈련 중지, 향토예비군 폐지, 미·소·중·일 4국에 의한 한반도 안전보장을 공약으로 내세우며 박정희가 종신 총통제를 할 기회를 노리고 있다고 폭로했다. 김대중 후보의 주장은 박정희의 1972년 유신체제의 도입으로 사실임이 드러난 셈이다.

야당의 김대중 후보는 점차 표면화하기 시작한 계층적, 지역적, 이념적 균열을 보다 명확한 문제로 부각시켜 그것을 자신의 선거 쟁점으로 삼는 능력을 과시함으로써 경쟁자인 박정희 후보 진영에 매우 위협적인 도전자가 되었다. 그 후 대선에서는 낙선했지만 야당 내에서의 김대중 후보의 입지는 보다 강화되었다. 야당의 40대 기수로 알려진 김대중, 김영삼, 이철승 중에서 선두 주자로서의 이미지를 굳힐 수 있었다.

신민당이 김대중을 대선 후보로 선출했을 때 선명 야당론을 주장했던 윤보선이 이끈 국민당은 박기출을 대통령 후보로 선출했다. 박기출 후보는 과거 조봉암의 진보당에 참여했던 의사 출신의 진보적 정치인으로 윤보선은 그를 후보로 추천하면서 일부 제도권 야당만 아니라 재야 인사들도 규합할 수 있기를 기대했으나 국민당 내부의 강력한 반대에 부딪혀 박기출 후보는 결국 도중 사퇴하고 말았다. 그로서 1971년 대선에서 재야 세력의 대통령 선거 참여는 완전히 봉쇄되었다. 재야뿐 아니라 제도권 야당에도 1971년 대통령 선거는 합법적인 민주화 운동을 전개할 수 있는 마지막 기회였다. 다음 해인 1972년 유신체제가 선포되면서 대통령 직선제는 폐지되고 정권에 충성을 서약한 선거인단이 대통령을 선출하게 되었기 때문이다.

1971년 대통령 선거는 다른 어느 대선 때보다 치열했다. 야당의 젊은 40대 후보 김대중이 주장한 선거 공약들이 참신하고 정권의 정책에 정면 도전하는 내용을 담았기 때문이기도 했지만, 여야 후보의 출생지가 각각 영남과 호남이었다는 것이 선거를 더욱 격화시키는 결과를 낳았다. 두 지역의 유권자들이 배타적으로 뭉쳐 자신들의 후보들을 지원했다. 오늘날 '망국병亡國病'이라고까지 불리는 동서東西 지역 간의 대립과 갈등이 한국 정치사에 첫 뿌리를 내리게 된 것이다.

선거 당시 뚜렷이 모습을 드러낸 지역 간 갈등은 선거 후에도 두 지역 주민 사이에 뿌리 깊은 상호 불신과 혐오감을 남겨놓았다. 이후에도 그 갈등은 해소되지 않았고 심지어 민주화를 추진했던 김영삼 정권과 김대중 정권을 거치면서도 해소되지 않은 채 정치발전을 해치는 요인의 하나가 되었다. 동서 지역 간 갈등은 1971년 대선에서 패배한 신민당의 결속을 더욱 약화시키기도 했다.

막강하고 철통 같은 조직력을 갖춘 여권에 대항해야 할 야당은 김영삼·

김대중·이철승이라는 소위 40대 기수들 사이의 경쟁만 아니라 영호남의 지역적 갈등 때문에 파벌 투쟁을 일삼았고 그런 상황을 이용한 여권(특히 정보기관)의 정치 공작으로 "낮에는 야당 밤에는 여당" 이라는 평판이 나돌 정도로 야당의 위신과 이미지는 실추되었다. 그 결과 제도권 야당은 집권 능력은 말할 것도 없고 야당으로써 정권에 맞서 투쟁할 의지조차 갖추지 못한 채 사분오열된 파벌 연합체로 와해되고 말았다.

더구나 야당은 국회를 무대로나마 합법적인 민주화 운동을 벌일 수 있는 기회마저 잃었다. 1972년 선포된 유신헌법은 국회에서 절대적인 다수 의석을 확보하고자 간선제로 뽑힌 유정회 회원으로 국회 정원의 3분의 1을 채우도록 했다. 한편, 종전의 1구 1인의 소선거구제를 폐지하고, 1구 2인의 중선거구제를 시행함으로써 한 선거구에서 여야 후보가 동반 당선될 가능성을 열어주었다. 중선거구제하에서 야당 후보가 한 선거구에서 2명 모두 당선될 가능성은 희박했고 따라서 모든 선거구마다 야당 후보가 1명씩 당선된다 하더라고 절대 국회 정원의 3분의 1 이상은 차지할 수 없었다. 야당이 다수가 되는 것을 원천봉쇄한 것이다. 박정희 정권은 국회 정원의 3분의 2를 무조건 확보해 절대적으로 행정부에 종속되는 입법부를 구성한 것이다.

재야는 물론 제도권의 야당마저 합법적으로 민주화 운동을 추진할 가능성이 봉쇄되자 유신체제하에서의 민주화 운동은 자연히 장외 투쟁 방식으로 전환되기 시작했다. 그리고 장외 투쟁을 통해 유신 정권에 도전한 세력은 인권과 민주 회복을 앞세운 종교인과 자유주의적 지식인, 그리고 그들을 따른 학생운동가student activists들이었다. 그들을 가리켜 어떤 사람들은 도덕주의 세력이라 부르기도 했다.

그런 재야를 가리켜 '도덕주의적' 이라고 할 수 있는 이유는 유신 정권에 맞서 싸운 세력이 내세운 반정부 비판이 유신 정권이 이룩한 경제개발의 성과나 질을 따지는 일이 아니라, 정권의 '도덕성과 합법성' 에 대한 비판이었기 때문이다. 재야 세력은 경제성장에 의한 정당성만을 가지고는 유신헌법을 비밀리에 만들고 하루아침에 계엄령을 펴고 강압적인 분위기 속에서 국민투표라는 형식을 거쳐 수립한 유신 정권을 정당화할 수 없다고 보았다. 유신 정권의 원천적인 문제를 도덕성과 합법성 문제라 본 것이다.

도덕주의라는 용어는 잘못하면 독선주의라는 부정적인 것으로 이해될 수도 있다. 그러나 확신에 찬 도덕주의자는 용기가 있다. 이들은 자신이 믿는 것에 대해 어떤 희생도 감수할 용기를 가진 사람들이었다. 혹자는 그런 자세를 '순교자 정신'이라고도 한다. 유신헌법이 선포되고 모든 정치 활동이 법으로 금지되었을 뿐 아니라 유신체제에 대한 어떤 반대도 허용하지 않으려는 정권에 대해, 1971년 11월 함석헌 · 김재준 · 천관우 외 15명의 종교인과 지식인은 '민주 회복을 요구하는 시국선언문'을 발표했다. 이어서 여러 대학에서 학생들의 민주 회복을 위한 데모가 일어났다. 기자들도 언론의 자유를 부르짖으며 시위를 벌였다. 윤보선 · 백락준 · 김수환 추기경 등이 유신체제 폐지와 대통령 면담을 요구했다. 신민당의 부당수 김영삼도 기자회견에서 유신헌법의 개정과 중앙정보부의 폐지를 요구했다.

유신헌법 선포 후 계속된 반유신 운동과 민주 회복 운동이 절정에 달한 것은 1974년 함석헌 · 김재준 · 장준하 같은 재야 지도자들이 주도한 유신헌법 개정 청원을 위한 100만 명 서명 운동이었다. 그것이 많은 사람의 호응 속에서 전국적으로 퍼져나가려는 기미를 보이자 박정희 대통령은 특별 담화를 발표한 후, 모든 반유신 운동을 금지하는 긴급조치령을 공포했으며 그것을 위반한 이유로 장준하를 구속해 비상 군법회의에 넘기고 장준하와 백기완을 징역 15년의 중형에 처했다.

1974년 초, 긴급조치 1호가 발령된 후 34명의 학생, 목회자, 지식인, 정치인이 군사재판에서 유죄 판결을 받았고, 1974년 4월 전국민주청년학생총연맹(민청학련)의 이름으로 유신체제를 규탄하는 유인물이 나오자 유신 정권은 긴급조치 4호를 발령해 위반자를 사형에 처하기로 하고 관련자 180여 명을 검거했다.[24] 그중에는 한국에 유학하던 일본인 학생 2명도 포함되었다.

긴급조치란 유신헌법이 대통령에게 부여한 국가 위기 시 행사할 수 있는 최대한의 권한이었으나 그것으로도 민주 회복을 요구하는 재야 인사들과 학생운동가들의 반대를 꺾지는 못했다. 유신 정권은 긴급조치 1호에서 9호에 이르기까지 반대 세력을 더욱 포악하고 강압적인 방법으로 제거하려는 조치를 취했으나 긴급조치 위반자가 늘어날수록 그 조치의 효력이나 구속력은 사라지게 되었다.

긴급조치 위반으로 구속되는 목회자, 지식인, 학생, 정치인의 수가 늘어날수록 그들의 석방을 요구하는 가족이나 친구 그리고 그들에게 동조하는 사람들의 집단적인 움직임도 활발해졌다. 석방을 위한 서명 운동과 구속자 가족들의 집회(기도회)가 계속되었다. 위반자를 사형에까지 처하도록 규정한 긴급조치하에서도 종교계와 대학가에서는 유신 철폐를 요구하는 시위가 끊이질 않았다. 유신 반대 운동은 언론계에도 번져 『동아일보』 기자들이 '자유언론 실천선언'을 발표했고 뒤이어 『조선일보』, 『중앙일보』, 『한국일보』, 『경향신문』, 기독교방송, 문화방송, 동양방송과 지방의 신문사들도 언론 자유를 요구하는 집회를 열었다. 그 결과 수많은 언론인이 구속되거나 해직을 당했다.

이처럼 반유신 투쟁이 확대되자 1975년 1월 박정희는 유신헌법의 존속을 묻는 국민투표를 하고 부결되었을 때 즉각 하야하겠다는 특별 담화를 발표했다. 단순히 유신헌법 존속에 대한 찬반을 묻는 것이 아니라, 대통령의 하야를 결부시킴으로써 국민들 사이에 불안감을 조성하면서 유신체제에 대한 지지를 얻으려는 속셈이었다. 그러나 국민의 압도적인 지지는 얻지 못했다. 전체 유권자 1천679만 명 가운데 79.8%인 1천 340만 명이 투표하고 이들 중 980만 명이 지지했다. 반대표와 기권표를 합치면 전체 유권자의 40%가 유신에 대해 반대하고 있음을 보여주었다. 유신 정권은 강압적인 방법으로 공포 분위기와 정치적 불안을 조장한 속에서 국민투표로 국민 다수의 찬성은 얻었지만 그것으로 유신 정권의 정당성을 정면으로 부정하고 흔들려는 반대 세력을 제압할 수는 없었다. 국민투표에서 신임은 얻은 후 유신 정권은 긴급조치 위반으로 복역 중이던 일부 정치범을 석방했으나 그것으로 유신체제에 도전하는 민주화 세력을 제어할 수는 없었다.

국외에서도 유신체제에 대한 비판의 목소리가 점점 높아갔다. 유신 정권을 가장 강하게 비판한 것은 역시 미국의 언론인과 대학교수 등 지식인층이었다. 그들이 문제 삼은 것은 유신 정권의 인권 탄압이었다. 목회자와 학생들 그리고 언론인을 포함한 지식인들이 긴급조치 위반으로 투옥되었을 때 민국 언론은 그것을 크게 기사화했다. 그것은 자연히 미 의회와 정부 인사들에게도 한국 사태의 심각성을 알리는 결과가 되었고, 1974년엔 한국에서 인권 문제가 개선되지 않으면 미국의 원조를 삭감해야 한다는 도널드 프레이저Domald Fraser 하원의원의 제안이 하원을 통과하기도 했다. 프레이저 의원은 박동선 사건이 터졌을 때 하원조사위원장을 맡았던 인물이었다.

일본에서는 김대중 납치사건 이후 야당이 앞장서 유신 정권을 비난했고 한때 한일 관계가 크게 악화한 적도 있었으나 유신체제에 대해서는 일본 정부는 한국의 국내 문제라는 이유로 침묵을 지켜왔다. 그러나 민청학련 사건으로 일본인 학생 2명이 20년 징역이라는 중형을 받게 되면서 사회당과 야당을 중심으로 또다시 유신 정권에 대한 비판이 거세게 일어났다. 일부 일본인 지식인들이 나서서 긴급조치 위반으로 복역 중이던 김지하 시인에 대한 구명 운동을 추진하기도 했다.

국내외에서 유신 정권에 반대하는 세력이 한국정부의 인권 탄압을 가장 심각한 쟁점으로 삼고 비판하는 데 비해, 미국정부나 일본정부의 기조는 인권 문제보다 안보에 있었다. 미국정부는 미군이 한국에 주둔하는 이유가 한국의 인권 신장이 아니라 한국의 안보를 위한 것이라는 입장을 취하고 있었다. 일본정부 역시 일본이 한국에 관심을 두는 이유는 안보와 경제 때문이라는 입장을 취하고 있었다. 유신 정권도 인권 문제는 국내 문제이고 외국이 간섭할 문제가 아니라는 주장을 내세웠다.

당시는 미국과 소련 간의 냉전체제가 계속되고 있었던 시기로, 미국정부의 주요 관심은 한국의 안보 상황이었다. 한국에서 정치적 불안이 심화할수록 한국에 주둔하고 있는 미군의 안전도 큰 관심사가 되었다. 미국 내에선 한국에 정치적 소요 사태가 일 경우 주한 미군의 안전이 걱정된다는 여론이 일고 있었으며, 최악의 경우를 가상해 주한미군의 전면 철수를 주장하는 세력도 있었다.

하나의 은유를 써서 박정희 정권 시대의 정치 상황을 논해본다면, 박정희 정권은 공화당 정권과 후에 유신 정권을 세우면서 하나의 커다란 둑을 쌓아 그 안에서 생기는 반대 세력이나 민주화 운동이라는 물이 그 둑을 깨고 새나가는 것을 철저히 막으려고 했다. 그가 쌓은 둑은 높고 견고한 것이었지만 완전무결하고 탄탄한 것은 아니었다.

공화당 정권 때도 그랬지만, 특히 유신 7년 동안에 수많은 시련과 도전을 받는 과정에서 박정희 정권이 쌓은 둑의 여러 곳에 구멍과 금이 생기기 시작했다. 쿠데타 후부터 시달려왔던 정권의 정당성 문제에서 생기는 구멍과 금이었다. 특히 유신체제를 수립하면서 그것들은 더욱 크게 뚫리기 시작했다. 유신체제 후, 박정희 정권이 철통같이 쌓았다고 여겨온 둑 일부가 갈라지면서 둑을 통해 민주화의 물줄기는 터져나오기 시작했다. 만일 그렇게 분출하는 민주화 요구의 물결을 철저하게 막으려만 하지 말고 한쪽을 열어주어 민주화의 물꼬를 터주었다면 한국 정치의 향방은 달라졌을 것이다.

그러나 박정희 정권은 오히려 금이 간 둑을 더욱 철저히 보수하고 더 높게 쌓는 노력만 계속했다. 권위주의 정권이 처한 심각한 딜레마 때문이었다. 둑의 높이를 낮추거나 물꼬를 터주어 민주화의 물이 자연히 흘러가도록 하면 그런 물줄기의 강도를 통제할 수 없다는 우려가 있었다. 터주기도 그렇고 안 터주기도 그랬다. 일단 조금씩이라도 물이 흐르도록 내버려두기 시작하면, 결국은 그런 물이 넘쳐흘러 둑 자체를 무너트리고 홍수를 이뤄 자기들마저 물에 휩쓸려 갈 수 있다는 위험 부담 때문에도 둑의 높이를 내리지 못한 것이다. 그런 동안에 둑의 여러 군데에 더 큰 금이 가기 시작했고, 결국은 유신 체제 창설자의 죽음과 함께 둑 자체도 무너져내리는 결과를 가져오게 된 것이다. 정권의 장기화를 노렸던 박정희 정권의 제도화 시도가 실패로 돌아간 것이다.[25]

10 · 26대통령시해사건 후 민주화의 물결이 둑을 넘어 거세게 흐르기 시작하면서 여러 세력이 저마다 사태를 수습하고자 움직였다. 야당과 재야 세력은 그들을 가로막아온 둑 자체를 완전히 부숴버리고 새롭게 둑을 쌓아올리자고 주장했고, 누가 그 역할을 맡느냐를 놓고 서로 승강이를 벌였다. 서로 같이 쌓으면 되는데도 구태여 자기만이 그 역할을 해야 한다고 하는 사이에 둑에서 나오는 물의 수위는 걷잡을 수 없을 정도로 높아갔다.

반대로 일부 극단적인 생각을 하는 사람 중에는 둑을 그대로 두어야 할 뿐 아니라 그것을 다시 보수하고 그 속에 더 많은, 새로운 물을 넣어야 한다고 생각하는 세력도 있었다. 그런 사람들의 눈에는 둑 안의 물이 민주화라는 독소에 '오염'돼 있어서 새로운 물로 갈아야 한다고 생각했을 것이다. 1980년 초 '서울의 봄'이라 불리던 한국의 정치적 상황은 매우 유동적이고 앞날을 예측할 수 없는 전환점에 놓여 있었다.[26] 제2의 쿠데타를 일으킨 전두환 장군의 이른바 신군부는 "혼란으로부터 국가를 보위한다"는 구실을 내세워 간선으로 대통령에 당선되었던 최규하 대통령을 강제로 하야시키고 또 하나의 군부 권위주의 정권을 수립했다.

전두환 정권하의 민주화 운동

유신체제는 관료적 권위주의 정권이 아니라 단순한 강성 권위주의 또는 일인 독재체제였다는 것이 학계의 폭넓은 의견이다. 관료적 권위주의 개념을 제시했던 아르헨티나의 오도넬 교수도 한국에서 열린 학술회의에서 한국은 그 개념을 적용할 수 없음을 지적한 바 있다.[27] 그렇다면 유신체제가 관료적 권위주의 정권이 아니었던 것처럼, 전두환 정권도 관료적 권위주의 정권은 아니다. 전두환 정권은 1979년 12·12사태라는 하극상 사건을 일으켜 육군 참모총장을 구속한 후 정규 육사 출신이 아닌 장성들을 거의 다 예편시키면서 정규 육사 출신자 중 12·12사태 때 공을 세운 자들을 대폭 진급시켜 새로운 군 수뇌부와 주요 지휘관 자리에 배치했다.

전두환 정권은 박정희 시해사건 뒤에 생긴 정치적 공백과 혼란 속에서 등장한 또 하나의 군부 권위주의 정권이었다. 유신체제 때인 1970년대 중반에 들어서서, 군부 내에는 군의 공식적인 위계질서 이외에 정치 장교로 구성된 '하나회'라는 사조직과, 청와대 경호실장으로서 박정희 대통령의 두터운 신임을 업고 군부에 막강한 영향력을 발휘하던 차지철이 이끈 대통령 경호실 조직 및 차지철에게 충성을 약속한 공수부대가 또다른 군부 실세로 존재했다.

항간에 육군참모총장도 차지철 실장을 만나면 경례를 했다는 소문과, 차지철 실장이 경호실 행사 때 네 개의 별이 붙은 지프를 탄다는 소문도 떠돌았다. '하나회'나 차지철 실장 휘하의 조직들은 서로 박정희 대통령을 향해 격렬한 충성 경쟁을 벌이고 있었다고 할 수 있다. 박정희는 그런 조직을 묵인했을 뿐 아니라 은연히 후원해주었다고 볼 수 있다.

군 수뇌부 고위층의 처지에서 볼 때 공식적인 군조직과 별도로 그와 같은 사적 성격의 위계질서가 군 내부에 존재하는 것은 군의 기강과 질서를 교란시키는 부정적인 것이었다. 그러나 두 조직의 배후에 대통령이 있는 만큼 그것을 정면으로 비판하고 나오기는 어려웠다.

박정희 대통령은 하나회에 대한 보고를 받고 처음에는 크게 노해 당장 해체할 것을 명령했으나 시간이 지나면서 하나회는 다시 살아나게 되었고, 그 조직을 이끌던 전두환 장군이 군 요직에 오르면서 조직 기반은 더욱 탄탄해졌다. 전두환은 정규 육사 출신 장교 중 수석 졸업자나 성적 우수자 가운데 특히 영남 출신을 골라 하나회에 가입시켜 직접 관리하는 일을 계속했다.

1979년 10월 26일, 박정희 대통령이 김재규 중앙정보부장에게 시해당하고 그 자리에 동석했던 차지철도 함께 살해당할 당시 전두환은 군의 막강한 정보기관인 육군보안사령관 자리에 있었다. 전두환은 한때 차지철 실장 시절 대통령 경호실에 근무한 적도 있어서 차지철 실장과 가까운 사이였다. 졸지에 평소 가장 존경해온 두 상관의 죽음은 전두환 장군에게 큰 충격을 주었을 것이다.

전두환은 보안사령관으로 대통령 시해 사건을 직접 조사 지휘하는 과정에서 국민의 이목을 끌게 되어 지명도가 높아졌다. 그럴수록 군부 내에서 그의 거취를 둘러싸고 상당한 논란이 있었다. 특히 시해 사건 후 군 수뇌부의 고위층이 유신체제를 유지하기 어렵다는 판단을 하고 민주화로의 선회가 불가피하다고 보는 경향을 나타냈으나, 전두환은 다른 의견을 가지고 있었으며 군 지휘관 회의에서 유신체제를 옹호하는 발언을 했다는 소문도 나돌았다. 또한, 전두환이 어떤 정치적 야심을 가진 것이 아니냐는 추측이 나돌면서 군 고위층은 그를 동해사령부 사령관으로 전출시키려 했다. 그것을 미리 알아챈 전두환은 선수를 쳐 1979년 12월 12일, 정승화 육군참모총장을 대통령 시해 사건의 공범으로 몰아 체포함으로써 또다른 쿠데타의 서막을 연 것이다.

여하튼 전두환 소장이 이끈 부대는 12월 12일을 기해 육군 수뇌부의 장성들을 구속하고 예편시킨 후, 자신의 지지 세력을 군 요직에 임명한 후 혼란을 거듭하던 국내 정세를 엿보다가 5월 17일 최규하 대통령을 하야시키고 전국에 계엄령을 선포하면서 정권을 장악했다. 1961년 박정희 소장이 이끌었던 쿠데타를 되풀이하듯 이번에는 전두환 육군 소장이 이끈 군부에 의해 제2의 쿠데타 정권이 등장한 것이다.

5·16쿠데타 때와 유사하게 전두환의 이른바 신군부는 부정부패의 일소와 사회 정화를 쿠데타의 동기와 집권 목표로 들고 나왔다. 대표적으로 김종필과 박종규를 부정축재자로 구속하고 그들의 재산을 환수하려 했다. 그동안 집권해온 공화당을 위시한 집권 세력의 부정과 부패를 척결함으로써 박정희 정권과 차별화하려고 했다. 그러나 실제로 전두환 정권은 이전 정권처

럼 군부 권위주의 정권이라는 범주에서 벗어날 수 없었다. 사실상 박정희의 유신체제를 본뜬 유신체제의 아류였다.[28] 다만, 유신체제 시절 국회의원 의석수의 3분의 1을 차지한 유정회라는 박정희의 근위병 노릇을 한 조직을 해체한 것이 유신 정권과 다른 점이었다.

전두환 정권은 집권 후 야당 세력을 통제 억압하는 가운데 여당으로 민주정의당(민정당)을 창설하고 국회의원 선거를 거쳐 다수 의석을 차지했다. 외면상 복수 정당제를 갖춘 것처럼 보였다. 그러나 정통 야당을 이끌어왔던 김영삼은 정치 활동이 금지되어 연금 상태에 있었고 김대중은 국가 반란죄로 구속된 후 군법회의에서 사형선고를 받아 복역 중이었다.[29] 정적을 묶어놓은 채 반대 없는 권위주의적 지배를 하려고 한 것이다.

전두환 장군은 유신 정권 때의 박정희처럼 장충체육관에 통일주체대표회의의 대표들을 모아놓고 대통령으로 추대 당선되었다. 당시의 상황으로 보아 전두환 소장이 직선제로 대통령에 당선될 가능성은 없었다. 과거와 같이 중앙정보부와 보안사령부 그리고 경찰 등 중요한 정보 조직이 전두환 정권을 지탱했고 군부(특히 육군)는 하나회 소속 장교들이 장악하게 되었다. 하나회는 12·12사태 때 전두환 장군을 도와 제2의 쿠데타를 일으킨 주동 세력이었다. 전두환은 집권 후 이들 하나회 소속 장교들을 몇 계급씩 특진시켜 군의 요직을 장악하게 했다.

전두환 소장의 제2쿠데타가 있기 전까지도 참모총장과 군 사령관, 그리고 군단장급의 군 수뇌부의 절대다수는 비육사 출신이었다. 전두환 소장과 노태우 소장 등만이 정규 육사 1기생으로 보안사령관과 야전 사단장직을 맡고 있었다. 전두환은 쿠데타 직후 강제로 이들 비육사 출신 장군들을 군에서 추방하는 모욕적인 조치를 취하기도 했다. 그들을 추종했던 측근 세력들도 함께 좌천시키거나 퇴역시켰다.

전두환 정권을 유신체제의 아류 정권으로 규정했지만, 전두환 정권은 이미 많은 사람으로부터 배척받아온 유신체제를 계속 유지할 수 없었다.

과거 박정희 정권이 추구한 것처럼 전두환 정권도 지속적인 경제성장을 목표로 내세우고, 기업들의 활동을 지원하고자 수많은 규제를 폐기했으며 기업이 더욱 자유롭게 활동할 수 있는 환경을 조성하는 데 주력했다. 동시에 1988년 올림픽 경기를 유치하는 데 성공했다. 이처럼 정권의 입지를 강화하기 위한 몇 개의 중요한 과제를 달성하는 성과를 거두었음에도 정권을 반대하는 세력의 기세는 꺾이지 않았다. 오히려 집권 얼마 후부터 허약한 정권의 기반을 흔드는 사건들이 연이어 터져나왔다. 대통령 부인의 아버지가 연루되거나 대통령의 동생, 그리고 부인의 삼촌 등이 연루된 갖가지 비리사건이 보도되면서 정권에 대한 국민의 불신이 높아갔다.

전두환은 과거 박정희의 구태의연한 통치 양식을 답습했다. 공화당 시절이나 유신체제 때의 박정희는 막대한 정치자금을 걷어들여 그것으로 여당을 통제하고 야당의 반정부 활동을 약화시키는 데 사용했다. 그 자금원은 방대한 액수의 차관을 도입하는 과정에서 얻은 리베이트와 대기업에서 정기적으로 받은 정치 기부금이었다. 박정희는 돈으로 지지 세력(특히 군부)을 확보하고 반대 세력을 회유함으로써 자신의 정권을 유지한 것이다.

그런 수법을 전두환 정권도 답습했다. 대기업으로부터 기부금을 받거나 특정 기업에 특혜를 주어 반대급부로 많은 불법 정치자금을 얻어냈다.[30] 그 역시 막대한 정치자금을 그가 창설한 민정당을 유지하기 위해서나 국회의원 선거에서 여당 후보를 지원하기 위한 자금으로 사용했다.

그런데 전두환 정권은 광주 학살과 같은 엄청난 사건 때문에 박정희 정권보다 광범하고 과격한 저항 세력을 조성하면서 출발했다. 박정희 정권은 유신체제를 강행하는 과정에서 수많은 비판 세력을 탄압하고 투옥함으로써 심각한 정치적 균열을 조성했으나 군부 내의 균열은 조성하지 않았다. 그러나 전두환 정권은 유신체제하에 조성된 정치적 균열에 추가해서 광주 학살을 계기로 뭉친 강력한 저항 세력과의 갈등만 아니라, 군부 내에도 하나회와 비정규 육사 출신 사이의 균열을 조성하는 결과도 가져왔다. 전두환 정권이 구성한 군 수뇌부의 장성급 장교들이 대개가 하나회 회원이었고 그들 중 다수가 영남 출신이었다는 점에서 전두환 정권은 박정희 정권보다도 지역주의적 색채가 훨씬 농후한 정권이었다.

전두환 정권이 시작된 후부터 한국에는 과거 어느 때보다 날카로운 사회 정치적 균열이 돌출하기 시작했다. 여러 가지 균열이 복합적으로 정권에 압박을 가했다. 지역적 균열과 군부 대 민간의 균열, 그리고 군부 내에서도 정규 육사 출신과 비정규 육사 출신 장교들 간의 반목과 갈등이라는 또 다른 요소가 추가되었고 이미 유신체제 때 지하로 숨어든 노동 세력이 강력한 반체제 집단으로 세력화하는 조짐을 보이기 시작했다.

앞서 제7장에서 박정희 정권의 성격을 논하면서 '개발주의 국가'라는 개념과 '군부 권위주의 체제'라는 동의 개념을 사용한 바 있다. 그리고 체제의 구성 요소로서 펨펠[31]이 현대 일본 정치체제의 변화를 다루면서 제시한 '공공 정책 패러다임', '제도적 장치', '사회 경제적 균열'이라는 주요 변수를 한국에 적용하면서 개발주의 국가로서의 박정희 정권의 특성을 논했다.

박정희 정권의 아류였던 전두환 정권 역시 이전부터 구축해온 사회 경제적 지지 세력을 바탕으로, 경제개발 정책의 패러다임과 기존의 권위주의적 지배 장치를 계속 유지하고자 했다. 전두환 정권은 새로운 공공 정책 패러다임을 수정하거나 폐기 또는 새로운 사회 경제적 세력을 정치적으로 수용하거나 기존의 정치적 지배 구조를 바꾸지 않았다. 경제 정책에서 민간 기업의 자유화를 위한 부분적인 수정을 했을 뿐이었다. 전두환 정권은 박정희 정권의 모사模寫에 지나지 않았다 해도 과언이 아니었다. 그래서 전두환 정권은 박정희 정권 말기에 이르러 이미 힘과 여세momentum를 얻고 있던 민주화 추진 세력의 도전뿐 아니라 광주 학살을 계기로 급속하게 번져나간 과거 유례없는 격렬한 반정부 세력의 도전도 받아야만 했다.

전두환 정권에 정면 대항하고 나온 세력은 대학을 거점으로 한 학생운동권이었다. 특히 광주 학살 사건을 겪은 후의 학생운동의 성격은 이전과는 다른 매우 과격한 것이었다. 그리고 그것을 주도한 학생 가운데 상당수가 좌경화된 이념으로 무장한 학생들이었다. 언론은 그들을 가리켜 '운동권'이라 했다.

학생운동권의 좌경화 현상은 광주 학살 사건과도 무관하지 않았다. 매우 탄압적이었던 유신체제하에서도 학생운동권의 지상 목표는 유신체제를 철폐하고 대통령 직선제를 통해 민주화를 달성하는 데 있었다. 그런 점에서 유신체제 아래의 학생운동권은 기득권 내의 야당 세력의 민주화 노선과 맥을 같이하면서 야당과 공동전선을 펼 수 있었던 세력이었다. 야당 지도자였던 김대중이나 김영삼의 반유신 투쟁에 가담하기도 했고 또 독자적으로 반유신 운동을 펴기도 했다.

그런데 1980년 봄, 전두환 정권의 등장으로 '서울의 봄'이 무산된 후 학생운동의 주도권은 더욱 과격한 세력에게 넘어갔다. 온건하고 거리시위를 수단으로 하던 민주화 운동이 아니라 정권을 전면적으로 부정하고 나아가 과격한 행동주의적 이념으로 무장한 학생들이 반정부 운동을 이끌기 시작했다. 어떤 외국 정치학자의 표현을 따른다면 이들은 야당이 아니라 박해받는 반대 세력persecuted opposition의 범주에 속하는 정권 반대 세력이 되었다.

그리고 일부 좌경화된 학생들 사이에서는 학생운동을 과거처럼 자유민주주의를 회복하기 위한 소극적 반독재 운동이 아니라, 한국 사회의 구조적 변혁을 달성하고 전두환 정권을 부추겨온 미국에 대한 반미 운동까지도 행동 목표로 삼는 과격한 운동으로 발전시키려는 움직임도 보였다. 그 결과 학생운동권 내부에서도 서로 다른 이념적 입장에 따르는 학생 간에 대립이 나타나 운동권 지도부 내의 좌경화된 파벌 사이에 주도권 싸움이 벌어지기도 했다.

그처럼 학생운동이 극단적이고 좌경화되는 가운데 여러 명의 학생이 자살하는 사건이 일어났다. 또한, 과격한 시위를 저지하려는 경찰에 의해 사망하거나 중상을 입는 일이 빈번히 일어났다. 박종철의 사망처럼 시위 도중 경찰에 의해 체포되어 조사를 받는 과정에서 고문으로 사망하는 사건도 발생했다. 그런 사건이 계속 일어날수록 학생운동은 더욱 과격한 양상을 띠었다.

집권 초부터 학생운동에 강력한 탄압 자세를 취해온 전두환 정권은 집권 중반에 태도를 바꿔 일종의 포용 정책을 쓰려고 했다. 그동안 엄격하게 통제해온 마르크스주의 계열의 서적들에 대한 금서禁書 조치를 해제했다. 그러나 그 결과는 의도한 바와는 반대로 더욱 많은 학생의 좌경화를 자초했다. 대학가에서 독서회라는 명목으로 운동권 학생 사이에 좌익 서적을 탐독하는 여러 가지 동아리가 우후죽순처럼 생겨났고 그것이 학생운동 세력의 충원을 위한 중요한 조직 기반이 되었다.

전두환 정권의 집권 중반기에 들어서면서 학생운동과 더불어 기존의 야당 세력과 유신체제부터 정권을 비판해온 종교 단체들이 가담한 더욱 광범한 반정권 세력이 형성되었다. 1985년 2월 12일에 있었던 국회의원 선거에서 강성 야당으로 변신한 신한민주당(신민당)은 67석을 차지하고 민한당과 국민당의 당선자를 영입해 국회 내에 103석을 차지함으로써 148석을 차지한 여당인 민정당에 대항하는 제1 야당으로 부상했다. 정치권 내에 여당과 야당으로 구성되는 두 개의 큰 세력이 대립하게 된 것이다.

유신체제의 아류로 볼 수 있는 전두환 정권은 유신 정권 때와 유사하게 친정부 세력과 반정부 세력 사이에 타협할 여지가 없이 날카롭게 대립하는 정치적 갈등 구도를 고착시켰다. 그 두 세력이 타협책을 찾아 불안한 정국을 타개할 가능성은 매우 희박했다. 그런 불안한 정국은 1986년 이후 1년 동안 계속되었다.

왜 1980년대 후반에 민주화가 시작되었나

앞서 한국의 민주화와 관련해 두 가지 질문을 제기한 바 있다. 첫 번째 질문은 전두환 정권은 어떤 정권이냐는 것이다. 두 번째 질문은 왜 1980년대 후반에 와서 민주화로의 이행이 시작되었느냐 하는 것이다. 1950년대는 말할 것도 없지만 군사 정권 시대인 1960—70년대에도 민주체제로의 전환을 실현할 수 없었던 민주화 세력이 어떻게 해서 1980년대 말경에 와서 민주체제로의 전환이라는 커다란 변화를 이룰 수 있었느냐 하는 질문이다.[32]

우선 지적할 명백한 사실은 한국의 민주화는 정권에 의해, 정권 스스로 민주정치로 전환하고자 주도권을 행사함으로써 이뤄진 것이 아니라는 점이다. 이승만 정권도, 박정희의 공화당 정권이나 유신 정권도 민주화 요구를 거부하고 반대 세력을 탄압했다. 두 정권 모두 평화적인 절차와 과정을 밟아 민주화를 추진한 적이 없다. 이승만 정권은 민주화를 거부하다 학생과 시민들의 항거와 저항에 의해 붕괴했고, 박정희 정권 역시 민주화 세력의 반대와 권력층 내부의 분열로 오랜 군사 정권 시대를 마감했다. 평화적인 절차와 방법으로 정권 교체를 함으로써 민주적인 정치 질서를 수립하기보다 권력을 계속 유지하려는 데 집착했으며, 비민주적인 방법으로 권위주의적 지배 구조를 제도화해 장기 집권하는 방법을 찾다가 모두 패망한 경우였다.

그 점은 전두환 정권도 크게 다를 바 없었다. 민주화 세력의 요구에 응해 민주화로 전환을 시도하려는 노력은 전혀 보여주지 않았다. 정권 유지를 위해 야당 분열을 추진했고 군사 정권을 이어갈 후계자를 내세워 권력을 계속 유지하려 했다.

그렇게 보면 세 개의 권위주의 정권은 모두 민주화를 촉진하는 일보다 비민주적인 방법으로 권력 연장을 위한 제도를 고안하면서 민주화를 막으려는 데 주력한 정권이었다는 공통점을 갖고 있다. 결국 실패했지만, 모두가 권위주의 정권을 유지, 강화하고자 했다. 특히 전두환 정권은 1979년 박정희 대통령의 시해 사건 후, 국민 다수가 유신체제의 폐지와 대통령의 직선제로의 선회를 요구하며 그렇게 되기를 기대하고 있었던 시점에, 그런 여망을 무시하고 시대에 역행하는 두 번째 쿠데타를 일으켜 집권한 정권이었다.

그만큼 반발과 저항도 컸다. 그런 정권이 말기에 가서 대통령 직선제 개헌을 수용하게 된 것은 자의自意에 의한 결정은 아니었다. 매우 급한 정치적 상황에 부딪혀 야당과 재야의 요구에 타협함으로써 비민주적 군부 집권 연장 계획을 포기한 것이라 하겠다. 힘만으로 반대 세력의 저항을 돌파하면서 본래의 계획대로 간선제 선거로 또 다른 군부 출신 후계자를 당선시켜 집권하도록 하기에는 민주화를 요구하는 세력의 규모가 너무나 컸기 때문이었다. 그 세력은 규모나 응집력에서 1950년대나 1970년대의 반정권 세력과는 차원이 다른 것이었다.

민주화 과정을 겪은 다른 국가들과 비교해봐도 권위주의 정권이 종식되고 민주화를 달성하게 된 데는 한 국가의 국내외적 조건들이 함께 작용하고 있음을 볼 수 있다. 국내적 조건과 국외적 조건이 연관을 이루면서 민주화 과정에 영향을 미치고 있다. 그러나 한 나라의 민주화 과정에서 결정적인 역할을 하는 것은 외부적 요인보다는 민주화 추진 세력이 중심이 된 국내 정치적 조건이며 민주화는 그 국가가 만들어내는 그 나름의 독특한 '토산물' 이라 할 수 있다.

한국이 어떻게 해서 1980년대 후반이나 1990년대 초에 와서 민주화를 달성했느냐를 논할 때, 매우 유용한 하나의 근본적인 가정이 있다. 정치구조는 사회구조를 반영하고 있다는 가정이다. 그리고 또 하나의 가정으로 '대규모의 혁명이 아니라면 정치 변화는 사회 변화와 관련 있는 경우가 빈번하며', '만일 정치 변화가 일어난다면, 그 정치구조의 기반을 이뤄온 사회구조는 이미 대규모적인 변화나 변질을 겪었을 것' 이라는 가정을 세워본다. 여기서 '사회구조' 라는 말은 경제를 포함한 넓은 의미로 사용된다. 그리고 정치구조가 사회구조를 반영한다는 뜻은 사회구조가 일방적으로 정치구조의 성격을 결정한다는 결정론을 말하는 것은 아니다. 오히려 양자 간의 상호 의존성과 상호 작용을 전제로 하는 것이다.

정치구조와 사회구조 사이의 관계를 중심으로 한국의 민주화를 하나의 사례로 검토해보려는 것이다. 한국의 민주화가 지닌 독특한 측면과 아울러 다른 나라가 겪은 민주화 과정을 비교해 다뤄보려는 것이다. 그럼으로써 한국의 민주화가 하나의 사례에 불과하지만 그 사례 연구가 1980년대 후반에 여러 지역과 국가에서 나타난 민주화라는 더욱 광범한 내용의 정치적 변화를 이해하는 데 도움을 줄 수도 있다.

사회 변화가 정치 변화에 선행한다는 가정에서 한국의 민주화 과정을 검토할 때, 이미 1970년대에 한국의 사회구조에 상당한 변화가 일어났음을 알 수 있다. 그런 변화가 정치구조에 적절하게 반영되지 않았고 오히려 유신체제라는 강성의 권위주의 체제가 등장하면서 정치구조와 사회구조 사이에 더욱 큰 긴장과 갈등이 조성되었다고 할 수 있다. 사회구조는 더욱 다양화되고 다원화되어 갔으나 그것을 통제하고 관리할 적절한 정치구조를 창안하지 못한 채 박정희 정권은 오히려 권력 구조를 더욱 일원화시킨 것이다. 변화된 사회구조에 맞는 다원적 정치제도의 제도화를 이루지 못했다. 그러면서 사회구조와 정치구조는 날로 상극 관계를 나타내게 되었다.

1960년대부터 20여 년의 시간이 지나는 동안 한국 사회는 국제 구호물자 수혜국의 비참한 처지에서 벗어나면서 산업사회로 변모했다. 산업사회뿐 아니라, 이미 1950년대 후반부터 시작한 고도의 도시화를 바탕으로 1970년대에는 대중사회로 변모했다. 산업화가 진척되면서 단순 및 기술 노동자의 수도 크게 늘었고 도시 중산층의 수도 현저하게 증가했다. 한국은 아시아에서 일본 다음으로 문맹률이 낮은 사회였으며 한국인의 평균 교육 수준도 중졸 이상 또는 고졸 수준에 도달하고 있었다. 이미 그 당시의 한국 사회는 아시아 국가 중에서 전체 인구 중 대학 졸업자의 비율이 높은 국가군에 속하고 있었다.

고도의 도시화, 일반 국민의 높은 교육 수준, 그리고 비교적 안정된 생활 수준을 누리는 인구층의 증가라는 현상은 바로 근대화 개념이 강조하고 있는 구성 요소들이다. 그처럼 근대화된 계층의 사고방식은 과거와 다를 수밖에 없다. 한국의 정치 문화도 집권 세력에 맹종하는 권위적 문화에서 자신의 주장을 내세우는 다양성의 문화로 변화했다. 1980년대의 한국은 경제적으로 고도 성장을 달성한 국가일 뿐 아니라 사회적으로 도시민층이 다수를 이루는 대중사회, 개인주의적 생활양식을 습득한 근대 시민이 주를 이룬 사회였다고 할 수 있다.

이와 같은 사회구조적 변화를 겪은 상황에서, 세련되거나 호소력을 지닌 이념도 아닌, 단순히 폭력 위주의 강권만으로 군부 권위주위 정권 같은 폐쇄적인 정치체제를 유지한다는 것은 쉬운 일이 아니었다. 정치적 광장에 들어와 자신들의 요구를 내세우고 참여하기를 원하는 인구층은 날로 늘어나고 있었으나, 박정희 정권의 아류이고 유신체제의 테두리를 이어받아 집권한 전두환 정권은 국민의 요구를 수용하기에 너무나 경직돼 있었다.

사회구조가 변하면서 한국 사람들의 의식구조에도 상당한 변화가 일어났다. 사람의 의식이란 쉽게 변하는 것은 아니지만 자신이 사는 사회 주변에서 일어난 급격한 변화에 대해 적응하는 과정에서 서서히 개개인의 사고 양식이나 가치관에도 변화가 일어날 수 있다. 거기에는 정치체제나 정권에 대한 인식도 포함된다. 누가, 어떤 이유와 근거와 자격으로, 나라를 다스리는 지배자가 될 수 있으며, 그런 지배자가 적절한 절차와 방법으로 그 자리를 차지하고 있는가를 물을 때, 정권에 대한 국민의 정당성 의문이 생기는 것이다.

의회민주주의체제는 정당성 문제를 선거라는 절차로 통해 원활히 해결해 나가는 체제이다. 일정한 자격을 갖춘 정치 세력이 정권을 담당하려는 의도에서 선거라는 합법적인 절차를 밟아 국민의 판단을 얻어 집권하는 것이 바로 민주체제이다. 그렇게 집권한 정당이 국민의 신뢰를 잃게 되면, 국민은 다음에 있을 선거에서 그 세력을 바꾸거나 계속 지지하는 심판을 내리게 된다. 그것은 민주정치나 헌정 질서 자체에 대해 문제를 제기하는 것이 아니라 특정 집권 세력(정당)의 능력을 문제 삼아 그들을 교체하거나 재선출하는 방법으로 평가를 하라는 것이다.

앞서 말한 대로 한국 사회가 대중사회로 변모하면서 그동안 군사 정권하에 살아온 사람들이 점차 권력의 정당성 문제에 대한 의문을 품기 시작했다고 할 수 있다. 이것은 한국 사회의 정치구조와 사회구조의 관계가 큰 변화를 겪고 있음을 시사하는 것이다. 이 관계에 현저한 변화가 생긴 시기는 1970년대 말부터였다고 할 수 있다. 해방 이후부터 한국의 국가(정치구조)와 시민사회(사회구조)의 관계의 특징은 국가가 견제를 받지 않고 압도적인 권력과 영향력을 행사했다는 점이다. 해방 후 한국 사회에도 초보적인 수준이나마 시민사회가 형성돼 있었으며 자율성을 가지고 행동하던 다양한 집단들이 있었다. 종교계 · 교육계 · 기업계 · 노동계 · 의약계 · 예술계 · 농민 등 각각 제한된 수준의 자율성을 유지하면서 구성원들의 이익과 복리를 정책에 반영하고 있었다. 국회의원 선거 때마다 후보자들은 그런 단체들의 요구를 정책에 반영할 것을 약속하면서 지지를 호소하기도 했다.

그러나 국가와 시민사회 사이의 힘의 균형으로 본다면 시민사회의 처지는 매우 왜소하고 무력한 것이었다. 그런 관계는 1960년대 박정희의 공화당 정권 시절이나 그 후 유신 정권 초기에 이르기까지 큰 변동이 없었다. 그러나 1960—70년대 고도 성장기를 겪는 과정에서 국가의 절대적 지배 관계가 동요하기 시작했다. 그것이 더욱 뚜렷하게 나타나기는 1980년대 후반이라 할 수 있다. 그동안의 관료 조직의 철저한 통제만 받아온 기업계가 정부의 일방적인 통제를 거부하기 시작했고 기업 활동의 자율화를 요구하기 시작했다. 그것이 경제발전을 위해 필요하다고 본 전두환 정권으로서는 그것을 거부할 수 없었다.

기업계만 아니라 다른 기능 단체나 사회단체들도 더 많은 자율성을 확보하고자 움직이기 시작했다. 그런 단체들은 대개가 군사 정권 시대에 정치적 불안에 시달렸던 단체들로서 그동안 겪어온 만성적인 정치적 불안이 근본적으로 해소되기를 원하고 있었다. 그동안 경제개발을 거치면서 성장한 중산층의 생각도 이와 마찬가지였다.

그만큼 과거의 일방적이고 독점적이며 자의적이었던 국가 우위의 관계가 서서히 변했음을 의미했다. 다시 말해서 과거 민주화 운동에 결정적으로 작용했던 여러 제약 요인이 변하기 시작한 것이다. 과거 어느 때보다 군사 정권의 정당성 기반이 흔들리기 시작했으며 민주화 운동에 반대했거나 냉담했던 시민층 내부에서도 장기간 지속한 군사 정권의 종식으로 정치적 불안이 해소되기를 원하는 움직임이 나타났다. 이것은 그동안 권위주의 정권의 종식을 위해 투쟁해온 민주화 운동 세력에게는 중요한 잠재적 지원 세력이 되며 유리하게 작용할 수 있는 여건이었다. 이 점이 1980년대와 그 이전의 권위주의 지배 시대의 중요한 차이점이다.

전두환 대통령의 임기가 끝날 1987년을 얼마 앞둔 한국 사회는 심각한 정치적 소용돌이에 빠져 있었다. 이 당시의 정치적 쟁점은 군사 정권을 계속하느냐, 아니면 헌법을 개정하고 대통령을 직선으로 선출하는 민주적인 체제로 전환하느냐 하는 것이었다. 그 쟁점을 놓고 정치 세력 또는 정치 행위자들 가운데 한편으로 이른바 '유신잔당'이라는 5·16쿠데타 이후부터 전두환 정권 때까지 친여권을 형성했던 군부 및 집권 세력과, 다른 한편으로는 '정통 야당'을 자처하는 민간 정치인들과 재야 인사 그리고 시민과 학생으로 이뤄진 반정권 연합 세력이 날카롭게 맞서고 있었다. 미국이 큰 관심을 갖고 한국 정국을 주시하고 있었고 가까운 일본도 불안한 한국 정국이 어떤 귀결을 보게 될 것인가를 주의 깊게 관망하고 있었다.

1980년대 후반의 한국 정치는 어느 때보다 심각한 정당성 문제를 안고 있었다. 한국의 역대 정권들은 모두 정도의 차이는 있지만 정당성 문제를 겪었다. 이승만 정권은 세 번이나 헌법을 개정하면서 장기 집권하다 많은 국민의 불신과 비판을 받아 붕괴했고, 박정희 정권은 쿠데타 후 상당 기간 정당성 문제로 시달리다가 경제개발로 어느 정도 국민의 신뢰와 지지를 얻었지만, 3선 개헌으로 또다시 정당성 문제를 불러왔고 유신체제를 도입한 후에는 재야를 비롯한 민주화 세력이 제기한 정당성 문제로 끊임없는 도전을 받다가 종말을 고하게 되었다.

1986년, 전두환 정권은 기존 방식의 간선제로 차기 대통령을 뽑아 군사 정권을 이어가느냐, 아니면 재야와 여러 반대 세력의 요구를 수용해 대통령 직선제로 전환할 것이냐는 심각한 갈래길에 서게 되었다. 여러 가지 방안을 모색하던 중 내각제 개헌도 검토되었다. 내각제로 개헌해 선거에 나설 경우 여당이 국회에서 다수의 의석을 차지할 가능성이 크다는 생각이었다. 그런 움직임을 감지한 야당 지도층의 강경한 반대로 그 안은 무산되었다. 남은 것은 종전대로 가느냐 아니면 직선제로의 개헌이냐는 양자택일뿐이었다.

1987년 6월 29일, 전두환 대통령의 '6·29선언'이 나오기 이전까지도 정권의 기본 입장은 개헌 불가였다. 상황에 따라서는 계엄을 펴서라도 간선제를 강행한다는 것이었다. 마치 유신체제를 선포할 당시의 박정희 대통령의 입장을 방불케 하는 것이었다. 박정희 정권은 한일협정 때나 유신체제 선포 때 그런 조치로 효과를 보았으나 전두환 정권이 그런 강경책의 효력을 얻으려면 박정희 정권 당시처럼 국민 상당수가 쟁점에 대해 무관심하거나 여당 지지 세력의 도움을 기대할 수 있어야 했다. 또 유신 선포 당시는 한국전쟁 후 한국의 내정에 관여해온 미국정부가 월남전의 수습책에 골몰하고 있어서 유신체제 같은 내정 문제에 관여할 여유가 없었다는 점도 정권에 유리하게 작용했다.

그러나 1987년은 보수적인 레이건 행정부(1980-1988)가 마감하기 1년 전으로 미국정부는 한국 정치 상황에 깊은 관심을 갖고 있었다. 미국의 최대 관심사는 한반도의 안전 보장이었다. 한국의 안전은 곧 일본의 안보와도 연계된다. 사실 제2차 세계대전 후 미국의 대아시아 정책의 기조는 일본의 공산화를 막는 일이었다. 아시아에서 일본으로 하여금 반공 국가로서의 주역을 맡게 하고 한국은 그런 일본의 보조역을 맡게 하는 것이었다. 그런 한국의 안보가 위협받으면 일본의 안보도 위협을 받는다는 일종의 동북아판 도미노 이론이 미국 외교 정책의 바탕을 이루고 있었다.

전두환 정권 말기에 들어서서 한국 정세가 점점 더 불안해지고 정권과 반대 세력 사이에 극한 대립이 지속되자 미국정부는 여러 차례 국회의원과 국무부 고위 관료가 포함된 사절단을 보내 전두환 정권이 극단적인 조치를 취하지 않도록 권고하는 형식으로 정권 담당자에게 압력을 가하기 시작했다. 주한 미군에 대해서는 한국정부가 계엄령을 발동할 때 일절 협조하지 말 것과 한국군이 한미연합사의 지시를 어기는 행동을 취할 경우 이를 견제하도록 지시했다. 만일 전두환 정권이 반대 세력을 제압하고자 계엄령을 선포하면 제2의 광주 학살이 일어나지 않으리라는 보장은 없었다. 그렇게 되면 한국은 걷잡을 수 없는 내란 상태에 빠질 수도 있었다.

한국의 민주화는 한국의 사회적 변화나 정치적 변화 간의 상호 작용이라는 광범위한 맥락 속에서 진행되었으나 동시에 전두환 정권을 형성했던 정치 세력과 그 반대 세력인 제도권 야당과 재야, 그리고 학생과 일부 시민층으로 구성된 민주화 운동 세력, 그리고 외부 세력이지만 해방 후부터 한국 정치에 음으로 양으로 크게 영향을 미쳐온 미국정부라는 행위자들 사이의 끊임없는 상호 작용이 있었다. 미국은 국외자이지만 미군이 한국에 주둔하고 있는 입장 때문에 한국 국내 정치에 관심을 갖지 않을 수 없었다. 주한미군의 안위 문제가 걸려 있기 때문이었다.

민주화 운동의 지지 세력과 장기 집권을 강행하려던 군사 정권 사이의 갈등과 경쟁은 전두환 대통령의 임기가 끝나는 1987년 초에 그 도가 극에 달하게 되었다. 유신체제 기간조차 반대 세력을 누르고자 정권이 나서서 광주 학살과 같은 대대적인 유혈 사태를 일으키진 않았다. 그런 점에서 1980년대 후반 한국에서 군사 정권을 계속 유지하려면 또다시 심각한 유혈 사태를 빚을 가능성이 컸다. 만일에 전두환 정권이 야당이 요구하는 직선제 개헌을 거부하고 대신 계엄령을 선포해 군사 정권을 계속 유지하려 했다면 광주 학살 규모나 그보다 더 큰 규모의 학살이 일어났을 개연성을 배제할 수 없다. 다행히도 그런 사태 발생을 피할 수 있었던 까닭은 한국이 북한과 대치하고 있다는 상황적 요인과 한반도에 심각한 위기가 발생할 때 주한 미군의 안위를 우려한 미국정부의 개입이라는 요인들이 작용했기 때문으로 추측해볼 수 있다.

하나의 사례로서 한국의 민주화의 한 가지 특징은 그것이 중남미나 서유럽의 몇 나라에 비해서 비교적 비폭력적인 방법에 의해 달성되었다는 사실이다. 군사 정권이 종식되고 민주체제로 전환하는 과정에서 있었던 폭력 사태나 유혈 사태의 정도나 수준에 따라 민주화 과정의 성격도 좌우될 수 있다. 가령 중남미의 나라들처럼 대량 학살을 거쳐 집권하거나 정권을 유지하려 했으면 민주화 과정에 폭력 사태가 수반될 가능성이 크다. 그런데 중남미 국가들은 한국처럼 분단 국가도 아니고, 외부로부터 심각한 위협을 받는 경우도 아니다.

한국에서 그렇게 비교적 평화로운 방법으로 권위주의 정권에서 민주 정권으로의 이행이 이뤄진 것은 정권과 반대 세력 사이에 더 큰 혼란이 계속될 때 외부(특히 북한)로부터의 위협으로 한국이 위태로울 수 있다는 인식을 공유했기 때문이라고 하겠다. 그런 인식이 없었더라면 서로 갈등을 더 오래 끌고 더욱 격렬한 투쟁을 벌여 유혈 사태까지 빚으면서 많은 희생자를 내고 심지어 내란으로까지 번졌으리라는 가정을 해볼 수 있다.

그런 의미에서 한국의 민주화는 1980년대 말에 한국의 정치 세력들이 협상을 통해 도달한 타협과 양보의 산물이었다. 한국에서 1980년대 후반에 이르러 시작된 민주체제로의 이행은 직선제 개헌을 둘러싼 여야 간의 격렬한 대립을 거친 후 타협을 통해 이뤄진 것이다. 그 타협과 협상 과정은 한국만이 아니라 1980년대 후반 한국과 유사한 상황에 놓였던 다른 권위주의 국가들에서도 나타났던 것으로 그것을 일부의 정치학자들은 이른바 '전략적 선택 이론'을 응용해 주요 정치 행위자의 동기와 행동 양태를 중심으로 설명한 바 있다.[33] 전략적 선택 이론을 원용한 설명이 그 시기의 한국의 민주화 과정을 설명해줄 수 있다. 그리고 협상에 임한 대표들이 한국의 안보와 관련해서 공유했던 의식도 중요하게 작용한 것으로 생각된다. 이것은 한국의 독특한 지정학적 상황을 반영한 것으로 한국 민주화가 지닌 독특성이라 할 수 있다.

그렇지만 한국 민주화를 전두환 정권 말기의 집권층과 민주화 세력 사이에 있었던 협상과 타협 행위에 국한하거나 갈등 해결 과정에만 초점을 맞추는 경우 설명이 너무 협소해지거나 단순화될 가능성이 크다. 그래서 한국이 겪어온 민주화 운동의 역사를 종합해서 다뤄야 할 필요가 있는 것이다. 한국의 민주화가 1980년대 후반에 실현을 보게 되었지만 그것은 한국이 오랫동안 겪은 사회구조적 변화, 한국인들 정치의식의 변화, 또는 정치 문화적인 변화, 정권 지도층의 성격과 변화, 분단을 포함한 한국의 지정학적 상황, 국제 정치구조의 변화와 특히 미국의 역할 등 국내외적인 요인들의 복합적 작용에 따라 이뤄진 정치적 변화이다.[34]

그런 점에서 한국의 민주화는 재야 민주 세력의 노력과 더불어 객관적인 조건들이라 할 한국 사회가 겪은 전반적인 사회구조적 변화, 바로 말해서 '근대화' 과정이 한국 사회를 변질시켜 놓았기 때문에 가능했던 것이다.[35] 민주화를 달성하려면 '사회 경제적 변화가 선행해야' 하고 특히 도시화와 산업화, 통신과 교통의 발달, 중산층이라 부르는 계층의 성장이 필수적이라고 주장한 1960년대 근대화론자들의 주장은 부분적이라도 타당성을 지닌 주장이라 하겠다.

---

1 O'Donnell과 Schmitter의 공저의 부제도 잠정적 결론tentative conclusion이라는 표현을 쓰고 있다. 또 그 책의 마지막 장에서도 민주화 과정을 체스chess게임에 비유하는 은유metaphor로 마감하고 있는 것도 민주화 연구의 현주소를 말해주는 것 같다. 민주화 과정은 해당 국가의 특수한 상황 속에서 전개되는 것이며 그 국가의 특수성을 나타내는 현상이기 때문에 민주화에 대한 일반화를 논하기는 쉬운 일이 아니다. 그래서 민주화는 "특정 국가의 자체 생산물home-grown" 이라는 표현이 나오기도 한다.

2 민주 정권으로 복귀했다고 하는 이유는 이들이 모두 1930년대 이전까지 상당 기간 민주적인 정치제도를 유지했고 그 후 군부가 집권하다가 다시 민주 정권으로 환원했기 때문이다.

3 Samuel P. Hungtington, *The Third Wave: Democratization in the Late Twentieth Century* (The University of Oklahoma Press, 1991).

4 한배호, 『비교정치론』(법문사, 2000), 441-480쪽 참조.

5 Princeton University Press에서 나온 여러 권의 책은 관료제, 교육, 커뮤니케이션, 정당, 정치 문화의 성격과 정치발전의 관계를 심도 깊게 다루고 있다.

6 Seymour M. Lipset, *The Political Man* (New York: Double Day, 1963).

7 이러한 주장은 1964년 미국 정치학회 논문집(APSR)에 실린 그의 유명한 논문 *Social Requisites of Democracy*에 나와 있다.

8 관료적 권위주의 정권의 특징은 군부라는 조직 전체가 국가 안보만 아니라 국가 운영 전반에 개입하면서 반대 세력을 철저하게 제거하는 강성의 권위주의 정권이다.

9 O'Donnell은 남미의 근대화가 민주정치와 아무 연관을 갖지 못했다고 주장하고 있다. G. O'Donnell, *Modernization and Bureaucratic Authoritarianism* (University of California Press, 1979).

10 Guillermo O'Donnell & Philippe C. Schmitter, *Transitions from Authoritarian Rule: Tentative Conclusions about Uncertain Democracies* (The Johns Hopkins University Press, 1986): Guillermo O'Donnell & Philippe C. Schmitter & Laurence Whitehead(eds.), *Transitions from Authoritarian Rule: Comparative Perspectives* (The Johns Hopkins University Press, 1986).

11 Schmitter와 O'Donnell의 공헌은 민주화 연구의 초기에 이러한 개념 골격framework을 제시한 점이다.

12 박기덕, 『한국 민주주의의 이론과 실제』(한울아카데미, 2006). 전략적 선택 이론을 응용해 한국의 민주화 과정을 설명한 역작이다.

13 Samuel P. Hungtington, 앞의 책.

14 헌팅턴은 민주화에 작용한 것으로 간주할 수 있는 변수variables가 셀 수 없을 정도로 많다고 보고 있다. 그가 열거한 대표적인 변수로 다음과 같은 것이 있다. 고도의 경제적 부, 비교적 평등한 소득 분배 구조, 시장경제, 프로테스탄트주의, 높은 교육 및 문맹률, 민주적인 정치 지도층, 폭력이 적은 시민사회 등 수 없이 많다. 그의 책 38쪽 참조.

15 Samuel P. Hungtington, 앞의 책, 45-46쪽.

16 Harry Eckstein은 노르웨이의 민주정치가 안정될 수 있었던 이유를 설명하면서 authority pattern과 structure of political competition이라는 개념을 써서 정권과 정당정치와의 관계를 논한 바 있다. 정치적 권위 구조(즉 정권)의 성격에 따라 정치적 경쟁 구조의 성격이 좌우될 수 있다고 했다. 이것은 오늘날 민주정치와 정치적 권위 구조의 관계를 논하는 데 고려해볼 만한 가정이라 본다. 권위주의적 정권을 가진 나라일수록 정치적 경쟁 구조는 제약을 받는다는 것이다. 또한 정치적 권위 구조와 사회적 권위 구조 사이의 관계를 논하면서 사회적 권위 구조(예로 가정이나 사회 조직의 권위 구조)가 권위주의적인 성격을 지

닌 사회에서 정치적 권위 구조가 민주적일 가능성은 희박하다는 주장을 하고 있다.

17 장면 부통령은 1960년까지 4년 동안 실질적으로 이승만에 의해 완전히 무시된 채 그 자리를 지켰다.

18 군부가 쿠데타를 일으키게 된 동기 가운데 하나로 4·19의거 후에 좌익 진보 세력이 크게 신장하면서 위협적인 세력이 되었기 때문이라는 주장도 있다. 그러나 자유당 정권하에서 탄압과 통제를 받았던 진보당이나 다른 진보 세력은 4·19의거 후 정치 활동을 전개했으나 국가 안보를 위협할 정도로 세력화하지는 않았다. 쿠데타 주동자들이 진보 정당의 등장을 구실로 삼았을 가능성이 크다. 장면 정권이 당면했던 도전은 진보 세력보다 4·1의거라는 급격한 정변 후의 혼란 속에서 내각제라는 생소한 정부로 산적한 정치 경제적 문제를 해결해야 하는 것이었다.

19 민주주의에 대해 부정적이었던 군사정부도 대외적으로 민주국가인 양 보이기 위해 노력했다. 특히 미국의 원조에 의존해야 하는 상황에서 민정 이양과 민주적인 절차를 따르라고 요구하는 미국정부의 강력한 입장을 수용할 수밖에 없었다. 이승만 정권 당시 미국의 압력으로 선거를 정기적으로 실시했던 것도 같은 맥락이었다.

20 북한과 교류하고 있던 일본의 야당인 사회당은 남한과의 수교가 한국의 통일을 막는 처사라며 수교를 하려면 남북한과 동시에 해야 한다고 주장했다.

21 건국 이래 여당의 표밭이라 불리던 농촌은 여당인 공화당과 박정희를 지지해왔으나 일부 도시민층과 특히 지식인층 사이에서는 박정희 정권에 대한 평가를 두고 상반된 입장이 나타나고 있었다. 지식인들은 그 당시의 한국 사회가 당면한 문제를 "빵이나 자유냐?" 라는 식의 이분법으로 논하고 있었으며 지금 한국이 필요한 것은 빵이지 자유가 아니라는 주장이 힘을 얻고 있었다. 이것은 한국에는 독재정치를 해서라도 경제성장을 이룩해야 한다는 주장과 맥을 같이하는 것으로 상당수의 정치학자도 그런 주장에 동조해 박정희 정권을 지지하고 있었다.

22 주로 김종필 전 공화당 의장을 차기 대통령으로 추대하려고 움직였던 의원들이 숙청되었다. 원내와 원외의 친김 세력이 박정희의 연임이 끝나는 1971년에 김종필을 대통령 후보로 출마시키기 위한 운동을 시작하다가 박정희의 철퇴를 맞았다고 할 수 있다.

23 1971년 대통령 직선제 선거를 마지막으로 박정희 정권은 다음 해인 1972년 입법부만이 헌법을 개정할 수 있음에도 국회를 해산시킨 후 계엄령을 선포하고 일방적으로 유신헌법을 공포했다. 유신헌법하에서 대통령을 직선제가 아닌 간선제로 선출했다. 통일주체국민회의라는 어용 선거인단을 만들어 박정희를 사실상의 종신 대통령으로 선출한 것이다.

24 박정희 정권은 민청학련사건을 공산주의자들이 관련된 정부 전복 사건으로 꾸며 주모자와 배후 세력을 군사재판에 넘겼다. 그리고 전 인민혁명당 당수인 도예종을 비롯한 인혁당 관계자로 구속한 21명 중 7명을 전격적으로 처형했다. 그 외에도 이철, 유인태, 유근일, 김지하 등 180명이 기소되어 유죄 판결을 받았다. 또한 민청학련을 지원했다는 구실로 윤보선·박형규·김동길·김찬국 등을 무기 또는 10년 징역에 처했다.

25 한배호, 『한국 정치변동론』(법문사, 1994). 저자는 조선시대와 일제강점기를 통해 면면히

유지돼온 한국의 권위주의적 정치 문화로 보나, 가부장적 사회구조, 그리고 농업 경제라는 여건에 비춰볼 때 한국에서 권위주의 정권이 영구 집권할 가능성이 매우 큰 데도 불구하고 왜 그런 정권이 붕괴하게 되었느냐는 질문으로 이 책을 시작하고 있다. 특히 제11장 「유신정권의 종말」 참조할 것. 그리고 이 책의 제8장 「유신체제는 왜 붕괴했나」에서 유신체제의 붕괴와 연관이 있다고 보는 요인으로 (1) 정당성 문제 (2) 집권 세력의 분열 (3) 지식인층의 지지 확보 실패 (4) 권력의 동맥경화 현상을 들고 있다. 이 책에서 저자는 한국의 권위주의 정권이 장기화하려면 그것을 뒷받침할 이념 체계와 그것을 중심으로 강력하게 결속된 권력 중심부 세력이 필요하다고 보고 그런 것이 없었던 유신체제가 제도화에 성공하기 어려웠다는 것을 지적하고 있다. 이념, 권력 중심부, 강력한 독재 정당의 부재가 박정희 권위주의 정권의 붕괴와 연결된 요인이라면, 이런 요인들이 민주화의 요인으로도 작용했다고 할 수 있는가, 아니면 다른 요인들에 의해서 민주화가 달성된 것으로 볼 것인가는 질문은 앞으로 계속해 다뤄야 할 기본적이고 중요한 질문이다.

26 박정희 대통령 시해사건 후 유신 정권의 종식을 기대하던 국민은 야당 세력이 분열되는 것을 보고 크게 실망했다. 그동안 공동전선을 펴면서 민주화 운동을 이끌었던 김영삼과 김대중 두 사람이 각각 대통령 후보로 나섬으로써 야당의 집권 가능성은 무산되고 말았다. 역사는 그 시점의 야당 지도층의 결단에 대해 어떤 평가를 할지 궁금하다.

27 한국 정치 연구의 중요 쟁점으로 한국의 권위주의 정권의 붕괴에 작용한 요인과 민주화에 작용한 요인이 같은 것인가 아닌가에 대한 논의가 있을 수 있다. 해방 후부터 한국 정치는 권위주의 정권의 연속이었지 민주화 추진의 역사는 아니었다. 왜 민주화가 실현되지 않았느냐는 질문보다 왜 권위주의 정권이 결국에 붕괴할 수밖에 없었느냐가 더 적절하고 타당한 질문이라 생각된다. 유신 정권은 박정희가 집권을 연장하고자 시도한 '제도화 작업'으로, 헌법의 기초를 이뤘던 의회제도 자체를 해체하려던 것이었다. 그런 새로운 제도화 시도는 결국 실패했다. 그 이유는 이념적 기반이 약했고 일당 체제 같은 강력한 체제가 권력 중심부를 형성하기 어려웠기 때문이었다. 필자 또한 유신체제를 관료적 권위주의 정권(BA)으로 보지 않는다.

28 『現代漢韓辭典』(동아출판사, 1994), 23쪽에 의하면 '아류'란 으뜸에 다음가는 사람이나 그 유파의 사람이나 사물을 말한다. 5·17 광주 학살로 집권했던 전두환 휘하의 소위 신군부 세력은 평소 박정희를 숭배한 장교들의 사조직인 하나회 회원들이 핵심을 이뤘다. 특히 전두환은 박정희의 신임이 두터웠던 장군으로서 박정희 시해사건 직후 육군본부에서 열린 육군 수뇌부 회의에서 공개적으로 유신체제를 옹호하는 발언을 한 것으로 알려졌다. 필자는 이것을 그 당시 취재차 서울에 있었던 *New York Times* 기자에게 들었다.

29 김대중은 5·17 직후 국가 반란죄로 군법회의에서 사형선고를 받고 교도소에 있었다. 김영삼도 가택 연금 상태였고 한때 단식투쟁을 하다 중단했다.

30 이 사실은 김영삼 정권 당시에 공개적으로 밝혀진 바 있다. 그가 은닉한 정치 자금의 일부는 환수되었으나 잔액의 행방은 아직도 묘연하다. 신문 보도에 의하면 김영삼 정권이 들어서던 때 전두환은 3천억 원의 비자금을 가지고 있었다. 노태우로부터도 이와 비슷한 막대한 비자금이 환수되었다.

31 T. J. Pempel 著, 최은봉 譯, 『현대일본의 체제이행』(을유문화사, 2001), 70-74쪽.

32 이와 관련해 제기할 수 있는 또 다른 질문은 '권위주의 정권의 붕괴 과정과 민주화 과정은 서로 연관이 있는 것인가' 라는 질문이다. '권위주의 정권의 붕괴를 가져온 정치, 경제, 사회적 요인들이 변함에 따라 그 정권이 붕괴하거나 종식되고 그 연장 선장에서 민주화가 나타나느냐, 아니면 두 개의 현상은 별개 요인들에 의해 발생하는 것이냐' 라는 질문이다. 정치 문화라는 요인 하나를 가지고 권위주의 정권의 붕괴를 설명하려 한다면, 권위주의 정권 같은 지배 양식이 한국 정치 문화 전통의 특성과 친화성을 가지고 있기 때문에 등장했으나 그것에 변화가 생기면서 붕괴가 왔다는 일종의 순환 논리를 주장할 수도 있다. 또는 권위주의 정권은 스스로 붕괴하고 싶지 않으나 그것을 지속할 이념이나 제도적 장치나 정권 중심 세력에 분열이 있을 때, 아무리 정치 문화나 다른 요인이 정권을 뒷받침해도 붕괴할 수 있다는 주장도 있을 수 있다. 붕괴의 요인과 민주화 발생의 요인이 같은가 아니면 다른가 하는 질문이다. 한국의 사례로 보면 같은 요인은 아니라고 보는 것이다.

33 전략적 선택 이론은 Przeworski와 O' Donnell 등이 제시한 것이나 그것을 한국 민주화 과정에 적용한 연구로 박기덕, 『한국 민주의의 이론과 실제』(한울, 2006)를 대표적인 것으로 꼽을 수 있다. 그의 책 1장 참조.

34 비교정치학적 접근으로 아시아 국가와 시민사회를 다룬 일본인 저자는 한국의 민주화를 촉진한 요소로 (1) 국내 사회의 변화 (2) 필리핀의 대통령 마르코스 체제의 붕괴에서 얻은 교훈 (3) 미국의 동향을 들고 있다. 岩崎育夫 著, 최은봉 譯, 『아시아 국가와 시민사회』(을유문화사, 2002), 56-57쪽.

35 과거의 집권층 가운데 유신체제나 그 이전의 공화당 정권을 정당화하거나 옹호하려고 내세운 주장으로 군사 정권이 '근대화' 에 이바지했고 그것이 있었기 때문에 민주화가 가능했다는 주장이 있다. 근대화 기여론이라는 것이다. 이 논리가 일본의 식민 지배가 조선의 근대화에 이바지했다는 일본 보수 정치 진영의 주장과 어떻게 다른지 궁금하다. 군사 정권의 근대화 추진 업적은 인정할 수 있지만, 그것이 필연적으로 민주화를 이룬 요인이 되는 것은 아니라고 보는 것이다. 민주화는 민주주의자에 의해 이뤄지는 것이라 하겠다. 일본 제국주의자들은 식민 지배 목적을 위해 근대화를 했으면 했지 근대화 자체를 추구한 적은 없었다.

제10장 21세기 한국 정치의 기본 과제는

우리는 1905년 을사늑약을 시작으로 지난 100년의 절반에 가까운 세월을 일제강점하에 온갖 수모와 고난 속에 보냈다. 국가가 패망해 타민족의 지배 아래 있으면서 착취와 탄압의 대상이 되었으니 그야말로 치욕의 반세기라 하지 않을 수 없다. 그러나 8·15 해방까지의 반세기의 역사 모두가 치욕과 비극의 역사만은 아니다. 수백만의 조선인이 하나가 되어 일제의 압제에 항거해 '대한 독립 만세'를 외치며 그에 따른 모든 희생을 감수했던 자랑스러운 3·1운동과 그 정신이 우리 역사에 아로새겨 있다.

3·1운동 후에도 이어 학생과 노동자와 지식인이 중심이 되어 여러 형태의 항일운동을 비밀리에 전개했다. 6·10만세운동, 광주학생항일운동은 그 대표적인 예이다. 또 조국의 독립을 위해 온갖 고초를 당하면서 일제에 저항하다 죽어간 수많은 애국 투사의 희생은 우리 역사의 자랑스러운 페이지로 길이 기억될 부분이다.

20세기 전반(1905-1945)에 우리가 겪은 역사는 함석헌 선생의 말대로 '한민족의 수난의 역사'였다고 말해야 할 것이다.[1] 치욕과 비극의 반세기 역사는 1945년 일제의 패망으로 종지부를 찍었다. 조선은 연합국의 승리에 힘입어 해방을 맞이했다. 그리고 해방을 시작으로 비로소 새로운 역사가 시작되었다. 일제의 강점으로 일시 사라졌던 한국이라는 국가의 역사는 되살아났다.

그처럼 어렵게 일제의 강점으로부터 회생한 한국은 38선을 경계로 한 남북 분단이라는 또 하나의 수난을 맞이했고 2년 후에는 동족상잔의 비극을 겪었다.

한국전쟁으로 초토가 된 남북한은 복구와 재건을 시작하기도 전에 동서으로 갈라진 국제 정치구조 속에 깊숙이 편입되면서 정치적 대결 구도를 이어가야 했다. 북한에는 공산주의 정권이 공고하게 자리 잡았고 남한에도 이승만을 둘러싼 소수가 권력을 장악하는 '권위주의 정권'이 자리 잡게 되었다. 이승만과 자유당 정권은 민주적 정치제도를 무시하고 국민의 자발적이고 적극적인 지지를 얻지 못한 채 오히려 강권 조직에 의존하면서 10년이라는 장기 집권을 누렸다. 그것도 모자라 이승만 사망 후 그를 계승할 사람을 당선시키려고 대규모의 선거 부정을 저질렀고, 1960년 4·19 학생의거로 자유당 정권은 종언을 맞이했다.

4·19학생의거는 해방 후의 한국 정치에서 가장 중요한 정치적 분수령을 이룬 역사적 사건이었다. 4·19는 자유당의 권위주의 지배를 종식했고 이어서 그동안 야당으로 정권과 싸워온 민주당에 집권의 기회를 부여해 민주정치의 새로운 출발을 기약하게 했다. 개헌을 통해 대통령 중심제에서 내각책임제로 전환한 것도 획기적인 변화였지만, 장면 총리의 민주당 정권이 오랫동안 이승만과 자유당의 전횡 지배에 의해 소외당했고 빈곤에 시달려온 국민에게 정치 참여의 문호를 개방한 것은 매우 의미 있는 정치적 변화였다.

그러나 장면 정권을 둘러싼 정치 경제적 조건들은 매우 혹독한 것이었다. 과거 10년 동안 자유당의 권위주의적 지배를 겪어온 국민의 정치의식은 아직도 민주적 정치 질서를 운영할 수준은 못 되었다. 또한, 한국을 둘러싼 냉전체제나 남북의 긴장 관계에서 오는 안보적 위협도 장면 정권에 적지 않은 부담이 되었다. 그런 와중에서 정부가 경제 문제를 해결하려는 절박한 시도로 국군 병력을 10만 명을 감축하겠다는 움직임을 보이자 군부가 크게 반발했다. 무엇보다 자유당 정권의 부정과 부패로 국고가 고갈되고 빈곤의 악순환에서 벗어나지 못한 어려운 경제 여건 속에서 4·19의거 후 정권 교체가 획기적인 변화와 민생고의 해결을 가져올 것으로 기대했던 국민은 자기들의 기대에 미치지 못하자 장면 정권에 등을 돌리게 되었다.

1961년 5월 16일에 일어난 군에 의한 장면 정권의 전복은 그런 배경과 맥락 속에서 발생한 쿠데타였다. 군부가 민간인 정치가들을 정권에서 밀어내고 집권한 후, 내세운 '혁명 공약'은 '민생고의 해결'이었다. 군부는 장기적 경제개발을 과감하게 추진함으로써 쿠데타 정권의 정당성과 명분을 확보하려 했다. 그러나 군사 정권도 집권 후 평화로운 정권 교체를 외면하고 여러 차례에 걸쳐 장기 집권을 위한 강압적인 조치를 취했다. 군사 정권에 맞서서 투쟁하는 민주화 세력과 야당에 대한 탄압을 계속했다. 억압과 폭력이 정치적 불안정을 불러오는 악순환이 계속될수록 군사 정권은 정당성이 빈약한 권력을 유지하고자 더욱 폭력에 의존하게 되었다.

따져보면 반세기를 통해서 나타났던 집권층의 권력 독점과 이를 견제하거나 대치하려는 반대 세력 사이의 쟁투는 그 뿌리를 따지자면 멀리는 전제정치의 원형原型인 조선시대로까지 거슬러 올라갈 수 있고, 가까이는 일제의 조선총독부 통치 시대로 올라갈 수도 있다. 한국전쟁이 격렬하게 벌어지고 있던 와중에도 임시 수도 부산에서 강권과 무력을 동원해 상대방을 제압하면서 개헌해 이승만의 장기 집권을 달성한 것도 따지면 조선시대나 일본강점기에 이미 형성된 독재적인 정치적 전통과 무관하지 않을 것이다.

그런 관점에서 본다면 비록 20세기 말에 와서 성취한 것이지만 한국이 민주정권을 수립하고 그것을 공고화하는 과정을 밟고 있다는 사실은 놀랍고 신기할 정도다. 만일 구한말부터 센다면 한국의 민주화는 1세기의 긴 시간이 걸렸다고 볼 수 있다. 그러나 해방 후부터 계산한다면 한국은 반세기 만에 민주정치라는 고지에 올라선 것이다. 그동안 우리는 많은 고생을 겪었고 많은 생명이 희생되기도 했다. 또한 남들이 해내지 못한 '고도의 경제성장'이라는 고지를 거치면서 민주정치체제라는 더 높은 고지에 도달했다고 할 수 있다. 새삼, 독재로 이름을 떨친 아시아의 정치가들이 아시아의 문화는 민주적인 것보다 권위주의적인 정치체제가 더 적합하고 자연스럽다고 주장해온 사실을 떠올리게 된다.[2]

해방 후와 단독정부 수립 후부터 경제 발전과 민주화라는 두 개의 국가 목표 사이에 우선 순위 문제를 놓고 대립을 계속해왔다고 본다면 먼저 경제성장이 달성되면서 본격적으로 민주화의 물결이 거세게 파도 치기 시작했다고 할 수 있다. 지난 50년의 한국 역사는 시차는 있었지만 그런 두 개의 거대한 국가 목표를 거의 동시에 달성한 보기 드문 사례로 평가받을 만하다.

매우 자랑스러운 것은 제3세계나 남유럽 국가들과 비교할 때 대규모의 유혈 사태를 겪지 않고 민주화라는 어려운 정치적 변혁을 비교적 순탄하게 달성했다는 사실이다.[3] 칠레나 아르헨티나에서 일어난 민간인 대량 학살 사건을 상기할 때 우리의 민주화 과정에서 희생자의 수가 그래도 그들처럼 크지 않았다는 것은 다행한 일이다. 우리의 민주화는 유럽 정치 역사에서 볼 수 있는 대규모의 유혈 사태를 동반한 '혁명'이나 정변을 겪으면서 얻은 것이 아니라 대체로 온건하고 덜 폭력적으로 진행되었다. 다른 국가들이 이런 한국 민주화에 관심을 갖는 것은 당연한 일이다.

그렇다고 성취감에 빠져 앞날을 낙관할 수만은 없다. 현재에 안주할 일은 아니다. 오히려 21세기에 들어선 오늘 우리의 앞날이 더욱 걱정되기도 한다. 21세기를 맞이한 오늘, 한국 경제도 그렇지만 한국 정치는 매우 어려운 도전을 맞이하게 될 것이 예상되기 때문이다.

영국의 유명한 역사학자 토인비는 '도전과 대응'이라는 명제로 역사의 과정을 이해하고 한 국가가 도전을 받을 때 소수의 창의적인 집단creative minority이 그것에 어떻게 대응하느냐에 따라 그 나라의 운명이 좌우된다고 했다. 우리의 역사에도 수많은 도전이 있었다. 서양의 도전 앞에서 개화냐 수구냐를 놓고 올바로 대응하는 데 실패했고 일본제국의 침탈과 도전에도 적절하게 대응하지 못했다. 해방 후에도 그런 예는 얼마든지 찾아볼 수 있다. 문제는 우리가 21세기에 닥쳐올 도전들에 적절히 대응할 능력을 갖추고 있느냐 하는 것이다.

어떻든 한국이 21세기를 민주정치체제로 출발한 것은 매우 긍정적인 역사적 의미를 지닌다. 왜냐하면, 100년 전 우리는 20세기를 일제의 식민지로 시작했기 때문이다. 그때와 지금은 너무나 큰 대조를 이루고 있다. 21세기에 들어선 한국은 당당한 민주국가이자 무역량으로 세계에서 12위를 다투는 국가가 되었다. 오늘날 한국은 일제하에서 조선인들이 추구했던 '독립과 자유'라는 가치를 이어가면서 동시에 인간이 복지를 골고루 누리는 복지사회를 지향하고 있다.

한국이 민주화를 자력으로 달성했다는 것도 매우 중요한 사실이다. 똑같이 일제로부터 해방되었지만 그런 변화는 북한에서는 상상할 수도 없고 찾아볼 수도 없다. 이것은 남한에서만 이뤄진 매우 중대한 역사적인 변화이다. 북한이 스스로 가까운 시일에 그와 같이 개방과 자유화의 길을 택하리라고 기대하기는 어렵다.

남한에서는 민주화 과정이 계속해 진전하고 있으며 과거에 비한다면 비교적 자유롭고 공정한 대통령 선거와 국회의원 선거를 통해 평화로운 정권 교체를 이뤄왔다. 박정희의 군부 권위주의 정권하에서는 전혀 상상조차 할 수 없었던 일이다. 경쟁을 통한 집권 기회를 철저하게 박탈했던 것이 군사 정권이었기 때문이다.

한국의 민주화는 평탄하고 순조롭지만은 않았다. 지난 반세기의 역사를 되돌아본다면, 한국의 민주화는 수많은 역경을 극복하면서 자유롭고 정의가 지배하는 사회를 구현하는 데 헌신한 지도자, 활동가 그리고 국민이 흘린 피와 땀의 결과로 얻어진 고귀한 결실이다.

구한말 후 100년이 지나서 한국이 이룩한 민주화의 역사적 의미를 찾으려 한다면, 서론에서 언급한 적이 있지만, 이탈리아의 역사가 크로체의 표현대로 지나간 100년의 한국 역사도 "자유의 이야기로서의 역사History as the Story of Liberty" 였다는 표현을 써볼 만하다. 20세기를 통해서 한국 정치를 관통하는 주제는 '자유' 였다. 빈곤으로부터의 자유, 독재로부터의 자유 그리고 정치 참여의 자유, 신앙에 대한 통제와 박해로부터의 자유, 성적 차별로부터의 자유, 사상과 언론에 대한 통제로부터의 자유를 추구해온 셈이다.

초보 단계의 민주체제

군부 권위주의 정권이 종식되고 민주화로 이행한 후 지금까지 세 개의 민주 정권이 정부를 운영해오면서 정권마다 권위주의 시대의 잔재를 청산하려는 노력을 해왔다. 그런데 지금까지의 민주 정권의 노력에 대한 일반 국민의 평가는 그다지 높은 편이 아니다. 일부 국민 사이에서는 경제적 업적만을 강조해 '과거가 더 좋았다', '경제로나 공공질서 유지와 안보 상태는 군사 정권 시대가 더 좋았다' 는 불평불만이 나오고 있다.

민주화를 시작한 지 16년이 지난 오늘 여전히 일부 국민 사이에 '민주화해서 과거보다 좋아진 것이 무엇이냐' 라는 불만이나 불신이 있다면, 한국은 아직도 군부 권위주의 정권과 민주 정권 사이에 정당성 문제를 둘러싼 '경쟁competition' 이 계속되고 있는 셈이다. 오늘과 같은 자유로우면서도 어수선한 사회에 비해, 적어도 표면상 질서정연했고 경제적으로 높은 성장과 풍요를 가져왔으며 겉으로는 평온한 노사 관계를 유지했던 과거의 비민주 정권에 일종의 향수를 느끼는 국민이 많이 있다는 것이다. 이는 민주정치가 공고화하려면 아직 상당한 시간이 걸릴 것임을 시사한다.

오늘 한국이 민주화를 통해 형성한 신생 민주정치체제는 엄히 따져서 '엘리트 민주주의, 또는 일부 정치학자가 쓰는 용어를 빌린다면 다두제多頭制 민주주의다. 다두제 민주주의는 소수가 지배하는 민주정치체제를 말한다. 다시 말해 정치 엘리트 집단이 자신들이 조심스럽게 관리하고 있는 선거제도를 통해서 정권을 잡고자 서로 간에 비교적 자유롭고 공정한 경쟁을 벌일 수 있는 체제이다. 그런 체제 속에서 대중(유권자)이 하는 일이란 고작 출마하는 후보자 중에서 자기들이 선호하는 후보를 선출하는 역할뿐이다.[4]

그런데 엘리트 민주주의나 다두제 민주주의의 한 가지 장점은 그것이 과거의 권위주의 정권처럼 한 정치집단(가령 군부)이 정권을 독점하는 것을 막을 수 있다는 것이다. 이들은 자신들의 정치적 자원을 동원해 평화로운 방법으로 반대 세력이 집권할 수 있는 통로를 제공해준다. 그렇게 됨으로써 '장기 집권 문제'로 시달렸던 군부 권위주의 정권과는 달리 집권에 대한 정당성 문제를 해결해줄 수 있는 장점을 지니고 있다. 다두제하에서 정치 엘리트는 유권자층의 신임을 받는 한 정권을 유지할 수 있으나, 신임을 잃으면 실권하게 된다. 다음 선거에서 유권자가 집권 기간 내의 실적을 평가하고 집권자의 실책에 책임을 물어 다른 정치 엘리트로 대치하거나, 반대로 업적을 평가해 계속 집권할 수 있게 하는 방식으로 집권 세력은 정당성을 획득하는 것이다.

현재 한국의 다두제 민주주의는 헌법에 따라 대통령 직선제를 시행하고 총선으로 민주 의회를 구성해 입법 활동을 보장하며, 의회가 행정부를 견제하는 최소한의 민주적 절차를 정착시켜가고 있다. 이런 과정은 민주정치체제가 갖춰야 할 가장 기초적인 절차요 관행이다. 이것은 유신체제처럼 극단적인 권위주의 정권 시대에서는 상상조차 할 수 없었던 변화이며 한국 정치사에서 큰 획을 그은 변화라고 할 수 있다.

그런 긍정적인 변화를 겪었으나 21세기에 한국 정치가 당면할 도전과 문제들은 아직도 많다. 냉정하게 생각해서 한국의 민주화는 아직 그런 다두제 민주주의에 완전하게는 못 미치는 단계에 있다. 한국이 민주정치로 이행한 후, 절차상으로나 형식 면에서 민주주의의 기본적인 제도와 절차를 충분히 활용해온 것은 아니다. 다두제 민주정치가 계속 존속하려면 엘리트는 지속적으로 정치 개혁과 경제 개혁을 성공시켜 민주정치가 권위주의 정권보다 덜 나쁘고 인간성의 본질에 더욱 맞는 정치 질서라는 것을 국민에게 과시하고 입증해줘야 한다.

한국 정치가 당면한 해결해야 할 과제는 수없이 많다. 대외적으로는 주변국들과 우호적 관계를 유지해 한반도의 평화와 안정을 확보하고 신장시키는 일, 남북 관계를 개선하고 상호 간의 교류 확대를 통해 긴장 상태를 완화하는 일, 그리고 종국적으로 남북 통일을 이루는 일을 생각할 수 있다. 국내적으로도 날로 악화하는 환경오염 문제, 소자화少子化 문제, 다른 나라보다 빠르게 진행되고 있는 고령화 문제, 해결의 실마리를 찾지 못하는 교육 문제 등 온갖 문제가 있다. 그 외에도 한국 사회가 직면하고 있는 문제들은 너무나 많다.

그러나 그 문제들의 범위가 여기서 다루기에는 너무 벅찬 것들이지만, 앞으로 우리가 정치적으로 '피해 갈 수 없는', '한국 정치에 광범한 영향을 미칠' 문제들, 한국 정치가 제대로 된 민주정치체제가 되려면 꼭 해결해야 할 문제들을 몇 가지 뽑아 다루기로 한다.

첫 번째 도전, 책임정치의 실현

21세기 한국 정치가 이뤄야 할 첫 번째 과제는 '책임정치responsive politics'의 실현이다. 민주주의의 불가결의 요소는 정부가 책임져야 한다는 사실이다. 정치체제에 대한 국민의 신뢰와 지지를 확보하지 않고서는 한국에서 민주화의 완성은 기대할 수 없다. 다두제 민주주의는 정치 엘리트가 유권자의 신뢰를 얻는 한 정권을 유지할 수 있다. 국민으로부터 정당성을 인정받을 수 있다. 일부 유권자처럼, '군사 정권 때가 좋았다'고 말하는 국민이 다수를 이룬다면 다두제 민주주의의 장래는 위험스러울 뿐이다. 민주 정권의 정당성 기반이 흔들리고 있다는 증거이다.

지금까지 집권해온 민주 정권하에서 책임정치는 실종되었다. 그것은 여전히 부재 현상이거나 완전히 상실된 상태에 머물러 있다. 정부는 법치가 아니라 '인치人治'를 하고 있다. 법이 일정한 역할을 규정했지만 대통령직이라는 공직을 의인화해, 자신의 역할을 무한대로 확대 해석하면서 공사 간의 구별이 없을 뿐 아니라 자신의 파벌에 속한 소수의 충성스러운 추종 세력을 능력과 무관하게 기용하고 이들에게 의존하려는 정권 운영 행태를 보여왔다. 이른바 '패거리 정치'이다.[5] 그런 정권에서 책임정치는 기대할 수 없었다. 물론 과거의 권위주의 정권 아래에서 책임정치가 실현되었다는 뜻은 아니다. 권위주의 정권은 책임정치를 위한 정권이 아니라 정권이 결정한 정책을 일방적으로 국민에게 강요한 정권이었다. 그런 정권이 정책의 집행 결과에 책임을 진다는 것은 생각조차 할 수 없었다. 집권층이 알아서 하면 국민은 그냥 따르면 되고 반대하면 제재가 뒤따랐다.

역대 정권들은 그동안 그런 권위주의 정권이 누렸던 자의성을 많이 답습해왔다. 비리와 부정은 물론 내정內政이나 외교 정책과 관련해서 야기된 수많은 쟁점이나 의혹을 책임 있게 밝힌 정권이 없었다. 국회의 여야 의원들 역시 모두가 책임 회피에만 급급했고 비리와 실정의 결과로 사법부에 의한 실형實刑을 받는 것으로 책임이 면제되는 풍토가 지배했다. 정권이 끝날 때마다 정권의 실력자들이 줄줄이 옥살이를 한 것이 그것을 입증한다.

국회에서 여당은 행정부의 비리와 실정을 밝혀내는 것보다, 그것을 은폐하는 일에 더 많은 관심을 두었으며, 경우에 따라서는 행정부와 공범이 되는 일도 있었다. 야당은 야당대로 국민을 위한 자기들의 의무를 저버리거나 자신의 이해관계를 앞세워 눈치만 보는 경우도 많았다. 가까운 장래의 한국 정치에서 정권에 책임을 묻는 정치 과정이나 실질적인 행위를 기대하기 어렵게 된 것이다.

민주정치에서 '책임정치'가 이뤄지려면 진정한 의미의 정당정치party politics가 자리 잡아야 한다. 그런데 역대 정권이 한결같이 정권을 수립하자마자 집권당을 해체하거나 분당해 새로운 정당을 결성함으로써 스스로 정당정치를 굳힐 기반을 허물어버렸다. 국회의원들은 자신을 선출한 선거구민들에게 자신의 행동에 대한 '설명 의무'를 지고 있다. 책임정치를 할 의무가 있다. 그러나 당선된 후 그런 의무를 제대로 실행한 의원 수가 얼마나 될지 의문이다.

정권 말기에 가까워오면 다음 집권 가능성이 큰 세력에 줄 서기에 바쁘고 소속해온 정당을 떠나버리는 일이 다반사가 되고 있다. 이런 상황에서 정당정치가 제대로 자리 잡아 제도로서 존속하기를 기대하기 어렵다. 아마도 세계에서 대한민국처럼 쓸 수 있는 이름이 고갈될 정도로 자주 정당을 결성한 나라도 드물 것이다. 정당정치인들의 이런 작태를 봐온 국민이 정당에 대한 혐오감과 불신감을 느끼는 것은 너무나 당연한 일이다.

한편, 행정부는 국회에서 다수 의석을 확보하는 데만 급급했다. 국회가 행정부에 대항하거나 행정부를 견제하는 것을 수용하려 하지 않았다. 이것도 정당정치의 발전을 가로막는 일이다. 국회가 절대적인 세력을 가져야만 행정부가 기능을 발휘할 것으로 인식하는 것은 과거 권위주의 정권 시대의 발상이다. 그것이 여당의 지속적인 성장을 가로막았고 정당정치의 약화를 재촉하는 결과가 되기도 했다. 그런 현상은 세 개의 민주 정권 말기마다 더욱 두드러지게 나타났다.

민주 정권이라 자처해온 세 개의 정권들이 모두 '책임정치'를 외면했고 민주화로 자유로운 활동을 보장받은 여야 정당들은 그런 자유를 이합집산離

合集散의 면죄부로 남용해왔다. 그런 상황에서 국민의 정당정치에 대한 신뢰는 크게 떨어졌다. 국민으로서는 어느 정당에 책임을 물어야 할지 알 길조차 없다. 한국 정치에서 '책임정치가 날아가버린 것'이나 마찬가지이다. 왜냐하면, 민주 정권에서 정부를 구성하는 기본 제도는 선거이며 선거는 정당의 이름과 정책을 걸고 치뤄지는 것이기에 그런 정당이 해체될 때 그 정당을 통해 집권한 정권에 물어야 할 책임도 함께 날아가버리기 때문이다. 책임을 물을 대상이 사라지는 것이다.

이처럼 정당정치 부재 현상이 계속되는 한 한국 민주정치 질서의 확립은 기대하기 어렵다. 정당뿐 아니라 좌익이든 우익이든 결사체의 자유를 구실로 민주정치 질서 자체를 위협하거나 '규칙' 자체를 무시하고 법보다 실력행사를 앞세우는 세력들이 심각한 대치와 갈등을 벌이는데도 다수가 침묵을 지키는 정치 환경에서 민주 정권이 공고해질 것을 기대하기 어렵다.

또한, 민주정치는 자신의 목적 달성을 위해 수단과 방법을 가리지 않고 헌정질서를 위협하는 극단주의 세력이 건재하는 한 확립하기 어렵다. 개인이나 집단 모두가 민주적인 규칙과 절차와 과정을 존중하고 특히 법질서 안에서 일정한 규칙에 따라 행동하는 새로운 질서가 조성되지 않고서는 한국의 민주정치의 장래를 장담할 수 없다.

두 번째 도전, 정부 형태의 확정

21세기 한국 정치는 장기적으로 존속할 수 있는 정부의 기본형을 결정해야 한다. 민주적인 정부 형태로 간주하는 것은 대통령 중심제(대통령제), 내각책임제, 그리고 이원집정제가 기본이다. 민주정부를 운용하는 나라는 이들 세 개의 유형 중 하나를 택한 후 그 테두리 안에서 여러 정치 세력 간의 상호 관계와 권력의 공유 방법을 규제하기 위한 헌법을 갖고 있다. 그 헌법의 골자가 정부 형태이다.

그런데 한국에서 현행의 5년 단임 대통령제를 '영구적'이고 '만족스러운' 것으로 간주하는 정치인이나 국민이 얼마나 되겠는가는 의문이다. 현 체제를 잠정적이고 과도적인 것으로 보려는 것이 일반적인 견해다. 한 나라의 기본인 정부 형태가 그처럼 잠정적이고 과도적인 것으로 언제까지나 남아 있을 수 있느냐가 문제이다.[6]

현재의 5년 단임제를 그대로 둘 것인가, 아니면 다른 정부 형태를 택할 것인가 하는 헌법 질서와 관련된 쟁점은 아직도 진지하게 다뤄진 바 없다. 문제를 더욱 어렵게 하는 것은 5년 단임제가 1987년 한국의 특수한 정치 상황 속에서 여야가 합의해 택한 것이라는 점이다. 현행 헌법은 '장기 집권 문제'와 '대통령 직선제'라는 쟁점을 놓고 여야가 더는 대립을 계속할 수 없는 상황 속에서 이뤄진 타협의 산물이었다.

최근에 와서 정부 형태를 포함한 개헌 논의가 시작되었지만, 여야 정치 세력이 관심을 두는 것은 정부 형태보다 어느 때, 누가, 어떤 유리한 조건과 상황 아래에서 개헌을 추진할 것인가 하는 것이다. 그리고 여야 세력이 모두 개헌으로부터 특별히 얻을 바가 없다고 판단하고 있다면 정부 형태에 대한 개헌을 적극적으로 추진할 가능성도 희박하다.

대통령제, 내각책임제 그리고 이원집정제라는 세 가지 민주정부 형태 어느 것 하나도 완벽한 것은 아니다. 주로 유럽과 미국에서 시작해 다른 나라들이 모방해온 정부 형태이지만 그것을 채택한 나라마다 목적이나 이유가 다르고 그 결과도 다르다. 문제는 제도가 성공을 보장해주는 것은 아니라는 사실이다.

해방 후 우리나라는 4년 임기 대통령제를 택했으며 많은 기복을 겪으면서 정권이 변함에 따라 내각책임제도 채택했다가 다시 대통령제로 복귀했으며 아직도 기본은 대통령제 정부 형태를 유지해오고 있다. 대통령제 때문이라고 확언할 수 없지만, 이승만 정권과 박정희 정권하에서 헌법을 개정하거나 새 헌법을 정권 측이 일방적으로 제정해 집권을 장기화하려는 전례가 있었기에 전두환 정권 당시 장기 집권을 막고자 5년 단임제로 개헌해 오늘에 이르고 있다.

1987년 여야가 5년 단임제를 합의하게 된 배경은 잘 알려진 일이다. 그러나 지난 20년 동안 단임제를 시행해오면서 장점도 없지 않았으나 단점도 많았다. 해방 후부터 강권이나 폭력으로 정권을 연장하면서까지 평화로운 방법에 의한 수평적인 정권 교체를 이룩하지 못한 한국에서 단임제 채택은 매우 적절한 것이었다. 그리고 다행히도 그 헌법은 오늘까지도 효과를 발휘했다. 그러나 단임제 주장은 장기 집권을 막아야 한다는 소극적이고 부정적인 논리에 바탕을 둔 것이었다.

20년간을 단임제로 해서 나름대로 민주정치의 기본적 조건이라 할 평화로운 정권 교체를 이룩해온 것은 긍정적인 평가를 받을 만하다. 그러나 21세기 한국 정치는 정권의 장기화를 막는다는 소극적인 논리보다 어떤 정부 형태가 진정으로 한국 정치의 실정에 맞으며, 한국 국민의 정치 문화 수준은 어떠하며 그런 수준에 맞는 정부 형태는 어떤 것이며, 민주주의를 보다 확고하게 정착시키는 데 도움을 줄 수 있는 형태와 제도는 어떤 것인가를 심사숙고할 단계에 와 있다고 본다.

어떤 정부 형태를 택하든 제도 못지않게 그것을 운영하는 정치인들, 즉 정치 사회를 구성하는 구성원들의 자질이 중요하다. 그 자질이란 민주주의의 운영에 필요한 전문적 지식과 능력 그리고 확신을 말한다. 즉 정권을 담당하려는 사람들은 민주적인 규칙을 충실하게 지키고 규칙에 따라 행동하는 자질을 갖춰야만 한다. 그런 자질을 가진 엘리트가 앞장서 국가를 운영할 때 시민사회도 민주주의 규칙을 지키려 할 것이다.

쉽게 말해서 정치인들이 '다수결의 철학 또는 원칙'을 지키려는 자세와 소수 의견을 존중하고 반영하려는 아량과 공평성을 가져야 한다. 다수가 된 것을 마치 전쟁에서 승리한 것처럼 여기거나 소수가 되는 것을 크게 모욕당한 것처럼 여기는 정치인들이 우글거리는 정치 현실에서는 제도가 아무리 이상적인 정부 형태를 제공해준다 해도 민주적인 정부 형태로는 존속할 수 없다. 좀 극단적인 예지만 역사적으로 그것을 선명하게 보여준 것이 바로 가장 이상적인 헌법과 정부 형태로 알려진 독일의 바이마르 공화국이 히틀러가 이끈 소수 과격분자에 의해 힘없이 붕괴했다는 사실이다. 다른 복합적인 요인도 있었으나 바이마르 공화국의 정치 세력은 민주정치를 지켜낼 자질과 의지를 갖추지 못했던 것이다.

제도가 문제가 아니라 정치 지도자의 수행 능력, 즉 제도 운영 능력의 문제라고 말할 수 있는 또 하나의 이유는 선진 민주국가나 한국과 같은 신생 민주국가나 제도상으론 모두 민주정부를 갖는 나라들이다. 그런데 이 모든 민주국가들이 조금씩 내용은 다르지만, 국민 사이에 정치 지도층에 대한 '불신'이 높다는 공통점을 지닌다. 그리고 민주정치제도 자체에 대해 회의를 갖는 층도 적지 않다. 선진 민주국가도 많은 국민이 행정부 관리들의 수행 능력을 불신하고 있다. 그러나 그 국가들은 민주정치제도 자체에 대해 회의를 갖거나 부정적은 아니다. 헌정 질서를 지지하고 그 제도의 중요성을 확신하고 있다.

신생 민주국가에서 나타나는 불신 또한 그것을 운영하는 선출직 관료들의 비도덕성이나 무책임에서 비롯된 것일 뿐이다. 이런 사실은 어떤 정부 형태를 택하느냐보다 그것을 운영할 지도층의 자질이 더욱 중요한 문제라는 것을 말해준다.

앞으로 새로운 정부 형태를 정착시키려면 지금까지 실시해온 5년 단임제의 장단점이나 득실을 냉철하고 객관적으로 평가한 후 그런 것들을 보완할 수 있는 정부 형태와 제도적 기제를 택해야 할 것이다. 그런 선행 작업 없이 정치인들이 자신들이나 소속 정당의 이해득실에 집착해 줄다리기만 하다 타협안으로 내놓는 헌법이나 정부 형태를 국민은 단호하게 거부해야 한다.

21세기 한국 정치가 한 단계 높은 수준으로 올라서려면 정부 형태를 놓고 폭넓은 국민적 합의를 얻어내는 과정을 밟아야 한다. 시간은 걸리지만, 정치계와 시민사회 그리고 학계를 대표하는 집단들이 중심이 되어 충분한 토론과 청문 기간을 가진 후, 순서는 다르지만, 먼저 하나의 안을 국민의 찬반을 묻는 국민투표에 부쳐 국민 여론의 방향을 확인한 후, 최종적으로 국회가 정부 형태를 다루는 헌법을 제정해야 한다.

어떤 정부 형태를 취할 것이냐는 문제는 간단하지 않다. 대통령제, 내각책임제, 이원집정제 중 어떤 형태를 택할 것이냐는 그 나라의 여러 조건을 따져 신중히 결정해야 한다. 전제정치 아래에서는 관료의 역할이 절대적이었지만 근대국가에서는 '정당'이라는 조직이 중심적인 역할을 하고 있다. 따라서 어떤 정당 체제(복수제라는 의미)를 갖고 있느냐에 따라 정부 형태도 다를 수 있다. 대통령제나 내각책임제는 확고하고 제도화된 양당 체제하에서 더욱 좋은 기능을 발휘하고 있다. 미국, 영국 그리고 연방제 국가들이 대표적인 예이다.

이원집정제dual executive는 대통령은 국방과 외교 권한을 행사할 뿐 내정에 간섭할 수 없는 정부 형태이다. 복잡한 국내 정치 문제로부터 벗어나 국방과 외교에 집중하여 국가 안보를 강화하겠다는 것이다. 이원집정제를 택한 프랑스와 핀란드는 다당 체제를 가진 나라들이다. 핀란드는 정당이 열 개가 넘는다. 프랑스도 대소 정당을 여러 개 갖고 있어서 단일 정당보다 여러 개 정당의 연합으로 정부가 구성되는 경우가 많다.

정부 형태와 정당 체제를 연결해서 한 나라에 적합한 정부 형태가 어떤 것인가를 따져야 한다는 것은 흔히 논의되는 점이다. 한국에서는 장면 정권의 내각책임제 정부가 쿠데타에 의해 붕괴한 이유로 탄탄하고 제도화된 양당 체제의 부재와 결부시켜 논하는 경우가 많다. 그 당시의 정당 체제의 발달 수준에서 볼 때 내각책임제가 적합하지 않았다는 것이다. 물론 장면 정권이 붕괴한 것을 그 당시 정당 체제의 부실 요인만으로 설명할 수는 없다.

최근 한국 정당 체제의 현실을 고려할 때 노무현 정권 말기에 와서 벌어진 여당의 이합집산 현상을 어떻게 설명할 것인지 당혹스러운 면이 있다. 그리고 이런 허약한, 제도화 수준이 낮은 정당 체제로 과연 내각책임제 정부 형태를 운영할 수 있을지 의문을 갖는 사람도 많다. 한 외국 정치학자의 견해지만 대통령제라는 극단에서 내각책임제라는 또 다른 극단으로 바꾸는 것보다 그 중간형에 해당하는 이원집정제를 갖는 것도 하나의 선택이 될 수 있다. 만일 한국에서 양당 체제의 확립이 어렵다고 한다면, 그리고 다수당 체제가 우리의 실정에 더욱 적합한 것이라는 주장이 옳다면 내각책임제보다 이원집정제를 심각하게 고려해볼 만도 하다.

여러 정치 세력이 개헌을 추진하려 할 때 불가피하게 정당은 정당대로, 정치 세력은 역시 그들대로 이익과 손해를 계산하면서 개헌 문제에 접근하려 할 것이다. 그것을 견제하고 국민의 복리와 안위를 우선시하는 실천을 할 수 있느냐가 21세기 한국 정치가 다뤄야 할 과제이다. 개헌 문제야말로 한국이 앞으로 진정으로 책임정치를 실현할 수 있느냐의 의문과도 직결되는 도전이라 할 것이다.

세 번째 도전, 건전한 시민사회 건설

21세기 세 번째의 도전은 건전한 시민사회를 회생시키고 발전시켜 안정된 민주정치 구축에 이바지하도록 하는 일이다. 고대로부터 사회와 정치(국가)의 관계는 많은 이론가의 관심사가 되어왔다. 사회 개념은 정치나 국가보다 넓은 개념이다. 독일 사회학자 퇴니Tonnee가 '공동체gemeinshaft'와 '사회gesellshaft'를 구별했듯이 일찍이 산업화 과정을 거쳐 시민사회를 형성한 서구 사회는 농촌 중심의 공동체에서 벗어나 도시 중심의 산업사회와 대중사회로 변질했으며 그 과정에서 정치적으로 '국가'와 '사회'라는 차이가 확실하게 나타났다.

절대주의 시대처럼 국가가 절대 권력을 장악해 지배하던 시기에는 국가의 통제에서 벗어나거나 분리된 다른 어느 영역도 존재하기 어려웠다. 사회라는 개념은 근대적이며 특히 시민사회라는 용어는 산업화 이후에 의미가 있게 된 개념이다. 시민사회는 국가로부터 활동의 자유를 보장받고 국가 권력의 통제로부터도 자율성을 갖고자 하는 데서 생겨났기 때문이다. 오늘 한국 시민사회의 가장 중요한 과제는 '정치사회로 하여금 책임정치를 실현' 하도록 하는 일이다. 정권이 책임정치를 실현하도록 시민사회가 감시하고 통제해야 한다.

넓은 의미의 정치사회구조를 쉽게 세 개의 동심원으로 나눠 생각해본다면, 가운데에 있는 원은 정권이나 국가이고, 그다음 원은 정치권력을 추구하는 것을 공인된 목적으로 삼는 정치집단이 주를 이루는 정치사회political society이며, 밖에 있는 가장 넓은 원이 일반 사회를 구성하고 있다고 볼 수 있다. 사회라는 가장 넓은 영역 속에 정치사회와 정권(국가)이 내포해 있다고 할 수 있다.

중세기나 그 후의 유럽의 전제군주 시대처럼 국가(정권)가 멋대로 아무런 견제 없이 절대 권력을 행사하면서 국가와 사회를 장악했던 시기는 세 개의 동심원들이 구별할 수 없을 정도로 거의 하나로 합쳐져 있는 상태라고 할 수 있다. 그러다가 정권과 사회가 분리되면서 점차로 절대군주의 무제한적인 권력 행사를 견제하려는 새로운 정치 세력이 형성되어 정치사회를 구성하게 된 것이다. 그러면서 삼권 분리 원칙도 생겨나 정부를 견제하려는 의도에서 국회라는 입법부가 형성되기도 했다.

그 후 유럽 사회는 산업화 과정으로 사회 내에 여러 집단 사이에 갈등과 투쟁이 심화해갔다. 그것을 국가가 개입해서 권력으로 해결하는 것이 아니라 스스로 조율하고 없앨 필요가 생기면서 비정치적인 영역이 크게 성장하기 시작했고 마지막으로 국가와 정치사회로부터 간섭이나 통제를 받지 않으며, 활동의 자유와 이익 추구의 자율성을 보장받는 시민사회가 등장하게 되었다.[7]

역사적으로 볼 때 한국은 유럽 국가가 전제군주 시대로부터 안정된 민주

정치 시대로 변해오는 과정과 비슷한 경로를 밟아왔다고 할 수 있다. 조선시대나 일본 제국주의 식민 지배 기간에 국가는 사회에 대해 거의 절대적인 지배 관계를 유지해왔다. 심지어 조선조를 가산제국가家産制國家라고 부른 학자도 있다. 전제군주가 국가를 마치 자신의 개인 재산처럼 여겼다는 뜻이다. 국가라는 원이 사회라는 원 전체를 거의 완전하게 덮고 있었고 왕에게 복종하는 관료들은 왕가의 가신家臣이었으며 국가와 사회를 구별하는 것이 무의미했다.

해방 후 한국은 이승만 정권 시기나 개발주의 국가인 박정희 정권을 시대나 그런 정치적 전통에서 완전히 벗어날 수 없었다. 특히 한국의 시민사회 형성을 크게 가로막았던 것은 이승만 정권 시대보다도 경제개발을 앞세워 다른 영역의 활동을 통제하는 데 주력했던 박정희의 '개발주의 국가' 시대였다고 할 수 있다.

혹자는 그런 경향을 가리켜 '국가 자율성의 확대'라고 부르기도 한다. 박정희의 개발주의 국가는 경제 관료들이 정치집단(가령 국회의원)이나 여러 사회단체로부터 압력이나 방해를 받지 않는 자율성을 갖게 했다는 것이며 이는 곧 비정치적인 집단들의 활동을 억제했다는 것을 말한다.[8] 그런 의미에서 국가 자율성이란 시민사회를 통제는 하더라도 견제나 비판은 받지 않겠다는 의지의 표현이다. 사회 제 영역의 요구나 호소 자체를 외면하고 관료의 목적 달성에만 집착하겠다는 것이다. 사실 한국의 고도 경제성장은 그런 수단과 방법에 의존해 이룬 결과였다. 시민사회가 정권에 책임정치를 요구하거나 견제할 수 있는 조건은 전혀 갖출 수 없었다. 시민사회는 불구 상태에 있었다고 할 수 있다.

그런데 역설적으로 들리지만, 한국의 시민사회가 그 첫 모습을 갖추기 시작한 것은 고도 경제성장의 목표를 어느 정도 달성한 후인 1970년대 후반의 일이다.[9] 아이러니라고 할지 모르나 개발주의 국가는 스스로 자신을 종식시킬 시민사회라는 씨를 뿌렸고 그것이 점점 자라나 민주화의 열매를 맺었다고 할 수 있다. 유신 정권처럼 사회에 대한 통제를 보다 강화하고, 심지어 정권(국가)과 사회 사이에서 사회의 욕구와 의사를 국가 정책에 반영하는 정당까지도 유명무실화해 정치사회의 역할까지도 축소하려던 유신 집권 세력에 대한 저항 과정에서 한국 시민사회의 기본 틀이 형성되었다고 할 수 있다.

민주정치에서 특히 정치사회와 시민사회의 관계는 매우 중요하고 긴밀한 것이다. 정치사회를 구성하는 정당과 정치인들은 시민사회의 적극적인 지지와 호응 없이 생존하기 어렵다. 마찬가지로 시민사회도 정치사회와의 긍정적인 상호작용 없이는 시민사회가 추구하는 정책을 제대로 반영할 수 없다. 양자는 상부상조의 관계이다. 그러나 양자의 역할이 서로 다르다는 점도 강조해야 한다. 시민사회가 정치사회에 진출하려는 사람들의 이용물이 되거나 정파적 편향성을 띠는 것은 건전한 시민사회 육성을 크게 해치는 결과를 가져올 수 있다. 그래서 건전한 시민사회 없이는 건전한 정치사회가 있을 수 없고 건전한 정권도 생길 수 없다. 민주적 시민사회만이 진정한 민주 정권을 형성, 유지할 수 있다.

정치학에서 제기해온 중요한 의문은 안정된 민주정치stable democracy를 유지하는 조건들은 과연 어떤 것이냐는 문제이다. 이것은 달리 보면 정권과 정치사회의 관계, 정치사회와 시민사회의 관계와 관련된 것이기도 하다. 엑슈타인 교수는 정치적 권위 구조political authority structure와 사회적 권위 구조social authority structure라는 개념을 중심으로 안정된 민주정치의 조건을 설명하고 있다. 양자 사이에 협력 관계이냐 아니냐를 따지는 것이다.

즉 사회적 권위 구조가 비민주적이라면 정치적 권위 구조도 비민주적인 것이 될 가능성이 크다는 것이다. 엑슈타인은 노르웨이 정치체제를 예로 들어 양자 사이의 일치와 불일치의 관계를 중심으로 민주정치의 안정성을 논하고 있다. 안정된 민주정치를 유지하려면 사회 전반에 걸쳐 민주적 정치사회화 과정이 이뤄져야 한다는 것이다.[10]

퍼트남은 이탈리아의 정치체제를 연구한 후 엑슈타인이 노르웨이에서 한 연구와 같은 결론을 내린 바 있다.[11] 두 사람의 연구는 민주정치가 아무 데서나 뿌리내리고 안정되는 것이 아니라 그것을 뒷받침할 사회적 토양이 있어야 함을 밝히고 있다. 엑슈타인의 경우는 사회적 권위 구조가 민주적이어야 한다는 것이고, 퍼트남은 주민의 자발적이고 자율적인 참여(시민단체)가 이뤄진 시민사회가 필요하다는 것이다. 그런 자발적이고 자율적인 단체를 퍼트남 교수는 사회적 자본social capital이라고 부르고 있다.

퍼트남처럼 유럽적인 시각에서 자발적이고 자율적인 단체 모두를 시민사회 개념으로 파악하려는 것이 한국에 적절한 것인지는 의문이다. 현재로 한국에서 시민단체civic group란 주로 공적 영역의 쟁점을 중심으로 정부 정책에 대한 자신의 뜻을 주장하려는 집단이나 사적 영역에서 NGO라고 부르는 특수한 목적(가령 환경문제, 마약퇴치 문제 같은)을 옹호하고 변호하려는 사회집단들이 주를 이루고 있다. 그런 조직이나 단체들의 활동이 한국 민주정치의 안정화에 얼마나 이바지하고 있으며 정치와 어떤 유기적인 관계를 맺고 있는지도 정확히 알 수 없다. 한국 시민단체들의 조직은 아직도 무형적amorphous인 단계에서 크게 벗어나지 못하고 있다.

일반 시민들이 정부나 시장(기업)을 대상으로 자신들의 생활과 관련해서 개선할 것이나 특정 요구를 관철하고자 모인 시민단체는 정당 조직이 아니며 이익단체도 아니다. 시민 개개인이 정당에 가입하거나 선거에서 특정인을 지지하는 일은 얼마든지 할 수 있다. 그러나 시민단체가 정치화되면 그 조직은 특정 정권이나 정치인과 관련되면서 자연히 시민단체의 범주에서 이탈한 것이다. 시민단체가 정치화되면 단체의 구성원은 정치적 이슈issue에 대해 서로 대립하게 되고 내분을 겪을 수밖에 없다. 그런 시민단체는 시민단체의 본질인 자율성을 상실한 정치 조직으로 전락하는 것이다.

그런데 오늘의 한국 사회에서는 정당과 이익단체의 구별도 애매하거니와 정당과 시민단체나 시민운동과의 관계도 매우 모호한 채로 남아 있다. 그 책임은 시민단체의 지도층에게 있지만, 시민단체를 정략적으로 이용하려는 정당이나 정치인들에게도 공동의 책임이 있다. 따라서 정치사회와 시민사회 사이에 새롭고 올바른 관계를 위해 시민들은 물론 정치인들도 노력을 기울여야 한다.

한국에서는 시민사회와 정치사회 사이의 관계가 조화나 화합보다 상호불신과 갈등이 지배하는 껄끄러운 관계이다. 시민사회 구성원은 정치인들을 불신하고 있고, 정치사회 구성원 역시 시민사회를 경계하고 불신하는 경향을 보이고 있다. 정치사회와 시민사회의 관계가 이런 추세로 간다면 안정된 민주정치를 정착시키는 데 도움이 되지 않는다. 민주주의가 설 수 있는 기반이 흔들리는 것이며 시민사회 역시 소수의 권력 지향적인 활동가의 정치적 야심을 충족시키는 도구로 전락하는 것이다. 실제로 한국의 시민단체들 가운데 일부는 정치인이나 고위 관료로 진출하기 위한 도약 돌jumping stone로 이용되고 있다.

시민들이 가정에서나 학교, 그리고 여러 사회단체 생활을 통해 민주정치를 운용할 수 있으며, 그 안에서 자연스럽게 정치사회화를 겪을 수 있는 사회일수록 안정된 민주정치가 작동할 수 있다. 퍼트남의 주장대로 자발적이고 자율적인 시민단체들이 많을수록, 그가 말하는 사회적 자본이 커질수록, 민주정치가 뿌리내릴 가능성이 크다. 오늘 한국의 시민사회의 문제는 그런 시민단체라고 하는 조직들이 극히 낮은 수준의 자발성이나 자율성을 지니고 있다는 점이다.

한국에 자발적으로 그리고 자율적으로 회비나 필요한 경비를 부담하면서 시민단체에 참여하고 있는 시민의 수는 매우 제한돼 있다. 근래에 와서 '시민단체의 위기'라는 표현이 나올 정도로 시민들의 시민단체에 대한 불신이 늘어가고 있다. 그리고 이른바 시민단체라 자칭하는 조직 대부분이 정부 보조비를 받고 있으며 정부기관에 기생寄生하거나 종속적인 위계질서를 형성하고 있기도 하다. 그런 시민단체가 안정된 민주정치의 정착에 얼마나 이바지할 수 있을지는 의문이다. 한국의 정치권이나 정부는 건전한 시민사회가 자리 잡을 수 있도록 노력해야 하며 특히 정권과의 관계가 지금과 같은 의존 관계에서 벗어나 시민단체들이 진정으로 자율성을 지닌 조직으로 활동할 수 있도록 지원하기 위한 적절한 법을 제정하고 시민사회가 제 기능을 발휘할 수 있도록 해야 할 것이다.

네 번째 도전, 세계화 · 정보화 시대의 도전

1965년에 나온 『미디어의 이해Understanding Media』라는 책에서 맥루한은 '지구촌global village' 이라는 용어로 세계가 하나의 촌으로 변모할 가능성을 예견했다. 그의 예측은 그대로 적중했다. 오늘 우리는 이른바 세계화 현상을 겪어왔고 특히 여러 가지 다양하고 새로운 미디어의 출현으로 전 세계의 모든 국가들이 하나의 통신망으로 묶인 '지구촌' 을 경험하고 있다. 그것을 가능케 한 것이 컴퓨터이다.

서론에서 20세기 의미를 논하면서 경제학자 볼딩[12]의 책을 인용해 20세기는 기술의 세기라고 논한 적이 있다. 볼딩은 기술의 발달이 20세기와 그 이전의 5천 년간 역사 사이를 전혀 다른 것으로 만드는 데 작용한 획기적인 요인이라고 말한 바 있다. 기술이 발달하면서 인류 역사에서 과거에는 상상할 수 없었던 일이 가능해졌다는 것이다. 얼른 떠오른 것은 제2차 세계대전 말, 일본에 떨어져 순식간에 수십만의 인명을 앗아간 원자폭탄을 생각하게 되고 달을 옆집 드나들 듯 오가는 우주 비행을 연상하게 된다. 모두가 5천 년 역사에 있어서 처음 일어난 놀라운 일들이다. 볼딩이 20세기를 기술의 세기로 규정하려는 것은 그런 이유 때문일 것이다.

미국의 철학자 찰스 반 도렌Charles Van Doren은 그의 저서 『지식의 역사A History of Knowledge』에서 미래를 예측한다는 것은 매우 위험하고 어리석은 일이라고 전제하면서도 다음 100년, 즉 21세기를 '컴퓨터의 시대' 로 보고 있다.[13] 볼딩이 기술의 발달을 가장 중요한 요소로 본 것처럼 도렌도 비교적 확실성이 있다고 할 과학과 기술 분야의 추세를 중심으로 미래에 대해 추정을 하고 있으나 그중에서도 가장 핵심적인 요인으로 컴퓨터를 들고 있다.

구텐베르크Gutenberg가 15세기에 인쇄 활자를 발견한 후 새로운 인쇄술이 태어나면서 그 이전에 나온 옛날 책은 자취를 감춰버렸고 새로운 책들이 쏟아져나왔다. 오늘날 컴퓨터는 5세기 전의 인쇄술이 미친 것에 버금가는 영향과 충격을 주고 있다. 컴퓨터가 등장한 지는 반세기에 불과하지만 마치 새로운 인쇄술이 헌책들을 없앤 것처럼 금융·산업·통신 체계들을 다 먹어치우고도 자기의 굶주림을 아직 다 채우지 못하고 있다.

도렌은 컴퓨터의 기능이 다음 단계에 도달하게 되면 상상할 수 있는 것으로 '생각하는 기계intelligent machine'의 등장을 논하고 있다. 꿈같은 이야기로 들리지만, 지능을 가진 컴퓨터의 등장으로 생길 도덕(윤리)적 문제를 매우 심각한 것으로 보고 있다.

지금도 컴퓨터는 세계의 모든 통신 산업을 지배하게끔 됐지만 생각하는 기계로서의 컴퓨터는 앞으로 인간 생활을 지배하는 데까지 나아갈지도 모른다. 세계에 대해 보다 다양한 지식을 갖추고, 기계의 소유자가 어떤 것을 즐기고 무엇을 싫어하며 그가 밤에 차를 운전할 때 언제쯤 졸릴 것이기 때문에 언제쯤 차를 멈춰야 하며, 사귀는 애인이 언제 자기와 헤어지기를 원하는가를 알려줄 수도 있다. 다시 말해서 생각하는 기계인 컴퓨터가 인간을 위한 완벽한 종servant이 되는 것이다. 그런 종을 부리는 인간들의 행위가 심각한 윤리적 문제를 일으킬 수 있다는 것이다. 그런 기계로의 발달을 주도하는 것은 일군의 해커hackers들이며 처음에 세 살짜리 어린 어린아이 수준의 지능을 가진 컴퓨터를 점차로 성장시켜 마지막에 농담할 수준으로 끌어올리게 되는 것이다. 그것이 제기하는 윤리적 문제가 21세기 가장 심각한 문제라는 것이다.

그뿐만 아니라 컴퓨터는 과학기술을 비롯한 인간 개조를 노리는 우생학적 혁명을 주도할 수 있고, 국가 간에 전쟁이 일어나면 군인 하나하나가 작은 컴퓨터를 소지한 채 전투를 하게 되고 그것을 한 사람이 지휘하는 양상의 전쟁을 현실화하고 있다. 한편, 마약 중독자의 수도 급격하게 늘어나게 되고 세계 인구가 늘어나면서 지구는 환경오염 때문에 쓰레기통으로 변할 정도가 될 것이다.

도렌의 가상적 미래의 실현 여하에 대한 논란은 제쳐놓고 그가 그리는 미래 사회나 인간상은 고도로 발달한 정보화 사회 속의 인간의 모습이다. 지금도 컴퓨터는 산업 분야와 통신 분야를 점령하고 있다고 할 수 있을 정도로 광범한 영향을 미치고 있다. 정보의 물결은 더욱 거세지고 있고 그 양도 늘어나 이제는 주체하기 어려운 실정이다. 분명히 우리는 정보화 시대에 들어선 것이다. 그뿐만 아니라 그런 정보화의 물결을 타고 국가라는 전통적인 지리적, 주권적 영역에서 벗어나 국가 사이를 자유롭게 드나드는 세계화 현상이 등장한 것이다.

세계화는 간단히 말해서 국가라는 장벽을 넘은 자본·기술·노동·통신의 자유로운 이동을 말한다고 할 수 있다. 그 결과 지리적·정치적·문화적 구분의 중요성이 점차 사라지고 세계가 하나의 생활 공간이자 공동 운명체로 바뀌고 있다. 바로 맥루한이 말한 '지구촌'이 형성되는 것이다. 이런 추세는 탈냉전의 국제정치적 전환기의 물결을 타고 급격히 진행되어왔다. 특히 경제 분야에서 시장경제가 점차 전 세계적 차원으로 확장되었고 자유무역이 커다란 비중을 차지하게 되었다. 제도적으로 그것을 지탱하기 위한 것이 세계무역기구World Trade Organization이다.

'정보화'도 따져보면 그 어원은 맥루한에게서 찾을 수 있지만, 컴퓨터의 급진적인 발달을 계기로 새로운 의미로 변모하고 있다. 국가 간은 물론 개인 간에도 컴퓨터의 발달로 자유롭고 신속한 의사통신이 가능해졌다. 정보화 사회는 "정보가 사회의 지배적 자원이 되고 정보통신 기술의 진보에 따라 사회 전역에 걸쳐 커다란 영향을 미치고 많은 정보가 대량으로 유통되고 있는 사회"를 뜻한다.[14] 따져보면 세계화와 정보화는 분리할 수 없는 관계가 있을 뿐 아니라 세계화의 개념에는 통신의 자유로운 운동이라는 요소가 포함되어 있다. 컴퓨터를 이용한 통신망 없이는 세계화가 존재할 수 없기에 두 개념은 밀접한 연관을 지니는 것이다.

세계화가 가져오는 전반적인 변화를 놓고 아직도 찬반 논의가 활발히 계속되고 있다. 특히 경제 분야에서 그렇다. 세계화를 신자유주의 경제론과 동일시하는 진보 세력은 세계무역기구(WTO) 회의가 개최되는 도시에 모여 격렬한 반대 시위를 주도하고 있다. 세계화가 세계의 빈부 격차를 심화시키고 양극화시키고 있다는 것이다. 학자들 간에도 세계화에 대한 옹호와 비판의 소리가 엇갈리고 있다. 그럼도 불구하고 세계화의 물결은 계속 세계 경제를 휩쓸고 있다. 반대 세력은 적절한 대안을 내세우지 못하고 있다. 세계화는 거스를 수 없는 대세가 되어가는 것이다.

경제적인 차원에서 세계화에 대한 논란이 있지만, 한국 정치의 미래와 관련해서도 세계화가 지니는 정치적 문제를 생각하지 않을 수 없다. 한국 정치학자 사이에서 세계화를 주제로 논의한 것을 종합해보면 세계화의 진행으로 국가의 기능이 크게 약해질 것으로 보는 견해가 있지만, 세계화의 추세가 강화될수록 그것이 가져오는 사회적 갈등과 혼란을 다루려면 국가의 기능이 보다 강화돼야 한다는 견해도 있다.[15] 어떤 견해가 맞는지는 단언하기 어려운 현실이지만 한 가지 분명한 것은 세계화라는 현상은 앞으로 더욱 활발한 양상을 보일 것이며 국가가 세계화의 충격에 어떻게 적응해가느냐가 큰 과제라는 사실이다.

특히 신생 민주국가로 다시 태어난 지 오래지 않은 한국은 빈부 격차를 포함해서 여러 집단 간의 이익 추구에서 오는 사회적 갈등이 적지 않다. 그런 사회적 차원의 갈등들을 정치적 차원에서 '민주적'으로 적절히 관리해야 한다. 국가가 통제하는 것이 아니라 집단 간의 갈등이나 분쟁을 조절, 해결하는 능력을 갖춘 정치 지도자의 역할이 어느 때보다 중요하다는 것이다. 과거 권위주의 정권 시절처럼 완전히 시장과 사회를 일방적으로 통제하던 때는 지나갔다. 세계화 때문에 국가 자체의 기능이 상당히 약화할 수밖에 없는 상황이다. 그런데 시민사회와 시장에서 형성되는 여러 갈등을 조절하기 위한 국가의 역할은 오히려 더욱 느는 것이다.

그것을 담당할 리더들이 그런 과제를 다룰 능력을 상실할 때 정부에 대한 불신을 낳을 뿐 아니라 민주 정권의 정당성 자체를 부정하는 추세가 나타날 수 있다.

세계화가 국가를 약화시킬 것이라는 관점을 가지고 그것을 방지하려면 시민사회를 보다 강화해야 한다는 주장이 나올 수 있다.[16] 세계화가 진척되어 국가 기능이 약화하는 것을 막으려면 시민사회의 활성화나 강화가 필요한데 현실은 그 반대로 가고 있다는 주장이 있다. 오히려 세계화의 결과로 경제적 불평등이 증가하면서 노동계급이 해체되고 있으며, 국수주의적 민족주의, 종교적 근본주의, 종족주의 등이 번성하고 있고, 정보화의 진척으로 중앙 통제 기구에 의한 정보의 관리가 쉬워 시민사회를 위협하는 부정적인 면이 나타나고 있다는 것이다.[17] 세계화에 대한 부정적인 입장이라고 할 수 있다.

세계화처럼 정보화라는 용어의 의미도 매우 포괄적이다. 그리고 그것이 민주주의에 미치는 영향이 무엇인가라는 의문도 제기되고 있다. 그리고 세계화 개념처럼 정보화 개념에 대해서도 상반된 이념적 입장이 나타날 수 있다. 세계화가 빈부 격차의 심화를 가져오는 것으로 보는 견해가 있는 것처럼, 정보화 때문에 빈부 격차가 심화하고 부유층이 정보 시장을 독점할 때 저들이 정치와 사회에 대한 통제력을 장악할 수 있다는 주장도 있다. 또한, 중앙에서 정보를 독점하면 전국에 걸쳐 실질적인 통제력을 확보할 가능성도 지적되고 있다. 세계화에 대한 비판론의 요점이 빈부 격차와 양극화 문제인 것처럼, 정보화에 대한 부정론의 요점도 사회적 불평등과 일부 세력에 의한 정보의 독점 가능성이다.

한국은 이미 정보사회로 변모했다. 그리고 21세기 한국 정치는 정보화가 가져올 예측하기 어려운 사태들에 대비하기 위한 부단한 노력을 기울여야 한다. 시간이 지날수록 정보화의 물결은 더욱 거세질 것이고 정보의 양도 급속하게 늘어나 정보의 정치적 영향력은 더욱 커지고 있다.[18]

현대 민주주의는 대의민주주의이다. 유권자 개개인이 속한 지역의 대표를 직접 투표로 선출하고 대표들(선출직 공무원이나 국회의원)이 정권을 담당, 운영하고 있는 정치체제이다. 앞으로 정보화의 발달로 종전의 대의민주주의가 아니라 다른 형태의 민주주의로 변질할 가능성이 있는지, 변한다면 어떤 형태가 되고 그것을 뒷받침하는 선거제도는 어떤 것인지, 새로운 정보기술에 의존하는 새로운 민주주의가 갖는 문제는 없는지, 한 사람이나 소수가 정보 수단과 내용을 독점할 때 정치체제는 어떤 것이 될 것인지, 논의되어야 할 문제는 수없이 많다.

정보사회가 진척될수록 시민사회 구성원들의 정치 참여 요구도 높아갈 것이다. 그뿐만 아니라 정치가나 정책에 대해서 시민들이 접할 수 있는 정보의 양도 크게 늘면서 시민사회 구성원과 정치사회를 구성하는 정치인들 사이의 관계에도 변화가 일어날 수 있다. 정치인들에 대해 부정적인 정보가 양자 간에 심각한 신뢰 문제를 일으키고 정치인만 아니라 오늘의 정치사회의 기본 성격을 이루는 '엘리트 민주주의' 또는 '다두제 민주주의'에 대한 지지 자체를 철회할 수도 있다.

정보화는 정치, 시민사회, 그리고 국제정치까지 광범한 영향을 미칠 것으로 전망된다. 민주주의와 관련해서는 전자민주주의의 유용성과 한계가 논의되고 있으며, 한국에서도 많은 학자가 사이버 공간의 거버넌스가 시민사회에 미치는 영향, 선거 과정에서 인터넷의 역할, 사이버 공간이 국제 군사안보에 주는 영향 등 다양한 시각과 접근을 통해서 정보화와 정치의 관계를 다루고 있다.[19]

가장 어려운 문제는 날로 증대하는 정보의 양은 물론 정보의 질적 문제를 어떻게 관리 또는 통제하느냐 하는 문제이다. 정보를 악용하는 다양한 범죄 행위와 인권의 침해 행위를 어떻게 방지할 것인가도 중요한 과제이다. 21세기 한국 정치는 시민사회의 건설과 육성을 위한 노력만큼 정보사회의 등장으로 생기는 온갖 문제들에 대비할 수 있는 제도적 장치와 전문 인력의 양성에 집중적인 노력을 기울여야 할 것이다. 학계나 정계 일각에서 거론되고 있는 논의는 아직 초기 단계이며 새로운 정보사회와 관련해 더욱 광범한 사회, 문화, 정치적 쟁점에 대해 포괄적인 논의와 검토를 해야 할 것이다.

지금까지 21세기 한국 정치가 당면한 도전으로 책임정치의 실현, 정부 형태의 확정, 시민사회의 건설, 그리고 세계화·정보화 시대의 도전을 지적했다. 그 외에도 수많은 도전이 한국 정치 앞날에 도사리고 있다고 할 수 있으나 이들 네 가지 도전은 국내 정치에서 피해갈 수 없는 것들이라 생각된다. 그리고 이 네 가지 도전은 서로 완전히 별개의 것이 아니라 서로 밀접하게 연관된 것으로 봐야 할 것이다.

21세기 한국 정치의 네 가지 도전을 성공적으로 다뤄가려면 정치 지도층이 주도적인 역할을 해야 한다. 적절한 능력과 자질을 갖춘 지도층이 필요하다. 그런데 민주정치에서 그런 지도층을 배출하는 것은 바로 국민이다. 국민이 그런 역할을 담당할 수준에 달하지 못한다면 한국 정치가 요구하는 지도층을 배출할 가능성도 희박하다. 무엇보다 선출직 정치 지도층을 선발하는 과정에서 국민은 현명한 판단을 해야 하고 높은 질적 수준의 지도자들을 선택하는 지혜를 발휘해야 할 것이다.

세계화와 정보화의 충격으로 현재로서 상상조차 할 수 없을 정도로 급격하게 변해가는 세계 속에서 주권 국가로서의 존재를 지키고 국민의 안전을 보장하며 증폭되는 사회적 갈등을 평화롭게 없애나가려면 선거 과정을 통해 다수의 유능하고 풍부한 경력을 쌓은 선출직 지도층이 계속 배출되어야 한다.

시민사회의 구성원들은 지금보다 훨씬 적극적으로 정치에 참여하고 선거 때마다 후보들에 대한 자세하고 확실한 정보를 입수해 현명한 결정을 내려야만 하는 것이다. 그래야 국민의 질이나 수준을 그대로 반영하는 정부가 구성될 수 있기 때문이다. 그것이 21세기 한국 정치에 거는 우리 모두의 기대요 희망이다.

---

1 함석헌 선생이 그의 저서 『뜻으로 본 한국역사』(숭의사, 1963)에서 쓴 표현이다.

2 싱가포르의 리콴유나 말레이시아의 마하티르 같은 정치가들의 주장이다. 싱가포르는 아들에게 권력을 세습한, 세계에서 가장 권위주의적인 정권을 가진 나라 중 하나다. 마하티르는 자기 정적을 무자비하게 억압한 사람으로 알려진 독재정치가다. 이 둘 모두 박정희를 숭배했던 사람들이다. 마하티르는 'Look East'라는 표현을 써가며 박정희 정권의 개발주의를 지지하고 모방하려 했다.

3 1980년 5월의 광주민주화운동을 진압하고자 쿠데타 지지 세력이 민간인을 무차별 살해한 비극적인 역사를 잊을 수 없다. 군부 권위주의 정권을 비판하던 민주화 운동 세력이 당한 희생이었다. 그러나 중남미와 그리스 그리고 스페인 군부 정권과 비교하면 우리는 비교적 적은 희생을 치른 셈이다.

4 선거법도 그렇고 정당법도 그렇고 모두 국회에서 여야 간의 합의로 만들어진 규칙들이다. 국민이 직접 그런 규칙을 만들지는 않는다. 그런 점에서 대의민주주의라는 용어는 실상과는 거리가 먼 것이다. 오늘과 같은 대중사회에서 대의민주주의가 지닌 한계일 수 있다. 한 유명한 민주정치 이론가는 신생 민주국가의 민주화 전망을 논하면서 민주화를 달성한 후 20년 동안 지속하면서 제도를 갖추게 되면 그것이 생존할 가능성이 크다고 말한 바 있다. 한국은 문민정부로 시작해 이명박 정부가 끝나는 2012년 12월에 민주 정권 운용 20년의 역사를 갖게 된다.

5 '제왕적 대통령'이라는 말이 나올 정도로 대통령의 권한은 제한을 받지 않고 있다. 그리고 민주화 후에도 집권층은 여전히 소수의 측근 세력 중심의 정치 행태에서 벗어나지 못했다. 야당 시절이나 후보 시절 자기들을 따르던 비서들에 둘러싸인 인人의 장막을 구축하기 일쑤였고 특정 지역 출신자를 선호하고 학벌을 중시하는 풍토는 여전했다. 정당 조직은 일회용 선거 도구로 전락했고 국회에 진출한 의원은 당의 사적 조직원 차원을 벗어나지 못했다. 국민 다수가 정당의 정강정책에 따라 지지 정당을 선택하는 정치 문화와는 거리가 먼 것이었다. 그래서는 정당정치가 발달하지 못하고 민주정치도 발전할 수 없다.

6 정부 형태가 지닌 장단점에 대한 논의로 한배호, 『한국정치문화와 민주정치』(법문사, 2003), 제7장 정치문화와 정부형태, 243-304쪽 참조.

7 시민사회에 대한 논의를 담은 책으로 한국정치학회·한국사회학회 편, 『한국의 국가와 시민사회』(한울, 1992)를 참조할 것. 岩崎育夫에 의하면 시민사회 개념을 이해하는 데 있어서 유럽적인 것과 미국적인 것이 있다고 보며 유럽적인 시각은 국민이 정치, 경제, 사회의

영역에서 만드는 공적·사적인 다양한 단체의 활동 영역, 바꿔 말하면 한 국가에서 국가 이외의 모든 영역이 시민사회라고 한다. 미국 정치학자는 사회단체의 활동은 공적 영역과 사적 영역으로 나누어 그 중 공적 영역에서 활동하는 단체가 시민사회라고 본다. 岩崎育夫, 앞의 책, 247쪽.

8 박정희 정권은 개발 우선이라는 명분을 내세워 시민들의 의사나 요구를 정책에 반영하는 데 소극적이었다. 대의 기관인 국회도 그 기능을 할 수 없었고 오히려 정보기관이 그것을 대행하고 있었다.

9 역설적이라고 한 이유는 산업화가 어느 정도 달성된 사회일수록 비정치적인 사회 집단들의 요구가 늘어나고 이해관계에서 오는 갈등도 더욱 증가할 것으로 보기 때문이다.

10 Harry Eckstein, *Division and Cohesion in Democracy: A Study of Norway* (Princeton University Press, 1966). Eckstein은 심리학자 Festinger가 주장한 심리적 조화와 부조화 이론을 원용해 안정된 민주정치의 요건을 분석하고 있다.

11 Robert D. Putnam, *Making Democracy Work: Civic Tradition in Modern Italy* (Princeton University Press, 1998). Putnam은 사회적 자본에 공적 영역에서 활동하는 단체만 아니라 학부모-교사모임(PTA) 같은 시민들이 자발적으로 참여하는 모든 단체를 포함하고 있기에 유럽적인 시각의 시민사회 개념에 바탕을 두고 있다고 볼 수 있다.

12 Kenneth Boulding, *The Meaning of the 20th Century: The Great Transition* (New York: Harper, 1964).

13 Charles Van Doren, *The History of Knowledge* (New York: The Ballantine Books, 1991).

14 유석진, 「정보화와 민주주의」, 한배호 엮음, 『세계화와 민주주의』(세종연구소, 1996). 117-152쪽.

15 앞의 책, 정진영, 「세계화와 주권국가의 변모」, 17-40쪽.

16 앞의 책, 임혁백, 「세계화와 시민사회」, 51-81쪽.

17 앞의 책, 앞의 논문, 67쪽.

18 앞의 책, 박길성, 「세계화와 지구적 민주주의」, 199-228쪽.

19 김영래, 『정보사회와 정치』(오름, 2001).

참고문헌

국문 단행본

강문구, 『한국 민주화의 비판적 탐색』(당대, 2003)
강만길 외, 『4월 혁명론』(한길사, 1983)
강만길 외, 『해방 전후사의 인식 II』(한길사, 1985)
경제기획원, 『개발연대의 경제 정책: 경제기획원 20년사』(경제기획원, 1982)
김영, 『黨人: 한국 정치비사 35년』(백미사, 1982)
김충식, 『남산의 부장들 I』(동아일보사, 1992)
김경원·임현진 공편, 『세계화의 도전과 한국의 대응』(나남, 1995)
김정남, 『4·19혁명』(민주화운동기념사업회, 2003)
김영호, 『한국전쟁의 기원과 전개 과정』(두레, 1998)
김용호 외, 『17대 총선 현장 리포트』(푸른길, 2004)
구영록, 『한국과 국제정치 환경』(서울대학교 출판부, 1999)
그란젠제브(A. J., Grajdanzev) 著, 이기백 譯, 『韓國現代史論』(일조각, 2006)
동아일보사, 『분단국의 대화』(동아일보사, 1979)
————, 『5공 평가 대토론: 現代史를 어떻게 볼 것인가? V』(동아일보사, 1994)
————, 『박정희와 5·16: 現代史를 어떻게 볼 것인가? IV』(동아일보사, 1994)
제임스 릴리(James R. Lily) 著, 김준길 譯, 『아시아 비망록』(월간조선, 2005)
박기덕, 『한국 민주주의의 이론과 실제: 민주화·공고화·안정화』(한울아카데미, 2006)
박정희, 『국가와 혁명과 나』(향문사, 1963)
박명림, 『한국 1950』(나남, 2003)
박현채 외, 『해방 전후사의 인식 III』(한길사, 1987)
세종연구소, 『동아시아의 민주주의: 현황과 개혁방안』(세종연구소, 2004)

서재진, 『한국의 자본가 계급』 (나남, 1991)
서병조, 『주권자의 증언: 한국 대의정치사』 (모음출판사, 1963)
서울대학교 미국학연구소, 『미국과 동북아』 (서울대학교출판부, 1984)
피터 시바이처(Peter Schweiser) 著, 한용섭 譯, 『냉전에서 경제전으로』 (오롬시스템, 1998)
송건호, 『한국 현대 인물사론』 (한길사, 1984)
손호철 외, 『한국전쟁과 남북사회의 구조적 변화』 (경남대학교극동문제연구소, 1991)
숭전대학교부설기독교문화연구소, 『한국의 근대화와 기독교』 (숭전대학교출판부, 1983)
안병직 엮음, 『근대조선의 경제구조』 (비봉출판사, 1989)
양호민 외, 『한반도 분단의 재인식』 (나남, 1993)
어수영, 『가치변화와 삶과 정치』 (이화여자대학교출판부, 1997)
오기편 편저, 『지구화와 정치변화: 지구화의 현상과 전망, 그리고 과제』 (오름, 2000)
유영익, 『한국근현대사』 (일조각, 1992)
윤산철 외, 『민주발전지수 2004-2005: 평가와 전망』 (민주화운동기념사업회, 2006)
이대근, 『해방 후 1950년대의 경제』 (삼성경제연구소, 2002)
———, 『한국전쟁과 1950년대의 자본축적』 (까치, 1987)
이정복, 『한국정치의 분석과 이해』 (서울대학교출판부, 2006)
이와사키 이쿠오(岩崎育夫) 著, 최은봉 譯, 『아시아 국가와 시민사회』, (을유문화사, 2001)
이정식, 『대한민국의 기원』 (일조각, 2006)
———, 『한국과 일본』 (교보문고, 1986)
임혁백, 『세계화 시대의 민주주의』 (나남, 2000)
임영태, 『대한민국 50년사 I』 (들녘, 1998)
진덕규 · 한배호 외, 『1950년대의 인식』 (한길사, 1981)
최장집, 『한국 현대정치의 구조와 변화』 (법문사, 1986)
최정호 외, 『정보사회화와 우리』 (소화, 1995)
토마스 펨펠(T. J. Pempel) 著, 최은봉 譯, 『현대 일본의 체제이행』 (을유문화사, 2001)

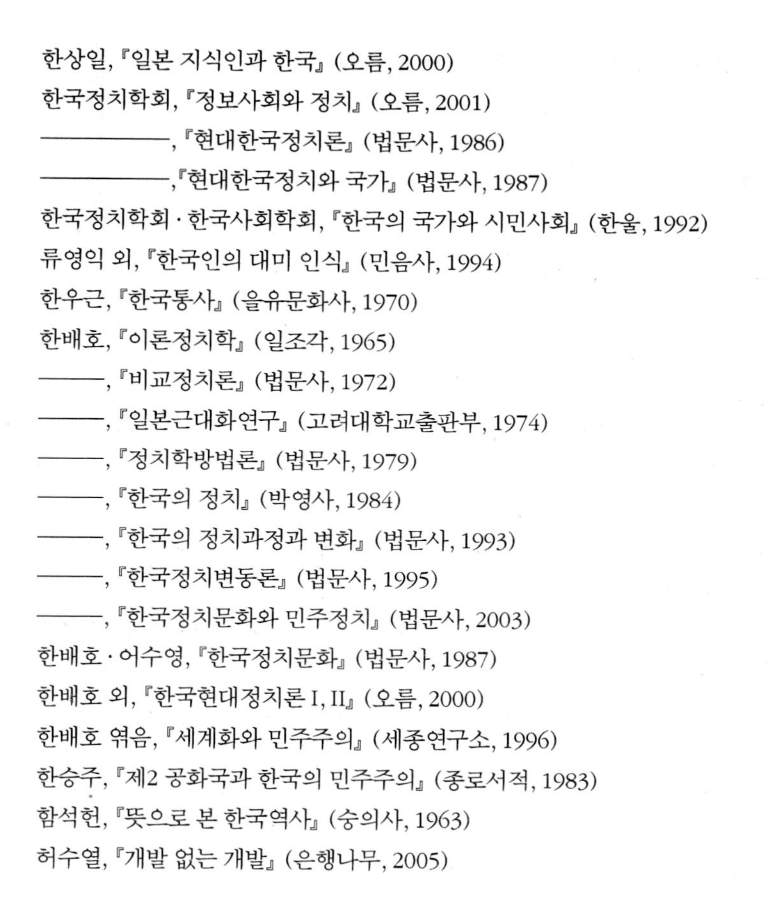
한상일, 『일본 지식인과 한국』 (오름, 2000)
한국정치학회, 『정보사회와 정치』 (오름, 2001)
————, 『현대한국정치론』 (법문사, 1986)
————,『현대한국정치와 국가』 (법문사, 1987)
한국정치학회 · 한국사회학회, 『한국의 국가와 시민사회』 (한울, 1992)
류영익 외, 『한국인의 대미 인식』 (민음사, 1994)
한우근, 『한국통사』 (을유문화사, 1970)
한배호, 『이론정치학』 (일조각, 1965)
———, 『비교정치론』 (법문사, 1972)
———, 『일본근대화연구』 (고려대학교출판부, 1974)
———, 『정치학방법론』 (법문사, 1979)
———, 『한국의 정치』 (박영사, 1984)
———, 『한국의 정치과정과 변화』 (법문사, 1993)
———, 『한국정치변동론』 (법문사, 1995)
———, 『한국정치문화와 민주정치』 (법문사, 2003)
한배호 · 어수영, 『한국정치문화』 (법문사, 1987)
한배호 외, 『한국현대정치론 I, II』 (오름, 2000)
한배호 엮음, 『세계화와 민주주의』 (세종연구소, 1996)
한승주, 『제2 공화국과 한국의 민주주의』 (종로서적, 1983)
함석헌, 『뜻으로 본 한국역사』 (숭의사, 1963)
허수열, 『개발 없는 개발』 (은행나무, 2005)

일문 단행본

木宮正史, 『韓國: 民主化と經濟發展のタイナミズム』 (ちくま 新書, 2003)
韓國4月革命 刊行委員會 編譯, 『韓國4月革命』 (拓植書房, 1977)
山邊健太郎, 『日本統治下の朝鮮』 (岩波新書, 1976)
————, 『日韓合併小史』 (岩波新書, 1970)
吳善花, 『韓國併合への道』 (文藝春秋, 2000)
李承晩, 『私の日本觀』 (産業貿易新聞社, 1956)
朴己出, 『韓國政治史』 (民族統一硏究院, 1977)
朴殷植 著, 姜德相 譯, 『朝鮮獨立運動の血史 Ⅰ, Ⅱ』 (平凡社, 1972)

金學俊,『朝鮮戰爭: 原因・過程・休戰・影響』(論創社, 2006)

영문 단행본

A. H. Maslow, *Motivation and Personality* (New York: Harper and Row, 1954)
Andrew J. Grajdanvev, *Modern Korea* (New York: The John Day Company, 1944)
Ann Willner, *Charismatic Leadership*. Monograph (Center for International Studies, Princeton University Press, 1969)
Amos Perlmutter, *Modern Authoritarianism* (Yale University Press, 1981)
Asahi Shimbun (ed.), *The Pacific Rivals: A Japanese-American Relations* (New York and Tokyo: Weatherhill/Asahi, 1972)
Benedetto Croce, *History as the Story of Liberty* (New York: Meridian Books, 1955)
Bruce Cummings, *The Origins of the Korean War*, Volume I and II (Princeton University Press, 1981 and 1990)
Byung Chul Koh, *North Korea and the World: Explaining Pyongyang's Foreign Policy* (Seoul: Kyungnam University Press, 2004)
Chae Jin Lee (ed.), *The Korean War: 40-Year Perspectives*, The Keck Center for International and Strategic Studies, Claremont McKenna College, monograph series, Number One, (1991)
Chae Jin Lee & Hideo Sato, *U.S. Policy Toward Japan and Korea* (Prager, 1982)
Chae Jin Lee, *China and Korea* (Stanford University Press, 1996)
Chalmers Johnson, *MITI and the Japanese Miracle: The Growth of Industrial Policy 1925-1975* (Stanford University Press, 1982)
Charles Van Doren, *A History of Knowledge* (New York: Ballantine Books, 1991)
C. I. Eugene Kim & Han Kyo Kim, *Korea and the Politics of Imperialism: 1876-1910* (Berkeley University of California Press, 1967)
Dahl Robert Alan, *Regimes and Oppositions* (New Haven and London: Yale University Press, 1973)
David Halberstam, *The Coldest Winter: America and the Korean War* (New

York: Hyperion, 2007)

Donald S. McDonald, *U. S.-Korean Relations from Liberation to Self-Reliance* : The Twenty-Tears Record (Colorado: Westview Press, 1992).

D. R. Fleming, *The Cold War and Its Origins, 1917-1960* (New York: George Allen & Unwin Ltd, 1961)

Glen D. Paige, *The Korean Decision* (New York: The Free Press, 1969)

―――――, *The Scientific Study of Political Leadership* (New York: The Free Press, 1977)

Gregory Henderson, Korea: *The Politics of Vortex* (Harvard University Press, 1968)

Guillermo O' Donnell, *Modernization and Bureaucratic-Authoritarianism: Studies in South American Politics* (University of California Press, 1973)

Guillermo O' Donnell & Philippe C. Schmitter & Laurence Whitehead, *Transitions from Authoritarian Rule: Comparative Perspectives* (The Johns Hopkins University Press, 1986)

Guillermo O' Donnell & Philippe C. Schmitter & Laurence Whitehead, *Transition from Authoritarian Rule: Tentative Conclusions about Uncertain Democracies* (The Johns Hopkins University Press, 1986)

Harry Eckstein & Ted Gurr, *Patterns of Authority* (Princeton University Press, 1975)

Harry Eckstein, *Division and Cohesion in Democracy: A Case Study of Norway* (Princeton University Press, 1966)

Harry Eckstein, Explaining Collective Political Violence, Ted Gurr (ed.), *Handbook of Political Conflict* (New York: The Free Press, 1980)

Henry Kissinger, *Diplomacy* (New York: Simon and Shuster, 1994)

I. F. Stone, *The Hidden History of the Korean War* (New York: Monthly Review Press, 1952).

John Lewis Gaddis, *Strategies of Containment* (Oxford University Press, 1982)

Joyce & Gabriel Kolko, *The Limits of Power: The World and the United States Foreign Policy, 1945-1954* (New York: Harper and Row, 1972).

Juan Linz, Authoritarian Regime: The Case of Spain, Erik Allard & Stein Rokkan (eds.), *Mass Politics Studies in Political Sociology* (New York:

The Free Press, 1970).
Jung Chang & Jon Holiday, *The Unknown Story; MAO* (New York: Alfred A. Knopf, 2005)
John Kie-Chiang Oh , *Korean Politics* (Cornell University Press, 1999)
Kenneth Boulding (ed.), *The Meaning of the 20th Century: The Great Transition* (New York: Harper, 1964 and London: University California Press, 1971)
Larry Diamond & Juan Linz & Jonathan Hartlyn & Seymour Lipset, *Democracy in Developing Countries: Asia* (Boulder, Colorado: Lynne Rienner Publishers, 1989)
Michael C. Sandusky, *America's Parallel* (Alexandria: Old Dominion Press, 1983)
Nicos Poulantzas, *Political Power and Social Class* (Paris: Masepro, 1968)
Quee Young Kim, *The Fall of Syngman Rhee* (Institute of East Asian Studies, U. C. Berkely, 1982)
Reinhard Bendix, Charismatic Leadership, Reinhard Bendix and Gruenter Roth (eds.), *Scholarship and Partisanship: Essays on Max Weber* (University of California Press, 1971)
Richard Rose & William Mishler & Christian Haerpfer, *Democracy and Its Alternatives: Understanding Post-Communist Societies* (London: Polity Press, 1998)
Robert Boettcher, *Gifts of Deceit: Sung Myung Moon, Tongsun Park and the Korean Scandal* (New York: Holt, Reinhart and Winston, 1980)
Robert T. Oliver, *Syngman Rhee and American Involvement in Korea, 1942-1960: A Pesonal Narrative* (Seoul: Panmun Book Company Ltd, 1978)
Samuel P. Huntington, *The Third Wave: Democratization in the Late Twentieth Century* (University of Oklahoma Press, 1991)
Samuel P. Huntington, *Political Order in Changing Societies* (Yale University Press, 1968)
Se Jin Kim, *The Politics of Military Revolution in Korea* (The University of North Carolina Press, 1971).
Seymour M. Lipset, *The Political Man* (New York: Double Day, 1963)

Sung Chul Yang, *The North and South Korean Political Systems: A Comparative Analysis* (Westview Press/ Seoul Press, 1994)
Susan J. Pharr & Robert D. Putnam, *Disaffected Democracies: What's Troubling the Trilateral Countries?* (Princeton University Press, 2000)
Sung Il Choi & Chae Jin Lee, Environment Policy and Electoral Participation, Chong Lim Kim (ed.), *Political Participation in Korea* (Santa Barbara: Clio Books, 1980)
Ted Gurr, *Why Men Revel* (Princeton University Press, 1970)
U. S. Government Printing Office, *Foreign Relations of the United States*, The Far East and Australia. Vol. VI (1947)
————————————, *Foreign Relations of the Untied States*, Vol. VI. The Far East and Australia, (1948)
————————————, *Foreign Relations of the United States*, Vol. I. General: The United Nations, part 2 (1948)
William Stueck, *Rethinking the Korean War* (Princeton University Press, 2002)
Young Nok Koo & Sung Joo Han, *Foreign Policy of the Republic of Korea* (Columbia University Press, 1985)

논문

木宮正史, 「한국의 내포적 공업화전략의 좌절: 5·16 군사정부의 국가 자율성의 구조적 한계」(고려대학교 박사논문, 1991)
고성국, 「한국의 민주화와 사회변혁운동에 관한 연구」(고려대학교 박사논문, 1995)
박종철, 「한국의 산업화정책과 국가의 역할 1948-1972: 1공화국과 3공화국의 비교 연구」(고려대학교 박사논문, 1987)
어수영, 「한국인의 가치변화와 지속성 그리고 민주화」, 『한국정치학회보』, 33집, (1999 가을)
이완범, 「미국의 38선 획정과정과 그 정치적의도」, 『한국정치학회보』 29집 제1호, (1995)
한배호, 「아시아에서의 민주정치의 성립 조건」, 차기벽 편저, 『정치와 정치사상』 (한길사, 1984)

자유를 향한 20세기

독재와 반민주의 세월을 넘어

한국 정치사

1판 1쇄 펴낸날 2008년 10월 1일
1판 4쇄 펴낸날 2023년 9월 27일

지은이 | 한배호
펴낸이 | 김시연

펴낸곳 | (주)일조각
등록 | 1953년 9월 3일 제300-1953-1호(구 : 제1-298호)
주소 | 03176 서울시 종로구 경희궁길 39
전화 | 02-734-3545 / 02-733-8811(편집부)
02-733-5430 / 02-733-5431(영업부)
팩스 | 02-735-9994(편집부) / 02-738-5857(영업부)
이메일 | ilchokak@hanmail.net
홈페이지 | www.ilchokak.co.kr

ISBN 978-89-337-0546-9 03340
값 25,000원